HISTORIA DE OAXACA

CAPITULO I

TRABAJOS APOSTOLICOS DE LOS DOMINICOS.

1. Preliminar.—2. Auto sacramental en Etla.—3. Rebelion de los mijes.—4. Guerrero en Nejapan.—5. San Miguel descubre allí ídolos.—6. Los persigue en Santa Cruz.—7. Principios de Zimatlan.—8. Córdova y Mata.—9. Tlacochahualla.—10. Cuilapan.—11. Sagache.

1.—En el tiempo que alcanza la presente historia, el Evangelio se habia predicado en todas partes en Oaxaca, y el nuevo órden que la conquista española habia llevado, quedaba planteado con solidez. Seguirlo en su desarrollo hasta verlo destruido por los ejércitos independientes en 1821, es la tarea que acometemos ahora.

Primitivamente, como ya se ha visto, lo que es hoy el Estado de Oaxaca fué poblado por tribus que, peregrinando por tierra, ó navegando ya en el Atlántico ya en el Pacífico, en avenidas sucesivas habian tomado asiento las unas al lado de las otras. Quince siglos poseyeron pacíficamente estos pueblos el territorio de Oaxaca, sin otra novedad que las perturbaciones causadas en el órden religioso por el fa-

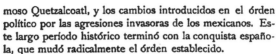

moso Quetzalcoatl, y los cambios introducidos en el órden político por las agresiones invasoras de los mexicanos. Este largo período histórico terminó con la conquista española, que mudó radicalmente el órden establecido.

Los españoles tomaron el pueblo de Huaxyacac el 25 de Noviembre de 1521, lo que no quiere decir que desde entónces la conquista hubiese sido un hecho consumado: los indios, esparcidos en el Estado, resistieron largo tiempo la dominacion extranjera, fueron muchas veces combatidos y quedaron algunas ocasiones vencidos y frecuentemente vencedores. Los mijes se manifestaron en la resistencia los más vigorosos y obstinados, ni hubieran sido jamás avasallados si á la fuerza de las armas no presta poderosa ayuda la palabra de los sacerdotes.

Pero ya en 1560, lo que no habian hecho los ejércitos habian logrado las persuasiones de los dominicos, y los vireyes contaban en Oaxaca con un pueblo enteramente docilitado y sumiso á su gobierno. Se ha nombrado á los vireyes porque ellos representaban á la primera autoridad de la nacion mexicana; pero en Oaxaca fueron realmente primero los dominicos y luego los obispos quienes gobernaron durante el período colonial. Los primeros religiosos que predicaron el Evangelio, con sus virtudes y el favor de los reyes católicos, alcanzaron un poder moral sin límites sobre los indios que obedecian las leyes civiles mediante el consejo y las inspiraciones de los sacerdotes. Celosa la autoridad civil de semejante predominio, le opuso el contrapeso de los derechos de los obispos, cuyo ascendiente en el órden político no comenzó á disminuir sino hasta los tiempos de la Independencia.

Oaxaca, por espacio de trescientos años, fué un pueblo eminentemente religioso, aún más, eminentemente piadoso, como lo demuestra el hecho de haber intentado la ciudad sustituir su antiguo nombre por el de la Madre del Salvador. ¿Cómo se podria escribir la historia de un tal pueblo sin tratar de su religion, de sus obispos y de sus monjes? Ese tiempo no conoció las revoluciones ni las guerras, que fuera necesario inventar si se quisieran describir. A la sombra de la fé, los moradores de Oaxaca se sentaron tranquilamente á oir las amonestaciones de sus sacerdotes. Oaxaca con sus edificios públicos y privados, con sus templos, sus plazas, sus calles, sus jardines, sus fuentes, sus pueblos y sus campos, con su civilizacion, sus ciencias, su comercio y sus artes, así como se ve en la actualidad, es todavía la obra de aquellos tiempos y de aquellos hombres. Oaxaca fué formada por los sacerdotes, cuyos pasos debe seguir la historia si no quiere apartarse de la verdad. Muchos de ellos fueron, además, notables, en términos de merecer bien un recuerdo de los siglos. Los dominicos principalmente, hacian poderosos esfuerzos por llevar á su perfeccion la obra que habian comenzado, y por todas partes sin descanso trabajaban en la conversion de los indios y en la construccion de suntuosos edificios.

2.—En Etla, los frailes dominicos se habian establecido á instancias de Cortés á cuyo marquesado pertenecia la villa. La primera iglesia, como se ha dicho, estaba á quinientos pasos abajo de la actual, en lo más fértil de la llanurra: el convento se levantó á su lado, como era costumbre, pero la construccion del edificio no se hizo conforme á las reglas del arte, lo que dió lugar á una tragedia que se va á referir.

Se habian sucedido varios religiosos en la administracion espiritual de esta doctrina, distinguiéndose entre ellos Fr. Luis de San Miguel, de quien tendremos que hablar próximamente. Fr. Alonso de la Asuncion, religioso de conocida virtud y celoso predicador en lengua zapoteca, obedeciendo el precepto de sus prelados, fué á su turno vicario de la parroquia de Etla. Deseoso de hacer comprender á sus feligreses el misterio de la Eucaristía, conformándose á los usos del tiempo y al carácter de los indios que le es-

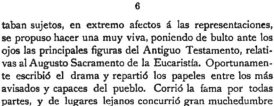

taban sujetos, en extremo afectos á las representaciones, se propuso hacer una muy viva, poniendo de bulto ante los ojos las principales figuras del Antiguo Testamento, relativas al Augusto Sacramento de la Eucaristía. Oportunamente escribió el drama y repartió los papeles entre los más avisados y capaces del pueblo. Corrió la fama por todas partes, y de lugares lejanos concurrió gran muchedumbre á presenciar el acto.

El dia señalado, que era en el que la Iglesia celebra la festividad de Córpus, Fr. Alonso salió con la custodia en las manos en solemne procesion, acompañado de innumerable concurso: al llegar al cementerio ó patio del templo, depositó el Santo Sacramento en el altar preparado al extremo de la galería exterior del convento, que se habia prolongado en aquella ocasion para abrigo de la multitud, y tomando asiento con otro religioso, dió la señal de comenzarse la representacion. La galería sin duda se sostenia sobre débiles cimientos, pues con el peso de la mucha gente que andaba sobre la cubierta, se desplomó, sepultando bajo de sus ruinas á ciento veinte personas y estropeando otras muchas. Fr. Alonso pudo salir, auuque muy lastimado y cubierto de polvo, de debajo de los escombros cuando éstos fueron removidos: se dirigió al altar en que estaba el Divino Sacramento, y tomándolo se encaminó al templo: ya casi habia salido del peligro, cuando cayeron sobre él dos grandes maderos que habian quedado en la techumbre, pendientes por uno solo de sus extremos: á las pocas horas murió.

Con ocasion de esta desgracia, los indios re resolvieron á edificar el templo actual, en una eminencia que en forma de collado domina al pueblo; bien que arrostrando el inconveniente del Norte que sopla allí con fuerza. Levantaron en efecto las paredes; pero advirtiendo que estaban muy apartadas, y que por la demasiada anchura del templo las bóvedas quedarian poco seguras, construyeron á lo largo del muro, por uno y otro lado y formando capillas, esbeltos arcos, que algo estrecharon la amplitud del templo. Un excelente carpintero español, casado y avecindado en la ciudad, llamado Sebastian García, se encargó de la cubierta del templo y comenzó la obra, toda de artesones sobre tijera, con tanta curiosidad y arte, que sin verse las vigas, todo el techo era de ochavados de una tercia de hueco, guarnecido de molduras tan delicadas como si fuesen de cera. Antes de terminarla, murió Sebastian García; pero los indios, que habian observado cuidadosamente el arte con que se labraba la madera, continuaron y terminaron la obra por sí solos. Duró este arteson cosa de ochenta años.

El P. Fr. Pedro de la Cueva mandó posteriormente pintar el templo, sirviéndose del insigne pincel de Juan de Arrué, discípulo de Concha, pero más correcto que él. Burgoa le llama el Apeles del Nuevo Mundo. "He visto, dice, en Roma y en el Escorial pinturas como para aquellos puestos, y no hallé cosa en que pudiesen deslucir las pinturas que hizo en esta provincia este hombre." La fábrica del convento, claustro y portería, todo excelente, se debe á los padres José Calderon y Alonso Espinosa, por 1620. [1]

Fr. Alonso de la Asuncion profesó el 3 de Octubre de 1553: fué excelente ministro zapoteca. Segun Pinelo, dejó manuscrita la historia de la provincia de Santo Domingo de México; pero otros lo contradicen con fundamento, atribuyendo la citada obra manuscrita á otro religioso, Fr. Domingo de la Asuncion. [2]

3.—Los zapotecas del valle, así como los mixtecas, generalmente se mostraron dóciles al Evangelio: en donde la idolatría permaneció resistente mucho tiempo no perdiendo terreno sino palmo á palmo, fué entre los chinantecas y mijes de la Sierra. Los mijes habian oido la predicacion

---

[1] Burgoa, 2ª parte.
[2] Beristain, en el el Dic. de Hist. y Geog.—Artíc. Anunciacion, t. 8.

del P. Guerrero y muchos habian recibido el bautismo. No del todo indóciles á la persuasion, jamás se habian dejado vencer por las armas españolas; muy al contrario, su actitud, constantemente amenazadora, tenia en perpétua zozobra á las guarniciones de Villa-alta y de Nejapan. Como para demostrar que no era infundado el recelo que habian infundido en las villas, por el año de 1570 se levantaron en masa, y salvando sus montañas, entraron en són de guerra por los pueblos zapotecas de la Sierra: talaron los sembrados, incendiaron las poblaciones y sembraron la muerte en su carrera, amenazando con el estrago de sus armas desolar la tierra. A toda prisa se reunieron en Oaxaca y se armaron algunas tropas de castellanos que unidas á dos mil indios mixtecos de Cuilapan, marcharon hácia la villa de San Ildefonso. Ya los esperaban aquí los españoles de ambas villas, los encomenderos de los pueblos, cuatro mil mexicanos del barrio de Analco y todos los zapotecas serranos que pudieron reunirse, que temian por momentos ser acometidos. No fueron ménos de diez mil hombres de guerra los que se opusieron á los mijes, á pesar de lo cual costó infinito trabajo contenerlos. Debe haberse librado alguna sangrienta batalla, pero se ignoran los pormenores. Solo se tiene noticia de que muchos españoles, por sus proezas en esta guerra, merecieron encomiendas, salarios de la real caja y otros favores del rey de España, y que los mexicanos de Iztlan quedaron, en premio del socorro que prestaron, exentos de todo servicio personal. [1]

4.—El célebre P. Guerrero habia hecho considerables esfuerzos por sujetar al yugo de la fé á estos indios, pero la empresa era superior á las fuerzas de un hombre solo: así es que despues de adelantar considerablemente sus conquistas cristianas, fué sustituido por otros sacerdotes no

[1] Burgoa, 2ª parte, c. 56.

ménos celosos, partiendo Guerrero á Nejapan en donde le estaban reservadas nuevas fatigas. El pueblo de indios se componia entónces de cuatro mil familias y se hallaba situado en la márgen izquierda y como á una legua de distancia del rio, miéntras los españoles se habian establecido hácia la márgen derecha, en unas hermosas vegas en la parte baja del mismo rio. Esta separacion no era muy gustosa á los españoles, quienes, en el caso posible de una agresion de los mijes, se verian estrechados á defenderse solos, sin contar con que la insalubridad del lugar que ocupaban los diezmaba constantemente. Por estas causas, la villa fué despoblada repetidas ocasiones, siendo inútiles los esfuerzos de los vireyes para mantener á los vecinos en Nejapan.

La última vez que los españoles se determinaron á desamparar su villa, se dirigieron al pueblo de los indios, creyendo remediar con este cambio todos los inconvenientes. El P. Guerrero, que asistia ya por ese tiempo á los indios, previendo el daño que recibirian éstos en su fé y en su bienestar, resistió la invasion con todas sus fuerzas, mas en vano, pues apénas consiguió que no viviesen mezclados unos con otros, sino que los españoles formasen un barrio aparte, al otro lado de un arroyo de aguas blanquizcas, llamado por esta causa "Nejapan" ó "rio de ceniza."

Las previsiones del fraile se cumplieron al pié de la letra, pues las vejaciones que sufrieron los desgraciados indios fueron tantas, como notable el provecho de los alcaldes, que pronto dejaron de ser ordinarios para convertirse en mayores. De nada les sirvió que el virey D. Luis de Velasco, cediendo á sus ruegos y prévia informacion del visitador Lebron de Quiñones, librase órdenes para que no fuesen obligados á construir las casas de los nuevos vecinos, y aun les perdonase, en atencion á su pobreza, el pequeño tributo que pagaban al rey, de veinte petates y cincuenta fanegas de trigo. Los españoles formaron estancias de ganado, labores grandes de caña y trapiches de azúcar, sirviéndose por la fuerza para el trabajo, de los indios, á quienes ni lo retribuian, ni daban siquiera los alimentos necesarios. "Les hacen dar, dice Burgoa, hasta la sangre del corazon, y Dios ponga tiento en las manos de estos desangradores, que como la convierten en propia, jamás la desconocen para restituirla," admirándose el mismo religioso, de que fuesen absueltos en la Cuaresma, sin hacer las justas reparaciones. No era menor la crueldad y tiranía con que los alcaldes mayores arrancaban á los míseros indios la parte que les cabia en los repartimientos. Las exigencias de vainilla, grana y mantas fué creciendo con tal exorbitancia, que la encomienda llegó á ser de las más productivas y envidiadas, y la vara de la alcaldía uno de los más codiciados oficios; y esto á proporcion que los indios, por el hambre y las vejaciones, se disminuian en términos, que en 1670 no llegaban á ciento cincuenta vecinos.

En órden á la fé, no eran ménos justificados les temores de Guerrero. No podian persuadirse los indios que les fuese favorable el Dios de aquellos extranjeros que los acosaban con insoportables fatigas. ¿Por qué ese Dios no castigaba á aquellos malvados que no les permitian oir misa ni otro acto del culto, creyendo que se perderia con un tiempo precioso el fruto del ajeno trabajo? Si en los intervalos, aunque cortos, de sus labores el Dios extranjero les permitiese holgar libremente en los placeres, acaso podrian sobrellevarlo; pero era muy severo ese Dios y nada les concedia que no fuese puro y sencillo, miéntras las antiguas divinidades les daban amplia libertad para hacer lo que les placiese. ¡Cuánto era preferible, pues, la religion de los ídolos, que tal vez los protegerian de los españoles! Estas reflexiones eran por su naturaleza demasiado prácticas para que fuesen solo pensadas: en efecto, los indios, aunque ocultamente, volvieron á sus viejas idolatrías, y despues veremos cuánto tardaron éstas en ser de nuevo extirpadas.

Guerrero se separó de Nejapan sin haber transigido con los españoles, y fué sucesivamente empleado en oficios de más alta jerarquía de su Orden. Tuvo la gloria de convertir, sin otro auxilio que el de su palabra persuasiva, innumerables indios. Fundó ciento sesenta templos en medio de pueblos que él, en su mayor parte, habia formado, sacando á los indios de las cañadas y cuevas en que estaban dispersos y reduciéndolos á la vida social. En estos pueblos estableció jerarquías que hicieron más ordenado el movimiento civilizador á que dió grande impulso. Enseñó á los indios urbanidad, policía y algunas artes, como el modo de tejer sus mantas y de vestirse; les prescribió la manera con que se habian de comunicar recíprocamente, los aleccionó en el modo de formar memorias y padrones y les dispensó otros mil beneficios. Fué despues Prior de Oaxaca, Provincial en México y murió de más de ochenta años de edad en el de 1597.[1]

Un digno sucesor tuvo Guerrero en Fr. Luis de San Miguel, así en los trabajos de la Villa-alta como en Nejapan. Parece haber sido el primer párroco de los españoles de esta villa, pues los indios eran administrados por otro; sin embargo, no solo quiso moralizar á sus feligreses, sino encaminar otra vez á los indios á la fé, y sin duda poseia muy bien el idioma, pues el primer sermon que les predicó en zapoteco, fué tan eficaz, que le fueron denunciadas en consecuencia las idolatrías á que de nuevo se entregaba el pueblo. Para descubrir los ídolos, despues de tomar secretamente las noticias necesarias, en compañía de otro religioso y de algunos españoles, Fr. Luis se dirigió á la media noche á la habitacion de un anciano indio, sacerdote principal de los apóstatas. Sin estrépito hizo prender al anciano y se apoderó de una caja cerrada y engomada por la parte exterior, que halló cuidadosamente guardada. Al dia

[1] Burgoa, 1ª p., c. 57.

siguiente, presentes las autoridades, se abrió la caja, quedando á la vista una gran cantidad de idolillos del tamaño de una cuarta de vara, con formas humanas, ya de hombres, ya de mujeres, vestidos con ropas costosas de la forma que se usaban en la antigüedad. El reo declaró, que por la incansable porfía con que los frailes perseguian aquellos bultos, el pueblo se los habia entregado reunidos, confiándolos á su guarda, como el más antiguo de sus sacerdotes. Los ídolos fueron sentenciados al fuego y el anciano indio á frecuentar el monasterio hasta que aprendiese la fé y diese pruebas de enmienda.

En Quije-colani ó Quiegolani descubrió algunos otros ídolos deformes de piedra y de madera. El principal era un mascaron, adornado con ricas mantas y piedras de valor, cubierto con una piel de venado perfectamente aderezada, y depositado en un nicho subterráneo, abierto en medio de un gran sembrado para disimular mejor la entrada. Era el dios de las sementeras, y los indios le hacian ofrendas y sahumerios. Inútil es agregar que fué demolido el mascaron.

5.—No fué ménos diligente en desterrar las múltiples supersticiones del pueblo de Santa Cruz, á siete leguas de la ciudad, á donde fué destinado despues de Nejapan por los superiores. Sospechando que algo se ocultaba debajo de los paños mortuorios de un indio, por el volúmen considerable que presentaba á la vista en el momento de ser inhumado, desgarró la mortaja y encontró bien escondidas muchas semillas, instrumentos de labranza, un sombrero y varios vestidos. Estropeando la idea de la inmortalidad, muchos indios decian que á su muerte tendrian que andar un largo camino ántes de llegar al otro mundo, en el que necesitaban provisiones para no perecer miéntras encontraban empleo. Supo despues que aquel cadáver era de un sacerdote de los ídolos que habia rehusado en su postrera enfermedad recibir los sacramentos, porque no creia en su virtud sobrenatural, y que á su muerte habia recomendado á sus hijos el culto de muchas frágiles divinidades que tenia enterradas en una marmita de barro. Se hicieron excavaciones y se hallaron en efecto los idolillos: poseido de indignacion Fr. Luis, mandó exhumar el cadáver y sacarlo del templo, como indigno de sepultura eclesiástica, y que luego, atado con cuerdas, fuese arrastrado por las calles y arrojado en una barranca, en que sirvió de pasto á las auras.

La misma suerte corrió el gobernador de los indios que habia muerto algunos dias ántes en la misma infidelidad, cuyos restos, á pesar de haber entrado en perfecta descomposicion, no se escaparon de ser exhumados y arrojados á las aves.

A fuerza de exhortaciones logró que le fuesen entregados innumerables ídolos recogidos en los montes y en las casas particulares, si es que eran verdaderamente ídolos y no efigies conmemorativas de los personajes históricos más notables de la antigüedad. El Illmo. Sr. Alburquerque, igualmente modesto y celoso, al tener conocimiento de las idolatrías de los indios de Santa Cruz, sin recámara ni familia, que no la usaba, fué á este pueblo y vió innumerables figuras de las que habia recogido el vicario, talladas muchas en piedras finísimas y de valor, que fueron pulverizadas y arrojadas al viento por las manos del mismo obispo.

Una de las ocasiones en que más escrupulosamente guardaban las prácticas que les habia legado la antigüedad gentílica, era la caza que hacian en dias señalados, con estrépito, gran concurso de monteros y multiplicados preparativos. Préviamente se concertaban los cazadores fijando tiempo y lugar: al acercarse el plazo, todos se disponian con sacrificios, ritos y ceremonias encaminadas á la honra del dios especial de los monteros, á quien procuraban tener propicio, ayunando y guardando conyugal continencia. En el dia señalado se levantaban muy de mañana, y cada cual se purificaba con baños en el rio, cuidando que nadie los viese desnudos. Vueltos á su casa, guardaban por veinticuatro horas perfecta clausura, ocupándose únicamente en dejar listas las armas y los instrumentos de que se habian de servir. En los nudos de las redes acomodaban, pendientes de cuerdas delgadas, uñas de leones, tigres, osos y otros rapantes, colgando en los intermedios muchas piedras azules. Los omisos en este punto eran sin dispensa excluidos de la partida. Si la caza no era abundante, se atribuia á la falta de alguno en los ayunos ó ceremonias tradicionales: ocurrian en tales ocasiones á la presencia del dios, oculto en la espesurá de algun bosque, y procuraban desenojarlo con perfumes, bailes y escogidos cantares.

Esta costumbre duró mucho tiempo hasta que la extirpó Fr. Luis. La víspera de un dia de caza los sorprendió en el momento de hacer sus preparativos: recogió las redes, quitó de ellas las uñas y las piedras azules, rompió los ídolos y se burló de los cazadores, riendo por sus inútiles observancias: los obligó sin embargo á montear en el dia señalado, y habiéndose hecho numerosísimas presas de venados, liebres, etc., como pocas iguales recordaban, comprendió la multitud que ninguna intervencion tenian las uñas ni los dioses aquellos en el efecto de la caza. Fr. Luis murió en 1611.

6.—La supersticion arraigada de Santa Cruz, dió orígen á un nuevo pueblo. Anteriormente á la conquista no existia Zimatlan. Despues que el Sr. Alburquerque trabajó con diligencia en extirpar la magia de Santa Cruz, en que casi todos los indios eran brujos, no lográndose tal objeto por las exhortaciones y los ruegos, se pensó en dar al pueblo otro aplazamiento, trasladando á los vecinos á lugar más frecuentado por los españoles, pues el terreno de Santa Cruz es quebrado é inculto, y ofrece cierto aspecto salvaje favorable á las prácticas supersticiosas tan en uso. Se fundó, pues, el pueblo de Zimatlan, en el centro del valle, co-

mo lo indica su nombre. El único inconveniente que se notó fué la falta de agua, que hacia padecer notablemente á los vecinos: por lo que se pensó llevarla de Santa Inés del monte, como en efecto se consiguió, fabricándose un insigne y solidísimo acueducto, que caminaba debajo de tierra por más de dos leguas. Con el trascurso del tiempo y por la incuria de los indios, se azolvó en términos no solo de no servir, sino de quedar olvidada y desconocida su existencia. Un siglo despues se comenzó la fábrica del templo, en cuya construccion se pulsaban gravísimas dificultades por falta de agua. La necesidad despertó los recuerdos de algunos ancianos que dieron noticia del acueducto. Se buscó entónces, se halló en perfecto estado de conservacion y volvió á servir; mas despues fué nuevamente olvidado hasta hoy.

7.—Fr. Juan de Mata fué á quien se debió la primera fábrica de este acueducto por 1570 á 1580. Era este religioso dominico, español, de buenos talentos, que quiso emplear en beneficio de los indios. Hizo sus estudios en la Universidad de Salamanca, en donde recibió los grados de bachiller y licenciado y poco despues el sacerdocio. El deseo de predicar el Evangelio á los infieles lo llevó al convento de San Estéban de la misma ciudad de Salamanca, en donde profesó. De Salamanca pasó á México y de esta ciudad á Oaxaca, por mandato de los superiores. Aprendió con perfeccion el idioma zapoteca y fué destinado al ministerio de Tlacochahuaya y de Zimatlan. Su aspecto era penitente, su semblante dulce, su hablar escaso y discreto: la disciplina, severa todavía en aquel tiempo, de los regulares, no encontró en este fraile tacha alguna; pero el mismo tenia suficiente autoridad entre los suyos para desempeñar dos comisiones delicadas que le confió la provincia. La una fué de corregir á Fr. Andrés de Ubilla, y la otra de notificar su deposicion del cargo de vicario provincial á Fr. Juan

de Córdova. Como los religiosos dominicos realizaron obras grandes sin disputa en Oaxaca, conviene referir este último hecho para que se vea cómo y en qué tiempo comenzó á mitigarse la austeridad de los antiguos frailes.

Juan de Córdova era andaluz y de noble cuna. Despues de estudiar latinidad se consagró al ejercicio de las armas, militando en Flandes bajo las banderas de Cárlos V, en calidad de alférez: en el sitio de Viena dió bastantes muestras de esfuerzo y bizarría. El emperador lo mandó á México con alguna comision, cumplida la cual, y teniendo ya cuarenta años de edad, se resolvió á tomar el hábito de la religion, estudió de nuevo latin, filosofía y teología. Despues de ordenado sacerdote fué destinado á Oaxaca. Aquí, como hombre de mundo, fogueado en las batallas de las pasiones, lo buscaban los más grandes pecadores, seguros de que sus maldades no causarian asombro al que ántes de ser fraile habia sido soldado. Tenia más de cincuenta años cuando emprendió el estudio del zapoteca, que adquirió con perfeccion, escribiendo un vocabulario y un arte de este idioma que se imprimieron en México. Fué definidor y procurador de su Orden en España y Roma, y en 1568, vicario provincial.

Los primeros frailes dominicos fundadores de su Orden en Oaxaca se habian conducido con un desprendimiento extraordinario: la severidad de sus costumbres era superior á las fuerzas humanas. ¿Quién podria llegar en este punto á la altura de Lucero, Fernandez, Jordan, Guerrero y otros? Lo que estos santos sacerdotes hicieron fué admirable, pero no susceptible de general imitacion. Su austeridad fué necesaria en los principios de la predicacion del Evangelio, pero no todos disfrutaban de igual salud ni de una organizacion tan vigorosa que fuese capaz de resistir tan excesivo rigor. Los primeros frailes dormian á la intemperie, caminaban á pié y descalzos y ayunaban continuamente; pero cuando con el trascurso del tiempo se fueron levantando conventos, el deber impedia permanecer de noche fuera de ellos á los religiosos; la salud y la decencia los obligaron á usar calzado, los vestidos fueron limpios y ménos gruesos y los ayunos se redujeron á los que sábiamente tenia prescritos la regla. Semejante cambio no era en rigor una relajacion de las antiguas costumbres, sino una prudente reduccion de las severidades extraordinarias exigida por la debilidad humana y prescrita por los estatutos religiosos. Así es que se permitian esas mitigaciones aun personas muy respetables por su saber y por su indiscutible piedad. Fr. Pedro de Feria, nombrado provincial en 1565, rehusó aceptar el cargo, "porque, dijo, que era asmático y no podia andar á pié, ni dejar de comer carne," á pesar de lo que fué obligado á ejercer el oficio, porque dijo el definitorio que "con el andar á caballo y comer carne no escandalizaba, pues todos sabian que lo necesitaba y que el oficio que le daban no le quitaba sus enfermedades, ántes se las agravaba." [1] Aun el general de la Orden, Francisco Romeo, con autoridad de Julio III les permitió que pudiesen servirse de algun jumentillo para conducir sus libros y otros objetos en sus marchas; que se dispensasen de guardar silencio cuando estuviesen fuera del convento, y que usasen de algunas otras libertades honestas y á veces necesarias, atendidas sus circunstancias. [2]

A pesar de todo, algunos suspiraban por el rigor antiguo. Córdova entre ellos, acostumbrado desde su infancia á la disciplina militar, no podia sufrir despues la menor infraccion de la ordenanza religiosa: por lo que, apénas fué electo provincial, desplegó grande actividad para la reforma de sus religiosos. Esta rigidez suma fatigó á los frailes, que se quejaron á los definidores reunidos en capítulo en Yanhuitlan el 7 de Octubre de 1570. Fr. Juan de Mata, uno de

---

[1] Levanto. MS. f. 59.
[2] Idem, MS. f. 52.

los definidores, afeó á Córdova su severidad, mandándole moderar la aspereza de su gobierno, conminándolo con la suspension si lo hallaba incorregible. Córdova, de pié ante sus jueces, contestó: "Fuí puesto al frente de la provincia por Vuestras Reverencias, contra mi voluntad. En el gobierno de ella he dictado las medidas que juzgué de estricto deber. Mis jueces pueden ahora disponer de mí; pues si continúo gobernando, tengo de comenzar con nuevo brío el cumplimiento exacto de mi obligacion." Fué depuesto. No todos aprobaron este hecho. El virey Enriquez intervenia ya en el asunto y hubiera repuesto las cosas en su antiguo estado; pero el provincial depuesto lo aquietó haciéndole ver las mayores ventajas que lograria obedeciendo que mandando. Tambien el general de la Orden, Serafino Cavalo, quiso enviar visitador á la provincia para averiguar si Córdova habia recibido injuria en Yanhuitlan; mas no se llevó á cabo esta medida, por no poner en turbacion á la provincia. [1]

El capítulo absolvió á todos los excomulgados y suspensos, irritando y revocando todas las censuras y preceptos que así en comun como en particular habia impuesto el provincial, mandando al nuevamente electo, Fr. Domingo de Aguiñaga, que en lo sucesivo se abstuviese de "estas cosas." Fr. Juan de Córdova fué asignado como morador al convento de Tlacochahuaya, en donde vivió hasta su muerte.

8.—En Tlacochahuaya habian predicado el Evangelio los primeros dominicos, fabricando un convento estrecho y sombrío, siendo la causa el espíritu penitente de los que dirigieron la obra. Jordan era demasiado austero para buscar la belleza en las habitaciones. Pero, cosa rara, la mayor severidad en los ministros católicos produjo una más pronunciada tendencia en los indios á la civilizacion y á las cos-

1 Levanto, MS. f. 60.

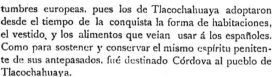

tumbres europeas, pues los de Tlacochahuaya adoptaron desde el tiempo de la conquista la forma de habitaciones, el vestido, y los alimentos que veian usar á los españoles. Como para sostener y conservar el mismo espíritu penitente de sus antepasados, fué destinado Córdova al pueblo de Tlacochahuaya.

Era, segun dice Burgoa, mortificado, pobre y desinteresado en extremo. No acostumbraba tocar moneda alguna: cuando hizo viaje á España, pidió que se pagase por mano ajena el flete de la embarcacion y que en Europa se hiciesen por otra persona los gastos indispensables. Dormia y descansaba en el suelo. Viajaba, arrastrando sus calzas y pidiendo de limosna lo que necesitaba en el dia. Comia tortillas de maíz; jamás, miéntras fué religioso, probó la carne; pero ayunaba por lo ménos siete meses en el año. No por eso se excusaba de trabajar activamente en beneficio de los indios con quienes se mostraba dulce y afectuoso, teniendo muchas veces que luchar con los encomenderos, por sus abusos en el tratamiento que les daban. Esta fué la causa de la excesiva severidad de su gobierno, pues, haciéndose cargo de que vivia en un país de idólatras, que deberian convertirse á la fé católica más bien con el ejemplo de una virtud sin tacha, que con la palabra, y en compañía de unos dominadores interesados y soberbios, cuyas crueldades no podian reprimir sin el aliento que comunica la fé acrisolada en las penitencias, ante todo quiso introducir una saludable reforma entre los suyos. Cerca de cuarenta años empleó en la milicia, y veinticinco perseveró en sus penitencias en el pueblo de Tlacochahuaya, en donde murió casi de cien años de edad, siendo sepultado en San Pablo de Oaxaca.

A su muerte, el convento de Tlacochahuaya solo tenia los bajos. Se pretendió darle alguna amplitud, y se pusieron al principio del siglo XVII los cimientos de otro; mas álguien se opuso, el virey suspendió la obra, y quedó como

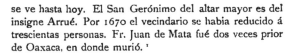

se ve hasta hoy. El San Gerónimo del altar mayor es del insigne Arrué. Por 1670 el vecindario se habia reducido á trescientas personas. Fr. Juan de Mata fué dos veces prior de Oaxaca, en donde murió.[1]

9.—El nuevo provincial Aguiñaga habia hecho tambien dos grandes beneficios á Cuilapan. El asiento de este pueblo no era entónces el actual: se hallaba situado al pié del monte Alban, entre dos contrafuertes que hacen un pequeño valle en forma de herradura, al Oeste de Xoxo. Padecian los vecinos muchas enfermedades y falta de agua por ser el lugar seco y malsano. Para evitar ambos inconvenientes, Aguiñaga se dirigió con gran número de indios preparados con picos, cuñas y otros instrumentos necesarios, á las alturas de Peras; y en donde le pareció conveniente, mandó romper una loma, cosa que se pudo practicar brevemente y sin costa, por el gran número de operarios interesados en ella. Hay allí manantiales abundantes de buenas aguas, que todas corrian en direccion de San Felipe Tejalapam: pudo Aguiñaga encañonar una parte considerable hácia Cuilapan, cuyos terrenos quedaron bien regados desde entónces. Además, los indios, por persuasiones del mismo religioso, abandonaron su antiguo pueblo y se trasladaron á las márgenes del rio que se formó con el agua de Peras. Contentos los indios porque los aires sanos que ventilan el nuevo pueblo no les causaban las enfermedades que solian padecer en el antiguo, y teniendo terreno á propósito, se dedicaron con esmero al cultivo de los nogales y de las palmeras, de que hicieron hermosos y dilatados parques. La fresca sombra de los muchos millares de nogales, que á poco se desarrollaron corpulentos, enlazando sus ramas y formando con sus copas unidas como un inmenso pabellon, convidaba al recreo; y los oaxaqueños des-

[1] Burgoa, 2ª parte, caps. 44 y 51.

de entónces, inclinados al deleite y á la distraccion, comenzaron á frecuentar el pueblo de Cuilapan, que se convirtió en un paseo público de la ciudad. Pero como el placer de correr por los bosques de nogales no se conservó siempre limpio de toda impureza y el rio Atoyac causó además en sus avenidas considerables desgracias en los paseantes, los obispos clamaron y las autoridades prohibieron la recreacion, desapareciendo la costumbre de pasear allí.

Fué Aguiñaga quien comenzó la fábrica del convento; pero la llevó á cabo Fr. Agustin de Salazar, gallego, hijo del convento de San Estéban de Salamanca. Ingénuo y sencillo como todos los de su país, tenia singular arte para cautivarse la voluntad de los indios, quienes, por complacerlo, se ofrecian espontáneamente á trabajar en aquella grandiosa obra que causa admiracion en la actualidad. Existe una parte del convento, un templo sin concluir y otro que sirve para el culto. Las arrogantes y esbeltísimas columnas que están en pié, los atrevidos y graciosos arranques, los arcos soberbios, la inimitable perfeccion de los ajustes de las piedras de que está formado, lo delicado y primoroso de los pormenores y la grandeza sorprendente del plan general, da muy ventajosa idea del arquitecto que la dirigió, el lego portugués Antonio Barbosa. No sé quién sea más admirable, si el arquitecto que concibió tan bello edificio, tal vez sin estudios precedentes del arte, ó Salazar, que sin contar con un real en sus arcas, sin hacer violencia á los indios, con la sola suma habilidad que tenia para moverlos á su placer, terminase una obra digna de la inmortalidad. Las oficinas bajas son todas de bóveda y se conservan completas: los altos del convento tuvieron techos de cedro; caidos éstos por la injuria de los tiempos, quedan en pié los muros de cantería desafiando á los siglos. El templo llegó hasta las cornisas: no se acabó porque la Real Audiencia de México mandó suspender la obra, por causa de ser Cuilapan una de las villas del marqués. ¡Valiente razon! El otro templo en actual servicio es muy amplio, de tres naves, y en toda la longitud de las paredes laterales se veian distribuidos muchos arcos abiertos para dar entrada á la multitud. que no cabia en el espacioso templo. Un siglo fué suficiente para que tanta muchedumbre se redujese á cuatrocientas familias que poblaban Cuilapan por 1670. Los arcos están cerrados en la actualidad. [1]

10. — Al tiempo de la conquista, Santa Ana Sagache se adjudicó á Cortés, por estar sujeto á Cuilapan que era una de sus villas. El conde de Monterey separó las doctrinas determinando que asistiesen en Santa Ana dos religiosos dominicos, uno de la lengua zapoteca y otro de la mixteca, por hablarse allí dos idiomas, como se ha dicho. Unos y otros indios, olvidados de su antigua enemistad, vivieron despues de la conquista con la mejor armonía, recogiendo igualmente los frutos de una tierra fecunda y bien regada y saboreándolos á la sombra de la paz; no acontecia lo mismo con los dueños de las estancias vecinas, cuyo ganado, invadiendo las sementeras del pueblo, las destruia. sin que valiesen reclamos y lágrimas de los infelices indios. Tantos daños recibieron, que elevaron á las autoridades sentidas quejas. El rey de España tuvo conocimiento de los agravios que recibian los indios por esta causa, y para remediarlos habia prescrito á D. Antonio de Mendoza nombrase visitadores que "oidas las partes sumariamente sin dar lugar á pleitos." hiciesen pagar los daños. sin embarazarse para ello por ninguna apelacion. Leon Romano, que habia llevado esta comision á Oaxaca, cumplió eficazmente su deber. Sordo á las representaciones y á los ruegos de los españoles, en poco tiempo dejó limpios los tres valles de yeguas y de vacas: ni lo detuvieron las apelaciones de los perjudicados por sus enérgicas medidas. ni lo intimidaron los plei-

[1] Burgoa, 2ª parte, caps. 37. 38 y 39.

tos que con tal motivo promovieron: así que, por 1551, el virey Mendoza podia dar fé de que en los valles "por ninguna vía se sufria que hubiese estancias."[1] Leon Romano facultó á los indios de Sagache para matar sin temor á las béstias invasoras, como lo intentaron varias veces sin resultado. Un medio encontraron de lograrlo. La primera vez que invadió el ganado sus sementeras, muchos indios apostados al intento, lo fueron encaminando con arte á la mesa rodeada de precipicios que corona el pico de María Sanchez. Cuando hubieron conseguido que estuviese reunido en este lugar, con pieles, conchas y palos hicieron un grande y repentino estrépito, con que el ganado se precipitó en los barrancos, pereciendo en un momento ciento cincuenta caballos. Siguióse por esta causa un largo y costoso litigio, en que los indios al fin triunfaron. Al hablar Mendoza sobre este litigio, descubre el generoso espíritu que, en favor de los indios, animaba entónces á los vireyes, "Es, dice, tan grande el daño que los españoles han recibido, que exclaman diciendo que los he destruido, y tienen razon, porque certifico á Vuestra Señoría que es lástima, mas no conviene hacer otra cosa. Vuestra Señoría sepa que si se dispensa que haya ganados mayores, destruye los indios, y uno de los mejores pedazos de tierra que hay en la Nueva España es." Santa Ana fué pueblo grande en la antigüedad; por 1670 contaba apénas cuatrocientos casados: tenia tres pueblos sujetos, el más numeroso de veinticinco casados.[2]

[1] Instrucciones á su sucesor.
[2] Burgoa, 2ª parte, cap. 47.

CAPITULO II

ORDENES RELIGIOSAS EN OAXACA.

1. Propios de la ciudad.—2. Segundo Concilio mexicano.—3. Fundacion del Monasterio de Santa Catalina.—4. Incursion del corsario inglés Francisco Drak.—5. Disturbios en Oaxaca al arribo de los jesuitas.—6. Reflexiones sobre este acontecimiento.—7. Noticias biográficas de algunos jesuitas.—8. Sus trabajos apostólicos.

1.—La poblacion de Antequera, despues de vacilar algun tiempo en la alternativa de aumentar ó desaparecer, habia entrado definitivamente en un movimiento favorable á la ciudad, de rápido crecimiento. En 1560 tenia otra vez quinientos habitantes.[1] Esta poblacion se componia de los primeros vecinos y sus inmediatos descendientes, de los corregidores y otros empleados, que al terminar el período de su oficio quedaban radicados en el lugar, de los que recibian mercedes de terreno y creaban intereses, de los comerciantes de grana que tenia ya salida para el extranjero, y de los pasajeros á Guatemala y el Perú, que halagados por el suave clima y el terreno fértil de Oaxaca, se resolvian á permanecer en ella.

El municipio, que tanto habia trabajado por adquirir ejidos, no poseia aún casa en que reunirse. El actual asiento

---

1 Rivas. Historia de la Compañía de Jesus. MS.

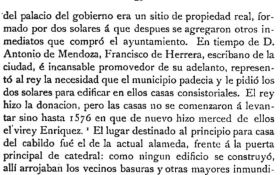

del palacio del gobierno era un sitio de propiedad real, formado por dos solares á que despues se agregaron otros inmediatos que compró el ayuntamiento. En tiempo de D. Antonio de Mendoza, Francisco de Herrera, escribano de la ciudad, é incansable promovedor de su adelanto, representó al rey la necesidad que el municipio padecia y le pidió los dos solares para edificar en ellos casas consistoriales. El rey hizo la donacion, pero las casas no se comenzaron á levantar sino hasta 1576 en que de nuevo hizo merced de ellos el virey Enriquez.[1] El lugar destinado al principio para casa del cabildo fué el de la actual alameda, frente á la puerta principal de catedral: como ningun edificio se construyó, allí arrojaban los vecinos basuras y otras mayores inmundi-

---

[1] Así consta en un despacho del último de estos vireyes, del tenor siguiente: "D. Martin Enriques &. Por cuanto su Magestad mandó dar y dió una su real cédula su tenor de la cual es la que se sigue:—El Rey. D. Antonio de Mendoza nuestro visorey y gobernador de la Nueva España de la audiencia y chancilleria real que en ella reside. Francisco de Herrera en nombre de la Ciudad de Antequera que es en el Valle de Guaxaça me ha suplicado haga merced á la dicha Ciudad para propios de ella de dos solares que nos tenemos en la dicha ciudad para que en ellos se haga una casa de cabildo de que ha mucha necesidad ó como la mi merced fuese: por ende Yo vos mando que veais los susodichos y si vieredes que no hay inconveniente de dar á la dicha Ciudad los dichos dos solares que nos tenemos en ella se los deis para que en ellos se haga cabildo y fundacion y no para otra cosa alguna, ca dandoselos vos los dichos solares yo por la presente se los doy y hago merced de ellos. Fecha en la Ciudad de Toledo á dies y ocho dias del mes de Abril de 1539 años. Yo el Rey. Por mandado de Su Magestad *Juan de Samano.*—Y por cuanto aora por parte de la justicia y regimiento de la dicha ciudad de Antequera me ha sido hecha relacion que aunque la dicha Ciudad posee los dichos solares no se ha hecho la merced de ellos me pidieron mandase hacerla conforme á la dicha cédula y por mi visto conforme á ella y en nombre de su Magestad hago merced á la dicha Ciudad de Antequera de los dichos dos solares para el efecto de hacerse en ellos casas de cabildo y fundacion y no para otro efecto alguno y no los puedan vender ni enagenar en ningun tiempo ni los edificar para otro efecto de los susodichos la cual merced les hago sin perjuicio de su Magestad ni

cias que ofrecian un aspecto repugnante. Solícitos del bien público, los regidores quisieron quitar del centro de la poblacion aquella sentina, y en 1584 pidieron, y el Illmo. Sr. Moya, virey entónces, concedió libertad para que el terreno se vendiese ó sobre él se levantase algun edificio útil á la ciudad. Ni una cosa ni otra se hizo, sino que se destinó el lugar para mercado de cántaros y otras vasijas de barro, Estos cuatro solares parecen haber sido las primeras propiedades del ayuntamiento de Antequera.

Sus recursos eran tan escasos que no pudo reunir en muchos años la pequeña suma que pedian los albañiles para componer el caño que abastecia de agua á la ciudad. Al principio era este caño una zanja abierta en la tierra suelta en la que se consumia el agua que no se derramaba por los lados. A fin de que Oaxaca no careciese del agua necesaria, se propuso el ayuntamiento hacerla correr por un canal de piedra; mas careciendo del dinero necesario, se comprometió á dar á los dominicos perpétuamente, sobre la merced de tres cuartillos de agua de que disfrutaban ya estos religiosos, otros cinco siempre que hiciesen parte del costo de la obra. El contrato se celebró con las formalidades convenientes, y los dominicos gastaron en la fábrica del caño mayores sumas de las que habian pactado: se consiguió en efecto que entrase en la ciudad caudal más abundante de agua potable; mas como de ella los dominicos tomaban el agua que habian pactado, el hilo de la que seguia corriendo era muy delgado y el vecindario continuó padeciendo gran necesidad. [1]

de otro tercero y mando al alcalde mayor de la dicha Ciudad le meta en la pocesion de los dichos dos solares y metida le defienda y ampare en ellos y no consienta sea de ella despojada sin ser oida y por fuero y derecho vencida ante quien y como deba. Fecho en Mexico en 29 dias del mes de Marzo de 1576 años.—*D. Martin Enriquez.*—Por mandado de Su Señoría, *Juan de Cueva.*"

1 Habia en Oaxaca tanta falta de agua, que se proyectó llevar á ella

Los dominicos tenian necesidad del agua para la fábrica del convento de Santo Domingo. Desde 1550, el ayuntamiento les habia concedido un terreno baldío, situado hácia el Norte y á orillas de la ciudad, cerca de la caja de agua y de una ermita consagrada á la Santa Veracruz. Aquel terreno servia de muladar; pero los dominicos juzgaron que la ciudad crecería por ese lado, y despues de algunos años, edificando allí, su casa quedaria en el centro de la poblacion. Con veinte reales comenzaron la obra en el año de 1570. El rey les dió despues como ayuda 700 pesos. Algunas pequeñas limosnas deben haber recogido de los vecinos de Antequera. Pero aquellos frailes, acostumbrados á no medir sus empresas por el tamaño de sus propias fuerzas, trazaron el plano de un soberbio edificio capaz de competir con los mejores de América, ya que no se quiera decir otro tanto de los de Europa: tardaron en su construccion treinta años, con un costo de más de doce millones de duros.

2.—No debe haber sido extraño á esta última obra el Illmo. Alburquerque, quien debe haber dado sin embargo la preferencia á sus deberes episcopales. Permaneció en

---

la de Huayapan, pensamiento que sin embargo no llegó á realizarse sino hasta 1881. El 19 de Junio de 1565, "La real audiencia hace saber á Rodrigo Maldonado, alcalde de Antequera que por parte de los vecinos, cabildo y regimiento de ella nos fué hecha relacion que cierta agua que nace en términos de la dicha ciudad de unas sierras encañada cerca del pueblo de guayapa hasta traerla hasta el barrio de xalatlaco que es de la dicha ciudad é nos pidió le mandasemos dar licencia para hacer el caño para traer la dicha agua libremente é por nos visto atento lo susodicho por la presente os mandamos que os informeis del provecho y utilidad que se seguirá á la dicha ciudad de la traida de la agua y por que causa y la distancia que habrá de donde se ha de traer hasta el paraje y á que costa se ha de hacer y cuanta será la costa y si se seguirá algun perjuicio así á indios como á españoles y hecha dicha averiguacion juntamente con vuestro parecer jurado lo enviad ante nos para que se provea lo que convenga." (Archivo gen., vol. 8, fol. 50, v).

Oaxaca desde 1560 en que tomó posesion de la diócesis, hasta 1565 en que, juntamente con los demás obispos de Nueva España, fué llamado por el Sr. Montúfar arzobispo de México, para la celebracion del Segundo Concilio provincial.

En la perpétua lucha que el episcopado católico sostiene unas veces contra los errores que surgen aquí y allí en el seno mismo de la Iglesia, y otras veces contra los vicios que comienzan sin ruido, se propagan lentamente y al fin se hacen generales con ruina y mengua de la sociedad entera, hay ocasiones en que por la naturaleza y gravedad del mal, los obispos son impotentes para extirparlo usando de los medios ordinarios á su alcance. Nada más racional entónces que apelar á recursos extraordinarios, conferenciando ante todo con varones doctos, especialmente con los demás obispos y pastores, acostumbrados á pulsar las dificultades del ministerio apostólico y expertos por una larga práctica en vencerlos. En semejantes casos, pues, se convoca un Concilio general ó nacional, segun el tamaño del peligro que se ha de conjurar, y en él se formulan decretos casi siempre respetables y de resultado trascendentalmente benéfico para los pueblos. Así lo testifica la historia de diez y nueve siglos.

No fué este, sin embargo, el motivo de haberse reunido el Concilio segundo mexicano, sino sencillamente el de recibir y promulgar los decretos del Tridentino. Temeridad seria afirmar que no habia entónces vicios que corregir; se puede aventurar la conjetura de que, fuera de los rezagos de viejas idolatrías, no habia errores que extirpar, y aun de que los vicios, por su carácter, no demandaban un remedio de alta jerarquía. Asi se desprende de la lectura de los decretos del Concilio segundo mexicano: apénas los obispos allí reunidos encontraron que corregir. Los religiosos estaban ajustados á sus reglas: ellos y los clérigos trabajaban en convertir á los infieles y moralizar á los españoles. El

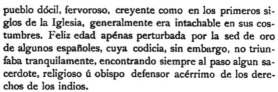

pueblo dócil, fervoroso, creyente como en los primeros siglos de la Iglesia, generalmente era intachable en sus costumbres. Feliz edad apénas perturbada por la sed de oro de algunos españoles, cuya codicia, sin embargo, no triunfaba tranquilamente, encontrando siempre al paso algun sacerdote, religioso ú obispo defensor acérrimo de los derechos de los indios.

Contiene el Concilio veintiocho capítulos, en los que con la mayor suavidad, frecuentemente sin imponer penas y á veces suplicando más bien que prescribiendo, se corrigen, ó mejor se previenen defectos ligeros que pudieran cometerse en el culto divino. Trata del sacramento de la penitencia, del sacrificio de la misa y del órden que se debe guardar en el coro.

Sobre el sacramento de la penitencia prescribe que los sacerdotes se oigan unos á otros sus pecados,[1] que acudan pronto á toda hora del dia y de la noche á oir las confesiones de los enfermos,[2] que formen padrones para conocer á los que cumplen con el precepto de la confesion anual,[3] pero que no administren este sacramento en lugares profanos,[4] ni ménos por este acto ni otros del ministerio sagrado exijan cosa alguna.[5]

Acerca del sacrificio de la misa manda, que los sacerdotes la celebren en los dias feriados muy de mañana, para que los indios puedan asistir allí y dedicarse despues á su trabajo,[6] y que á éstos no se obligue á la asistencia de la misa en templos lejanos de su morada, pudiendo hacerlo en otros más cercanos.[7]

[1] Cap. 3.
[2] Cap. 5.
[3] Cap. 4.
[4] Cap. 6.
[5] Cap. 2.
[6] Cap. 8.
[7] Cap. 9.

Quiere que los indios no hagan procesiones sin la asistencia de los sacerdotes, [1] y que éstos se muestren solícitos de la limpieza de los ornamentos, de la decencia de los templos, y de la exactitud y devocion en la recitacion de las horas canónicas. [2]

Prescribe que los párrocos, para su instruccion, posean biblias y prontuarios de moral [3] y que para enseñar á los indios aprendan sus idiomas. [4] No permite á los clérigos tener tratos ni negocios, [5] conmina á los usureros con la pena de excomunion, [6] prohibe severamente el uso de las carnes en todos los sábados del año, [7] y finalmente, ordena que los europeos residentes en América paguen diezmos, pero que á los indios no se cobren sino en los tres géneros señalados en una ejecutoria real.

Para terminar, el Concilio renueva las ordenanzas del anterior, celebrado en 1555, y manda publicar las bulas pontificias que concedian á los indios notables privilegios, siendo digno de recuerdo el que les permitia ganar las indulgencias, no habiendo copia de confesores, sin necesidad de recibir los sacramentos de penitencia y comunion.

Las constituciones del Concilio se publicaron el 11 de Noviembre de 1565. El Sr. Alburquerque, despues de haberlo autorizado unido á los demás obispos con su firma, volvió á su diócesis para continuar las fatigas que le imponia su incansable celo. Uno de los actos en que resaltó su deseo de honrar á Dios fué la fundacion que hizo del monasterio de religiosas domínicas de Oaxaca.

---

1 Cap. 11.
2 Caps. 12, 13, 14, 15, 16 y 17.
3 Cap. 18.
4 Cap. 19.
5 Cap. 28.
6 Cap. 27.
7 Cap. 25.

3.—Nada más bello y útil que esos conventos en que las vírgenes consagran al cielo los afectos de toda su vida. Los romanos trataban con respetuosa veneracion á sus vestales. Los antiguos mexicanos tenian doncellas que, dedicadas al culto de sus dioses, profesaban castidad temporal ó perpétuamente. La Iglesia católica, desde los primeros siglos de su existencia, da en su seno un lugar preferente á las vírgenes. Hay en la mujer algo que se admira, se venera y se ama cuando se consagra á Dios; hay en los afectos ingénitos de su corazon cierta pureza que permanece inmaculada cuando ellos se dirigen al cielo. El amor se profana y envilece cuando toma una forma humana; pero se diviniza en cierta manera cuando del todo se ofrece al Sér Supremo. Así lo han reconocido todos los pueblos, los ménos cultos y los más antiguos, así como los más modernos y civilizados. En esas vírgenes sagradas, la noble dignidad de la mujer se conserva intacta: ellas impiden creer que la mujer no tiene sobre la tierra otro destino que el de servir á los brutales placeres del hombre. Además, las monjas oran á Dios por los pecadores, y segun creemos los católicos, con sus preces alejan las calamidades que los pueblos atraen con sus desórdenes. En fin, Dios es digno de ser amado y servido con la perfeccion á que aspiran los monjes del catolicismo.

Este último pensamiento era el que presidia en la mente del Sr. Alburquerque cuando pretendia fundar en Oaxaca un monasterio. Maduraba tiempo hacia su designio; pero presentia graves obstáculos para realizarlo. En 1571 condujo de México cuatro religiosas franciscanas, por no haber en la Nueva España ninguna del Orden de Predicadores, con el expreso pacto de que habian de cambiar de regla y de hábito; mas como despues de haber llegado á Oaxaca, se negaron á cumplir la condicion, por esta causa y otras igualmente justas, el obispo las restituyó á su convento de la capital. Permanecieron en Oaxaca tres años en compañía de dos sobrinas del señor obispo, que pidieron el hábito. Despues de su separacion, las dos, á que sucesivamente se habian ido agregando otras hasta el número de diez, permanecieron enclaustradas, guardando vida regular al cuidado de una anciana viuda que deseaba el retiro del mundo, bajo la direccion del P. Fr. Pedro del Castillo. [1]

Entretanto, el Illmo. obispo pidió á Roma autorizacion competente, que le fué concedida por bula de Gregorio XIII expedida desde 15 de Octubre de 1572, pero que no llegó á Oaxaca sino hasta el año de 75. No se procedió desde luego conforme al contenido de la bula, por haberse suscitado algunas dudas acerca de su inteligencia, y porque no se juzgó suficiente para el intento, segun estaba concebido: escribió, pues, de nuevo el Sr. Alburquerque, tanto al Pontífice Romano como al V? General de la Orden de Predicadores, que lo era entónces Fr. Serafino de Cavalli, pidiendo facultad de constituir á sus monjas segun le pareciera mejor y sin sujecion á las reglas generales. La contestacion del general de la Orden, por haberse extraviado, no llegó á Oaxaca; pero el Sumo Pontifice, seguro de la discrecion del obispo fundador, expidió una segunda bula el 1? de Marzo de 1577, más amplia y satisfactoria que la primera. En virtud de ella procedió el señor obispo á dar reglas y constituciones á las religiosas, que propiamente deberian haber llevado el nombre de su fundador, pues se apartaban notablemente de la ley comun á los otros monasterios de su Orden.

Entre los artículos de su regla, son dignos de atencion: el 2? que las declara exentas de la jurisdiccion del ordinario y sujetas perpétuamente al prior que fuese del conven-

---

[1] Estas noticias están tomadas del archivo de Santa Catalina de Oaxaca, autorizadas con la firma del Sr. Alburquerque, con lo que se ve la inexactitud de las relativas que se leen en una nota de los apuntes de Sedano, tom. 1, pág. 76.

to de Santo Domingo; [1] la 5ª, que declara la casa que habitaban verdadero y perfecto monasterio con todos los privilegios, aun para tener voto activo y pasivo en sus capítulos, aunque careciese de la circunstancia dè contar doce religiosas; y la última, en que se ordena el breviario que habian de usar, limitándose sus maitines á un nocturno y éste á solo tres salmos, sin variedad de tiempos. El solícito obispo les prescribió varias otras ordenañzas llenas de sabiduría y prudencia, previniendo los defectos que podrian relajar las observancias monásticas con el tiempo, los males que acaso les podrian sobrevenir á las monjas y los medios de precaverlos y sanarlos. El 20 de Octubre de ese año, les fueron notificadas las nuevas constituciones á que voluntariamente se sometieron. presenciando el acto el Dr. Sancho Alcorris, arcediano de la Catedral; D. Francisco Zárate, chantre; D. Pedro de Alavez, tesorero; Fr. Domingo de Aguiñaga, provincial de dominicos; Fr. Martin de Zárate, prior, etc.

La profesion religiosa se habia hecho aun ántes de recibirse en Oaxaca la segunda bula de Gregorio XIII. A continuacion copiamos el acta levantada en esa ocasion, tal como la encontramos en el archivo de Santa Catalina de Oaxaca, pues creemos que muchos gustarán de conocer ese documento de remota fecha:

"En la Ciudad de Antequera, doce dias del mes de Febrero de mil y quinientos y setenta y seis años, en el monasterio de la Madre de Dios de Santa Catherina de Sena, de la Orden de Señor Santo Domingo, estando presente el Sr. Obispo D. F. Bernardo de Alburquerque y el muy R. P. Fr. Domingo de Aguiñaga, provincial de la dicha Orden y número de Religiosos y todo el pueblo: despues

---

[1] Poco ántes de ser exclaustradas por las leyes de reforma, los obispos habian logrado sujetarlas á su autoridad.

de acabada la solemnidad de la misa y sermon, el sobredicho padre Provincial, revestido con las vestimentas sacras, como acabó la misa se fué á una reja de palo donde estaban todas las religiosas del dicho monasterio cubiertas con sus velos, y por el órden que el Santo Concilio manda fueron preguntadas si entendian lo que hacian ó si eran engañadas ó forzadas para tomar aquel estado y perseverar en él, y si querian de su libre voluntad sugetarse á la Orden de Santo Domingo y á los Prelados de ella. Y todas en alta voz ante mí Fr. Tomás de San Juan, notario appco. y en presencia de todo el pueblo, Respondieron que entendian muy bien lo que hacian por que no eran niñas y que de su libre voluntad se encerraban en perpetua clausura para poder mejor servir á Jesucristo su esposo y dejar y apartarse del mundo y que era su voluntad sujetarse ahora y para siempre al sobredicho padre provincial y á todos los prelados que fueren de la Orden. Y Yo el sobredicho notario, siéndome pedido testimonio de todo lo sobredicho por parte de Su Señoria Revma. del Sr. Obispo que presente estaba las hice las mismas y precedentes preguntas, tomando para ello algunos testigos de los que presentes estaban, que fueron los religiosos Fr. Gabriel de San José prior en el monasterio de dicha Ciudad, Fr. Luis López presentado, Fr. Tomas del Espíritu Santo, Fr. Pedro del Castillo, Fr. Baltasar de los Reyes y Fr. Bartolomé de Nieva. Seglares, Alonso Treviño, alcalde ordinario, Melchor Juarez, regidor, Alonso de Canseco de Porras, Juan Bosque, Juan Lopez del Salto. Y las dichas religiosas respondieron con mucha alegría y regocijo que se ratificaban en lo dicho. Y en su testimonio alzaron las voces cantando *Te Deum Laudamus*. De todo lo cual doy fé y verdadero testimonio. —En testimonio de verdad fice aquí mi signo."

El Sr. Alburquerque dedicó su más exquisito esmero al cuidado de aquellas religiosas, á quienes amó como pudie-

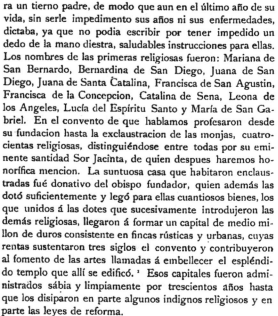

ra un tierno padre, de modo que aun en el último año de su vida, sin serle impedimento sus años ni sus enfermedades, dictaba, ya que no podia escribir por tener impedido un dedo de la mano diestra, saludables instrucciones para ellas. Los nombres de las primeras religiosas fueron: Mariana de San Bernardo, Bernardina de San Diego, Juana de San Diego, Juana de Santa Catalina, Francisca de San Agustin, Francisca de la Concepcion, Catalina de Sena, Leona de los Angeles, Lucía del Espíritu Santo y María de San Gabriel. En el convento de que hablamos profesaron desde su fundacion hasta la exclaustracion de las monjas, cuatrocientas religiosas, distinguiéndose entre todas por su eminente santidad Sor Jacinta, de quien despues haremos honorífica mencion. La suntuosa casa que habitaron enclaustradas fué donativo del obispo fundador, quien además las dotó suficientemente y legó para ellas cuantiosos bienes, los que unidos á las dotes que sucesivamente introdujeron las demás religiosas, llegaron á formar un capital de medio millon de duros consistente en fincas rústicas y urbanas, cuyas rentas sustentaron tres siglos el convento y contribuyeron al fomento de las artes llamadas á embellecer el espléndido templo que allí se edificó.[1] Esos capitales fueron administrados sábia y limpiamente por trescientos años hasta que los disiparon en parte algunos indignos religiosos y en parte las leyes de reforma.

El Sr. Andrade, en sus notas á las "Noticias de México recogidas por D. Francisco Sedano,"[2] dice que de su convento de Oaxaca salieron en 1576 Cristiana de la Asuncion y Mariana de San Bernardo para fundar en México el monasterio de Santa Catalina, que no pudieron habitar hasta 1595.

[1] Actualmente la casa del vicario de las monjas sirve de palacio al municipio; en el templo tienen los regidores sus sesiones y el convento sirve de prision á los criminales de uno y otro sexo.
[2] Nota correspondiente al artículo "Catarina," tom. 1, pág. 76.

A Guatemala tambien se pretendió, por 1610, llevar monjas de Oaxaca que fundasen convento de su instituto, y aun fueron señaladas por el obispo las que deberian partir; mas por varias dificultades que se ofrecieron, no tuvo efecto la fundacion. [1]

4.—En 1578 tuvo lugar en las costas del Pacífico la incursion armada del corsario inglés Fransisco Drak. Era natural de Travistock en el condado de Deron. El principio de su carrera de marino fué oscuro. En 1565, sabedor de que en Plimouth se equipaban navíos con destino á la América, vendió uno que poseia y se ofreció á Juan Hauvokins, capitan de la escuadra que se preparaba: se le dió el mando de una nave, con la que en sus correrías apresó muchas españolas. En 77, al frente de cinco embarcaciones, dió la vuelta al mundo, hostilizando á España siempre que la ocasion se le ofrecia, ó apoderándose de naves cargadas ricamente, ó entrando á saco en las plazas, como lo verificó en 85, invadiendo las Canarias, Cabo Verde, Santo Domingo y otras islas. En Cádiz arrojó á pique en 87 más de veinte buques. Señaladas fueron sus proezas en 88 contra la gran escuadra española perseguida ya por los vientos y las tempestades. En 1595, á la cabeza de veintiocho navíos sostuvo la gloria de sus hazañas precedentes, apoderándose á viva fuerza de Santa Marta, Rio del Hacha y otras ciudades importantes; pero llevó la peor parte en el principal ataque dirigido contra Panamá, siendo el disgusto que suceso tan contrario le produjo, la causa de su muerte, en Puerto Bello, año de 1596. La reina de Inglaterra, en recompensa de sus servicios, lo habia nombrado vice-almirante de su armada.

Cuando aportó en las costas de Oaxaca, los campos quedaron talados, y abrasados por las llamas los pueblos cerca-

---

1 Remesal. Lib. 8, cap. 2, núm. 3.

Illmo. Sr. Dr. D. Juan López de Zárate,
PRIMER OBISPO DE OAXACA.

nos á Huatulco, cuyos pacíficos habitantes huyeron en su mayor parte despavoridos á los montes, quedando algunos muertos entre las manos de aquellos foragidos. Los ganados y los frutos de la tierra que no fueron destruidos pasaron al poder de los invasores. [1] El virey, marqués de Villa Manrique, luego que tuvo noticia de tales atentados, libró despacho á Guadalajara prescribiendo que en todos los partidos de su jurisdiccion que caian á la mar del Sur se llamase á las milicias, y además proveyó que todas las embarcaciones surtas en Acapulco se aparejasen y estuviesen listas para combatir al inglés. El mismo reunió en México algunas tropas, les dió por jefe al Dr. Palacios y las hizo marchar al puerto. Cuando las tropas llegaron á su destino se supo que Drak, despues de saquear los pueblos, habia determinado abandonar aquellos mares. Con esta noticia se resolvió suspender el embarque de las tropas, hasta conocer el rumbo que seguian los ingleses. Miéntras se detenian pensando esto en aquel pueblo, los enemigos apostados en la punta de California, espiaban el paso de la nao de Filipinas que por aquella altura y estacion se dirigia todos los años á la Nueva España. No tardaron mucho,

---

[1] En una relacion que se publicó del viaje de Drak por uno de sus compañeros, se dan algunos pormenores acerca de la invasion de Huatulco. "Nos guió, dice, hasta el puerto de un pueblecillo que está alongo de costa y se llama Cuatierco *(Huatulco)* diciendonos que en la poblacion no habia mas de dies y siete españoles. Sobre esto saltamos á tierra y vimos un juez acompañado de tres oficiales, que juzgaban á tres moros negros acusados de haber pegado fuego al lugar. Prendimos al juez, á los oficiales y á los moros y los llevamos á bordo de nuestras naves. Entonces dijo nuestro General al juez. Necesito agua dulce. Y al punto el juez mandó á todos los habitantes que la trajeran y así lo hicieron. Luego saqueamos la poblacion y entre otras cosas hallamos y cogimos una vasija grande en la cual habia media carga de reales de plata. Uno de los nuestros llamado Tomas Mornis, cogió tambien aun español que huia y le quitó una hermosa cadena de oro, con otras joyas de mucho valor." (Los viajeros célebres, pág. 97. Edicion de Paris, 1861).

6 *

en efecto, en observar que el galeon Santa Ana, cargado de oro y preciosas mercancías de China y el Japon, seguro de corsarios, cruzaba tranquilamente aquellas aguas: los piratas persiguieron al galeon, lo entraron al abordaje, y finalmente, lo rindieron. Drak, contento con su presa, arrojó á tierra á los prisioneros en el cabo de San Lúcas, quemó el galeon y se hizo á la vela. Informado el virey de tales trágicos sucesos, mandó al Dr. Palacios salir del puerto y dar alcance á los ingleses; ya era tarde: habiendo corrido largo tiempo Drak aquellos mares, se dirigió rumbo á las Indias orientales, y Palacios no logró tener siquiera noticia de los enemigos.

5.—Poco ántes de este tiempo, en comision del cabildó eclesiástico habia pasado á México el canónigo D. Antonio Santa Cruz, persona de mucho caudal y de no ménos saber, pues á su discrecion y prudencia se fiaban los negocios importantes de la diócesis de Antequera. Habiendo observado cuidadosamente en esta capital á los jesuitas, que no hacia mucho habian llegado á ella desplegando desde luego su actividad característica, entendió que si lograba llevar algunos consigo á Oaxaca, haria un gran bien á su patria y declaró sin demora sus deseos al P. Diego López que suplia en su ausencia al provincial de la Compañía de Jesus, P. Pedro Sanchez. No tardó mucho Santa Cruz en quedar satisfecho. El provincial, que se hallaba en Pátzcuaro preparando un colegio, con la noticia que recibió de que por Oaxaca se abria un camino fácil á la propagacion de su instituto, apresuró su regreso á México, en donde habiendo oido las proposiciones del acaudalado canónigo que prometia fundar á su costa un colegio de jesuitas, señaló á los padres Diego López y Juan Rogel para que lo acompañasen, reconociesen la tierra é informasen al superior lo que creyesen conveniente. Fueron recibidos en la ciudad por casi todos los vecinos que acudieron en tropel al camino, movidos unos de curiosidad, é invitados otros por el mismo Santa Cruz. El obispo los recibió con agrado, y el canónigo, su conductor, los hospedó en su casa, desde donde se procuraron noticias del carácter y costumbres de los oaxaqueños y del fruto que en sus trabajos podian esperar de la ciudad. Estas noticias no deben haber sido desfavorables, pues Diego López resolvió admitir á nombre del provincial la prometida fundacion; y habiéndoles ofrecido el obispo, miéntras podian edificar iglesia, su catedral, comenzaron á confesar y predicar en ella.

Juan Rogel y Diego López eran sugetos de indisputable mérito, acostumbrados á los ejercicios propios de su estado, sabios y elocuentes. El concurso que oia sus sermones era numeroso y á proporcion el fruto que recogian. El canónigo Santa Cruz, que vió cuánta simpatía se conciliaban del público aquellos dos jesuitas, sin detenerse más tiempo, les otorgó escritura de donacion de unas casas muy acomodadas con grandes solares adjuntas á propósito para levantar en ellos templo y colegio. A su ejemplo, muchos ricos vecinos les hicieron donativos de gruesas sumas, ofreciendo además cuidar con sus caudales de la conservacion de la casa de la Compañía.

Regularmente una prosperidad acelerada es preludio de una tempestad deshecha: así aconteció en esta vez. El sitio, donacion de Santa Cruz, caia dentro de las canas del convento que tenian edificado los dominicos. Los religiosos de este Orden, que ignoraban los privilegios del Instituto de Jesus y que en sus derechos se creian vulnerados, ocurrieron al obispo reclamando contra la nueva fundacion. Se mandó reconocer el terreno, y se halló el sitio comprendido ciertamente entre las ciento cuarenta privilegiadas canas. Al Sr. Alburquerque pareció incontestable la justicia de la causa de los dominicanos, y resueltamente se opuso al establecimiento de la Compañía. Como los jesuitas continuaron predicando y confesando sin darse por apercibidos de las determinaciones del obispo, éste les negó el púlpito de su catedral. Los jesuitas intentaron defenderse; el obispo, cada dia más agrio, les suspendió las licencias de confesar y predicar en toda la diócesis. Más adelante los fijó por públicos excomulgados y prohibió bajo censuras y penas pecuniarias, que nadie los tratase ni ayudase con su persona ni con sus bienes á la proyectada fundacion. En esas circunstancias, el P. Diego López juzgó conveniente ceder el derecho ya adquirido sobre la casa y solares motivo de la persecucion, y fiar enteramente de la Providencia; no por eso los ánimos se apaciguaron. El mismo Santa Cruz, tan adicto poco ántes á la Compañía, temeroso acaso de la indignacion del obispo, cuyas malas consecuencias no queria arrostrar, se mostraba arrepentido de su donacion.

No todos los oaxaqueños, sin embargo, habian vuelto la espalda á los jesuitas. Algunos, al observar la inconstancia de D. Antonio, se declararon por ellos abiertamente. Muchos habia que, por evitar el escándalo, secretamente los visitaban, socorrian y consolaban. La ciudad entera quedó dividida en facciones, siguiendo cada cual el partido que le parecia más justo. Un dia corrió entre el vulgo la noticia de que los jesuitas iban á ser violentamente arrancados de su casa y desterrados de todo el obispado: á esa voz el municipio se declaró en su favor y determinó á toda costa protegerlos. Algunos del pueblo, sus más ardientes partidarios, empuñaron las armas, pasaron la noche en las vecindades de la casa y estaban prontos á repeler la fuerza con la fuerza.

En medio de tal borrasca, considerando que los medios suaves no habian hecho más que exasperar el mal, el P. Diego López tomó la resolucion de partir á México y presentarse en apelacion al arzobispo, y por vía de fuerza á la Real Audiencia y al virey como vicepatrono de la Nueva España. En todos estos tribunales se dió pronta y favorable sentencia al Instituto de Jesus. La Audien-

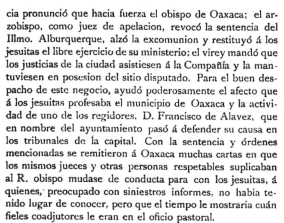

cia pronunció que hacia fuerza el obispo de Oaxaca; el arzobispo, como juez de apelacion, revocó la sentencia del Illmo. Alburquerque, alzó la excomunion y restituyó á los jesuitas el libre ejercicio de su ministerio: el virey mandó que los justicias de la ciudad asistiesen á la Compañía y la mantuviesen en posesion del sitio disputado. Para el buen despacho de este negocio, ayudó poderosamente el afecto que á los jesuitas profesaba el municipio de Oaxaca y la actividad de uno de los regidores, D. Francisco de Alavez, que en nombre del ayuntamiento pasó á defender su causa en los tribunales de la capital. Con la sentencia y órdenes mencionadas se remitieron á Oaxaca muchas cartas en que los mismos jueces y otras personas respetables suplicaban al R. obispo mudase de conducta para con los jesuitas, á quienes, preocupado con siniestros informes, no habia tenido lugar de conocer, pero que el tiempo le mostraria cuán fieles coadjutores le eran en el oficio pastoral.

Cuando estas cartas llegaron, las cosas habian mudado de semblante. El obispo llamó á Juan Rogel y le preguntó los fundamentos que tenia para apoyar su causa. El jesuita mostró una bula de Pio VI que le favorecia. Dió además la razon de poder fundar la Compañía en las casas de otros conventos, por tener bienes raíces y estarle prohibido recibir estipendio por sus ministerios. Agregó que habia sido bastante esta razon para sofocar desde el principio toda semilla de discordia en Zaragoza, Palencia y México, y que en Oaxaca tambien habria bastado si se hubieran querido oir sus proposiciones de paz. "Sobre todo, señor, agregó, para que vea V. S. que la Compañía recurrió á tribunales superiores, no por tener el gusto de contradecir, sino por defensa de su honor y de sus privilegios, conviene que no ignore cómo tenemos renunciado el sitio que nos habia dado D. Antonio Santa Cruz, queriendo ántes perder el derecho de una donacion por su naturaleza irrevocable, que hacia todo el fondo de nuestra subsistencia en la ciudad, que ser causa de la molestia que de ello recibian algunas sagradas religiones."

Este razonamiento tranquilo serenó el ánimo recto y sincero del obispo, de tal suerte que reconoció no solo la justicia, sino tambien el desinteres y la moderacion con que habian procedido los jesuitas. Les agradeció la cesion del sitio, cosa que probablemente hasta entónces ignoraba; alzó la excomunion y dió francas licencias para ejercer el sagrado ministerio; escribió al provincial pidiendo que volviese á Oaxaca Diego López, llevando consigo algunos otros compañeros; dió unas casas de su propiedad, más acomodadas que las que fueron causa del disturbio, situadas entre la plaza real y la del marqués del Valle, en cuyo lugar se levantó despues el gran edificio conocido aún con el nombre de la "Compañía;" por todo el tiempo de su vida se valió de los jesuitas para cuantos negocios arduos se ofrecieron á su mitra; y finalmente, en manos de ellos, que singularmente le asistieron en su postrera enfermedad, entregó á Dios su alma, el 23 de Julio de 1579.

6.—La energía con que los jesuitas esta vez sostuvieron sus derechos en Oaxaca, era el preludio de la que desplegarian más tarde en Puebla contra el Illmo. obispo Palafox. Sin duda de tales debates reportan los pueblos alguna utilidad, pues defender el derecho de los inferiores equivale siempre á moderar la autoridad del superior: es suávizar el poder, reduciéndolo en su ejercicio á los términos estrictos de lo justo; pero á los jesuitas les han acarreado innumerables sinsabores y peligros. Semejantes discusiones impresionan desagradablemente á los que no reflexionan que no solo en el órden civil, sino tambien en la sociedad religiosa, no todos los derechos son indiscutibles, ni todos los hombres igualmente aptos para conocerlos. La malicia ó una culpable ignorancia frecuentemente las provocan; mas no es imposible que en medio de la turbacion que ocasionan resplandezcan la buena fé y la rectitud. Si no tan apasionado y ardiente como el Illmo. Palafox, Alburquerque era sólidamente instruido y sabio; á pesar de la intervencion del arzobispo y del virey, hubiera podido continuar la lucha comenzada, con el estruendo que produce el choque de derechos; el no haberlo hecho demuestra con evidencia su sabiduría y su virtud. En la contienda, los jesuitas reportaron la victoria; al Sr Alburquerque pertenece la gloria de haber sabido ceder á la razon.

Los dominicos, autores del disturbio, [1] tampoco se empeñaron en proseguir con su demanda, ántes bien, al ejemplo del obispo, fueron los más constantes en favorecerlos, no perdonando ocasion de darles muestras de la amistad más benévola y sincera. Así fué que á poco las dos comunidades celebraron una gran fiesta religiosa, predicando Alonso Ruiz, vicerector del colegio de la Compañía, con motivo de una reliquia de Santa Catalina, de que el provincial de jesuitas hizo donacion á las monjas de Santo Domingo. Los fieles, tambien á porfía, se esmeraron en favorecer el Instituto, distinguiéndose D. Francisco de Alavez, D. Julian Ramirez y D. Juan Luis Martinez, dean de la catedral, quien al morir dejó á los jesuitas una renta de 300 pesos, mandando además, que del remanente de sus bienes se fundase á su cargo un colegio seminario con el nombre de San Juan, y caso de no tener esto efecto, se distribuyese el capital en obras pías. El seminario se fundó siendo su primer rector Juan Rogel. Además, con estos fondos y otras limosnas, Pedro Diaz, que habia sucedido en Oaxaca á Diego López, comenzó la casa y templo de la Compañía.

---

[1] Alegre, de quien tomamos estas noticias, no dice que hayan sido los dominicos; pero Rivas, en la historia MS. que dejó de los jesuitas, lo revela, (lib. 3, cap. 25). Además, que ninguna otra Orden religiosa se habia establecido entónces en Oaxaca.

Tal fué el éxito que tuvieron los disturbios ocasionados al arribo de los jesuitas á Oaxaca, notables por haber llamado la atencion de la cabeza de la Iglesia, el Sr. Gregorio XIII, quien con motivo de estas deferencias expidió, el 30 de Octubre de 1576, su bula *Salvatoris domini*, honrosa en general á los jesuitas y en particular á su provincia mexicana.[1] De la Curia romana se habia remitido tambien un mandamiento citatorio para que el obispo de Oaxaca compareciese personalmente dentro de dos años á dar cuenta de sus actos. Los jesuitas, en sus archivos, conservaron en mucho tiempo el original, que no fué notificado al Illmo. Alburquerque por haberse tornado de adversario en insigne bienhechor de la Compañía.

7.—No sobrevivió á estos acontecimientos el P. Diego López. Era natural de la villa de Castro en el Condado de Benavente. En Salamanca tomó el hábito de San Ignacio. En Sevilla se distinguió por su caridad con los presos y mujeres públicas. Fundó un colegio en Cádiz. Acompañó á las Canarias al obispo D. Bartolomé de Torres. En México, su vigorosa elocuencia logró admirables resultados. Cuando predicaba, el concurso llenaba el templo, los patios y las calles vecinas; y se dice que despues de oirle, los mercaderes trataban con más rectitud, los jueces eran más íntegros y el pueblo se apresuraba á enmendar sus malas costumbres. A esa misma elocuencia debió en Oaxaca no solo el afecto del pueblo sino tambien la fundacion del colegio. Era incansable en el trabajo y prudente en sus deter-

---

1 Adversis, dice la bula, ordinum religiosis vigore, seu prætextu privilegiorum hujusmodi cannarum adhuc prout de facto tam in mexicana quam in Guaxicana Novæ Hispamæ civitatibus, non sine animi nostri displicentia molestantur, imo et excommunicationis sententia interdum feriuntur in christiani populi scandalum non modicum, &. (Rivas. Historia de la Compañía. MS. tom. 1, fol. 116).

minaciones: circunspecto y humilde, siempre recogido y siempre tranquilo, mereció bien la veneracion y el amor de los oaxaqueños. Murió en México á los cuarenta y cinco años de edad, el 9 de Abril de 1579.

Juan Rogel tenia tambien gloriosos antecedentes cuando llegó á Oaxaca. Era natural de Pamplona. A instancias del rey de España, San Francisco de Borja lo envió á predicar el Evangelio en la Florida, en la que permaneció siete años sufriendo graves penalidades y atravesando con frecuencia peligros en que efectivamente murieron casi todos sus compañeros. En la Habana puso los cimientos del Colegio de Belen, y en México fué muy venerado por su intachable virtud. Con él estuvieron en Oaxaca, por 1578, Pedro Diaz, que sustituyó á Diego López, Alonso Ruiz, vicerector del colegio, y Pedro Mercado, que enseñaba retórica y gramática.

8.—Los dominicos habian acometido una obra grande, prosiguiéndola con incansable perseverancia y alcanzando la gloria de darle cima casi solos. En cincuenta años recorrieron todas las montañas, reconocieron todas las barrancas, hablaron á los indios en veinte idiomas diferentes, los reunieron en pueblos y levantaron por todas partes innumerables templos. Su objeto principal habia sido convertir á los indios al cristianismo y defenderlos de las violencias de los españoles; los jesuitas escogieron para teatro de sus trabajos la ciudad misma de Antequera. Al principio se hicieron cargo de administrar á los mexicanos de la parroquia de Jalatlaco, á quienes reunian en un templo dedicado á San José, en que los veremos desplegar su acostumbrado celo; mas al fin los desampararon, ni se sabe que hubiesen cultivado con especial esmero alguna otra de indios de Oaxaca; pero no quedaron fuera del alcance de su actividad los vecinos de la ciudad.

Los primeros pobladores de Oaxaca adolecian de un vicio propio de aquellos tiempos, reuniendo en incomprensible alianza la fé más ardiente con muy poco laudables costumbres, de manera que, miéntras con increible arrojo, arrostrando riesgos á porfía, rompian millares de ídolos, su vida era por otra parte licenciosa y muchos de sus actos punibles por crueles, manchando así su fama de héroes con vergonzosas flaquezas ó con lamentables abusos de fuerza. La fé ardiente habia sido inspiracion del catolicismo; las violencias procedian de las malas pasiones del hombre. Como prueba de que la doctrina católica jamás fecundó los sentimientos poco humanos de algunos españoles, se puede aducir la conducta de los dominicos, que supieron divorciar de la fuerza el celo cristiano, poniendo un abismo entre la opresion y las creencias, y consiguiendo hacer á los indios igualmente creyentes y libres. Los jesuitas tomaron sobre sí el cuidado de reformar en su parte viciada el carácter de los vecinos de Oaxaca.

Es verdad que los sacerdotes católicos presuponen la fé como fundamento de sus trabajos ulteriores; pero de ella inmediatameute derivan los preceptos de la moral, piedra de toque de toda buena legislacion y elemento necesario de todo órden social. Es verdad que los jesuitas no pensaban acaso en esto cuando inculcaban la observancia de los preceptos morales, pues su solo fin era la salvacion de las almas; pero por una sobreabundante eficacia de las instituciones cristianas, al ser planteadas con otro intento, afirmaban al mismo tiempo la sociedad. Los jesuitas, pues, al mismo tiempo que en su colegio hacian amable á la juventud la literatura y las ciencias, predicaban con frecuencia, con el caudal de los ricos socorrian á los pobres, visitaban y consolaban á los enfermos, eran en el confesonario incansables, y con su palabra y su ejemplo provocaban un movimiento general de reforma. Lo que deseaban consiguieron despues de algunos años, haciendo de Oaxaca una ciudad de devotos, es decir, de personas que no se permitian el hurto, ni la embriaguez, ni el asesinato, ni el perjurio, ni el adulterio, etc. Aun más; si se leen las historias y relaciones de ese tiempo, se verá que eran numerosas en el pueblo las conversiones prontas, los cambios repentinos de costumbres, las penitencias extraordinarias y hasta las visiones y revelaciones sobrenaturales. Una señora rompió sus criminales amores despues de haber visto y oido á Jesus crucificado. Un hombre desistió de un criminal propósito por haber escapado maravillosamente de la muerte. Una india, para librarse de tentaciones molestas, subia todos los dias descalza y con una pesada cruz en los hombros, el cerro de la Soledad. Esta misma se consagró perpétuamente al servicio del hospital, distinguiéndose por su eficacia y dulzura en la asistencia de los enfermos. Otra india, durante una enfermedad que la privaba del uso de los sentidos, sintió ser llevada al tribunal de Dios: juzgada adversamente, se libró de la pena que merecian sus costumbres libres, por intercesion del casto Esposo de María. Fué tal la amargura que devoró su corazon en aquel momento, que al recobrar los sentidos, confesó sus pecados inundada en lágrimas, y comprobó su sincero dolor con una vida enmendada y penitente. Tal vez semejantes visiones fuesen el producto de un cerebro enfermo; pero eran inocentes, cuando no útiles á la sociedad, y en compensacion no escaseaba generalmente la virtud pura, no se hacian desear las nobles acciones, pasiones indignas no perturbaban la paz del hogar, y á la sombra de la moral, la sociedad se juzgaba feliz.

El Hospital Real ó de San Cosme existia ya sostenido por algunas limosnas y por la parte de diezmos que el rey de España le habia asignado. El templo de Las Nieves se comenzó por entónces á edificar para dar culto á una imágen de la Madre de Dios, copia exacta de otra que se cree pintada por San Lúcas, y que en Roma se conoce con el nombre de Nuestra Señora del Pópolo. San Francisco de

48

Borja mandó hacer el trasunto y los jesuitas lo llevaron á Oaxaca. Segun se dice, los pontífices y los reyes de España enriquecieron el templo de Oaxaca con privilegios y gracias muy especiales.

El hermano Márcos, jesuita, destinado por San Ignacio de Loyola para compañero de San Francisco de Borja, con autoridad para moderar á su arbitrio las penitencias de este santo, murió por ese tiempo en el colegio de Oaxaca, en donde fué sepultado. Por mandato de sus superiores se habia dirigido á México, desembarcó en un puerto de la mar del Sur y estaba de paso en Oaxaca. [1]

---

1 Así lo dice Francisco de Florencia en su historia, L. 6, cap. 10, aunque Alegre no se conforma del todo con esta noticia.

CAPITULO III

ULTIMAS LUCHAS DE LOS DOMINICOS EN FAVOR DE LOS INDIOS.

1. Estado en que se encontraba la Sierra.—2. Saravia en la Chinantla.—3. La vida del mije.—4. Su modo de morir.—5. Márcos de Niza y otros sacerdotes.—6. Incendio de la Villa-alta.—7. San Juan de la Jarcia.—8. Oraciones por los difuntos en Tehuantepec.—9. Inundacion de esta Villa.—10. Los chontales. Los huitzos.

1.—La conquista de la Sierra del Norte á la civilizacion y la fé cristiana, estaba próxima á su terminacion; no se consumaria sin embargo sin nuevas fatigas de los dominicos. El P. Guerrero habia recorrido infatigable dilatadas regiones, haciendo bien por todas partes á su paso. San Ildefonso era su residencia habitual y el centro de sus operaciones: desde allí, él y sus coadjutores partian á considerables distancias, llegando por un lado hasta Totontepec y Chuapan y por otro á la Chinantla, pues aun no estaban divididas las parroquias en estos lugares, que dependian todas de la Villa-alta: la palabra de los frailes fructificaba siempre; mas como no permanecian mucho tiempo en cada pueblo, faltaba á los indios un apoyo constante en sus creencias, que abrazaban cediendo á la irresistible lógica de los predicadores, pero que las abandonaban alejados éstos, ó que, por lo ménos, las viciaban mezclándolas con sus antiguas supersticiones. Así era de esperarse, supuestos la fuerza de inveteradas costumbres, el poder de la educacion, el apego á la enseñanza paterna, la inclinacion que se tiene siempre á la libertad y á los goces, el encanto que les produciria los recuerdos y lo fugaz del paso del misionero, que solo contaba con el tiempo preciso para repartir una muy ligera instruccion, ausentándose luego á otros cuidados.

A despecho, pues, del celo y actividad de los dominicos, la idolatría no habia desaparecido. Los indios conservaban la memoria de los hechos más pronunciados de su historia, así como de los dogmas capitales de su religion, tanto en sus pinturas como en ciertos cantares que modulaban en determinados dias del año, al eco de la concha y de otros instrumentos músicos igualmente lúgubres. Resueltos los frailes á extirpar todo error, aun á costa de borrar tambien toda huella de la historia antigua, no solo quemaron las pinturas sino que trabajaron con empeño en enseñar á los indios el canto de la iglesia y algunos modestos y sencillos bailes, á fin de que olvidasen por completo sus tradiciones. [1] Increible parece lo que estos religiosos hicieron entre aquellos inaccesibles peñascos, los caminos que recorrieron, las privaciones á que se sujetaron, los peligros que padecieron, luchando con el orgullo de los caciques y la malicia de los hechiceros, aparte de que la avaricia de los españoles les ofrecia frecuentemente obstáculos que parecian insuperables.

Desde 1551 habian comenzado á visitar los frailes la

---

[1] Hé aquí algunas de las poesías compuestas en zapoteco por los misioneros, en honor de la V. M.

1º

Cochiina xquehui Quiebaa
Pelloohnchani Xonaxi:
Gaca Xinaa quellanaaxi
Zooloo quellahuenilaa.
Coxigueella Chaapa yoon
Zooba Xiticha Biitoo
Chiique lannini cuyoo
Coroopa hiica Persona.

2º

Coroopa ticha rozeca:
Huetaa ciica Biitoolii

1a ni Yonaaxi nachi
Cuyeni tuni Judea
Isabel pechaagolni
Ticharoo pechaangayahani,
Juan Ininni coxibaani
Quella gracia xi Bitoani.

3º

Huanaacolii pellualati
Pieennilon quellanaxeene
Peacozi Biitoo riveene
Lachi huiiña benniati

Biitoo Xinni xi Biiloona
Renaca Benni hualaachi
Ralleni toobi pillachi
Laate rago nianni gunna.

4º

Huacateete coruachii,
Nicolle chichi Patoo,
Cuyoo goona loo Yohotoo,
Pechiiga Xiina nachii,
Hueznobaticha Maria
Cuyeeni quellariaati
Zaa yaca xitii cocaati
Loo coxaana xquellaqina, etc.

Chinantla, derramando algunos rayos de luz, ya en una, ya en otra familia; Guerrero, con su presencia de ánimo, los redujo en una rebelion que intentaron contra el Evangelio; dos clérigos de valor se determinaron á permanecer entre ellos: recorrieron la comarca saltando los barrancos y atravesando los bosques en busca de los indios, con no poco riesgo de perecer á manos de los idólatras ó en las fauces de los tigres: hicieron esfuerzos por comunicarse con los chinantecas, con el auxilio del gesto más bien que de sonidos articulados; mas no pudiendo subsistir allí mucho tiempo por el despego y desamor de aquellos neófitos, así como por ser estos indios en general poco hospitalarios, se volvieron. Algunos otros acometieron la obra de reducir á estos cerriles chinantecas, abandonándolos desalentados despues de algunos dias. El Sr. Alburquerque pidió á las autoridades que los dominicos quedasen de un modo permanente en el lugar, esperando que el tiempo hiciese lo que no habia logrado la diligencia, y así lo determinó la Audiencia en una provision que juntamente con un mandamiento acordado del virey, conde de la Coruña, fué notificado al cabildo eclesiástico, gobernador en sede vacante por el año de 81, siendo en esta ocasion cuando fué destinado á la Chinantla el P. Saravia.

2.—Este religioso, al verse en medio de aquellas cabañas sembradas acá y allá entre los montes, en una tan agria naturaleza, rodeado por todas partes de fieras y venenosas culebras, tratando á unos indios hurraños, cuyo idioma, desconocido para él, parecia más bien el bramido de un tigre, que un conjunto de palabras articuladas, y tan léjos de la comunicacion de los suyos, sintió tal repugnancia que quiso volverse, siendo necesaria la fuerza de la obediencia para que permaneciera en su deber. Por fortuna, contaba en su favor con una robustez capaz de desafiar el desabrigo de aquellos lugares; y como sus primeros trabajos no fueron del todo estériles, resueltamente fabricó una choza y se quedó con los indios.

Al principio, quiso valerse, para hablar á los demás, de un indio fiscal que le acompañaba y á quien él hablaba en mexicano: así, en las chozas aisladas, sentado al fuego por la humedad constante del clima, con el auxilio del intérprete, tropezando con incontables dificultades, emprendia conversacion y la sostenia por largas horas con los rudos indios. Algun conocimiento adquirió de las costumbres y secretos de la tierra; pero juntamente comprendió que para sus designios, que eran de civilizar á los chinantecas, el fiscal era un medio dificil, lento é imperfecto: se determinó, pues, á comenzar por aprender el idioma tomando por maestro al mismo fiscal. Este recurso fué ineficaz, pues aquel indio se habia puesto ya de acuerdo con el pueblo para dejar al fraile en la ignorancia del idioma. A pesar, pues, de su buena resolucion, hubiera tenido que volverse, si la Providencia no le depara un niño, hijo de un cacique, deseoso de perfeccionar la escritura que habia comenzado á aprender en la escuela de Villa–alta. Este niño sirvió á Saravia de maestro, al mismo tiempo que era su discípulo. Con la comunicacion contínua que tenia con él, descubrió que no estaban bautizados ni aquel niño, ni el indio fiscal, ni otros muchos que perseveraban obstinados en la idolatría: los convirtió el buen sacerdote, y luego que pudo hablar el idioma, predicó á los demás persuadiéndoles suavemente el cristianismo.

Cuatro años perseveró en estos ejercicios, formando en este tiempo diez pueblos, que son los que constituyen aún la provincia de la Chinantla, haciendo á los indios levantar iglesias y vivir vestidos y en sociedad. Le amaron éstos tanto, que al separarse en 1585 para administrar á los mijes, hicieron viaje á México para pedir á sus prelados que no fuese sustituido por otro. En esta ocasion pidieron muchos viejos el bautismo, pues tanta impresion les habian causado las doctrinas del santo religioso, que aun en sueños las tenian presentes. Un anciano, enfermo de gravedad, súbitamente fué acometido por un letargo que le tuvo dos dias fuera de sentido, al fin de los cuales, vuelto en sí, pidió que le llamasen presto al sacerdote. "He visto, le dijo, dos caminos: el uno, sombrío, rodeado de precipicios, cruzado por fieras que se preparaban á devorarme; el otro lleno de luz, sembrado de flores, al que me llamaban hermosos niños vestidos de luciente ropaje; iba á llegarme á ellos cuando me advirtieron que ántes deberia confesarme." Este sueño era sin duda reminiscencia de los sermones del sacerdote.

Fué concedido á los indios que volviese á ellos su ministro, y en treinta años que permaneció en sus pueblos, jamás se le murió sin bautismo ó sin confesion algun enfermo. Descubrió muchos adoratorios, destruyó muchos ídolos y convirtió gran número de los agoreros y sortílegos de la tierra. En uno de sus viajes apostólicos, de una caida se fracturó una pierna, que le imposibilitó de andar toda su vida; no por eso los indios consintieron en su separacion: en unas angarillas lo conducian por todas partes á la administracion de sacramentos, lo que lo puso en cierta ocasion en grave riesgo de morir. Al pasar un rio en hombros de los indios, por un puente colgante tejido de bejucos, por haberse roto éstos, cayó el sacerdote en el rio juntamente con las angarillas á que habia sido atado, siendo arrastrado por la corriente hasta que un banco de lianas lo detuvo. Tuvo la gloria de perfeccionar la obra de Guerrero en la Chinantla, y murió en Villa-alta en 1622.

3.—Lo que Francisco Saravia habia hecho aquí se encargaron de realizar en otras partes laboriosos ministros. Entre los mijes, fué uno de ellos Lorenzo Sanchez, hijo del adelantado Alzate, quien despues de embarcado en Acapulco, rumbo al Perú, fué arrojado por los vientos en las playas del sur de Oaxaca. Su hijo vino en esta ocasion á la ciudad, en donde recibió el hábito de Santo Domingo, emitiendo sus votos en el convento de San Pablo. Fué muy amoroso con los indios, cuyas costumbres y alimentos adoptó, siendo el primer párroco de Totontepec.

Guerrero habia sostenido una doble lucha, en la cual, si habia quedado victorioso de las supersticiones de los indios, distaba mucho de haber dominado la cruel avaricia de los españoles. En su afectuosa solicitud por el bien de los indios le sustituyó Lorenzo Sanchez; en su energía para repeler las agresiones de los encomenderos, fué su digno sucesor Fr. Márcos Benito. La necesidad de dar á conocer las costumbres de la época me estrecha á entrar en algunos pormenores sobre el género de vida de los indios.

No me detendré en explicar sus parcos alimentos ni su sencillo vestido, porque hay muchos libros que tratan con extension de la materia, limitándome á observar, que su moderacion y templanza, muy superior á la de los espartanos, léjos de merecer el menor reproche, muy acreedora es á los mayores elogios. Lo que sí es notable bajo todos aspectos es que la ambicion, poderoso móvil de las acciones humanas, no haya podido anidar en el corazon del indio: las muy pocas excepciones que pudieran oponerse, desaparecen ante la gran masa de un pueblo sin aspiraciones egoistas.

Nace el niño al escaso abrigo de una cabaña de zacate, y se nutre al pecho de la madre. Por lo comun aprende á leer y escribir en su juventud, y no pasa adelante en el cultivo de sí mismo. La educacion política y civil que recibe de sus padres es á su manera y un poco diferente de la nuestra: la instruccion religiosa es escasa y cuanta basta para conseguir el cielo. El porvenir del jóven está cifrado en un pedazo de tierra que hereda de sus padres, que debe cultivar y que no se lo deja arrebatar por ningun motivo. Verdaderamente, la techumbre de su casa es el firmamento, pues vive siempre á campo abierto, sin resguardarse de las

estaciones. Cada año recoge de su tierra los frutos estrictamente necesarios para subsistir, sin cuidarse de hacer provisiones para el tiempo futuro, pues está cierto de hacer el mismo caudal el siguiente año.

Tal sistema es cómodo, pues dispensa á quien lo practica del cuidado angustioso de las riquezas que los indios para nada necesitan; tiene sin embargo el grave inconveniente de que llegado el caso de una grave dolencia, no existan los cuantiosos fondos indispensables para proporcionar los medicamentos que á nosotros nos alivian. ¡Cuán crecidos gastos hacemos en las ciudades en médicos y boticas que á veces nos llevan á la tumba! Los indios carecen de unos y otras; y así, no tienen más recurso que dejarse morir.

4.—Antiguamente, cuando aún los indios no tenian comunicacion con Europa, se medicinaban con plantas cuyas virtudes conocian, y cuya aplicacion fácilmente les sanaba cuando eran curables sus enfermedades. Un doctor europeo, Hernandez, se hizo célebre por el conocimiento de esas plantas, adquirido con las noticias de los médicos mexicanos. Pero la ruina del imperio azteca y la influencia dominante de las ideas europeas sepultaron bajo irremovibles escombros esa preciosa ciencia, salvándose apénas una que otra noticia muy apreciada y de aplicacion contínua en la actualidad. Se perdió el conocimiunto de las plantas que sanaban á los indios: ¿qué han de hacer éstos en sus enfermedades? Dejarse morir sin curacion.

Ya en el tiempo de que se viene hablando habian adoptado esta costumbre, segun atestigua Burgoa, y tanto que habiendo tenido noticia los reyes de España del desabrigo y abandono en que morian, quisieron proveer de remedio, prescribiendo en varias reales órdenes que se les obligase á tener camas elevadas algun tanto de la tierra. Si estos mandamientos demuestran la solicitud minuciosa de los reyes de Castilla, no por eso eran más eficaces para el fin que se deseaba. ¿De qué alivio podria servir al miserable indio una cama formada con cañas mal unidas, sostenidas á una vara del pavimento por cuatro leños hincados en la tierra, que era cuanto podian hacer? Los elementos que modifican la vida, deben estar todos en relacion y á igual altura para influir positiva y eficazmente en el bienestar. La cama debería ser más sólida y mullida, al abrigo del viento y de la luz, segun la oportunidad; la casa más amplia, de muros más fuertes y de mejor construccion que las chozas; los indios deberian tener mejor abrigo que el que les daban sus cortas y delgadas mantas, y aliviarse en el trabajo, abriendo mejores caminos, usando más perfectos instrumentos de labranza y procurándose algunas máquinas que sustituyesen á la fuerza elemental y primitiva de los brazos; en el hogar necesitaban de otros elementos, tener algunos goces y disponer de aquellos innumerables medios de comodidad y de placer, que si no impiden la muerte, hacen más llevadera la existencia; sobre todo, no olvidar que el mejor auxiliar en las enfermedades es un tesoro que no podria formarse sin abandonar el cultivo del maíz, adoptando el de otras semillas más nutritivas y valiosas, advirtiendo que la organizacion social deberia estar en relacion con la vida privada ó de familia: es decir, que para que el mandamiento real llenase su fin, era indispensable hacer de un indio un europeo. Tal ha sido el deseo de muchos que sinceramente desean el bien de México. Pero qué, ¿seria posible hacer de un indio un europeo? ¿podria cambiarse la naturaleza de los hombres y de las cosas? Fuera necesario comenzar por cambiar el clima, la configuracion del país, su situacion topográfica y geográfica, la naturaleza del terreno, etc., modificar los elementos de tal suerte que las necesidades del americano fuesen idénticas á las del europeo: solo así se asimilarian en sus costumbres. La especial combinacion de los elementos en un pais deter-

minado, más que las leyes es lo que influye, lo que determina el modo especial de sér de un pueblo. Un mije, viviendo en la montaña de Zempoaltepec, nunca dejará de ser lo que es: más fácil se encontraria que un europeo adoptase las costumbres del mije, si habitase algun tiempo en Totontepec, como ha sucedido algunas veces. A pesar, pues, de las ordenanzas del rey, los indios continuaron dejándose morir en sus esteras de palma.

Lo más singular fué que ni siquiera intentaron lo contrario las autoridades. Copiaré á Burgoa que presenció muchos de los hechos que refiere. "Aunque por ordenanzas reales, dice, está mandado á sus alcaldes mayores y corregidores los obliguen con rigor á tener camas, hanle puesto las justicias en los reales que cobran dellos por la visita, dispensándole en todo en las ordenanzas: y lo tienen por comodidad estos libres-esclavos, por que si entran en su casa á registrarles los retretes, el criado, esclavo ó libre, que siempre son mulatos ó mestizos, monstruos en fin de la naturaleza, y los alguaciles, aves rapantes de pobres, se emplean en estos con tanta hambre, que no les dejan traste, trapo ni alhajuela vil que no se la lleven con tanta furia, que el miserable indio, viendose despojar con esta violencia, no tiene boca de miedo para quejas, por escusar tras del robo, otro tropel de molestias y vejaciones: y por aliviarselas los jueces, sin entrar á sus casas, á la puerta les piden el dinero de la visita, y lo dan los indios de mejor gana, que experimentar el saco de criados y alguaciles, aunque la ordenanza se guarde en el archivo: así compran los desdichados indios el desabrigo que antes tenian y pasan las enfermedades de muerte con toda descomodidad."

Se dirá que por falta de ánimo, por ser de espíritu apocado, los indios no reclamaban sus derechos que las leyes y la misma naturaleza les otorgaba. Pero los indios jamás han sido de pequeño espíritu; ántes bien, en mil ocasiones han probado su valor: provocan á un toro enfurecido, afrontan impasibles la presencia de un leon, luchan con el tigre, y en los combates no ceden en presencia de ánimo y en arrojo á los mejores soldados del mundo; mas, por inclinacion, obedecen hasta el envilecimiento á sus autoridades inmediatas; y así, diciendo verdad, á éstas ha faltado á veces la buena fé y á veces el tino en el gobierno.

5.—Por su índole, pues, por la opresion en que estaban y por falta de remedios proporcionados, los indios vivian miserablemente, terminando su existencia con una muerte desolada. Esto último conturbó el ánimo compasivo de Fr. Márcos, que al principio se multiplicaba asistiendo personalmente á los enfermos, pero que luego, comprendiendo el orígen de aquella miseria, volvió el rostro á los encomenderos y justicias, creyendo poder reprimir sus atropellos y abusos. Mas ¿qué habria de lograr contra la codicia y la costumbre ya establecida? Los indios morian en muy triste desamparo, porque vivian como mendigos. Los empobrecian las demandas contínuas de los que fungian como autoridades inmediatas. Repetidas cédulas reales prohibian tales demandas; mas las cédulas estaban guardadas en los archivos y los encomenderos hacian lo que querian. Tales exacciones eran un robo inícuo, pues no estaban autorizadas por las leyes; pero semejante escrúpulo no podia herir muy hondamente unas conciencias encallecidas en el ejercicio de la injusticia. Así es que, no pudiendo remediar un mal que no tenia remedio, se resolvió Fr. Márcos á regresar á España, de donde habia venido, prefiriendo, á ejemplo de su compatriota San Luis Beltran, morir tranquilamente en su convento de Valencia, mejor que presenciar estérilmente tanto mal y luchar toda la vida sin fruto.

Le sucedió Fr. Juan Ojeda, que perseveró con los mijes cuarenta años. Se le deben el templo de Totontepec y las alhajas que lo embellecen. Hemos hablado ya de este religioso al tratar de unas huellas encontradas en la cumbre del Zempoaltepec. [1]

Fr. Márcos Benito fué tambien el primer párroco de Juquila de los mijes, sujeto ántes á la jurisdiccion de Nejapan. Los vireyes, en virtud del patronato real, de acuerdo con los obispos, iban dividiendo las doctrinas segun la oportunidad y la conveniencia. Fr. Francisco Rodriguez edificó en Juquila un trapiche. Perecieron en los despeñaderos de este pueblo, Fr. Juan Novales, de quien haremos mencion despues, Fr. Lorenzo de Olivera y otros: Fr. José López, murió ahogado en sus rios.

6.—La jurisdiccion de Villa–alta era muy dilatada; sucesivamente se fueron desmembrando pueblos que se erigieron en parroquias. Por 1580 tuvo lugar allí un acontecimiento trágico que no debe quedar en silencio. Hacia poco tiempo que habia llegado Fr. Alonso Garcés, nombrado prior, en compañía de Alonso Montemayor y Gaspar de Illescas, religiosos todos dominicanos. El primero de estos frailes era muy conocido por su devocion al Santísimo Sacramento, en cuya presencia pasaba muchas horas del dia y gran parte de la noche. Como en todas partes, en Villa–alta, despues que habia despachado sus ocupaciones de párroco, se retiraba al templo y oraba largamente, postrado en las gradas del altar: así lo hizo tambien en la noche del 11 de Marzo de este año, luego que terminó el oficio del coro. La iglesia era de zacate, pues la cal escasea por allí, y la madera no dura mucho tiempo por causa de las humedades. Las casas de los vecinos, tejidas igualmente de paja, se sucedian con mucha aproximacion unas á otras. Una negra esclava, á eso de las diez de la noche, salió de la casa de su señora en busca de fuego por la vecindad: encontró lo que buscaba, y se volvia ya para su casa

1 Burgoa, 2ª parte, cap. 60.

con un tizon encendido en la mano, cuando, á causa del viento que soplaba con fuerza, una chispa, desprendiéndose, fué á incendiar el techo inmediato. Los amos de la negra, que ya dormian, despertaron á la luz de las llamas, y sobrecogidos de espanto, salieron dando voces y pidiendo socorro á los vecinos. El fuego, entretanto, se comunicaba de unos techos á otros, y ayudado del viento, corrió con tal prontitud, que en breve toda la Villa fué presa del incendio. Apénas pudieron salvar sus vidas los vecinos, perdiendo cuanto poseian.

El P. Garcés, que tranquilamente oraba en el templo, oyendo desde allí el ruido de las voces que se daban en el pueblo, salió al claustro del convento, quedando luego deslumbrado por el resplandor de las llamas que rápidamente se propagaban ya en el mismo convento. Cuidadoso de la suerte de los dos frailes que estaban bajo su vigilancia, penetró en medio del fuego para salvarlos, como en efecto lo consiguió. Vió que las llamas invadian el techo del templo, y corrió á salvar las especies sacramentales; mas al llegar á la puerta exterior de la iglesia, observó que con el apresuramiento habia dejado olvidadas las llaves: mandó que las llevasen dos indios que al acaso encontró; pero como éstos tardaban porque llenos de susto no habian osado entrar á la celda, que ya ardia, él mismo fué á tomarlas; regresó á prisa, abrió las puertas, y miéntras cruzaba el templo, dió á los dos indios las llaves de la puerta principal para que por allí se salvasen, saliendo á la calle, llegando él ileso al presbiterio. Antes de que los indios hubiesen podido estar fuera del alcance de las llamas, cayó de lo alto tal cantidad de paja y maderas encendidas que los oprimió, quedando en el acto muertos bajo los escombros.

El sacerdote abrió el sagrario, tomó en las manos la pequeña cajá en que estaba depositado el Divino Sacramento; mas al volverse, se vió rodeado de llamas por todas partes, siéndole por lo mismo imposible la salida: se arrodilló entónces en las gradas del altar, y murió abrazado con el Santo Sacramento. Cuando el incendio cesó, se le halló carbonizado, de rodillas aún y en una reverente actitud. El tabernáculo estaba reducido á cenizas, el copon fundido y las especies sacramentales habian desaparecido tambien. Alonso Garcés era mexicano de nacimiento, y habia recibido el hábito de Santo Domingo en el convento de San Pablo de Oaxaca.

7.—Los excesos de algunos españoles, que en la Sierra causaban tantas miserias en los indios, á los de Nejapan habian hecho apostatar de la fé cristiana, segun dejamos referido. Luis de San Miguel descubrió y persiguió estas nuevas idolatrías: otro tanto hizo Fr. Juan Ruiz, que en el ministerio de los indios sucedió al P. Guerrero. Tuvo ocasion de saber la reincidencia de sus feligreses por la denuncia de un anciano á quien habia convertido.

Cuatro leguas más allá de Nejapan, frente á un pueblo que se llama San Juan de la Jarcia, se eleva á considerable altura una montaña coronada por una peña tajada, inaccesible completamente por uno de sus costados: en este lugar tenian su adoratorio los indígenas. Allá se dirigió Fr. Juan, llevando consigo una fuerte soga, acompañado de los principales reincidentes, á quienes sin embargo nada habia revelado de sus designios. Cuando llegó á la parte superior de la peña, buscó un lugar á propósito para su intento. En un risco ató el extremo de la cuerda que habia llevado á prevencion, se ató él mismo con el otro extremo y puso la cuerda en manos de los apóstatas, para que desde el borde superior de la peña lo fuesen descolgando. Era la accion peligrosa y atrevida; pero el fraile no era cobarde y tenia voluntad de cumplir con su deber.

Los indios, comprendiendo que trataba de llegar á la inaccesible cueva en que tenian escondidos á sus ídolos, se resistieron al principio, mas al fin, vencidos por sus instancias, lo suspendieron en el espacio y lo fueron bajando poco á poco, hasta que pudo asirse de algunas puntas salientes de la roca y desembarazarse de la cuerda, precisamente á la entrada de la cueva buscada. Se componia ésta de varias galerías que se internaban al corazon de la montaña, siguiendo distintas direcciones: las recorrió todas el fraile, observando que el suelo estaba limpio y barrido, los muros adornados con plumas de hermosos colores, y en los ángulos braseritos de los que usaban para quemar incienso. En el fondo de una de estas galerías encontró un altar sobre el cual se levantaba el ídolo, de piedra verde, de media vara de altura, de una forma extraña. Lo derribó de su pedestal, y arrojándolo por el suelo, lo holló.

De pié sobre su dios lo encontraron los indios, que por la misma cuerda habian ido bajando unos en pos de otros. Aterrorizados quedaron al ver el atrevimiento del fraile, ni podian comprender cómo no lo habia reducido á polvo su poderosa divinidad: tampoco tuvieron valor para manifestar su disgusto por el atentado inaudito: la osadía de Fr. Juan los habia dominado. Obedeciendo sus indicaciones, se trasladaron otra vez á la cima del peñasco, llevando consigo al ídolo: encendieron una hoguera, ahumaron en ella á su dios, y luego lo acabaron de destruir reduciéndolo á pequeños fragmentos.

Además, Fr. Juan obligó á los indios á que le descubriesen el sepulcro de un cacique venerado con culto supersticioso. En medio de una plazoleta ó pequeña mesa, en la cumbre de la misma montaña, embaldosada y perfectamente bruñida, se levantaba un mausoleo de bóveda de cantería, admirablemente construido. Removida la pesada losa que obstruia la entrada, el sacerdote vió en el centro del edificio, depositado el esqueleto del venerado cacique: en los ángulos habia otros esqueletos arrojados sin órden, con los restos aún de sus hermosos penachos de plumas. Eran éstos los amigos del cacique, los que vivos habian entrado

en la tumba para hacer juntos el viaje á la eternidad. Era el cacique sobrino del rey de Teozapotlan, primo del rey de Tehuantepec, jóven valiente y fuerte en las batallas, sepultado en aquella eminencia para que estuviese á la vista de los suyos y saliese á su defensa en cualquier peligro con los numerosos ejércitos que le suponian acaudillando en el otro mundo. Como, sin embargo, no pudo defenderse á sí mismo del valor del fraile, los indios se desengañaron y lo entregaron á las llamas. Fr. Juan murió en 1604. [1]

En 1591 se desmembró Quiechapan de Nejapan, á que habia estado sujeto hasta entónces. Los indios de aquella parroquia habian acostumbrado esconderse para no recibir el bautismo, aunque frecuentaban el templo, se casaban segun los ritos cristianos y recibian algunos otros sacramentos para hacer creer al párroco que no eran idólatras. Fr. Alonso fué su primer vicario y quien los hizo entrar de buena fé en el seno del catolicismo. [2]

8.—Este religioso fué uno de los activos apóstoles de aquella época, distinguiéndose por su celo, así en Nejapan como en Tehuantepec, en que aún se veian rastros de la idolatría, no obstante la desgraciada suerte sufrida por su rey Cosijopii. Despues de la muerte de este príncipe, Santa María, que lo habia prendido, sabiendo que el pueblo frecuentaba, para continuar sus prácticas supersticiosas, la cueva de San Francisco del mar, quiso poner eficaz remedio. De noche, acompañado de pocos, arrostrando los peligros de la navegacion en aquella laguna siempre agitada, fué á la cueva, se apoderó del ídolo y de ricos presentes recientemente ofrecidos, y los empleó, por mandato del virey, en comprar ornamentos para el templo. [3]

---

[1] Burgoa, 2ª parte, cap. 65.
[2] Idem idem, cap. 66.
[3] Idem idem, cap. 75.

Poco despues, Alonso de Espinosa sorprendió á los indios practicando la ceremonia supersticiosa de ofrecer tamales á los difuntos. Les dijo que los cuerpos muertos, ya resueltos en polvo en la sepultura, no podian necesitar de alimentos como los de los vivos; ni ménos las almas, espirituales por naturaleza, y que ya en la eternidad habrian recibido del Juez supremo la recompensa de sus acciones. Contestó el más avisado de los tehuantepeques: "que estaban persuadidos que los difuntos no comian los manjares ofrecidos, sino que sutilmente extraian de ellos la virtud y sustancia, quedando lo demás inútil y sin provecho; y que los españoles creian otro tanto, pues sobre los sepulcros de los suyos ponian pan, vino, corderos y otras ofrendas." El sacerdote explicó, que las almas de los que habian muerto justificadas en verdad, pero sin haber satisfecho plenamente la pena debida por sus culpas, necesitaban de ser socorridas por los vivos, mas no con alimentos sino con oraciones y sacrificios dirigidos al verdadero Dios y no á ídolos insensibles; y que si los cristianos ponian en los sepulcros vino y pan, no era esto alimento de los muertos, sino dádivas y oblaciones á los sacerdotes, con ocasion de las preces que hacian por la eterna ventura de los difuntos. Como los españoles acostumbraban dar broma á los niños el dia de finados, haciéndoles creer que los muertos llegaban por la noche á tomar los frutos que ellos pusiesen en la cabecera de su cama, teniendo tal uso alguna afinidad con las antiguas creencias de los indios, se habian afirmado en ellas continuando sus prácticas supersticiosas. [1]

9.—En 1599 las lluvias fueron muy abundantes. El rio de Tehuantepec creció extraordinariamente, derramándose por ambas márgenes é inundando en las avenidas los terrenos bajos: al desembocar, á tres leguas de la villa, en-

---

1 Burgoa, 2ª parte, cap. 74.

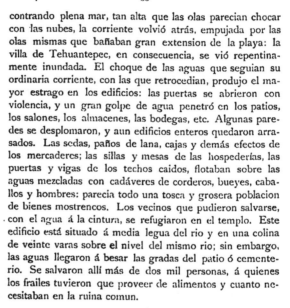

contrando plena mar, tan alta que las olas parecian chocar con las nubes, la corriente volvió atrás, empujada por las olas mismas que bañaban gran extension de la playa: la villa de Tehuantepec, en consecuencia, se vió repentinamente inundada. El choque de las aguas que seguian su ordinaria corriente, con las que retrocedian, produjo el mayor estrago en los edificios: las puertas se abrieron con violencia, y un gran golpe de agua penetró en los patios, los salones, los almacenes, las bodegas, etc. Algunas paredes se desplomaron, y aun edificios enteros quedaron arrasados. Las sedas, paños de lana, cajas y demás efectos de los mercaderes; las sillas y mesas de las hospederías, las puertas y vigas de los techos caidos, flotaban sobre las aguas mezcladas con cadáveres de corderos, bueyes, caballos y hombres: parecia todo una tosca y grosera poblacion de bienes mostrencos. Los vecinos que pudieron salvarse, con el agua á la cintura, se refugiaron en el templo. Este edificio está situado á media legua del rio y en una colina de veinte varas sobre el nivel del mismo rio; sin embargo, las aguas llegaron á besar las gradas del patio ó cementerio. Se salvaron allí más de dos mil personas, á quienes los frailes tuvieron que proveer de alimentos y cuanto necesitaban en la ruina comun.

10.—Entretanto que tenian lugar en Tehuantepec tales desgracias, los dominicos perfeccionaban entre los chontales la obra que sus antepasados habian comenzado. Disueltas las congregaciones que habia hecho el P. Carranza, inútilmente habian procurado reducir de nuevo á estos indios, Grijelmo y Portocarrero. Fué Fr. Mateo Daroca quien los organizó como se encuentran en la actualidad. Era este religioso, español, de color cetrino, alto, delgado, amante del retiro y de la soledad, poco tratable y escaso en extremo de palabras. Desde 1595 en que vino de la península, permaneció en la ciudad como vicario de las monjas de

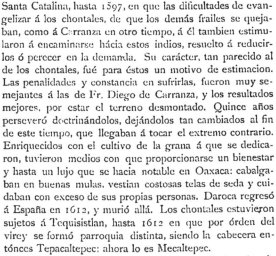

Santa Catalina, hasta 1597, en que las dificultades de evangelizar á los chontales, de que los demás frailes se quejaban, como á Carranza en otro tiempo, á él tambien estimularon á encaminarse hácia estos indios, resuelto á reducirlos ó perecer en la demanda. Su carácter, tan parecido al de los chontales, fué para éstos un motivo de estimacion. Las penalidades y constancia en sufrirlas, fueron muy semejantes á las de Fr. Diego de Carranza, y los resultados mejores, por estar el terreno desmontado. Quince años perseveró doctrinándolos, dejándolos tan cambiados al fin de este tiempo, que llegaban á tocar el extremo contrario. Enriquecidos con el cultivo de la grana á que se dedicaron, tuvieron medios con que proporcionarse un bienestar y hasta un lujo que se hacia notable en Oaxaca: cabalgaban en buenas mulas, vestian costosas telas de seda y cuidaban con exceso de sus propias personas. Daroca regresó á España en 1612, y murió allá. Los chontales estuvieron sujetos á Tequisistlan, hasta 1612 en que por órden del virey se formó parroquia distinta, siendo la cabecera entónces Tepacaltepec: ahora lo es Mecaltepec.

Tequisistlan fué por veintidos años, y desde 1590, la cabecera de todos los chontales. Era entónces encomendero del pueblo Diego de Alavez, hijo de Melchor Alavez, de los primeros conquistadores, y de Doña Luisa Salas y Grijalva, hija de Juan Rodriguez de Salas, tambien de los primeros conquistadores. Doña Luisa fué abuela de Burgoa, cuyas obras hemos utilizado en esta historia, y de Luis Alavez, mártir de los chichimecas, de quien más adelante debemos ocuparnos. A la beneficencia del encomendero Diego de Alavez se debe el templo de ese pueblo, y á su diligencia el que los indios se hubiesen convertido al cristianismo.

No todos los encomenderos se conducian con igual liberalidad, ni eran tan celosos del bien de los indios; ántes bien, los más andaban agriados con los dominicos por la

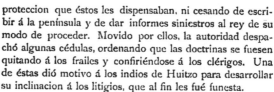

proteccion que éstos les dispensaban, ni cesando de escribir á la península y de dar informes siniestros al rey de su modo de proceder. Movido por ellos, la autoridad despachó algunas cédulas, ordenando que las doctrinas se fuesen quitando á los frailes y confiriéndose á los clérigos. Una de éstas dió motivo á los indios de Huitzo para desarrollar su inclinacion á los litigios, que al fin les fué funesta.

Por 1554, el Sr. Zárate obtuvo del virey que la doctrina de estos indios se encomendase á los dominicos. Las autoridades del pueblo dieron gracias al rey por esto que juzgaban insigne beneficio, dirigiéndole una carta escrita en estilo singular. Los primeros frailes que administraron allí, fueron Juan de Espina y Angel Rosas, napolitano este último, los cuales están sepultados en el templo del mismo pueblo. Por 1583, teniendo noticia de que iban á ser removidos los dominicos y sustituidos con clérigos, se reunieron en las casas reales el domingo 18 de Diciembre, y escribieron una exposicion pidiendo que nada se innovara entre ellos.[1] El buen éxito de estas y otras pe-

---

[1] La exposicion está escrita en zapoteco y la trae Levanto en sus MS. fol. 65: es como sigue: "Annaa Chii Domingo 18 Cobiicha peyo Diciembre 1583 años. Annaa cotopa quiraa Gueche, Cooquiilá, Xuanalá, Quixiagalá, Colaabalá, mariini lao pecoogo Audiencia Gueche Guijzoo lao tonoo Gobernador, Alcaldes, Regidores raca quelahuexía, necaabi quitoobi nalij lachini: racalachini cuee Bixooce frailes Santo Domingo: nijastinni piennitijagatonoo nobita xiticha xii Coogijroo tonoo Rey, quinije Bixooce frailes Santo Domingo: quita Bixooce Colaa quehui cueeni lachi tonoo: Laaquelacanij pexija tonoo, acá racalachitonoo cuee Bixooce Colaaya quehui lachitonoo: Xilaci racalachi quiraalij tonoo cuee Bixooce Santo Domingo lachitonoo. Alaarij niticha ricaabi toobi toobi Gueche quiraa, Cooquijlá, Xoanalá, Quixijagalá, Colaachalá.

Naa D. Pablo Maldonado Gobernador, chela D. Simon de Leon, Juan de Sosa Alcaldes, chela D. Pedro de Roxas y Gabriel de Avendaño, Thomas Perez y Pedro Macias Regidores, quiraa tonoo acá racalachitonoo cuee Bixooce Colaaya Quehue Clerigo: xillaaci racalachitonoo cueecehe celij Bixooce frai Santo Domingo: nijaxtinni nachoono tete na-

ticiones y demandas que hicieron en los tribunales, los estimularon á consagrarse al estudio privado de las leyes: frecuentaron despues los juzgados, sostuvieron con ingenio y tenacidad varios litigios, y siempre salieron vencedores. Por 1630, un tal Cristóbal de la Cueva, cacique de Huitzo, llegó á ser una notabilidad en el conocimiento de los derechos, hablando de ellos como si hubiese estudiado en las universidades, y despachando consultas que le hacian de muy léjos. Este cacique fué muy honrado: el amor á los suyos le obligó al estudio de la Curia Filípica, Palomares y otros libros de aquel tiempo, logrando hacerse temer, por sus letras y talentos, de los alcaldes mayores y justicias españolas. Un regidor de la ciudad, que fué nombrado corregidor de Huitzo, prevenido por lo que se decia de las inquietudes del pueblo, determinó tratarlo con rigor, y co-

zaaca tete libaana rococeteni tonoo, chela celij nazooba cehe narijcehe Bixooce lao lachi tonoo, rorobanica Bixooce pinni, chela rocoxoobaxtolla Bixooce benni Gueche: yaca xij nixij toobi Bixooce xi quichaabenni Gueche, chela celij ciaani liaazi nicana Bixooce quiraa Guecha estancia: nijaxtinni roxoobaxtolla benni Guijcha.

Naa D. Gabriel de San Pedro, chela Juan Gallego, Queche San Andres, yacá racalachitonoo cuee Bixooce Colaaya Quehue: xillaace racalachitonoo cuee Bixooce frai Santo Domingo roarij cavecera huijzoo.

Naa Domingo Hernandez Quixijaga, chela Domingo de la Cueva Gueche S. Francisco, yacá racalachitonoo cuee Bixooce Colaaya Quehue: xillaaci racalachitonoo cuee Bixooce frailes Santo Domingo.

Naa Juan Martin Quixijaga, chela Melchior Lopez, Gueche Santiago, yacá racalachitonoo cuee Bixooce Colaaya Quehue: xillaaci racalachitonoo cuee Bixooce frailes Santo Domingo.

Naa Domingo Hernandez, chela Quixijaga Thomas de Chavez Quehue Santo Domingo, yacá racalachitonoo cuee Bixooce Colaaya Quehue: xillaci racalachitonco cue Bixooce frailes Santo Domingo.

Naa Juan de Tapia chelanee Pedro Lopez y Alonso de Tapia Gueche San Juan, yacá racalachitonoo cuee Bixooce Colaaya Quehue: xillaaci racalachitonoo cuee Bixooce frailes Santo Domingo.

menzó su gobierno repartiendo bastonazos: no fue necesario más para que lo acusaran ante el virey, siendo á los dos meses destituido de su empleo y multado. A los clérigos tambien, ó frailes que les administraban, les obsequiaron un molino de trigo, que se cultivó con buenos resultados, desde la conquista, en las cercanías; y á los ochenta años de haberles hecho la donacion, les ganaron otra vez el molino en un litigio. Estas y otras victorias semejantes los envalentonaron con extremo, y como todo declina con el trascurso del tiempo, de avisados é instruidos se tornaron disolutos y malvados, promoviendo pleitos y fomentando discordias que á ellos mismos los empobrecian. Reflexionando al fin que estos males acontecian por causa de sus

Naa Domingo de Chavez mayordomos, chela Baltassar Centeno Quixijaga Gueche Santa Maria Magdalena, yacá racalachitonoo cuee Bixooce Colaaya Quehue: nijaxtinni coree Bixooce Colaaya Quehue collehichij iza, acá goca chahui Que la Christianos xtennitonoo chicana laci nazine goca annad laci racalachitonoo cue frailes Santo Domingo.

Naa Joseph Lopez Queche San Phelippe, yacá racalachia cuee Bixooce Colaaya Quehue lao lachinoo roarij huijzoo, xilbaaci racalachitonoo cuee Bixooce frailes Santo Domingo: nijaxtinni nachoono tete Bixooce naca Santo Domingo.

Naa Joseph Lopez, chelanee Juan Hernandez Gueche Santo Thomas, yacá racalachitonoo cuee Bixooce Colaaya Quehue loa lachinoo, nijaxtinni yacá riennitonoo ticha cohuichi, ni rinnijni, xillaaci goca peyana lijtonoo Bixooce frailes Santo Domingo: nijaxtinni rococeteni nalij libaana quiraa benni gueche: laagnelacanij rezaacatete lachitonoo zabeecijcaca Bixooce frailes Santo Domingo.

Naa Thomas Hernandez Queche San Lorenzo, yacá racalachitonoo cuee Bixooce Colaaya Quehue, xillaaci racalachitonoo cuee Bixooce frailes Santo Domingo: nijaxtinni quitoobilij lachi Bixooce racance Bixooce animas xtenni quiraatonoo.

D. Pablo Maldonado, Gobernador.—*Juan de Sosa*, Alcalde.—*D. Pedro de Roxas.*—*Pedro Macias.*—*Gabriel Avendaño.*--*Thomas Perez.*—*Juan Martin.*—*Pedro Garcia.*—*Joseph Lopez.*—*Pedro Enriquez.*—*Miguel Avendaño.*

caciques, pidieron al rey quedar libres de su autoridad, como lo consiguieron, nombrando por eleccion á los que los hubiesen de gobernar. Los huitzos forman once pueblos: antiguamente eran numerosos; por fines del siglo XVII quedaban reducidos á seiscientos vecinos. Los templos eran de paja, excepto dos, de los cuales el de la cabecera tenia excelentes pinturas de Arrué.

CAPITULO IV

LA DESTRUCCION DE LOS INDIOS.

1. Pestes.— 2. Minas de Santa Catalina.— 3. Consecuencias de aquel descubrimiento.— 4. Repartimientos.— 5. Idolatrías entre los chochos.— 6. Trabajos superiores á las fuerzas.— 7. Indolencia del indio.— 8. Congregaciones.— 9. Reclamos de los curas. — 10. Especiales circunstancias de algunos pueblos.

1.— Hemos notado en algunos capítulos precedentes el desventajoso cambio que desde la conquista iba sufriendo el censo de la poblacion: conviene ahora señalar las causas, pues el aumento considerable de las defunciones entre los indios, no solo se debió al tratamiento inhumano de los encomenderos, como podria entenderse de lo que dejamos referido.

La conquista derramó poca sangre en el territorio de Oaxaca, pues los unos de los pueblos se dieron sin resistencia á los invasores, y los otros fueron rendidos por la palabra de los misioneros. Grupos aislados de guerreros se opusieron al paso de los conquistadores, grupos que se disolvian tan pronto como los desarmaba la órden de sus soberanos, los reyes de Tilantongo y de Zachila, resueltos ambos á someterse á las determinaciones de lo alto. En las guerras que se promovieron, por una parte, como en la Sierra, lós españoles fueron constantemente los vencidos, y por la otra, como en Coatlan, fueron burlados, huyéndoseles los indios de las manos cuando más seguros los creian. Una sola victoria completa, arrancada por la fuerza de las armas en Oaxaca, no la cuentan los españoles. Así que, no pudo ser la conquista la causa del considerable rebajo de la poblacion.

Pero con los conquistadores vinieron juntamente los vicios europeos y algunas pestilencias desconocidas ántes en el país. Aún Cortés no habia tomado México, y la viruela diezmaba ya cruelmente á los indígenas: poco despues del asalto de aquella ciudad se extendió por el país una pestilencia causando grandes estragos. Debe presumirse que una y otra epidemia deben haber alcanzado á los zapotecas y mixtecas. Además, en los años de 1576 y 1577, desde Yucatan hasta los chichimecas, y por más de seiscientas leguas, corrió tal mortandad entre los naturales, que no tenia ejemplar en la historia de México: esta pública calamidad duró cerca de dos años, cebándose únicamente en los indios, sin tocar á ningun español. Los historiadores de México refieren con espanto los estragos de esta enfermedad, que comenzó su desarrollo y desapareció sin que nadie conociese sus causas ni sus remedios. Y como si la tumba no se hubiera saciado con el increible número de víctimas que sucumbieron entónces, en 1591 apareció una nueva epidemia, que principalmente se cebó en los pueblos de la mixteca, muchos de los cuales quedaron asolados. [1]

Esta peste no parece haber cesado en el año de 93, sino para reaparecer con más fuerza en el de 95 y extenderse á toda la nacion. Fr. Gregorio García, que viajó por Oaxaca en el año de 97, como testigo da fé de sus estragos. "En Nueva España, dice, [2] cuando yo pasé por ella que fué el año de 1597, habia en las provincias mexicana, mixteca y

1 Cavo. Historia de tres siglos, lib. 5, n. 25.
2 Orígen de los indios. Lib. 3, pár. 3, fol. 88.

zapoteca, una peste que llaman *cocolistle*, la cual habia más de tres años que duraba, de que murió mucha gente." Otro testigo de vista dice que pasada aquella cruel calamidad, si algunos pueblos mixtecas mostraban su poblacion en notable desmejora, otros ofrecian el aspecto de un desierto, asegurando que se podian recorrer en algunas comarcas muchas leguas sin encontrar un solo indio, mirándose solitarios los muros de sus casas y de los templos que habian frecuentado en otro tiempo.

2.—Con esta causa de despoblacion concurrian otras no ménos eficaces. Por 1580 se descubrieron ciertas ricas minas cerca del pueblo de Santa Catalina mártir, muy poblado en la antigüedad. La voz de que allí existia un rico mineral corrió con rapidez por todas partes, y como era natural, todos los amantes de la plata, presurosos acudieron á fundar el real, avecindándose en el pueblo y levantando casas para sí y sus familias y para los oficiales indispensables al trabajo, como ensayadores, guardaminas, mayordomos, etc. Si los empresarios, para explotar aquella riqueza, que se creia fabulosa, hubieran contado con suficientes caudales, el trabajo de las minas hubiera sido fructuoso para ellos y benéfico á los pueblos inmediatos; pero era una turba de aventureros, ávidos de oro, resueltos á obtenerlo á costa de cualquiera iniquidad, y por eso produjo resultados tan funestos á los indios. "Lo que hoy más los tiene acabados y ahuyentados de su natural, dice el autor de ciertos informes dirigidos al Rey de España en 1600,[1] es el servicio personal que dan á unas minas, que llaman Chichicapa, que están á doce leguas de este pueblo (Miahuatlan), de donde huyen por tener excesivo el trabajo, y ellos no ser de su natural para mucho: no se ha podido entender

---

[1] Documentos inéditos del Arch. de Ind., tom. 9, pág. 210 y sigs.

otra causa de su menoscabo y diminucion." Así describe Burgoa las penalidades de los indios:

"El silbo de la plata convocó á cuantos haraganes y facinerosos se hallaban cerca, y de este género de gavillas fueron tantas las desgracias y desafueros que sucedieron en este real de minas, que fuera historia muy dilatada referir los mas graves, y solo diré los que pasan, y han reconocido los mayores tribunales de las Audiencias y Contadurias de México, de sesenta años á esta parte, así por el menoscabo tan considerable de los reales tributos, como por las molestias, agravios y vejaciones que consumieron á los tributarios que los habian de pagar.

"El año de 1617 vino con cordada y otros negocios el oidor Galdos de Valencia, y su grande celo y conocida cristiandad hizo averiguacion de estas demasías en la Ciudad de Antequera. Concurrieron de estos valles á su juzgado tantos indios, que pasaron de ocho mil, con demandas tan sensibles de vidas y salarios, que ambos cargos, sino se probaran con las cuentas y testimonios de viudas y huérfanos las unas, y con libranzas firmadas de los mineros las otras, pareceria increible el exceso en ambas cantidades, á cualquiera católico. Porque la carestia de esclavos ha sido grande y costosa en esta provincia: lo ménos que cuesta (un esclavo), para trabajo son trescientos pesos; y los ménos barreteros de pié, para labor de una mina, son cincuenta que montan á 15,000 pesos: quitando de estos los enfermos y lisiados, eran ménos; y para continuo, sin remuda en la tarea, totalmente imposibles: el vestido y sustento ordinario encarecia la costa. Y toda esta misera esclavitud con irregulares circunstancias suplian por libres y á menos costa los indios infelices.

"Cada pueblo tenia su repartimento, y numero que habia de enviar el dia señalado, y habia de salir un alguacil con ellos á buen recaudo, y llevaban consigo las tortillas y maiz molido que les daban sus mujeres, y en llegando á la

mina, los criados y esclavos les robaban esta miseria de su sustento, porque lo habian menester, y aun una manta ó cobertor burdo de lana les quitaban. Los bajaban á unos sótanos profundos de veinte ó treinta estados, oscuros, tenebrosos y humedísimos; y á la luz de unas malas teas, con una gruesa barreta, cuñas y masas en las manos, y bajando y subiendo por unas malas escalerillas postizas, de una mesa á otra en el centro: y en deslizándose ó reventando un escalon, caian despeñándose entre riscos y puntas de guijarros hechos pedazos.

"A este infierno abreviado llevaba cada indio tarea señalada de los quintales ó canastos de metal que habia de sacar entre dia y noche, sin distinción de si se resistia mas el metal todo guijarros, ó si las fuerzas eran mas débiles de unos que de otros. Y si sobre cumplir con este afan tan molesto, tuvieran que comer ó agua que beber, fueran tolerables: si les señalaran horas de sueño, fuera alivio. El que tenian, acabados los dias de tan sensible penalidad, era salir desmayados de hambre, garleando de sed, traspirados de sudor, deslumbrados de la oscuridad, y cargados trepando por tan manifiestos peligros, en que eran sin número los que desfallecian, cayendo á la profundidad desvanecidos por falta de sueño y del sustento: y los que escapaban con vida la llevaban á perder en su choza. Y toda la paga en que la dejaban vendida, era una cedulita para la otra vida: porque con darse por servido el minero, le daba el salario, habiéndole robado el esclavo: decia la cédula: "sirvió fulano, de tal pueblo," y llegó á tanto la malicia, que, haciendo irrision, les daban cédula de confesion: "confesóse N.," y con dos dedos de papel le satisfacian trabajos, salud y vida perdida.

"A pocos años pasó esta molesta tarea á granjeria insolente: porque la ley de los metales iba cada dia á menos, como la ira de Dios en los mineros; y no siendo menester tantos barreteros para la labor, trasfirieron en los

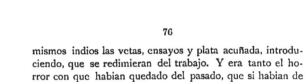

mismos indios las vetas, ensayos y plata acuñada, introduciendo, que se redimieran del trabajo. Y era tanto el horror con que habian quedado del pasado, que si habian de un pueblo cien indios cada semana, se redimian la mitad ó mas á dos pesos; y para pagar su misma vejacion, vendian cuanto tenian, y querian vivir desnudos y descarriados mas que morir en una mazmorra de hambre y despeñados."

3.—Con la fundacion del real y los ingenios de moler metal, pararon las obras que se tenian comenzadas en varios pueblos. En Ocotlan se habia edificado un extenso y solidísimo convento de cantería, que ni el más leve daño sufrió en sus muros en los terribles temblores del siguiente siglo. Se pusieron tambien los cimientos del templo y se levantaron hasta doce varas, los muros bastante fuertes para sostener grandes bóvedas: hasta allí quedó el trabajo. En Teitipac se habia trazado tambien un suntuoso templo y convento, llegando el primero hasta las cornisas y faltando al segundo únicamente los claustros. Al descubrimiento de las minas, se adjudicó Teitipac, por ser numeroso, á las justicias de la administracion de Santa Catarina, recayendo sobre aquel casi todo el peso del trabajo, por lo que cesaron las obras de arquitectura. Chichicapam, que quiere decir, "aguas amargas," por un rio de aguas salobres que corre por las goteras de la ciudad, era un pueblo pacífico, numeroso y bien alimentado por el fértil terreno que poblaban. Sus indios, blandos y dóciles por carácter, fueron de los primeros en adoptar el catolicismo. Fabricaron luego un decente templo, un sólido convento y un buen acueducto que llevaba el agua al convento, regando de paso un hermoso parque de árboles frutales. No quedó, como los otros, á medio acabar este edificio, pero fué desamparado por falta de vecindario.

Veinte doctrinas de los valles quedaron asoladas. De cuatro mil casados que contaba Teitipac, quedaron cuaren-

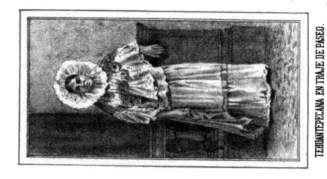

TEHUANTEPECANA EN TRAJE DE PASEO.

TEHUANTEPECANA EN TRAJE DE CASA.

ta. En Ocotlan se redujeron á cincuenta vecinos, los dos mil que tenia ántes. En San Antonino se llegaron á contar solo cien vecinos. En Ozolotepec, de treinta mil tributarios quedaron únicamente ochocientos; y del pueblo numeroso de Miahuatlan, solo pudieron salvarse cuarenta y cuatro casas. Muchos de los indios de Chichicapa perecieron en el hundimiento de una de las minas, otros sucumbieron, no pudiendo resistir las vejaciones de los mineros, y otros pocos que sobrevivieron á tanta ruina, desampararon sus casas y huyeron á los montes: por lo que, aun los frailes abandonaron su convento trasladándose á Santo Tomás Acatepec, en que habian quedado unos cien casados. De los indios, por causa de las minas, hicieron falta más de doscientos mil tributarios, y los mineros acabaron su vida mendigando el sustento necesario.[1]

Acontecia esto al mismo tiempo que los vireyes tornaban en favor de los indios providencias sábias, cuyo único defecto era que no se ejecutaban. Enriquez habia mandado que todos los meses se sacara de los pueblos cierto número de operarios, que repartidos en las minas vecinas, trabajasen con buen salario y fuesen sustituidos por otros al fin de un mes, sin que pudiesen ser compelidos á nuevos trabajos, sino al cabo de un año. Se cumplió la ley en las inmediaciones de México; mas en las provincias lejanas todo se hizo al arbitrio de los interesados, sirviendo para agravar el mal aquello mismo que se pensaba habia de ser su remedio.[2] Al fin de algunos años de penalidades, las quejas de los oprimidos llegaron á la autoridad, y el virey conde de Monterey escogitó el medio de acabar tantos males, pero la malicia de los hombres vició tambien estos reglamentos, siendo necesario que el visitador Galdos

---

[1] Burgoa, 2ª parte, caps. 45 y sigs.
[2] Cavo. Historia de tres siglos, lib. 5, núm. 10.

fuese á residenciar á los culpables. [1] Los quejosos que acudieron á su tribunal pasaron de ocho mil; pero ¿cómo se podrian restituir á la vida los muchos millares que habian perecido en las minas? Así que, la poblacion disminuyó sin remedio.

No solo contra la vida de los indios atentaron los mineros, sino contra sus pequeños intereses, como lo refiere el mismo Burgoa: "Podia venir Faraon, diĉe, á aprender nuevas tiranias gitanas de estos mineros. Muchas más probó el juez, y ellas eran tan públicas, que llegaron á hacerlas ley, solo con decir que asi se usaba, frase con que todas las injusticias de ministros se baptizan en estos reinos. La calificacion de enormes culpas contra la ley natural es, que uno la introdujo, y se salió con ello: con que cada uno de los sucesores, con las granjerias y repartimientos que inventa, añade leyes á la inhumaña crueldad y gitana tirania. Y basta para serlo, que en los tratos civiles y mecanicos oficios en que incurren los mas presumidos ministros, vendiendo jabon, candelillas, vino y otras raterias, que hacen ruin á un cicatero, es gala en ellos: y lo peor es la violencia con que lo reparten, la fuerza de irracionales sin Dios y sin ley con que lo cobran para sustentar vanidades y demasias, y ha de ser decente en lo más fantastico de su estimacion este tirano proceder? No sé que en todo Egipto se alcanzase semejante gitaneria ni tan descocada braveza. No les busquen mas cocoliztles ni mas mortiferas epidemias á los miserables indios, que esta opression y captiverio los ha consumido y los va acabando.

"Haga el mas ciego codicioso la suma de los quintos que han pagado las minas á su Magestad, y cuente los millones de tributarios, y la minuta de sus descendientes que hubieran aumentado: ¿que hubieran aumentado? Cuando no se proporcione ya al precio de sus almas, veran el defraude y

[1] Cavo. Hist. de tres siglos, lib. 6, núm. 2.

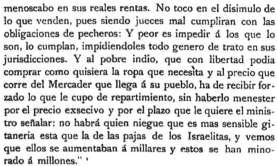

menoscabo en sus reales rentas. No toco en el disimulo de lo que venden, pues siendo jueces mal cumpliran con las obligaciones de pecheros: Y peor es impedir á los que lo son, lo cumplan, impidiendoles todo genero de trato en sus jurisdicciones. Y al pobre indio, que con libertad podia comprar como quisiera la ropa que necesita y al precio que corre del Mercader que llega á su pueblo, ha de recibir forzado lo que le cupo de repartimiento, sin haberlo menester por el precio exsecivo y por el plazo que le quiere el ministro señalar: no habrá quien niegue que es mas sensible gitaneria esta que la de las pajas de los Israelitas, y vemos que ellos se aumentaban á millares y estos se han minorado á millones." [1]

En Chichicapan, no solo fatigaron á los indios con el trabajo de las minas y los repartimientos, sino que destruyeron las sementeras, talaron los campos y se apoderaron del ganado y demás bienes de los escasos vecinos que quedaron vivos. Cuando el laboreo de las minas cesó, el templo y el convento estaban casi en ruina, el asiento del pueblo convertido en pantanos, y los campos repartidos entre los mineros, que lo habian aprovechado para estancias de ganado. Aun mucho despues, Burgoa tuvo que demandar á un español, dueño de una de estas estancias, porque no satisfecho con el terreno que habia usurpado, se apoderaba del ganado de algunos miserables indios con el pretexto de que "las mulillas y machuelos de éstos eran hijos de sus burros," lo que tampoco era cierto.

4.—Los abusos de los repartimientos no eran privativos del valle de Oaxaca, pues de la misma ó de distinta manera eran siempre vejados en sus intereses los indios de la Sierra y de la mixteca. Aquel fácil y lucrativo comercio que habian inventado los españoles, de vender sus merca-

---

[1] Burgoa, 2ª parte, cap. 45.

derías, distribuyéndolas por fuerza entre los indios, aunque no los necesitasen, á precios obligatorios señalados al arbitrio del vendedor, estaba muy extendido y perseveró hasta el último siglo de la dominacion española, como veremos despues. Quedan ya referidos los excesos de los oficiales encargados de recoger el tributo que fué primero de medio duro y que se aumentó á siete reales y una gallina en tiempo del virey D. Luis de Velasco el jóven.[1] En la Sierra se impuso á los indios la obligacion de entregar anualmente cincuenta mil mantas de cinco varas cada una, carga que gravitó principalmente sobre el pueblo de Choapan, por ser allí abundantes las cosechas de algodon. Se halla este pueblo en una eminencia cercana á la costa del Norte, frente á otra montaña que tiene á la vista, en que está edificado el pueblo de Latani. Los dos pueblos tenian cosa de mil familias y estaban separados por gargantas y desfiladeros en que corren rios abundantes de pesca. El clima es cálido, y el terreno, muy fértil, se ve constantemente vestido de espléndida vegetacion en que se hacen notar magníficos algodoneros. Los rios de Choapan tenian fama de ser ricos en placeres de oro. En efecto, los indios recogian en las márgenes las preciosas arenas, que por fundicion y valiéndose de moldes de carbon, eran convertidas en idolillos y objetos de adorno, que con el trascurso del tiempo se habian ido acumulando en poder de los caciques y de personas privadas: así es que á la venida de los españoles tenian acopiada gran riqueza. El deseo de poseerla obligó á los dominadores á fijar en Choapan toda su atencion: porque ademas de este pueblo salia gran parte de repartimiento de mantas, como se ha dicho, sin contar con la obligacion de entregar anualmente gran cantidad de vainilla y otros frutos de la tierra pagados arbitrariamente; aunque con frecuencia los indios, para cumplir con el impuesto, te-

[1] Cavo, l. 5, n. 27.

nian que comprarlos á precio doble. Fué inútil que Fr. Juan Novales, que vivió cuarenta años con estos indios, clamase contra tales abusos: el éxito que obtuvo fué saborear amarguras y disgustos contínuos, pues los interesados tomaron la providencia de favorecer contra el sacerdote, las embriagueces, incestos é idolatrías de los indios. Choapan se erigió en doctrina separada de la jurisdiccion eclesiástica de Villa-alta en 1603, siendo su primer vicario Fr. Andrés Niño Hortuño.[1]

5.—El resultado de tales excesos era fatal para las costumbres y para la fé de los indios. Los chochos, pueblo valiente de la mixteca, entre otros, disgustados por vejaciones de extranjeros, despues de convertidos al cristianismo, volvieron á sus antiguas idolatrías. Estos indios, escarmentados por los sufrimientos que tuvieron, llegaron á cobrar gran odio á los blancos, confundiendo en una comun malevolencia tambien á los sacerdotes. Juzgaban que el oro era el único interes de éstos como el único móvil de los primeros; y así, resolvieron llenarles las manos de riquezas, guardar exteriormente todas las formalidades de cristianos y continuar en lo privado sus viejos usos. Fué necesario convertirlos de nuevo al Evangelio, como en efecto lo hizo un jóven religioso dominico, Fr. Gerónimo Abrego. Comprendiendo este sacerdote la causa de la apostasía, procuró conciliarse, desde su ingreso en los pueblos chochos, el amor de los indios con su desinteres y abnegacion: conversaba familiarmente con ellos, sin dejarse jamás arrebatar por la impaciencia ni por la ira; se sentaba en sus esteras de palma y comia de sus groseros alimentos; convidaba frecuentemente á su mesa á los más pobres ó á los más ancianos y respetados del pueblo, de quienes oia, sin dar muestras de indignacion ni de sorpresa, la narracion

[1] Burgoa, 2ª parte, cap. 63.

de sus historias y tradiciones, discurriendo con ellos sobre las antigüedades americanas, de que llegó á tener profundos conocimientos: de este modo llegó á saber, que en lo más retirado del bosque daban culto al dios especial dispensador de las lluvias del cielo. Manifestó deseos de ver á ese dios, llegando á su templo y adoratorio. Los indios, alarmados, procuraron disuadirlo, exponiéndole las penalidades de un camino quebrado y los peligros de entrar en una cueva de donde ninguno habia salido con vida. El sacerdote insistió en su propósito, por lo que los indios resolvieron colmarlo de dones, ofreciéndole oro y piedras preciosas, paños y mantas de precio y otras alhajas de estimacion, "persuadidos de que la codicia, no el celo de la fé, era la que le obligaba á descubrir sus ídolos," porque, decian, "si nosotros adoramos la figura, los españoles la materia de que se hacen los dioses." El religioso desechó las dádivas y permaneció inmutable en su resolucion. Los indios pensaron entónces envenenarlo. En efecto, el dia mismo señalado para la visita del dios de las aguas, despues de una larga jornada, á la entrada de un bosque y á la orilla de una cristalina corriente, le brindaron con un almuerzo dispuesto á propósito para provocar el apetito. El fraile, ignorando que los manjares contenian un tósigo mortal, rehusó sin embargo gustarlos, por no distinguirse de los indios, cuyos alimentos prefirió comer.

Poco despues penetró en el deseado templo. Era este una profunda cueva, en que para adelantar era preciso á veces arrastrarse como los reptiles. Siendo muy tortuoso el subterráneo, y dividiéndose en galerías que corrian en diferente direccion, tuvo que servirse de cuerdas unidas para conservar segura la salida. Despues de penetrar en aquel laberinto un tercio de legua, venciendo graves temores y no pocas dificultades, llegó á un salon amplio, en cuyo centro se elevaba una columna piramidal de hielo: se habia formado de las filtraciones de la montaña, que goteando en aquel lugar, por efecto del frio que se sentia intenso allí, congelándose el agua, habia levantado aquel monumento. Otras pirámides se veian á los lados, y por el suelo esparcidos los restos de sacrificios idolátricos. Con facilidad se deshizo el dios, los indios se desengañaron, y el sacerdote salió de la cueva, salvando el riesgo de morir oprimido, en el desprendimiento casual ó malicioso de una enorme peña.

No mucho despues, el mismo P. Abrego, caminando de un pueblo á otro, perdida la senda y extraviado en nn bosque, dió con un salvaje que huia saltando de un árbol á otro. Pudo cogerlo, llevarlo consigo é instruirlo en los rudimentos de la fé. Este desgraciado, huyendo de las crueldades que "los españoles usaban con los que no llevan oro y joyas," se retiró á lo más escarpado de las montañas, en donde, léjos de toda sociedad, viviendo en compañía solo de las fieras, desnudo y comiendo hierba y frutos silvestres, perseveró setenta y cinco ú ochenta años, olvidando aun su idioma nativo. Tenia cien años cuando fué recogido por el P. Abrego, y así los mostraba en la blancura de su barba. Aprendió de nuevo el idioma, fué bautizado y murió cristiano. Abrego murió en Yanhuitlan. [1]

6.—En el afan, pues, de trabajar para enriquecer á sus señores, los indios tenian que forzar su naturaleza, saliendo de sus costumbres indolentes, gastando demasiado su débil organizacion, sin reponer las pérdidas con una proporcionada nutricion, desmejorando en consecuencia su salud y abreviando su existencia. [2] Algunos inculpan á los indios por su habitual pobreza, de que no tienen arte de salir. En verdad, poseen la plausible virtud de no amar

---

[1] Burgoa. Palestra Indiana, cap. 65.

[2] Esta observacion no es nueva: la han hecho casi todos los historiadores de México.

las riquezas: trabajan por vivir, nunca por atesorar. Pero además, su miseria era forzosa, ni podian librarse de su pobreza por causa de la organizacion social creada, no por voluntad de los reyes de España, que hicieron grandes esfuerzos por asimilar las dos razas, americana y europea, confundiéndolas en una masa comun, sino por la necesidad de las circunstancias y los tiempos. La generalidad de los españoles abandonaba su patria, sin duda por mejorar de fortuna. Para lograr este fin, preciso era que la industria ó arte que ejerciesen fuese abundantemente retribuida. El mercader vendia por la fuerza sus efectos al precio que le convenia; los empleados públicos eran ricamente dotados de hecho y por violencia, si no por la justicia y la ley; la profesion de las letras era honrosa y productiva; las artes liberales no padecian escaseces; los extranjeros agricultores disponian de haciendas, posesiones señoriales formadas por los primeros encomenderos, en que los operarios ,trabajaban para los amos, no de otro modo que como los antiguos *mazehuales* para los *teuctlis:* quedaban para los indios algunas artes mecánicas y la agricultura en su más humilde condicion. ¿Qué proporcion habia, por ejemplo, entre los crecidos honorarios de un abogado y la mezquina merced del labrador? Trabajando el último de sol á sol, ganaba escasamente el sustento del dia sin poder economizar un maravedí, miéntras que las actuaciones de un notario despachadas en una mañana, proveian al lujo de muchos meses. ¿Qué proporcion era posible entre el valor de las telas europeas y el de los frutos de la tierra ó los mezquinos productos de la industria de los indios? [1] ¿Podrian los indios vestirse á la europea, cubriéndose con ricas telas, cuando tenian que sufrir privaciones para contribuir á los gastos comunes de su pueblo? Hubo algunos productos de la tierra, como la gra-

---

[1] Una vara de zaraza valia dos duros, lo mismo un pañuelo de algodon, miéntras la carga de trigo llegó á valer seis reales.

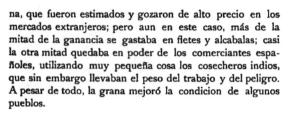

na, que fueron estimados y gozaron de alto precio en los mercados extranjeros; pero aun en este caso, más de la mitad de la ganancia se gastaba en fletes y alcabalas; casi la otra mitad quedaba en poder de los comerciantes españoles, utilizando muy pequeña cosa los cosecheros indios, que sin embargo llevaban el peso del trabajo y del peligro. A pesar de todo, la grana mejoró la condicion de algunos pueblos.

7.—Es verdad que cooperaba notablemente á la miseria de los indios, su natural lacio y sus hábitos de negligencia. El mórbido clima de Oaxaca convida á la quietud. La fecundidad del terreno permite satisfacer las exigencias de la naturaleza sin grandes esfuerzos. El lujo de la mesa nunca fué una irresistible tentacion para los indios. Estos usaban siempre alimentos poco azoados: las carnes no eran su más comun vianda, constituyendo los vegetales y las semillas la parte principal de sus mantenimientos. Y como aun de sus manjares, en extremo simples, usaban con grande moderacion y templanza, su salud era buena, pero su naturaleza débil. En la antigüedad todo estaba equilibrado: el trabajo era proporcionado á las fuerzas, que estaban en relacion con las necesidades, así como éstas no eran superiores á los productos de la naturaleza. Despues de la conquista, el equilibrio se perdió. Los indios debieron trabajar no solo para sí, tambien para los españoles, á quienes habrian de enriquecer, violentando y sacando de su acostumbrada apatía una organizacion no solo ya débil, sino gastada por la embriaguez y otros vicios, Bajo tales condiciones, la vida de los indios ni deberia suponerse cómoda ni larga.

Era, pues, sensible y bien marcada la division de las dos clases principales que constituian la sociedad oaxaqueña en ese tiempo: la dominadora de los españoles, á quienes todo sonreia, y la de los indios miserables y oprimidos por sus señores. Los excesos que se permitian los soldados de Cortés, por derecho de conquista, si así se puede deçir, no acabaron con la muerte de aquellos héroes; fueron la herencia de sus descendientes y de cuantos peninsulares quisieron buscar fortuna en esta parte de la América. Con el trascurso del tiempo y el uso, tales excesos tomaron el carácter de una costumbre legítimamente prescrita: se cohonestaron y reglamentaron, trasformándose en una organizacion permanente, que persevera en el dia aunque modificada por la insistencia con que los gobiernos republicanos han procurado igualar en derechos á todas las clases sociales; esta viciosa organizacion de la sociedad, creada en ese tiempo, fué sin duda una de las causas de la diminucion de los indios.

8.—A todas estas causas de desolacion hay que agregar otra no ménos poderosa. Desde que gobernaba en México en calidad de virey el Illmo. Sr. arzobispo Moya, por 1584, se habia intentado para obedecer las órdenes reales congregar en pueblos á los indios esparcidos en rancherías, con el fin de facilitar su administracion en el órden civil y religioso. Pero como el Sr. Moya, por las reflexiones de los párrocos, llegó á entender que seria pernicioso á la salud de los indios el cambio de clima, suspendió la medida, escribiendo á Felipe II las razones de su determinacion. [1] D. Luis de Velasco el jóven quiso ejecutar lo que no se atreviera el Sr. Moya, y en 1591 despachó comisarios que obligasen á los indios de las sierras vecinas de México á unirse á las poblaciones de aquellos llanos: mas al fin se arrepintió por algunas desgracias que acontecieron, y suspendió la ejecucion. [2] Mas como algunos escribiesen á España, significando las dificultades que los ministros reales y eclesiásticos sentian para llegar á las chozas de estos in-

1 Cavo. Hist. de tres sig., l. 5, n. 15.
2 Cavo, id., l. 5, n. 25.

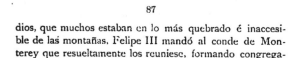

dios, que muchos estaban en lo más quebrado é inaccesible de las montañas. Felipe III mandó al conde de Monterey que resueltamente los reuniese, formando congregaciones en lugares cómodos y salubres.

Considerada en abstracto la providencia, parece justa y benéfica; mas por circunstancias especiales no era realizable sin grandes perjuicios. Desde luego se mira inconveniente el cambio de temple, trasladándose los indios con sus familias, animales y alhajas á un sitio tal vez lejano y de temperamento contrario: deberia contarse además con los abusos que se permitirian los comisarios, como en efecto se los permitieron muchos, y punibles.

Increible es lo que el corazon se acostumbra al amor de los horizontes que se han contemplado desde la infancia. En aquellas ásperas montañas tenian los indios sus propiedades bien deslindadas; tierras que habian cultivado con el sudor de su frente; chozas humildes, pero que ellos mismos habian construido; bosques, huertos y fuentes llenos de esos encantos y poesía que siembra el recuerdo en el suelo natal: allí estaban sus afectos, sus tradiciones, los sepulcros de sus antepasados: era natural que se resistiesen al cambio.

En verdad, anticipándose al pensamiento del rey, los religiosos habian adelantado mucho en la realizacion de sus designios, ni habia que hacer sino dejar perfeccionar aquella obra de persuasion. Pero los oficiales encargados de ejecutar las reales órdenes, estimulados por la codicia y otras pasiones reprobadas, se condujeron con tal tiranía, indiscrecion y crueldad, que léjos de conseguir el intento solo hicieron males sin medida. Se presentaban de repente en la casa del indio, estrechando, sin dar plazo ni próroga, la hora de la partida, por la que éste tenia que dejar perdida parte de su miserable fortuna. Como el primer paso de los comisarios era quemar las chozas, los indios, al ver arder las casas en que habian nacido ellos y sus padres, y que habian de abandonar sus arbolillos y magueyes, que eran su riqueza y su distraccion, quedaban como atónitos. [1] Ni eran solo chozas aisladas las que destruian, sino que, contra las instrucciones de la autoridad, entraban en los pueblos mejor asentados y dispuestos, nivelando calles, arrasando edificios ó trasladando la masa toda del vecindario á lugares ménos acomodados.

"Fué esta, dice Burgoa, la mayor calamidad que se habia padecido en el nuevo mundo, separando de los lugares amenos y fertiles en que tenian asentados sus pueblos, para otros en que eran tratados como estrangeros, perdiendo en el cambio sus casas y terrenos, y convirtiendose en vasallos los que eran señores, y muchas veces resintiendo en sí mismos, en sus mugeres ó en sus hijos las venganzas de los que habian sido sus enemigos en la gentilidad, ó de los españoles de quienes los habian dividido rencillas antiguas." "Todas las veces que he tocado este fatal estrago, continúa el mismo autor, de las congregaciones, he querido ingerir en el un tratado, que un grave, docto y muy celoso padre de mi hábito escribió en aquella era; y son tan espantosos los casos y tan atroces las muertes que sucedieron y tan inhumanos los rigores, tan sin regla ni medida que titubeó el pulso, y torpe la pluma no halló modo de templarlos: y temo no sirva de ejemplar en otras materias presentes, como va en la de la conquista: para consumirlos miserablemente baptizados, como sin piedad se hizo de ellos carnicería por infieles y gentiles."

Cuando al fin los indios habian sido trasladados, de nuevo y con más apremio eran estrechados al pago de los salarios que les cobraban los ejecutores de aquel injusto destierro. Y como estos salarios estimulaban la avaricia de muchos, frecuentemente despues de un cambio, habia que sujetarse á nuevas y más desagradables innovaciones y á pagar otros salarios, quedando los míseros indios como pie-

[1] Cavo. Hist. de tres siglos, l. 5, n. 33.

zas de ajedrez, movibles á discrecion de los comisarios. Se veia entónces á estos indios, que los unos edificaban con pena su casa en suelo extraño, y los otros, hombres, mujeres y niños, andaban por los campos, dispersos, desconsolados, hambrientos, llorando, sin patria ni hogar seguro en que abrigarse, padeciendo gravámenes en la tierra de sus antepasados, y padeciéndolos de mano de aquellos extranjeros, desconocidos, insensibles y duros.

Estos padecimientos fueron de tal suerte graves, que los indios cobraron horror á los españoles, y se estremecian y angustiaban de solo escuchar su nombre. Muchos huyeron á lo más inaccesible de sus montañas, prefiriendo habitar en las grutas en compañía de las fieras, que avecindarse con sus inícuos verdugos; otros, en su desesperacion, se dejaron miserablemente morir; y otros, en fin, no acaso los ménos afortunados, fueron repartidos en las haciendas de españoles y forzados á trabajar con más rigor que si fueran esclavos. Tantos sufrimientos, la falta de sustento y el cambio repentino del clima, causaron tal impresion y estrago en aquellos desventurados, que muy pronto se reconoció que habian mermado hasta muy cerca de la mitad de su número.

9.—Los curas, especialmente los regulares, que á costa de tantos sacrificios habian docilitado á los indios, reduciéndolos á pueblos y levantando en ellos los primeros templos, no eran los ménos lastimados en estos atropellos. Luego acudieron á consolar á las víctimas, con buenas razones y con limosnas tan abundantes como fué posible; y no siendo esto bastante á remediar tanto mal, reclamaron con entereza, dirigiéndose á las autoridades. Sus voces fueron desoidas: el menor insulto que les hacian los corregidores era decirles, "que los enviarian sobre una albarda á la Audiencia de México," sin otras amenazas é indecencias. Si tal vez acudian en demanda de favor á los jueces, éstos volvian contra los indios las armas de su autoridad. Se propagaban especies adversas al honor de los sacerdotes, para desacreditarlos é impedir que sus representaciones tuviesen valor. Aun lograron, á fuerza de apremios y vejaciones, que algunos indios elevasen quejas contra sus defensores.

Los dominicos no se intimidaron por eso: representaron vivamente al virey, y no hallando en él amparo, el P. Serna, que era provincial, dirigió un informe al rey. [1] Esta última representacion, unida á las de otros provinciales de distintas órdenes regulares y de algunos señores obispos,

---

1 Hé aquí el informe de Serna: "Señor:—Muy gran cargo de conciencia haria si en la ocasion presente, no acudiera á descargar la real de V. Magestad, oblíganme á hacerlo muchas razones de derecho natural, y Divino; así por leal Vasallo y Capellan de V. Magestad, por cuya vida y aumento de sus reinos, hago especial oracion á Nuestro Señor, fuera de las comunes del Santo Sacrificio de la Misa; como por ver en tanta calamidad, á unos racionales de mi mesma especie, quienes son estos miserables indios, redimidos con el inestimable Thesoro de la Sangre de Nuestro Señor Jesucristo, y despierta á la caridad, el ver á mi próximo arrojado, y tan mal parado, que apenas se le descubren señales de vivo, como el otro del Evangelio, puesto en esta desdicha por Ministros de V. Magestad, sin que le ayan dejado boca para quexarse ni movimiento para valerse, y á los ojos de los Ministros del evangelio, mueben tanto á compassion, como quienes obedeciendo á V. Magestad, los sustentan sobre los hombros de la caridad, y yo, por el Officio de Provincial sobre los de la obligacion que en nombre de todos represento á V. Magestad el doloroso, y lamentable balido de tantas ovejas descarriadas como veo, y conosco en el distrito de estas Doctrinas de la Provincia de Guaxaca, del Orden de Predicadores, que es á mi cargo, y de las demas de estos Reynos, significan con el duro, y pesado yugo que se les ha crecido, sobre los muchos que se les han impuesto: este de las congregaciones. Y lo que me toca ponderar es, que antes que se pusieran en execucion estaban estos pobres vasallos de V. Magestad, Doctrinados, y administrados en Santidad, y Justicia, por estar quietos, y recogidos en sus lugares, y poblaciones á donde les acudian con espiritual gusto sus Ministros, Cathequizándolos, é instruyendolos en sus Iglesias, que habian fabricado, celebrándoles misas, y sermones, y offician-

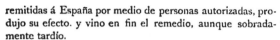

remitidas á España por medio de personas autorizadas, produjo su efecto. y vino en fin el remedio, aunque sobradamente tardío.

Aun la fidelidad cristiana se resintió de aquellas persecuciones. En su débil y reciente fé, muchos no acertaban á comprender, cómo de aquella misma religion que á ellos inspiraba sentimientos tan humanos y dulces, sus verdugos fuesen propagadores y celosos defensores; y persuadiéndose muchos que la predicacion evangélica tenia por objeto tenerlos con más seguridad sujetos á la dominacion extranjera, abandonaron los nuevos dogmas y se volvieron á los ídolos. A esto se agregaba, que algunos minis-

doles los Santos Sacramentos, con público y conocido provecho de sus almas, y facilitaban esta educacion, y enseñanza los Alguaziles de Doctrina de su mesma nacion, que avisados antes del dia que havia de llegar el Religioso al pueblo, los prevenia con tiempo á todos los feligreses, para que viniendo de sus labranzas se juntasen, y congregandolos por sus padrones con facilidad, y conveniencia, sin que pudiesen ocultarse hombres, y mugeres, aunque estuviessen distantes en sus rancherias, los contaban por las memorias de su Domicilio, y vezindad, á las puertas del Templo, ó Hermita sabiendo é inquiriendo de los que faltaban, el impedimento, ó causa de su omision, ó ausencia, y con esta diligencia estaban ciertos de que no se les admitia escusa voluntaria, de su obligacion.

Oy Señor, con las congregaciones, despoblando tantos pueblos de su naturaleza, y crianza, trayendo á sus vezinos con la fuerza y violencia que se dexa entender, y llevados á sitios estraños, y las mas veces opuestos en el temperamento, ha sido tan grande el estrago en su salud, y vida, y tan formidable el horror con que lo cumplen, que yendo los Religiosos á sus pueblos á administrarles la Doctrina, adonde de muchos ya juntos debia crecer el número, apenas hallan á quienes poder Predicar la palabra de Dios, por que enfermos unos, fugitivos otros, y todos inquietos y turbados no ven la de entrarse por las asperezas de los Montes, sin consuelo á buscarle en sus supersticiones y errores, bolviendo á la ceguera de su gentilismo, faltandoles la luz de la enseñanza, y careciendo del cultivo de los sacramentos, persuadidos del enemigo, que por haver dexado sus ritos, y vano culto les venian las inundaciones de vejaciones, y trabajos, que experimentan de mano de semejantes juezes,

tros y curas, apartándose de la suavidad, carácter distintivo del verdadero celo, y compañera inseparable del legítimo apóstol, se servian de las autoridades civiles para obligar por la fuerza á las ovejas descarriadas á que volviesen al redil, reprendiendo con acritud y castigando con severidad excesiva á los apóstatas. Esto los hacia creer que unos y otros, sacerdotes y conquistadores, curas y jueces, estaban en connivencia para mantenerlos en una misma dura esclavitud, aunque por diferentes caminos. Así, no encontrando refugio ni amparo en parte alguna, se abrazaban con los recuerdos del pasado y se acogian á sus viejas supersticiones.

10.—El único bien que acaso haya hecho en Oaxaca el pensamiento de las congregaciones, fué dar forma al pueblo de Jalapa, cuyos indios vivian esparcidos, y en esta ocasion se reunieron en barrios cercanos unos de otros. Fué, como se ha dicho, una de las villas del marqués, pasando en conse-

que tan ciegos del interes del bien temporal posponen este, y el espiritual de estos pobres humildes.

Esto basta Señor, para que V. Magestad eche de ver el inconveniente grande que ha resultado de las Congregaciones, y los demas que son muchos y dignos de toda consideracion, como son perdidas de bienes rayzes, y muebles, con la muerte de mugeres, é hijos, déxolo á que dándole passo el tiempo, que oy le tiene cerrado la conveniencia, llegue á los piadosos oydos de V. Magestad, de cuyo Catholico pecho confio el remedio, por que en este reyno no le hallo, por la insensibilidad que ha labrado la dureza á las vozes, y gemidos que la verdad, y la experiencia de los mas bien sentidos han dado, como quienes lastimados en el corazon gimen al eco de los tiernos balidos, destas simples y vagas ovejuelas, y todos esperan el consuelo de la amorosa mano de V. Magestad, cuya Real persona guarde N. Señor, con aumentos de mas dilatados Reynos, y Estados en el de la gracia. De Antequera 15 de Abril de 1601 años.—Humilde Vasallo, y Capellan de V. Magestad postrado, y siempre á sus Reales plantas.—*Fr. Antonio de la Serna.*— (Burgoa. Palestra Indiana, cap. 30, fol. 81).

cuencia, como todo su Estado, al dominio del duque de Terranova, cuyo gobernador nombraba las justicias de este pueblo, con el cargo de administrar unas haciendas abundantes en ganado de la pertenencia del marqués. [1]

Lo contrario aconteció en Tecomastlahuac, pueblo que los comisarios deshicieron, trasladando su vecindario al de Justlahuac, con el pretexto de que era húmedo y malsano el antiguo aplazamiento. Tecomastlahuac tenia de su propiedad extensas llanuras, bien regadas para las sementeras, y montes vecinos que la proveian de madera. Perdidas todas estas ventajas, y obligados á mendigar en la vecindad lo que dejaban á su pesar en su pueblo, los tecomastlahuaques se vieron además despreciados como advenedizos en Justlahuac y sobrecargados de trabajo, siendo continuamente empleados en lo más servil y molesto de la comunidad, creciendo sus fatigas al grado que representaran al virey su cautiverio y esclavitud, pidiendo libertad para edificar un pueblo, si no en su antiguo aplazamiento, en algun otro de los terrenos de su propiedad. El virey otorgó la gracia: por lo que, escogido el sitio y hechos sus preparativos en secreto, cuando lo creyeron oportuno, presentaron á la justicia sus despachos, y en una noche, para evitar embarazos de sus émulos, se trasladaron con sus familias y alhajas, amaneciendo al siguiente dia, con admiracion general, trazadas las calles, levantadas las casas y ordenado el pueblo en el sitio que hoy ocupa, como si contase ya algunos años de asiento. [2]

Los nochistecas, además de las causas expuestas de despoblacion, tuvieron otra, que fué su inclinacion al comercio, á que se consagraron con afan despues de la conquista, haciendo, por interes del lucro, dilatados viajes. El vecindario quedó reducido á ciucuenta personas.

[1] Burgoa, 2ª parte, cap. 71.
[2] Idem idem, cap. 32.

Los mijes no pudieron reducirse á las penalidades de las congregaciones; tan pronto como los reunian en un lugar, huian á las cuevas y á los montes, de donde costó á los religiosos más trabajo extraerlos entónces, que cuando aún no estaban bautizados. El provincial, Fr .Andrés de Porras, hizo una exposicion al conde de Monterey, representando los inconvenientes de las novedades que se introducian, proponiéndole como remedio que sus frailes viviesen permanentemente en los antiguos pueblos de los indios. El virey acogió el pensamiento, y tal vez de buena fé, erigió luego en doctrina de los dominicos el pueblo de Alotepec, situado en la cima de un peñasco elevadísimo habitado por unos pocos indios y un gran número de buitres y otras aves de rapiña, que desde aquellas alturas se arrojaban perpendicularmente sobre su presa. Los caminos eran tan angostos, difíciles y peligrosos, que el tal pueblo era poco ménos que inaccesible. Ni los dominicos pudieron permanecer allí más de seis meses, trasladando su domicilio y la cabecera de la doctrina á Quetzaltepec, algo ménos quebrado. Fueron los ministros fundadores, Baltazar Pacheco y Francisco de Vera, quien en uno de sus viajes á Europa, cayó cautivo en poder de los moros, entre quienes murió cristianamente. [1]

1 Burgoa, 2ª parte, cap. 62.

CAPITULO V

EPISCOPADO DEL SEÑOR LEDESMA.

—

1. **El Illmo. Sr. Ledesma.**—2. Tercer Concilio mexicano.—3. La Cruz de Huatulco.—4. Los templos de San Agustin y la Merced.—5. Muerte de Fr. Pedro de Feria.—6. Fr. Jordan de Santa␣Catalina.—7. Ministerios variados de los jesuitas.—8. Bibliografía.

1.—Hemos dicho que el Illmo. Alburquerque murió en brazos de los jesuitas. En efecto, quiso dar en la postrera hora de la vida ese testimonio ilustre de su perfecta reconciliacion con la Compañía, y de la estimacion que hacia de sus miembros. La misma proteccion les dispensó su sucesor el Illmo. D. Fr. Bartolomé de Ledesma, de la Orden de predicadores. Nació en Niera, obispado de Salamanca, en 1504. Sus padres fueron Bernardo de Ledesma y Juana Martin. Emitió sus votos religiosos en el convento de San Estéban de la misma ciudad, el 19 de Mayo de 1543. En 51 pasó á México con el arzobispo Montúfar, cuya completa confianza habia merecido. En esta ciudad fué prior del convento de su Orden, y definidor provincial en el capítulo celebrado el año de 1572. Ya graduado de maestro en su religion, obtuvo la borla de doctor en la Real Universidad. Por ausencia del maestre–escuelas, Sancho Sanchez Muñoz, fué cancelario interino de la Academia mexicana, y por promocion al obispado de Quito de Fr. Pedro de la Peña, fué nombrado catedrático de prima en sagrada teología. [1] El Illmo. Sr. Montúfar tuvo tal satisfaccion en sus talentos é instruccion, que le dejó gobernar casi solo el arzopispado durante los doce últimos años de su vida. Por ruegos de este mismo señor arzobispo, se dedicó Ledesma á escribir una Suma de sacramentos que intituló: *Reverendi Patris Fratris Bartolomei á Ledesma ordinis Prædicatorum et sacræ Theologiæ professoris de septem novæ legis sacramentis summarium*, la cual, impresa en México en 1560, fué recibida por los sabios con la mayor estimacion. No fué ménos apreciable en España luego que fué conocida, especialmente por la Universidad de Salamanca, de modo que en 1585 fué necesario hacer en esta última ciudad, segunda edicion de la obra, con numerosas adiciones y un erudito comentario al maestro de las sentencias del mismo autor. Escribió igualmente otros Tratados, que al ser conducidos á España para su impresion, perecieron en el mar.

Si Ledesma fué tenido en alta estima por el Sr. Montúfar, no fué ménos recomendable para el virey Enriquez, quien convencido de su prudencia, lo escogió por confesor, ó más bien para consultar con él cuantos negocios despachaba. No pudiendo prescindir de su sabio Mentor, lo llevó consigo, al ser trasladado Enriquez al vireinato del Perú, en donde lo colmó de honores. En Lima fué tambien Ledesma catedrático de prima en sagrada teología. Desempeñaba aún este y otros importantes cargos, cuando fué promovido en 1581 por Felipe II, primero, al obispado de Panamá y poco despues al de Oaxaca.

En el Illmo. Ledesma, como en casi todos los frailes de

---

[1] Extracto de una historia de la Provincia de Santiago de Predicadores de México, por Fr. Juan José de la Cruz y Moya. MS. en la Biblioteca del Sr. Agreda.

aquel tiempo, brillaban las virtudes cristianas llevadas á su más alto grado de heróica perfeccion, distinguiéndose por dos cualidades muy dignas de un obispo. La primera, que celaba singularmente por la buena fama de su clero. "Guardaba mucho, dice el P. Mendez,[1] la honra de sus clérigos, mirando por ella como por preciosísima joya." La segunda, que jamás encogia la mano en presencia de los necesitados. Causaba admiracion verle hacer tantas limosnas y emprender tantas fábricas piadosas, sin otros fondos que las rentas, entónces no muy crecidas, de su obispado, cuando por otra parte se mostraba tan escrupuloso en recibir cosa alguna de valor, que ofreciéndole cierta vez los indios una botija de bálsamo, rehusó aceptarla hasta estar convencido de que los indios mismos la habian recogido de los árboles, y de que recibieron, en pago de su trabajo, un cáliz que valia más de cien pesos.

Fundó en Niera, su patria, dos capellanías para clérigos pobres. Socorrió con larga mano á su convento de Salamanca, y en beneficio de aquella iglesia dejó varias otras piadosas fundaciones. En Oaxaca fincó dos mil pesos para que diariamente se distribuyese pan á los pobres en la portería de Santo Domingo. Fundó el colegio llamado de San Bartolomé, por estar dedicado á este santo apóstol, destinando 28,000 pesos para que en él se instruyesen y educasen doce jóvenes oaxaqueños y pobres, que deberian usar un manto pardo y beca color de grana. Erigió además una cátedra de teología moral, la primera que fué servida con dotacion en la Nueva España, para que fuesen aleccionados en esta ciencia los que por la distancia ó su pobreza no pudiesen cursar en México las aulas. Las lecciones deberian darse en catedral, sirviendo de texto la Suma de Ledesma, por un religioso dominico escogido por el

---

[1] Extracto de una historia de los dominicos de México, por Juan B. Mendez. MS. en la Biblioteca del Sr. Agreda.

obispo, de dos que fuesen presentados por el provincial de la Orden. En fin, á él se debió el convento de concepcionistas, cuyas fundadoras, María de Santo Domingo, Francisca de los Angeles, Juana de San Agustin é Inés de Jesus, fueron conducidas á Oaxaca del monasterio de Regina Cœli de México, en 1596. [1] Para el sostenimiento de estas religiosas, destinó parte del caudal que el dean D. Juan Luis Martinez habia legado para la fundacion de un seminario y otras obras pías al arbitrio de sus albaceas, pues aunque el seminario se habia establecido con el nombre de San Juan, como ya se dijo, no habiendo podido subsistir, aquellas rentas se emplearon, parte en el convento de jesuitas y parte en esta obra pía. El templo á que estaba anexo el convento de concepcionistas, [2] se dedicó hácia el año de 1592.

2.—Algunos años ántes habian tenido lugar dos acontecimientos que no deben pasarse en silencio. El uno es la celebracion del tercer concilio provincial celebrado en México en 1585, cuyos cánones, aprobados por la Santa Sede, fueron por mucho tiempo la ley de la diócesis antequerense, creando costumbres que subsisten en su mayor parte á pesar de los cambios introducidos por el tiempo. Ese concilio merece ser contado entre los más notables que se registran en los anales de la Iglesia, por la sabiduría de sus decretos, la elevacion de sus miras y la oportunidad de los medios escogidos á su intento. No es de nuestra incumbencia hacer de él un análisis completo; además, que un estudio concienzudo de este género demandaria un libro entero. Tomaremos al vuelo algunas observaciones y las

[1] Noticias de Sedano, págs. 108 del tom. I y 112 del tom. II. Notas á los artículos "Concepcion" y "Regina."

[2] Es hoy casa de moneda, despues de haber servido de cárcel pública muchos años.

presentaremos como la explicacion de uno de los más importantes orígenes de las prácticas con que el pueblo estuvo familiarizado por tres siglos.

Están repartidos los decretos del concilio en cinco libros correspondientes á los de las "Decretales de Gregorio IX." De los títulos de este código solamente aquellos se toman á que entónces convenia dar más extension, mayor vigor ó alguna modificacion, segun las circunstancias. Desde el principio, en el título primero, se hace manifiesto el pensamiento que animaba á tan respetable asamblea de establecer de un modo permanente en la nacion la fé católica, mandando, no solo que la prediquen frecuentemente los obispos y los párrocos, sino que los sacerdotes en los templos, los domingos, y los maestros de escuela, diariamente, la canten con los niños. Se deseaba entónces tanto propagar el cristianismo como civilizar á los indios; pero el decreto que los manda reducir á la vida civil por los esfuerzos de los sacerdotes, no puede ménos de ser honroso á éstos, pues demuestra que no era imposible determinarlos, con un sencillo mandamiento, á emprender una obra difícil y penosa. Las leyes son el reflejo de las costumbres. En la actualidad no se hubiera promulgado un decreto semejante. El mismo deseo de civilizar á los pueblos dictó el precepto de que en todas las parroquias hubiese escuelas, que en efecto, por tres siglos estuvieron abiertas sin gravámen alguno de los pueblos.

El título 9º sanciona en uno de sus decretos una institucion que parece ya existia y que ciertamente no debia desaparecer. Segun el espíritu de la Iglesia católica, cada obispo debe tener á su lado un eclesiástico caracterizado por su inteligencia y ejemplar virtud, constituido por oficio defensor de los derechos de la Iglesia y censor de las costumbres del clero y del pueblo de cada diócesis. A semejanza de tan respetable personaje, quiere el concilio que en cada pueblo se elija un anciano, distinguido por sus irreprochables costumbres, quien al lado de los párrocos sea perpétuo censor de las costumbres públicas. Tales ancianos son conocidos con el nombre de fiscales, y es su oficio principal inquirir y perseguir los delitos y vicios que perturban la moralidad, descubriendo al cura los amancebamientos, adulterios, divorcios indebidos, perjurios, blasfemias, infidelidades, etc. Nada más propio y eficaz para mantener entre los pueblos cierta severa disciplina, que esa institucion usada por los romanos y que aun vive en Oaxaca, si bien ya degenerada.

En el libro 3? se marcan con claridad y exactitud los oficios y deberes de las personas escalonadas en la jerarquía eclesiástica, advirtiéndose página por página la sabiduría que dictó las prescripciones, ni duras ni laxas, derivadas tan naturalmente de las constituciones generales, que no se nota diferencia, y tan bien acomodadas á la índole y necesidades de los mexicanos, que nada se les puede objetar racionalmente.

Son, en fin, dignos de notarse los decretos en que se asegura por multiplicados exámenes y advertencias, la plena libertad de las señoras que pretenden profesar en religion; en que se sanciona el toque de las tres, práctica que comenzó en México como recuerdo de la agonía y muerte del Salvador y que luego se extendió á otras provincias y aun á muchas naciones de Europa, y en que se ordena que á ninguno se obligue á prestar servicios personales, sin voluntad y sin retribucion, anticipándose el concilio trescientos años al congreso que dictó igual disposicion.

Este concilio fué firmado el 16 de Octubre de 1585, confirmado por Sixto V el 17 de Octubre de 1589 y dado á luz por mandato real y á expensas del arzobispo D. Juan Perez de la Serna, en 1622, inserto en la coleccion del cardenal Aguirre, reimpreso en Paris á solicitud y costo de D. Juan Gómez de Parada, obispo de Guadalajara, y en México, en 1770, por mandato y expensas de D. Juan Antonio Loren-

zana, arzobispo de México, y despues cardenal arzobispo de Toledo, y finalmente, reimpreso en México dos veces con doctísimas notas de Arrillaga.

3.—El otro acontecimiento notable fué la conservacion maravillosa de la Cruz de Huatulco, á pesar de los esfuerzos hechos para destruirla por Tomás Candisch. Era éste, inglés, noble, del condado de Suffolk: se habia distinguido por su valor en diversas guerras de Europa, y por sus viajes en los mares de América, que habia recorrido como entendido navegante. En Julio de 1586, zarpó de Plimouth mandando tres galeones y ciento veinte soldados, con el intento de dar la vuelta al mundo, como lo verificó regresando al mismo puerto, cargado de riquezas, en Setiembre de 1588. Despues de tres años, emprendió segundo viaje al estrecho de Magallanes, llevando cinco embarcaciones. Una tempestad lo arrojó á las costas del Brasil, en donde murió en la flor de sus años, víctima de su codicia.[1]

Cuando hacia el primer viaje al derredor del mundo, por el año de 1587,[2] desembocó en Huatulco, puerto de Oaxaca, á orillas del Pacífico. En un plano arenoso, á cuarenta y ocho leguas de distancia y al sur de la ciudad, se halla situado el pueblo de Huatulco, de temperamento caliente, refrescado con frecuencia por los vientos, y cuyos habitantes es de presumir no excederian entónces de trescientos. A dos leguas del pueblo, sobre la arena de la playa, se elevaba entónces una gran cruz de madera, que habia sido venerada, segun se contaba, por cien generaciones, y sobre cuyo orígen las tradiciones decian cosas admirables. Esta cruz fué el inocente objeto de las iras de Candisch. Referiremos el acontecimiento con las palabras textuales de Burgoa:

---

[1] Diccionario biográfico universal.
[2] Laet, lib. 5, cap. 24.

"El año de 1587 pasó en las costas de este mar del Sur, adonde entró por el estrecho de Magallanes, el corsario Tomas Cambrie, y villano como infiel, se internó en Huatulco, puerto franco y sin guarda, de pocos vecinos, gente pobre, que basta el poco comercio de su comarca para significar la cortedad de sus moradores; los indios son de menos sustancia por que el número de ellos es corto y el trato de pescadores: el oficio de justicia, dicho se está cuan poco apetecible, pues con el se tapa la boca á un benemerito que tiene mucho para los memoriales y poco ó nada para guantes. Era alcalde mayor en esta ocacion Juan Rengifo, vecino de esta ciudad y de toda la calidad que se ha dicho, y aunque no habia sido corto en procurar sus comodidades, estaba tan prevenido de esta como descuidado de la defensa. Avisándole que habia aparecido una gran nao barloventeando en la costa, alegre de la buena dicha que se prometia en los registros de hacienda, y ensayandose en seco de las pesquisas é inteligencias de que se habia de aprovechar, tubo mucho que sentir en mojado con las lagrimas que le sacó el corsario. Habian llegado antes algunas naos del Peru á este puerto con gran suma de hacienda en busca de las sedas de la nao de China, que con la vecindad del otro puerto de Acapulco, debia de ser interez de todos la hacienda que se derrotaba en este reino y nunca se pudo pensar hubiese enemigo que con tan larga y penosa navegacion se ocupase de saquear la cortedad de Guatulco, y con ese descuido estaba su alcalde mayor muy placentero en su casa, esperando se le entrase por las puertas la presa, y sacar el vientre de mal año, saliéndose la miseria con sus huéspedes: y ocupado en estas esperansas tan seguras á deseo, el estruendo y el humo de la polvora de los esmeriles y mosquetes del enemigo que marchaba por la playa lo turbaron de suerte que, sin poder dar paso en su defensa, recibió los asombros de muerte que le acometieron, y para evadirla, se dió por prisionero y se halló

á buen recaudo con guardias, entrando el corsario robando
y talando todo cuanto pudo hallar y descubrir en casas y
ranchos, sin perdonar la iglesia en sus sacrílegos atrevi-
mientos. Para afrentoso aviso de su castigo reservó N. S.
el estandarte triunfal de su sagrada pasion y muerte en
una muy descollada y hermosa cruz que de mas de mil y
qeinientos años de autiguedad adoraban....... Tomas
Cambric, mal contento y nada satisfecho con el tesoro de
la Nao que habia robado, [1] ni gustoso en el saco que habia dado en el puerto, no pudiendo tampoco estar en ánimo como ejecutor de justicia de la ira y odio de Satanas
contra este santo madero; viendole aqui tan esento y venerado, quiso su ojerisa emplear todas sus furias en deslucir-
lo y quebrantarlo en menudas astillas, que dadas al fuego
en cenizas borraran sus memorias: al efecto mandó á sus soldados traer hachas aceradas, y á golpes ponerla en tierra
y hollarla; pero los aceros saltaron desmenusados. Las fuerzas barbaras desmayaban, y el sacrosanto leño divinisado
tan insensible á esta saña que ni un leve rasguño recibia.
Remudaban el herrage los ministros de su sacrilego intento: pide sierras dobles que aplicaron picados á lo mas débil; estallan los dientes como si fueran postizos, y trémulos
en rabiosa fatiga los brazos se rinden, sin que el madero
santo se permita á sus bocados. Hizo traer cabos y guin-
dalezas y amarrado unas á la popa del Navio y otras dado
á los marineros, quiso á un tiempo soltasen las velas y vi-
rasen para la mar, y tirando todos fué la cruz la remora de-
vina de mar y tierra, sin moverla un punto como si fuera
un monte: los cabos se rompieron, reconociéndose débiles
á su firmeza. Hizo juntar gran cantidad de leña, y con
grandes trozos de tea prender un incendio, que entre bramidos feroces de su voracidad, blandia llamas á todas par-

---

[1] Confunde á este corsario con Francisco Drak, que pilló la nao de
China, como queda referido.

tes, sin acometer una chispa al madero santo, tan á lo descubierto venerado, que patentes los ardores le captaban reverente respeto. Cambric en humos de enojo y saña se ahogaba porfiado, y viendo que cobarde el fuego, no le acometia con sus ardores, pidió á sus ministros unos barriles de alquitran, y dando con ellos un baño de arriba abajo á la cruz, con nuevos combustibles atisaba la llama; sirvieron sus ardores de baño cortez, derritiendo el bárbaro trage que cubria aquel pendon real, sin empañarle de tizne la última orla de sus brazos. Si miramos lo combustible de este madero, parecerá con visos de imposible; pero si lo reconocemos instrumento de la divina omnipotencia, dejará de ser digno de admiracion, como vara que el Eterno Padre dió á su Hijo vestido de nuestra mortalidad para rendir á sus plantas las huestes infernales de sus enemigos. Cambric corrido y avergonzado, se embarcó, dejando en sonoras trompas las maravillas de esta insignia sacrosanta.

"Al suceder este maravilloso caso era obispo de esta iglesia de Antequera el Illmo. y Rmo. D. Bartolome de Ledesma, docto y religiosísimo, y como tal hizo celebracion solemne de el. Muy averiguado y juntando á los prelados de las religiones, prebendados de su cabildo y ministros principales de la República, ya convencidos, les propuso los testimonios que tenia de tantos milagros y tradicion del orígen de aquel santo madero, y si seria bien removerlo de aquel lugar y traerle á esta Ciudad para venerarle con la decencia·en lugar consagrado á su culto. Despues de gravisimas razones y varios pareceres se acordó como mas eficaz y conveniente el negativo de que no se intentase quitarle de su lugar, puesto que en el la fijó el santo que decian los indios la trajo abrazada por la mar y la habia conservado S. M. divina en aquel puesto entre los gentiles, contra todas las inclemencias de los tiempos, y que no seria bien variar lo que Nuestro Señor habia ordenado, y que se tratase con veras á los ministros eclesiásticos y seculares de

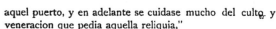

aquel puerto, y en adelante se cuidase mucho del culto y veneracion que pedia aquella reliquia."

Por el contesto de estos párrafos se percibe la persuasion en que estaba el autor citado de la verdad y exactitud de los hechos que refiere, persuasion que parece haberse apoyado en buenos fundamentos. En efecto, la invasion armada de Candisch, el saqueo del pueblo de Huatulco y la impotencia de los medios empleados por la tripulacion para destruir la cruz que se erguia sobre la arena de la playa, no eran de aquellos hechos que por su naturaleza solo pueden ser conocidos de pocas personas, perdidos en las tinieblas de antiquísimos tiempos. Los presenció un pueblo y los sentidos daban fé de su existencia. Para que no se perdiese su memoria, se mandó instruir un expediente que Burgoa dice haber tenido á la vista, en que se hizo constar no solo la admirable conservacion de la cruz, sino la tradicion de su remoto orígen y de la veneracion en que la tuvieron cien generaciones, á causa de ser, como dice Burgoa, instrumento de universal remedio. Que haya sido un apóstol quien condujese á nuestras costas el milagroso madero, es conjetura fundada no solo en las tradiciones de Huatulco, sino en las otras semejantes esparcidas en las dos Américas y que á los sabios que las recogieron de ningun modo parecieron despreciables.

4.—Un poco ántes de este acontecimiento, habian entrado en Oaxaca los religiosos agustinos. Andrés de Rivas, en su historia de la Compañía de Jesus [1] dice que "los segundos religiosos que entraron á fundar en esta Ciudad fueron los de la Compañía de Jesus;" por lo que se debe creer que por el año de 76 en que éstos fundaron su colegio, no existian en aquella ciudad mas que dominicos y jesuitas. Pero en 1586 ya existia el templo de San Agustin,

---

[1] MS. en el fol. 117. Lo mismo dice Alegre.

segun consta por la relacion de un viaje hecho á Oaxaca en ese año por Alonso de Ponce, comisario de la provincia del Santo Evangelio. Como en esa relacion se dan algunos pormenores sobre la ciudad de Antequera, copiaremos algunas líneas. Dice así: [1] "Sin este convento hay en aquella cibdad *otro de San Agustin* y otro de la Compañía, hay iglesia de la Catedral y en ella algunos prebendados, hay tambien un monasterio de monjas dominicas sujetas á aquellos padres de Santo Domingo, los cuales iban haciendo una casa de cal y canto y de muy buen edificio, por que son muchos y la que tenian y en que posó el P. comisario era pequeña y tan vieja que se les iba cayendo toda. Hay asimismo en Guaxaca un hospital en que curan á los españoles y hay algunas hermitas. Es aquella la segunda poblazon de españoles en la Nueva España; todas las casas son de adove cubiertas de teja y hay en ella gran vecindad, toda es gente muy devota de nuestro estado." Fr. Juan Grijalva, en su Crónica de Agustinos, [2] sin dar pormenores, dice que "fué Fr. Juan Adriano quien fundó personalmente en Oaxaca." Este Adriano fué un religioso agustino celoso de la propagacion de su Orden, orador elocuente, teólogo docto, escritor de varios opúsculos que dejó inéditos. Extendió el culto de Santa Cecilia, cuya festividad celebraba con el concurso de todos los músicos. En 1590 desempeñó el cargo de provincial de su Orden y murió en 1599. [3]

Se sabe tambien que algunos años más adelante fundaron los religiosos de la Merced. Andrés Perez de Rivas, en su Historia citada, y refiriéndose á tiempo posterior á la Compañía, dice: "Hay tambien (en Oaxaca) religiosos de

---

1 Relacion breve y verdadera de algunas cosas de las muchas que sucedieron al P. Fr. Alonso Ponce, escrita por dos religiosos compañeros suyos. T. 1, pág. 276.

2 Libro 4, cap. 18.

3 Vease el Dic. de Hist. y Geog. art. Adriano.

San Agustin y Nuestra Señora de la Merced, que aunque no han puesto la última mano á su convento, pero son de muy buena proporcion y capacidad." [1] El templo de la Merced fué dedicado en 1601.

5.—Estas fundaciones eran el resultado del impulso religioso dado á los vecinos de Oaxaca por los dominicos y jesuitas. Entre los dominicos quedaban aún algunos de aquellos primeros apóstoles del catolicismo, héroes de virtud, defensores insignes de los indios, cuyos nombres jamás deberia olvidar la gratitud de los oaxaqueños; pero iban acercándose rápidamente á la tumba.

En 1588 murió en Ciudad Real el Illmo. Sr. D. Fr. Pedro de Feria, misionero que habia sido de los zapotecas y su primer apóstol en Teitipac su residencia de muchos años. Comenzaban las canas á blanquear su cabellera, cuando para aprovechar su rara prudencia, celo discreto y ardiente caridad, los religiosos de su Orden lo nombraron prior de la misma. La virtud que con más esmero cultivaban los frailes entónces era la obediencia. Feria, por sujetarse á la voluntad de sus prelados, aceptó en México lo que habia rehusado en España. Por obediencia tambien renunció la prelacía y emprendió el camino de la Florida en busca de una muerte que se creia segura, que hallaron ciertamente algunos de sus compañeros y de que Feria no se libró sin contraer una grave enfermedad; por obediencia fué despues provincial de su Orden en México; caminó en seguida, viejo y achacoso, para Europa, como procurador de su provincia y definidor en el capítulo general, y en San Estéban de Salamanca desempeñó el fatigoso cargo de maestro de novicios; y en fin, por obediencia, aceptó la mitra de Chiapa, que gobernó santamente hasta su muerte.

El año de 85 salió de su diócesis para asistir al concilio

---

[1] Hist. MS. Tom. 1, fol. 122.

que habia sido convocado en México. Hallándose de paso por Oaxaca, á siete leguas de la ciudad, en la cuesta de San Juan del Estado, por haber caido la mula en que cabalgaba, se hizo dos fracturas en el hueso de la pierna: con lo que, léjos de proseguir su marcha, fué llevado en hombros á Oaxaca, en donde permaneció un año sin lograr completa curacion. No empleó inútilmente el tiempo de su enfermedad, pues escribió contra los encomenderos y la esclavitud de los indios un docto "Tratado canónico remitido desde Oaxaca al concilio," en el que se leyó con aprecio. Escribió además otros libros de que hablaremos despues. Era muy limosnero. Hallándose en la visita de su diócesis, álguien le pidió limosna: no teniendo un cuarto en el bolsillo, dió al pobre la manta gruesa que le servia de colchon. Su capellan le observó que era fria la tierra, y que no.tenia otra cosa con que abrigarse. El obispo contestó: "Credme, la caridad tiene bastante calor para abrigar á los viejos."

6.—Otro de los religiosos que murió en este tiempo, fué el célebre Jordan de Santa Catalina. De Villa-alta, teatro principal de sus trabajos apostólicos, habia sido llamado á la ciudad para desempeñar en ella el oficio de prior. Poco despues de concluido el período de este encargo, se sintió desfallecer extraordinariamente: estaba muy anciano, padecia frecuentemente vértigos, y además le aquejaba un doloroso mal que al fin lo postró en el lecho. De pronto la cama se trasformó en cátedra de enseñanza, y en general almacen de remedios para el alma. Allí acudian todos, clérigos, religiosos y seglares; los unos preguntando el modo de vencer las tentaciones; los otros en busca de consejo en las dificultades de la vida; algunos con la esperanza de sanar de sus enfermedades, pues corria la fama de que era eficaz remedio su sola bendicion, y los más, con el fin de contemplar aquel santo varon, modelo de todas las virtu-

des, y de recoger algunas de sus palabras, autorizadas por toda una vida penitente y sin mancilla. En este estado, Fr. Jordan se confesaba diariamente con lágrimas copiosas y muestras singulares de humildad, recitaba el oficio divino, se hacia levantar cada hora para dar gracias al Sér Supremo que le habia conservado la existencia, mentalmente oraba sin cesar y á toda costa conservó los cilicios y cadenas que le ceñian el cuerpo.

En breve sus dolencias se agravaron, poniéndole en las extremidades de la vida. Se le administraron los sacramentos de los moribundos. El 6 de Febrero de 1592, murió casi de cien años de edad, sin perder hasta el postrer momento el uso perfecto de sus potencias, sin haber manchado jamás, segun aseguraron sus confesores, la inocencia bautismal.

Los santos, así como todos los hombres ilustres, son denunciados por sus hechos al juicio de la sociedad. Si alguno hiciese un problema la sincera y alta virtud del venerable Jordan, no es dudosa sino clara y palpable la conversion al cristianismo de una parte considerable de los indios de Oaxaca, debida á sus esfuerzos. Por eso no debe parecer extraño que á su muerte los oaxaqueños se hubiesen disputado los pedazos de sus vestidos y que hasta hoy conserve el pueblo su tradicional recuerdo como el de un varon digno de ser reverenciado en los altares. En el choque de intereses que dividieron á los españoles de aquel tiempo, dando márgen á la formacion de bandos que se mantuvieron latentes durante el período colonial, pero que al fin estallaron en la guerra de Independencia, propagándose hasta nuestros dias con distintos nombres, pero con tendencias idénticas, Fr. Jordan, como todas las almas generosas, abrazó el partido de los indios: contra sus agresores defendió cuanto pudo á los vencidos, como lo hicieron tambien los demás dominicos, á quienes los indios deben no solo su libertad, sino haberse conservado y mejorar su miserable condicion. La Historia, que no ha castigado con su olvido á Napoleon, Alejandro y Anníbal, etc., grandes verdugos de la humanidad que se hicieron famosos derramando sangre, deberia del mismo modo eternizar la memoria de los insignes bienhechores de esa misma humanidad. [1]

Entretanto que tenian lugar estos acontecimientos, á la sombra de la proteccion que les dispensaba el Illmo. Ledesma, los jesuitas prosperaban, así en el órden temporal como en el ejercicio de los variados ministerios que habian tomado sobre sí. Recorriendo las páginas del P. Alegre, se tropieza en cada párrafo con un ejemplo de curaciones milagrosas ó de visiones sobrenaturales que abundaban entónces, pero que nos abstenemos de referir, [2] limitándonos á observar que ellas demuestran la religiosa piedad y la fervorosa devocion en que habian entrado todos los vecinos de Oaxaca. Una de aquellas visiones mandó á un rico hacendado de la costa del Sur, que socorriese con limosnas á la Compañía, como lo hizo largamente cuando los vió por primera vez, añadiendo una obligacion de mil quinientos pesos con hipoteca de su hacienda, y el ofrecimiento de entregarles quinientos pesos año por año hasta su muerte. Aquel hacendado, segun dice Alegre, tenia ins-

---

1 El sepulcro de Fr. Jordan fué no há mucho profanado y sus huesos esparcidos por el suelo.

2 Sea ejemplo. Un coadjutor padecia tenaces cuartanas. En una de las recreaciones que la regla permite á los jesuitas, en que libremente pueden hablar los unos á los otros, un sacerdote encadenó con el coadjutor el diálogo siguiente:—¿Por qué no toma alimento alguno?—Porque ya la fiebre comienza á acometerme.—Mande á la cuartana que se aleje.—Eso podrá hacer V. R., que no yo.—Yo lo haria si tuviese la santidad y el dominio que sobre este mal tuvo N. P. Francisco de Borja.—Pues á lo ménos en nombre del siervo de Dios, mándelo V. R.— Yo mando en nombre de N. P. Francisco de Borja que la fiebre no vuelva á molestarle. En efecto, los síntomas desaparecieron y la cuartana no volvió.

trucción perfecta en la vida espiritual, sublime oracion, admirable recogimiento y singular pureza de conciencia.

La prosperidad de los jesuitas se veia turbada á veces por contrarios acontecimientos. En 1604 un violento terremoto arruinó la mayor parte de su colegio, una fuerte helada quemó la caña que tenian sembrada, y una gran avenida del Atoyac maltrató mucho la casa del ingenio de azúcar que proveia á sus necesidades. En compensacion, las limosnas de los fieles eran tan crecidas, que no solo bastaron para reparar las pérdidas sufridas, sino que con ellas pudieron redimir 5,000 pesos con que estaba gravado su colegio.

En éste enseñaban las primeras letras, gramática y retórica, filosofía y teología, teniendo al frente de sus trabajos literarios sucesivamente á los rectores Alonso Ruiz, Francisco Baez y Bernardino Acosta. En su templo fundaron, el 25 de Marzo de 1590, la Congregacion de la Anunciata, leyendo las bulas respectivas en presencia del obispo, del dean, del vicario general y de muchas personas notables, que fueron las primeras en dar sus nombres, y cuyo ejemplo siguió con entusiasmo el pueblo. En el año de 95 fundaron para los indios de Jalatlaco, otra congregacion que dió excelentes resultados. Estos indios, que no tenian iglesia, concurrian para su instruccion á un templo de San José, construido en un solar que habia donado una india. Juntamente con esta ocupacion de predicar á los mexicanos en su idioma, los jesuitas se esforzaban por conservar los sentimientos de piedad que habian logrado inculcar á los vecinos de Oaxaca, redactaban las constituciones de las monjas concepcionistas, y componian las diferencias que surgian entre personas respetables. El obispo y el corregidor disputaron sobre alguna competencia de jurisdiccion; en consecuencia, se formaron bandos, dejándose arrebatar cada partido de pasiones no del todo justificadas, y dando lugar á que entre el pueblo corriesen cuchicheos y en los estrados se contasen cuentecillos no muy decorosos ni decentes. Un jesuita se propuso terminar aquella ruidosa desavenencia. Comenzó por ganarse con arte el corazon de los dos jefes de partido, y una vez dueño de las voluntades divididas, las avino y ajustó entre sí con la mayor facilidad. Un clérigo y un seglar mantenian tambien escandalosa y antigua enemistad por ciertas injurias recibidas. El clérigo, hombre poderoso, habia seguido la demanda con todo el rigor de la justicia: llevó de México juez pesquisador, hizo pasar á su enemigo por la pena de los tribunales eclesiásticos, lo dejó inhábil para desempeñar ningun cargo en la República; sin embargo, no habia quedado complacido su rencor. Desatendia las representaciones de sus amigos, tomó como una injuria el celo de un fraile que de rodillas le pidió en la calle el perdon de su enemigo, no bastó que el obispo interpusiese su autoridad, el público estaba sorprendido de aquella obstinacion: un jesuita, con ingenio, logró apagar aquella brasa.

Además, de tiempo en tiempo los jesuitas salian de la ciudad, y discurrian predicando por los pueblos, llegando á veces hasta Guatemala, como lo verificaron en los años de 82 y de 92. Lo que en Oaxaca los acreditó sobremanera, fué la eficaz asistencia que impartieron á los apestados en los años de 95 y siguientes. Se ha dicho ya que una cruel epidemia diezmó en ese tiempo las mixtecas; lo mismo aconteció en la ciudad. En semejantes ocasiones, los sacerdotes católicos de todos países, para auxiliar á los enfermos, obran con desusada actividad, ostentan gran valor y desafian con resolucion heróica los peligros y la muerte. Así lo practicaron esa vez en Oaxaca los sacerdotes todos, distinguiéndose en la ciudad los jesuitas, que noche y dia trataban con los apestados, asistian á su lecho y respiraban continuamente su aliento infecto. ¡Cosa rara! ninguno de ellos murió por contagio.

En 1604 fallecieron en Oaxaca dos de estos religiosos:

Alonso de Santiago, celoso operario de los indios, y Pedro Rodriguez, prefecto de la Congregacion de la Anunciata. Este último era natural de Arévalo, en España, y vivió constantemente en el colegio de Oaxaca veintiseis años. Era de un carácter dulce é insinuante. Al morir, el 4 de Setiembre, no encontró que la conciencia le remordiese de haber cometido pecado grave en todo el discurso de su vida. [1]

8.—Tocando ya esta historia el fin del siglo XVI, fecundo para la América en grandes acontecimientos, ántes de referir los del siguiente, justo parece no dejar perdidos en el olvido los nombres de algunos sabios escritores.

En 1545 profesó el hábito de religiosos dominicos Luis Rengino, de quien dice Dávila Padilla que hablaba con tanta perfeccion los idiomas mixteco, zapoteco, mije, chocho, mexicano y tarasco, que se creeria haber disfrutado el don de lenguas. Escribió "Sermones y Tratados" en varios idiomas de los indios. [2]

En 1549 murió en la Florida, á manos de los indios, Luis Cáncer, dominico, compañero de Las Casas, y como él, defensor ardiente de los indios. Escribió en verso zapoteca varias canciones sobre los misterios de la religion, para uso de los neófitos de Vera-Paz. [3]

Ya se dijo que Benito Hernandez escribió en mixteco varias obras. Sus títulos son: "Doctrina cristiana en que se explica la creacion del mundo, la Encarnacion del Verbo divino, la Vida, Pasion y Muerte de Jesucristo, con otros Misterios y los Sacramentos y Oraciones," impreso en México

---

[1] Vease el tom. I. del P. Alegre. Historia de la Compañía.
[2] Beristain. Biblioteca Hispano-Americana, tom. 3º, pag 17.
[3] Idem, tomo 1º, pág. 260.

114

en 1560. "Los Evangelios y Epístolas de las Misas, traducidos en lengua mixteca." [1]

En 1554 profesó la religion dominicana Alonso de la Asuncion, de quien ya se habló en esta historia. Escribió, segun Pinelo, "Historia de la Provincia de Santo Domingo de México," aunque Beristain [*] juzga que no fué Alonso sino Domingo de la Asuncion el autor de esta obra. La representacion de un drama sagrado que habia escrito en zapoteco le causó la muerte.

En 1554 profesó en Oaxaca Francisco Camacho, español, natural de la Villa de Moguer. Escribió una larga carta sobre pobreza religiosa, que se leia en Santo Domingo á los novicios. [*]

El Illmo. Fr. Pedro de Feria escribió: "Tratado canónico remitido desde Oaxaca al concilio provincial de México."—"De la preferencia de los regulares para las doctrinas ó curatos de los indios, dirigida al mismo concilio."—"Vocabulario de la lengua zapoteca."—"Confesonario en lengua zapoteca," imp.—"Doctrina cristiana en lengua zapoteca," imp.

Domingo de Santa María ó Hinojosa, párroco de Cuilapan y despues de Yanhuitlan, murió en 1560. Escribió: "Doctrina cristiana en lengua mixteca."—"Los Evangelios y las Epístolas del año, en lengua mixteca." [4]

Fr. Júan de Córdova, de quien ya se habló, fué muchos años párroco de Tlacochahuaya y escribió: "Vocabulario de la lengua zapoteca," impreso en 1571.—"Arte de la lengua

---

1 Beristain. Bib. cit. Tom. 1º, pág 496.
2 Idem, tomo 1º, pág. 8.
3 Idem idem, tom. 1º pág. 248.
4 Idem, tomo 2º, pág. 245.

zapoteca, segun el de Antonio de Lebrija," impreso en 1578.

Diego de Carranza, dominico, de quien ya se habló, escribió: "Doctrina cristiana," traduccion del Catecismo de Ripalda al idioma de los chontales. [1]—"Ejercicios espirituales y Sermones," en el mismo idioma. [2]

En 1577 murió en México, contagiado, por socorrer á los indios enfermos, Andrés Moguer, docto y ejemplar dominico compañero de Alburquerque en el apostolado, confesor del virey D. Antonio de Mendoza y calificador del Santo Oficio. Dejó inéditas en su convento de Santo Domingo de Oaxaca las siguientes obras: "Historia de la provincia de Santo Domingo de México."—"El libro de los ejemplos."—"Sermones morales y panegíricos."—"Instruccion para los novicios."—"Cartas á los prelados en recomendacion de los indios."—"Cartas á varias personas particulares."—"Trescientos sermones breves y treinta y cuatro pláticas."—"Lecciones sacadas de las obras de Gregorio Magno, 1567."

Fr. Márcos Benito, dominico español, quien al volver á su patria, despues de evangelizar á los mijes, dijo: "Desnudo salí, desnudo regreso," escribió: "Arte de la lengua mije."—"Devocionario manual de los misterios del rosario," en idioma mije.

Entre las obras perdidas del Illmo. Ledesma, se contaba esta: "De Justitia et Jure."

Dionisio Zárate, sobrino del obispo de Oaxaca del mismo nombre, religioso agustino, maestro en su religion y de-

---

[1] Noticias de México por Sedano. Tom. 2°. pág 148, en las notas.
[2] Berist. cit.

cano de la Universidad, escribió: "De inefabili Divinæ Incarnationis mysterio," impreso en Salamanca, 1601.

Fr. Diego Osorio, natural de Achiutla y señor que habia sido de aquel pueblo, habiendo enviudado, repartió sus bienes entre sus hijos y tomó el hábito de lego de Santo Domingo. En Almoloyas hizo una vida retirada y penitente y murió de avanzada edad. Escribió: "Oraciones, salmos y antífonas," en idioma mixteco.

CAPITULO VI

LA PROVINCIA DE SAN HIPOLITO.

1.—Prosperidad de los dominicos.—2. Tentativas y resistencias en la erección de una nueva provincia dominicana.—3. El P. Serna obtiene el decreto de ereccion.—4. Dificultades en la ejecucion.—5. Lainez y Negrete.--6. Azares del mar.—7. Fr. Honorato Juan Navarro.—8. Enseña ciencias morales.—9. Su muerte.—10. Sabios dominicos.—11. Santa Cruz y Teotitlan.—12. La Sierra, Tehuantepec y la mixteca.

1.—Los dominicos habian llegado á la cumbre de la prosperidad. Se hallaban extendidos en todo Oaxaca: recorrian los pueblos continuamente y eran respetados y amados por los indios. Por todas partes levantaban esos templos y conventos que existen en la actualidad, monumentos grandiosos, si no de la perfeccion del arte y de una arquitectura correcta en todas sus partes, del poder é influencia que ejercian entre los indios, á cuyos espontáneos y gratuitos trabajos se deben mejor que á cuantiosas limosnas de los fieles. Del ministerio de los pueblos zapotecas y mixtecas habian salido muchos de estos religiosos para ceñir la mitra en diócesis diferentes. Sin contar á los Ilustrísimos Sres. Alburquerque y Ledesma, de quienes ya hemos hablado, habian sido promovidos al episcopado por la Sede Apostólica, Fr. Gregorio Beteta, prior de Oaxaca y primer vicario de Tehuantepec, á la iglesia de Cartagena de

Indias; Fr. Pedro de Feria, cura de Teitipac, al obispado de Chiapa; Fr. Domingo de Salazar, primer obispo y arzobispo de Manila en las Filipinas; Fr. Andrés de Ubilla, para las iglesias de Chiapa y Michoacan, y Fr. Juan Ramirez, primero ministro mixteca y despues obispo de Guatemala. No parecia que pudiesen subir á más alto grado en el heroismo de las virtudes, en la reputacion que alcanzaron y en el ejercicio de un poder bien empleado; y como tampoco podian quedar estacionarios, porque el movimien toes una de las condiciones de la vida social, era preciso que descendiesen. Tal cosa, sin embargo, no llegaria á ser un hecho sino despues de muchos años. Tres siglos apénas serian suficientes para destruir á medias lo que ellos habian edificado en cincuenta años.

2.—El negocio grave que trataban desde fines del siglo XVI, era la organizacion de una nueva provincia, separada de la de México y circunscrita por los límites de la diócesis de Oaxaca. Extractaremos de los manuscritos de Fr. Leonardo Levanto, las noticias relativas á este hecho, procurando en lo posible el laconismo y la brevedad.

En 1569, siendo prior el P. Jordan, se reunieron en San Pablo los principales prelados de la nacion zapoteca, para discutir y concertar el medio de evitar los inconvenientes que resentian por la distancia considerable á que se hallaba el superior, que ni podia estar presente á las necesidades especiales de Oaxaca, ni comunicarse siquiera con frecuencia con sus súbditos. Resolvieron pedir la ereccion de una provincia entre los zapotecas, con sus prelados propios independientes de la de México. Comisionaron á Fr. Juan de Olmedo para que hiciese la solicitud con el general Vicente Justiniani. El pensamiento fué aceptado, poniéndose á la provincia de Oaxaca el nombre de Santa Catalina de Sena; mas no lo llevó á efecto el P. Olmedo. En 1574 se reunieron otra vez los frailes con el mismo intento

y comisionaron á Fr. Pedro de Feria para que en Roma
hiciese las gestiones necesarias. El general de la Orden,
Serafino Caballi, nombró para visitar la provincia de México y dividirla en dos, primero al mismo Feria, y luego á
Fr. Domingo Alsola; mas por haber sido promovidos el
uno á la mitra de Chiapa y el otro á la de Guadalajara,
muriendo entretanto el general, ni la visita ni la division
se realizaron.

En 1589 se verificó nueva junta en Oaxaca con idéntico
fin, interponiéndose en esta vez, además de las súplicas de
los dominicos para que la provincia oaxaqueña se erigiera,
las de los dos cabildos eclesiástico y seglar, y las de los Sres.
obispos Ledesma y Feria. Confiaron la conduccion de los
despachos y el encargo de procurar el mejor éxito, al P.
Lorenzo Huerta, compañero del Illmo. Ledesma, que marchó, en efecto, á su destino. Como el designio se hubiese
evaporado y lo llegase á trascender el provincial de Méxi-
ca, Fr. Gabriel de San José, para impedir su ejecucion mandó que dos frailes, Sebastian de Arejita y otro llamado Pelegrin, marchasen á toda prisa y detuviesen á Huerta en
la Habana, miéntras el mismo provincial se dirigia á Oaxaca,
tentando si podia hacer cambiar de propósito á sus ministros.
Entre las medidas que tomó para el logro de este fin, fué una
prohibir que en Oaxaca diesen hábitos á los que solicita-
sen ingresar en la religion dominicana, prescribiendo que los
pretendientes se dirigiesen á México, contra lo que hasta allí
se habia practicado. Este mandato, cuando fué conocido, causó desagrado al vecindario de la ciudad. El 10 de Diciembre de 1590, con este motivo, el procurador mayor de la ciudad y regidor, Cristóbal Ramirez de Aguilar, presentó al provincial una peticion en que á nombre de la ciudad le reque-
ria no prohibiese dar hábitos á los que quisieran recibirlos
en Oaxaca, por ser tal medida "contra el bien público, pro
y utilidad de la ciudad y de sus vecinos, protestando ocurrir
por vía de fuerza ante el Rey, su Virey, Presidente y Oi-

dores, en caso de no reponer las cosas en su antiguo estado." Contestó el provincial, "que el petitorio se fundaba sobre falso, y que dijese la Ciudad quien le habia dado tal noticia." Al dia siguiente hizo el procurador Ramirez nuevo requerimiento, asegurando que se habia denegado el hábito á cierto jóven, sobrino del alcalde ordinario Gregorio Monjaras y á otros que citó. El provincial nada contestó ni quiso firmar. El 13 del mismo mes el cabildo y regimiento, acompañados del dean, chantre y provisor eclesiásticos, hizo, en forma de ciudad, nuevos requerimientos y protestas á que tampoco respondió el provincial, indicando solamente que los regidores habian incurrido en excomunion papal. El cabildo pidió ante notario que se le mostrase la censura, negando haber incurrido en ella y protestando todos ser hijos fieles de la Iglesia. Personas respetables intervinieron entónces para calmar los ánimos, y el provincial hubo de ceder con disimulo.

Arejita y Pelegrin trataron en vano de detener en la Habana al P. Huerta. El primero murió allí. Pelegrin, quiso por la violencia, ya que no por persuasion, impedir el viaje de Huerta, acudió á las justicias seglares; mas sus gestiones no tuvieron éxito, y Huerta pudo llegar á España, aunque luego enfermó gravemente y murió en Guadalupe. No por eso las negociaciones cesaron, pues por una parte, de Oaxaca habia salido el P. Serna para activar en Roma las diligencias de la division de la provincia, y por la otra de México habian partido los religiosos Domingo de Lainez y Fernando de Santo Domingo, encargados de seguir á Serna y neutralizar su accion.

3.—Fr. Antonio de la Serna era español. Habiendo hecho en Oaxaca su profesion religiosa y servido algunas parroquias de indios, fué señalado maestro de novicios, al tiempo que el provincial trataba de sofocar las peligrosas innovaciones que se meditaban. Como Serna era uno de

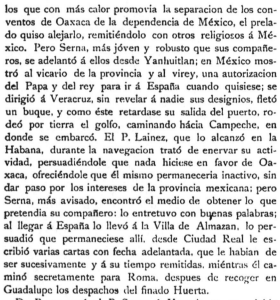

los que con más calor promovia la separacion de los conventos de Oaxaca de la dependencia de México, el prelado quiso alejarlo, remitiéndolo con otros religiosos á México. Pero Serna, más jóven y robusto que sus compañeros, se adelantó á ellos desde Yanhuitlan; en México mostró al vicario de la provincia y al virey, una autorizacion del Papa y del rey para ir á España cuando quisiese; se dirigió á Veracruz, sin revelar á nadie sus designios, fletó un buque, y como éste retardase su salida del puerto, rodeó por tierra el golfo, caminando hácia Campeche, en donde se embarcó. El P. Lainez, que lo alcanzó en la Habana, durante la navegacion trató de enervar su actividad, persuadiéndole que nada hiciese en favor de Oaxaca, ofreciéndole que él mismo permanecería inactivo, sin dar paso por los intereses de la provincia mexicana; pero Serna, más avisado, encontró el medio de obtener lo que pretendia su compañero: lo entretuvo con buenas palabras; al llegar á España lo llevó á la Villa de Almazan, lo persuadió que permaneciese allí, desde Ciudad Real le escribió varias cartas con fecha adelantada, que le habian de ser sucesivamente y á su tiempo remitidas, miéntras él caminó secretamente para Roma, despues de recoger en Guadalupe los despachos del finado Huerta.

De Roma pasó el P. Serna á Venecia, en que debia celebrarse capítulo general de la Órden el año de 92 y en donde pudo encontrar al general. Su presencia en aquella asamblea causó alguna sorpresa. Al ver el general aquel rostro demacrado y aquel cuerpo enjuto por los ayunos, las penitencias y los viajes, cubierto con un harapo de hábito grosero, quedó singularmente admirado. La modestia de las acciones de Serna y las palabras seguras con que expresaba pensamientos maduros y juiciosos, sin dejar traslucir la menor señal de doblez en el carácter, no permitian creer que hubiese afectacion en aquella manera de vestir; sin embargo, la rigidez y austeridad era extraordinaria, y el general no pudo ménos de preguntarle: ¿por qué así se singularizaba y distinguia de los demás? Serna contestó, que lo que veian era el vestido y costumbres usadas generalmente por los religiosos de Oaxaca. Más sorprendido quedó entónces el maestro general de la Orden; mas no con desagrado, pues comprendió cuán elevado era el espíritu que cultivaban los frailes oaxaqueños.

Los demás religiosos dominicos que de todo el mundo habian concurrido al capítulo, formaban corrillos frecuentemente en torno de Serna, preguntando noticias de tan remotos países, y oyendo la narracion de los trabajos y largos viajes que en Oaxaca se emprendian para sacar de sus cuevas á los indios y convertirlos al cristianismo. En cuanto al asunto principal, se trató en juicio contradictorio y Serna se condujo con tal destreza, que logró la sentencia en favor de su causa. [1] Librados los despachos, solo faltaba la ejecucion, para lo que se encaminó el diligente religioso á España. Entónces fué cuando Lainez despertó del sueño que lo habia detenido en Almazan. Fué á Roma, presentó memoriales y expuso razones; se dirigió luego á Madrid, se interesó con el confesor del rey y dirigió numerosos ocursos; nada consiguió, pues Serna se valió de la fecunda pluma de otro religioso, Fr. Luis López, autor recomendable de varias obras morales y catedrático que habia sido de la misma facultad en Oaxaca, para contestar victoriosamente los razonamientos de Lainez. El año siguiente

---

[1] Así dicen las actas de Venecia: "Denunciamus in hoc capítulo dignis de causis, et matura habita deliberatione; Divisam fuisse Provinciam Sancti Iacobi in indiis: secundum limites et terminos a Rmo. Mtro. Ordinis statuendos et prefiniendos: Quorum altera proprium retinebit nomen, altera vero vocabitur Sancti Hippolyti Martiris de Oaxaca: Datum que fuisse in Priorem Provincialem ejusdem Provinciæ Sancti Hippolyti martiris de Oaxaca R. P. Mag. Franciscum Ximenes Provinciæ Hispaniæ; suffragante etiam Apostolica Auctoritate quatenus opus fuerit." (Levanto, MS. fol. 82).

de 94, pudo, pues, Serna dirigirse á Oaxaca, en compañía de muchos otros religiosos y de Alonso Vaillo, electo provincial por muerte de Jimenez. [1]

4.—El P. Vaillo apresuró tanto su viaje, que llegó á Oaxaca y dió por ejecutada la division, segun el tenor de los despachos que traia de Madrid y Roma, recibiendo la obediencia de los frailes que habian de constituir la nueva provincia y los plácemes de la ciudad y de las autoridades, ántes que en México se supiese que habia desembarcado en Veracruz. Pero esto mismo sirvió á los dominicos de México para suscitarle dificultades. El 9 de Octubre de 1595 presentaron memorial al virey y Real Audiencia, pidiendo que se suspendiese é impidiese la division, por cuanto los interesados en hacerla no habian presentado á la autoridad los despachos para que se ejecutoriase por juez competente. Así lo proveyó la Audiencia; mas el encargado de hacer la notificacion al provincial de Oaxaca, por intervencion del Sr. Ledesma y de otras personas respetables, no cumplió su comision. Vaillo tuvo, pues, tiempo de reparar su falta, nombrando su procurador á Cristóbal Riaño, ciudadano caracterizado de Oaxaca, para que llevase á México y presentase á la Audiencia la autorizacion que poseia para dividir la provincia. Aun ántes de que este último personaje tuviese tiempo de cumplir su encargo, los frailes mexicanos hicieron nuevo ocurso, dando á conocer á la Audiencia

---

[1] Los conventos y casas asignadas á los dominicos de Oaxaca, fueron San Pablo de la Ciudad, Yanhuitlan, Cuilapan, Huitzo, Etla, Zachila, Zimatlan, Santa Cruz Mixtepec, Ocotlan, Chichicapam, Teitipac, Teotitlan, Tlacochahuaya, Tlalistac, Villa—alta, Totontepec, Nejapan, Tequisistlan, Jalapa, Tehuantepec, Teposcolula, Coixtlahuac, Tamazulapan, Tejupa, Tlaxiaco, Achiutla, Nochistlan, Jaltepec, Tilantongo, Tecomaxtlahuac, las Almoloyas, y los demás que se erigiesen en la diócesis de Oaxaca. (Levanto, MS. fol. 84).

que la notificacion no se habia hecho en Oaxaca y pidiendo se llevase á cabo con todo rigor la anterior provision. Determinó la Audiencia que á costa de los culpados se nombrase juez receptor que inquiriese la exactitud de lo que se referia para proveer lo conveniente. Ya estaba en camino el juez cuando Riaño presentó al Real Acuerdo los despachos de Vaillo, por lo que, no siendo necesarias las pesquisas que se habian mandado practicar, se mandó dar la vuelta á México al mencionado juez.

Despues de maduro exámen, la Real Audiencia sentenció en favor de la nueva provincia de San Hipólito mártir de Oaxaca. [1] Los dominicos mexicanos suplicaron del auto, y además, algunos pueblos mixtecas y zapotecas representaron contra la division, sin embargo de lo cual la Audiencia confirmó en revista su primera sentencia el 24 de Noviembre del mismo año, y libró real ejecutoria, imponiendo pena de mil pesos al que contradijese la division de las provincias.

Con esto parecia que deberia darse por concluido el negocio; sin embargo, los religiosos de México, que no podian conformarse con que una parte tan considerable se desmembrase de su provincia constituyéndose en cuerpo

---

[1] Este fué el auto de la Audiencia: "En la Ciudad de México, siete dias del mes de Noviembre de 1595 años. Los Señores Presidente y Oidores de la Audiencia Real de la Nueva España, habiendo visto estos autos fechos entre el Provincial y Religiosos de la Orden de Santo Domingo de esta Provincia de Santiago de la una parte: y de la otra, Christoval de Riaño en nombre de la Provincia de San Hippolyto y Religiosos de ella en los Zaapotecas, Obispado de Oaxaca, sobre la division de las dichas Provincias, á que hacen oposicion los de esta de Santiago: Dixeron que mandaban y mandaron: se vuelvan al dicho Christoval de Riaño y Religiosos de la dicha Provincia de San Hipólito, la Cédula de su Magestad, Patentes, Breves y Recaudos, que tienen presentados: y para que usen de ellos conforme á su tenor y forma: así lo pronunciaron y mandaron. Y lo señalaron con sus señales." (Levanto, fol. 88.)

independiente, ya que la sentencia de los tribunales les había sido adversa, gestionaron con el virey para que las parroquias y conventos de la mixteca quedaran á sus órdenes, como de pronto lo consiguieron. La provincia de Oaxaca celebró capítulo para tratar esta materia, el 1? de Enero de 1596. Se nombraron en él procuradores que recabaran de Roma y Madrid nuevas órdenes á fin de recobrar las casas de la mixteca, siendo destinados á este intento los frailes Cristóbal Martel y Antonio Gil Negrete; y como se temiese que muriesen éstos en la navegacion, que fué peligrosa, los siguió poco despues el incansable Serna. De Roma se mandó, en efecto, que un visitador, Fr. Lúcas Gallegos, restituyese los disputados conventos, y de Madrid se libró cédula para que fuesen amparados en su posesion los frailes oaxaqueños; sin embargo, por empeños del virey, quedaron en poder de la provincia de Santiago de México cuatro parroquias, que pasaron despues á la de Puebla cuando se formó esta provincia.

5.—La nueva provincia de Oaxaca celebró capítulo en el año de 1598 en que fué electo provincial Fr. Antonio de la Serna, y procurador á Roma Fr. Antonio Gil Negrete. Este último religioso era de negocios y de reputacion cuando tomó el hábito en esta ciudad. Solo estudió gramática y moral; pero bastante versado en el trato del mundo y conocedor profundo del corazon humano, tenia un tacto exquisito para dirigir toda suerte de negocios: como además era extraordinariamente activo, creyeron acertadamente los dominicos poder fiarle la defensa de sus intereses. De los cinco viajes que hizo á Europa en obsequio de su provincia, era el tercero que deberia emprender en esta ocasion. Negrete, con su acostumbrada diligencia, llegó á Roma, obtuvo del general de la Orden la confirmacion de todo lo hecho hasta entónces en Oaxaca, consiguió tambien que el Pontífice Clemente VIII expidiese en el mismo sentido una bula fechada el 6 de Noviembre de 1592; logró una cédula real muy favorable; pasó sus despachos por el consejo de Indias; reunió veinticinco religiosos que embarcó para Oaxaca, y el mismo se quedó en España presumiendo algun trastorno en sus proyectos.

Supo, en efecto, que el general habia muerto, y temeroso de las novedades que suelen introducir los nuevos gobiernos, se dirigió á Roma: consiguió nueva bula de Clemente VIII, fechada el 18 de Abril de 1601, confirmatoria de la anterior, en que á la provincia de Oaxaca se concedian todos los privilegios y gracias de que gozaba la de Santiago de México; recibió del nuevo general promesas sérias de que por nada se cambiaria el órden establecido, y no teniendo más que hacer, en compañía del P. Lainez, antiguo procurador de la provincia de México, se encaminó á España, resuelto á embarcarse para su patria.

Pero Lainez, cuya ciega confianza en otro tiempo habia sido fatal para los intereses que representaba, deseoso de reparar su falta, no habia cesado de trabajar desde que Serna lo habia hecho dormir en Almazan el sueño de los simples. Con una carta de recomendacion del rey de España, habia podido abrir portillo en el ánimo del nuevo general, y tantas razones expuso, que consiguió poner en tela de juicio lo que ya estaba ejecutoriado por sentencia inapelable y confirmado tantas veces por bulas pontificias. El general mandó que se hiciese diligente averiguacion sobre la legitimidad de los motivos de la division, nombrando tres visitadores que deberian sucederse en el encargo, comenzando la pesquisa Fr. Honorato Juan Navarro, el primero de los nombrados, y de quien tendremos que hablar despues. Y para que la provincia de Oaxaca fuese retribuida en la misma moneda, como lo habia hecho Serna en otro tiempo, Lainez conservó en secreto sus despachos, sin dar á conocer á Negrete lo que tenia entre manos; sin embargo, satisfecho del buen éxito de sus negociaciones, para dar un

gozo anticipado á los suyos, sacó traslados de sus despachos y los remitió á México.

Negrete, que cordialmente se habia despedido de su general, que de Roma á España habia sido el compañero de viaje de Lainez, y que habia recibido seguridades de que ninguna inmutacion se haria en el estado de cosas de Oaxaca, ninguna sospecha concibió de que sus designios estuviesen á punto de sufrir un completo desconcierto. Un secreto impulso lo conservó aún en España. En Madrid se hallaba cuando supo la muerte de Lainez, acontecida en la villa de Almazan. Cuidadoso de algunos papeles de importancia que le habia confiado, sin pérdida de tiempo emprendió camino en busca de sus documentos. En Almazan recibió, en efecto, de los parientes del finado Lainez un grueso bulto de papeles; y al examinarlo, ¡cuál fué su sorpresa pasando los ojos por los despachos que trastornaban las esperanzas de la provincia de Antequera! Negrete se dirigió á la corte de Madrid, acudió al Consejo de Indias, escribió al general exponiendo respetuosas quejas y pidiendo remedio á tanto mal: repuso las cosas en su antiguo ventajoso estado y marchó entónces tranquilo hácia Oaxaca.

6.—Acontecia esto por fines de 1601. Entretanto, los veinticinco frailes que Negrete habia remitido el año anterior para su provincia, tuvieron que sufrir en la travesía las consecuencias de una borrasca deshecha. El principio de la navegacion fué feliz: aun en todo el curso de ella tuvieron los frailes tranquilidad bastante para recitar las horas del breviario formando coros, predicar á los marineros y distribuir las demás horas del dia entre el estudio y frecuentes conferencias morales; pero al fin del viaje cambió repentinamente el viento en la sonda de Campeche. Teniendo ya á la vista el litoral del golfo, habiendo perdido un dia entero en la distraccion de pescar, confiando en la calma del viento y en la trasparencia del cielo, no tomaron oportunamente el puerto de Veracruz. La noche cerró todavía con bastante quietud, y marineros, pilotos y sacerdotes se abandonaron al sueño.

A la media noche los vientos se desencadenaron, las olas se levantaron agitadas, y al impulso de unos y otras, la nave, sin gobierno, corrió ligera en todas direcciones. De repente se sintió en ella un estremecimiento extraño, acompañado de un rumor desusado, al mismo tiempo que la nave se ladeaba hasta besar con el borde superior de la obra muerta la superficie de las aguas: entónces despertaron todos y reconocieron el peligro en que se hallaban. Embarrancado el navío, y batido por los vientos y las olas, momento por momento amenazaba hacerse astillas. De pronto, á bordo fué todo confusion: unos pedian confesion á los sacerdotes; otros decian sus pecados á voces; algunos se asian del hábito de los religiosos por la indulgencia de la hora de la muerte; y otros lloraban, desesperados de evitar la muerte que tenian delante de los ojos. Algunos marineros, más serenos, encendieron los faroles y dieron fuego á la artillería, por si algun otro buque los pudiera socorrer. Los frailes, en estas circunstancias, empuñaron sus disciplinas, y reunidos, levantaron al cielo sus clamores, al mismo tiempo que se estropeaban cruelmente, dándose formidables golpes. Uno de ellos, de más ánimo que los otros, con autoridad que se tomó, ya que ninguno la ejercia en tales momentos, desde el combes del buque en que se hallaba, mandó desarbolar, picando los palos y jarcia, y arrojarla al mar, lo mismo que la artillería y todo lo de peso que se hallara; ordenando además, que la carga se pasase á un lado de la embarcacion, que se habia recostado por la banda opuesta. Con esta maniobra, el barco, aligerado de su peso, se puso á flote y pudo salir sin otro daño, al amanecer, del peligrosísimo bajío. La capitana de la flotilla vió al navío desmantelado y lo socorrió, mas pronto entró en otro mayor riesgo.

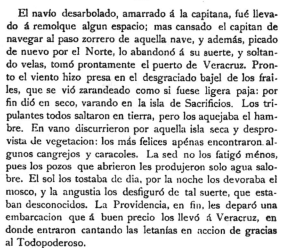

El navío desarbolado, amarrado á la capitana, fué llevado á remolque algun espacio; mas cansado el capitan de navegar al paso zorrero de aquella nave, y además, picado de nuevo por el Norte, lo abandonó á su suerte, y soltando velas, tomó prontamente el puerto de Veracruz. Pronto el viento hizo presa en el desgraciado bajel de los frailes, que se vió zarandeado como si fuese ligera paja: por fin dió en seco, varando en la isla de Sacrificios. Los tripulantes todos saltaron en tierra, pero los aquejaba el hambre. En vano discurrieron por aquella isla seca y desprovista de vegetacion: los más felices apénas encontraron algunos cangrejos y caracoles. La sed no los fatigó ménos, pues los pozos que abrieron les produjeron solo agua salobre. El sol los tostaba de dia, por la noche los devoraba el mosco, y la angustia los desfiguró de tal suerte, que estaban desconocidos. La Providencia, en fin, les deparó una embarcacion que á buen precio los llevó á Veracruz, en donde entraron cantando las letanías en accion de gracias al Todopoderoso.

Llegaron á Oaxaca, pero se ignoraban las ventajas que Negrete habia logrado en Europa. Los despachos que Lainez habia remitido á México habian producido su efecto, y el P. Navarro, nombrado visitador de la provincia de Oaxaca, se preparó al desempeño de su encargo. Como este religioso fué el primer catedrático de ciencias morales, las primeras que se cultivaron en esta ciudad fuera del claustro, conviene dar alguna idea de su persona.

7.—Era valenciano y procedia de familia noble. Estudió gramática y filosofía en la universidad de Salamanca, y en el convento de San Estéban de la misma ciudad recibió el hábito y la profesion de religioso. Adquirió en España fama de sabio; enseñó teología escolástica y dió lecciones de escritura sagrada: sus admiradores esperaban verlo encumbrado á las primeras dignidades de la Iglesia. Sus aspiraciones no eran sin embargo por la gloria de las ciencias, sino por los trabajos del apostolado. Con el fin de tener parte en la conversion de los indios, y deseoso de huir los honores que le prometia su patria, se dirigió á México; pero ¿en dónde no es honrado el verdadero sabio? Luego que en México se reconoció su mérito, se procuró utilizar su doctrina: cuantas personas sentian dificultad en la resolucion de negocios arduos, le consultaban, persuadiéndose, al oir sus respuestas, que tenia el don de consejo.

Parece que, en efecto, su cualidad sobresaliente fué la prudencia y aquel género de talentos que sirven á un buen gobernante para guiar todas las cosas con suavidad y eficacia á sus fines: así lo probó con motivo del nombramiento de vicario de los dominicos de Oaxaca, provincia que necesitaba el tacto y la destreza de Fr. Honorato. Con las letras patentes de su general que le remitió Lainez, recibió el P. Honorato plena autoridad para gobernar la nueva provincia, suspendiéndose por esto el capítulo de eleccion que deberia tener lugar al espirar el período de Fr. Antonio de la Serna, quedando á disposicion del vicario la visita, la provision de conventos y las demás causas que ocurriesen. Intimó á los religiosos las órdenes que tenia de Roma: fué bien recibido. Tomó cuentas al provincial, y quedó satisfecho de su exactitud. Visitó luego todos los conventos, esforzándose por sosegar los ánimos sobresaltados: se condujo tan afablemente con todos, tan humilde, pobre y desinteresado en su persona, que léjos los frailes de ser la víctima de un juez inexorable, hallaron en el visitador un bienhechor bondadoso. A los ministros celosos alentaba, estimulándolos al trabajo con modestos elogios, y á los remisos en el cumplimiento del deber corregia con tan piadosa energía, que los dejaba gustosamente enmendados. Durante la visita se manifestó caritativo con los indios y bastante inclinado á emplear los ratos de descanso en honesta conversacion, en la que abundaba en la narracion de

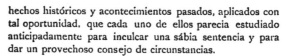

hechos históricos y acontecimientos pasados, aplicados con tal oportunidad, que cada uno de ellos parecia estudiado anticipadamente para inculcar una sábia sentencia y para dar un provechoso consejo de circunstancias.

8.—Terminado el tiempo de su encargo y recibida órden de proceder á eleccion de nuevo provincial, se hizo así, recayendo el oficio en el P. Andrés de Porras, quedándose el vicario incorporado en la provincia. Como entónces trataba el Sr. Ledesma de fundar en su iglesia catedral una cátedra de teología moral para que recibiesen lecciones los jóvenes deseosos de recibir Ordenes sagradas, que por su pobreza no pudiesen seguir las aulas en México, satisfecho de la aptitud de Fr. Honorato, lo nombró primer catedrático. Los trescientos pesos que le fueron asignados por este destino, y de que ya se ha hablado, eran repartidos por mitad entre su convento y los pobres. Antes de Navarro, Luis López y otros habian enseñado ciencias morales, directamente á los dominicos, entre los que se mezclaban, remitidos por el obispo, los seglares pretendientes de Ordenes; por su instituto la cátedra que desempeñó Navarro estaba destinada al clero secular: los dominicos la desempeñaron constantemente hasta la época de la reforma. Fr. Honorato la sirvió por veintiseis años con exactitud admirable.

Al venir diariamente de su convento á la catedral, en donde daba sus lecciones, su porte era tan humilde y modesto, que atraia las miradas de todos. Frecuentemente se le acercaban hombres y mujeres en la calle pidiéndole limosna. El tambien solia visitar en su habitacion á los pobres vergonzantes y socorrerlos abundantemente. En su celda recibia toda suerte de personas doctas que le consultaban negocios graves. Su conversacion tenia de singular, que corrian en ella, unidas en perfecta alianza, la profundidad de la doctrina y la mayor sencillez en la expresion.

El santo oficio le encomendó la correccion de libros, con ocasion de haberse introducido algunos de Europa. Cumplió su comision con celo, descubriendo notables errores, de que formó un indice alfabético que remitió al inquisidor general. Los libros señalados por él, fueron puestos en el índice expurgatorio general. Todos los dias consagraba ocho horas al estudio: como alguno le preguntase si no le bastaba la ciencia que tenia, contestó: "que mientras mas sabia, profundizaba mas el conocimiento de su ignorancia, y que mayor molestia le causara vivir lejos de sus amigos libros que morir con ellos." A su grande ingenio reunia una memoria tenacísima, por lo que, cuando le consultaban, desde luego citaba el tomo, capítulo y folio, repitiendo textualmente las palabras del autor que trataba la materia: todo lo cual, unido á la suma claridad de su estilo, le hizo ser el oráculo de la nacion, pues no solo de Oaxaca, sino tambien de México, le eran dirigidas preguntas sobre importantísimos asuntos.

9.—Su última enfermedad fué muy penosa. Durante ocho meses se vió reducido á guardar el lecho, aquejado por llagas y otras dolencias. Su cuerpo, ántes grande y robusto, se adelgazó extraordinariamente; úlceras asquerosas corroian sus miembros, y animales inmundos los devoraban: los que lo veian sentian lástima y derramaban lágrimas; y él mismo las vertia muchas veces, repitiendo aquellas palabras de Job: "Señor, permitidme que ántes de mi partida llore un poco mi dolor." En tal estado, su antigua intachable virtud se habia convertido en el candor de un niño, al grado de que muchas ocasiones, miéntras la cama se aseaba, le tomaba en brazos algun otro religioso, como pudiera haberse hecho con un infante de pocos meses de nacido. Conservó, sin embargo, inalterable su paciencia, y su inteligencia y lengua quedaron expeditas para decir desde aquel

lecho, convertido en cátedra, admirables y sabios discursos. Murió en Agosto de 1630.

La moderacion y prudencia de este religioso y la actividad que en Europa desplegó Gil Negrete, produjeron los mejores resultados en órden á emancipar del gobierno de la provincia de México la de dominicos de Oaxaca, que desde entónces pudo gozar tranquilamente de su autonomía. Al segundo provincial, Fr. Antonio de la Serna, que murió poco despues, en Marzo de 1604, en Florencia, sucedió en el oficio Fr. Andrés de Porras, español. En este capítulo se concedió al provincial que pudiese pensionar á los frailes hasta reunir la suma de trescientos pesos de que pudiese usar en provecho propio, lo que no dejó de contrastar con la extraordinaria pobreza y raro desprendimiento de los frailes en los años precedentes. En el mismo capítulo celebrado en 1607, en que fué electo Fr. Juan Martinez, se aceptaron letras patentes del general y definitorio de la Orden, en que se erigia el convento de Santo Domingo en estudio general y universidad de toda la provincia, lo que demuestra el ventajoso concepto que alcanzaban los frailes que cultivaban las letras en Oaxaca.

10.—En efecto, á los santos fundadores de la provincia iban sucediendo sabios más ó ménos distinguidos en las ciencias sagradas. Honorato Juan Navarro no habia sido el único que mereciera aplausos por sus conocimientos. Antes de él se habia hecho recomendable Fr. Gerónimo de Tejeda, discípulo del célebre Domingo Soto, con quien vivió muchos años desenvolviendo libros y meditando sobre gravísimas cuestiones. Tejeda fué muy amante del silencio, que no rompia en muchos dias sino para predicar la divina palabra ó cantar el oficio del coro. Fr. Tomás del Espíritu Santo, llamado "el atril del coro" por su incansable oracion, escribió un "Librito de consideraciones para los novicios;" y una "Exposicion del Salmo *Miserere*," que quedaron inéditos.

Fr. Francisco Dávila, villalteco, fué el primer doctor oaxaqueño. En su infancia se dedicó al canto, en el que se aprovechó notablemente, por lo que, aun ya profeso, entre los dominicos fué nombrado sochantre de catedral. Pulsaba el órgano con destreza y gusto especial. Despues de aprender y enseñar filosofía y teología se consagró al púlpito, en que tanto en Puebla como en México, adquirió fama por su elocuencia. [1] Otros fueron posteriormente desarrollando raros talentos, de que á su tiempo haremos mencion.

11.—El cultivo de las letras no impedia que muchos tomasen la defensa de los indios y que se consagrasen á las fatigas generosas del apostolado. Al principio del siglo XVII tenian edificados convento y templo en Santa Cruz los dominicos. Al paso por allí, creyeron descubrir algunos españoles ricas vetas de plata en los cimientos mismos del altar mayor: luego comenzaron á practicar excavaciones en el templo. Los frailes resistieron; mas los mineros se obstinaron. Los indios, escandalizados, menospreciaban al Dios de los cristianos, porque, reflexionaban, que á sus dioses ofrecian voluntariamente los metales preciosos, miéntras los españoles derrumbaban la casa de su Dios por el amor del oro. Nada bastó. Los mineros denunciaron el descubrimiento á las autoridades, pidieron auxilio al virey, y continuaron sus destructores trabajos. Al cabo de dos años se convencieron de que eran un sueño las minas y las abandonaron, dejando perforados en todos sentidos los muros del templo y del convento. [2]

En Teotitlan del Valle habian predicado el Evangelio Tomás Ursúa y Vicente Villanueva. El primero procuró

---

1 Escribió: "Marial Sabatino."—"Ramillete de Flores."—"Evangelios marianos meditados." Se perdieron ántes de darse á la prensa.— "Quodlibeta sex cum objectionibus "--"Oratio habita, etc." MS.

2 Burgoa, 2ª. parte, cap. 43.

ganar el corazon de los indios con la mansedumbre de carácter y afabilidad del trato, y el segundo con la dulzura de su versificacion: explicó en bellos metros zapotecas los principales hechos de la historia sagrada, que hizo además representar en un teatro. La cadencia y el ritmo, que agradaron mucho á los indios, fué el medio de que aprendieran pronta y fácilmente la doctrina cristiana, Por 1600, Fr. Andrés Guzman, que habia sucedido á Villanueva, queriendo abrir al templo una puerta, en la excavacion que practicó en el suelo zanjando los cimientos, encontró un antiquísimo sepulcro en que yacia el esqueleto de un hombre con un rosario al cuello. Tal vez algun indio, convertido á la fé recientemente acabada la conquista, fué sepultado en el campo con aquella señal de catolicismo, en el lugar mismo en que despues se pusieron los cimientos del templo; mas no habia memoria de tal hecho. Teotitlan fué la cabecera de la parroquia en los siglos XVI y XVII. Sus vecinos se defendieron bien de los desmanes de las justicias españolas. Fué por cuatro vidas la encomienda de uno de los conquistadores. Tlacolula, que solo tenia trescientos casados, progresó en su poblacion: fué el asiento de un corregidor y despues la cabecera parroquial, que no pudo subsistir en Teotitlan.[1]

12.—En la Sierra quedaban restos de idolatrías. En "Yapela" ó Malinaltepec, de la doctrina de Choapan, Fr. Alonso de Espinosa sorprendió á un indio en el momento de adorar una guacamaya ó ara, y de hacer en su obsequio cruentos sacrificios. Retirado en la espesura de un bosque, el miserable idólatra desgarraba sus venas y se maltrataba cruelmente, para hacer propicia á la estúpida divinidad, que estaba colocada sobre un altar adornado con flores. El mismo religioso encontró en un pueblo sujeto á Nejapan, una

---

[1] Burgoa, 2ª. parte. cap. 53.

cueva con dos ídolos monstruosos, de piedra, muchos pedernales cortantes con que degollaban á las víctimas, incensarios para quemar perfumes y vestiduras antiguas sacerdotales.

Este religioso fué un activo perseguidor de los ídolos. En Tehuantepec tuvo que intervenir poco despues en un auto de fé practicado con motivo de algunas apostasías. Un pastor de Jalapa, en la cumbre de un cerro, halló una pequeña llanura, perfectamente limpia, regada con flores, en cuyo centro sobresalian cuatro losas unidas por sus bordes superiores, dejando entre ellas un hueco en que estaba depositada la diosa *Pinopiáá*. Habiendo tomado el pastor en las manos la piedra esférica, que representaba aquella divinidad, se dejó ver, saliendo de los matorrales, un indio anciano, sacerdote de la diosa, encargado de su cuidado, y mandó al temerario pastor que dejase en su lugar á la diosa, pues de otra suerte se exponia á los castigos de lo alto. El pastor dió aviso al párroco Fr. Pedro Sobrino; y en consecuencia, por mandato de las autoridades, se procedió contra los culpables. Espinosa fué el encargado de sustanciar la causa. Tomó las declaraciones convenientes, hizo constar la historia de la diosa, y entregó á los reos al brazo secular. [1] Estos eran siete, que comparecieron á la abjuracion en un gran tablado, desnudós hasta la cintura, con sogas al cuello, corazas en la cabeza y velas negras en las manos. Las penas impuestas fueron leves. Ya se ha dicho que *Pinopiáá* fué hija de Cosijoesa, amada y venerada por los tehuantepeques, entre quienes murió todavía jóven. El recuerdo de sus virtudes se convirtió despues de su muerte en culto religioso. Alguno inventó despues que *Pinopiáá* se habia trasformado en aquella piedra, que inadvertidamente halló el pastor de Jalapa; pero eran ya pocos los

---

[1] Espinosa escribió: "Relacion de lo sucedido en el descubrimiento de los ídolos, etc. (MS. en la Biblioteca de Santo Domingo. Beristain).

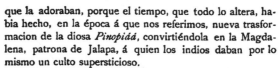

que la adoraban, porque el tiempo, que todo lo altera, habia hecho, en la época á que nos referimos, nueva trasformacion de la diosa *Pinopiáá*, convirtiéndola en la Magdalena, patrona de Jalapa, á quien los indios daban por lo mismo un culto supersticioso.

En todos tiempos se ha creido por la gente medrosa en fantasmas, dragos y otras apariciones: no debe, pues, causar extrañeza que por el año de 1600 se hubiese comenzado á aparecer en Tilantongo una sombra impalpable que se escurria por las rendijas de las puertas, y que tan pronto se dejaba ver en un lugar como en otro, acompañando su presencia con extraño estruendo. Se habló mucho de esto en aquel tiempo, y perseveraron por más de cuarenta años las visiones y el espanto de indios y españoles.

El primer templo de Tamazulapan se derrumbó, acaso en algun terremoto. Por 1610, al abrir los cimientos del que se trataba de reedificar, se encontró entero, tratable, exhalando grato olor, el cuerpo de Fr. Pascual de la Anunciacion que habia muerto once años ántes. Así lo dice Burgoa.

En terrenos de Chicahuaxtla se tuvo noticia de una cueva en que idolatraban los indios, mas no pudo ser hallada por más pesquisas que se hicieron. En Tecomastlahuac se verificó por este tiempo auto de fé por el culto supersticioso que muchos tributaban á las estalactitas de una cueva, de que ya se ha hablado anteriormente. Este pueblo, compuesto únicamente de hechiceros, aún resistia las influencias cristianas. Por 1628 se hicieron grandes esfuerzos por reducir á los que se mantenian rehacios, y en efecto, algunos se rindieron á la fé, mas otros huyeron á los montes sin dejarse volver á ver jamás.

CAPITULO VII

LEYENDAS RELIGIOSAS.

1. El Sr. obispo Covarrubias.—2. Terremotos.—3. El convento de Santo Domingo.—4. Los jesuitas.—5. El Sr. obispo Cervantes.—6. La Cruz de Huatulco.—7. Es conducida á Roma.—8. Leyenda de la Soledad.— 9. San Francisco. Santa Catalina.—10. Escritores.—11. Leyenda de la Vírgen de Juquila.

1.—El Sr. Ledesma tuvo por sucesor en el cargo pastoral á D. F. Baltazar de Covarrubias, mexicano, hijo de D. Antonio Covarrubias y de Doña Catalina Muñoz. Remesal asegura que era sobrino del gran presidente y mayor letrado y santo, el obispo de Segovia, Diego Covarrubias y Leiva. [1] En su juventud tomó el hábito de los agustinos, entre los que se distinguió por sus costumbres puras y sus doctrinas elevadas. En su provincia ocupó diversos puestos honoríficos. El 10 de Setiembre de 1601, á propuesta de Felipe III, fué creado en Roma obispo de la Asuncion en el Rio de la Plata. El 13 de Febrero de 1603 fué promovido á la Mitra de Cáceres en las Islas Filipinas, y en 6 de Junio de 1605 trasladado al obispado de Oaxaca. [2] En el gobierno de esta diócesis, dice Remesal que, para justi-

1 Remesal. Lib. 11, cap. 17, núm. 5.
2 Alfabeto Agustiniano. Tom. 1, pág. 108.

ficar sus determinaciones y precaver que fuesen resistidas, tenia cuidado de consultarlas préviamente con hombres doctos, lo que revela que la prudencia era una de sus recomendables cualidades. Se dice tambien que esas determinaciones generalmente fueron justas y acertadas, lo que no es pequeño elogio suyo. El 4 de Febrero de 1608 fué trasladado á Michoacan, en donde murió el 4 de Febrero de 1622.

2.—En su tiempo graves calamidades aquejaron á los oaxaqueños. El último dia de Diciembre de 1603 sobrevino á la ciudad un terrible temblor de tierra que causó grandes estragos en los edificios. El templo de los dominicos y su convento de San Pablo quedaron muy maltratados y no ménos el colegio y templo de los sacerdotes de la Compañía. Los primeros comenzaron á hacer algunos reparos en la fábrica, y aun adelantaban rápidamente los trabajos de reconstruccion, cuando sobrevino nuevo terremoto en Marzo de 1604. Acontecio este á las mismas horas que el anterior, entre nueve y diez de la mañana, y fué su duracion de quince minutos.[1] El sacudimiento que causó fué violentísimo y sus efectos lastimosos y sensibles. Los edificios vinieron á tierra en su mayor parte, y de los escombros se levantó una nube de polvo que envolvió á toda la ciudad. El clamor de las gentes, que las unas huian para no ser cogidas en la caida de las casas, y las otras, ya maltratadas, pedian socorro á voces; el aullido de los perros y otros animales que espantados corrian en todas direcciones; el rugido de los montes vecinos, que removidos en sus cimientos parecian chocar los unos con los otros; el retumbo mismo del terremoto, mezclado con todos los otros ruidos, formaban un estruendo siniestro capaz de imponer pavor al corazon más esforzado. En el convento de San Pablo se desplomó la casa de novicios, parte de un dormitorio y la

[1] Burgoa. Palestra Indiana, cap. 43.

sacristía. Los libros corales fueron arrojados fuera de sus atriles. Los dominicos, al huir, cayeron aterrados, ya por el espanto, ya porque la trepidacion de la tierra no les dejaba dar un paso. Cuando al fin cesó el estremecimiento, las gentes todas discurrian atónitas por las calles, esperando, momento por momento, que la tierra las devorase en un nuevo sacudimiento. Aquella noche se pasó en penosa inquietud y contínuos sobresaltos.

Nada deja conocer con tanta luz aquella época de fé y devocion ni marca con más precision el carácter de los frailes de aquel tiempo, como las extraordinarias acciones que se permitian, sin temer el ridículo ni la desaprobacion del pueblo. Por haber quedado inhabitable el convento de dominicos, dispuso el superior que los novicios se trasladaran á Cuilapan. Salieron éstos, pues, de la ciudad, formados en dos hileras, presididos por el pedagogo, con el continente humilde, los ojos bajos, el trage pobre y el aspecto de mortificacion que acostumbraban en los claustros, y atravesaron las calles cantando en tono melancólico el salmo *In exitu Israel de Egipto.* En el camino, que seguian á pié los novicios, encontraron una cruz levantada sobre un poste, que tal vez marcaba un lindero; allí se detuvieron, abrieron sus breviarios y entonaron la salmodia sagrada, con las mismas genuflexiones, indicaciones y ceremonias que si estuvieran á la sombra en el coro de su templo. Para los indios de Cuilapan fué por muchos años inolvidable el recuerdo del solemne canto de los salmos que los jóvenes penitentes entonaron al entrar en el pueblo. El noviciado duró allí algunos años.

En Oaxaca solo habia quedado á los dominicos su templo en pié, pues el convento era un monton de escombros. En los años que siguieron al del terremoto se emprendieron trabajos importantes de reconstruccion; mas un nuevo temblor acontecido en 8 de Enero de 1608, consumó la ruina. Los religiosos á quienes el terremoto sorprendió en

el templo, al oir crujir las vigas del arteson, comprendiendo la causa del estruendo, acudieron con valor á extraer del Sagrario el Santo Sacramento: tuvieron tiempo para hacerlo; mas apénas pusieron los piés fuera del templo, se desplomó la techumbre con gran estrago de tejas y madera, pero sin desgracia de persona alguna. Con este motivo, determinaron los frailes habitar el nuevo convento que tenian en construccion.

3.—Este nuevo convento, conocido con el nombre de Santo Domingo, es un vasto edificio cuya construccion se comenzó con dos y medio duros, y cuyo costo, concluida la obra, pasó de doce millones. Está situado al Norte de la ciudad y casi á sus orillas, siendo la causa haberse creido que el vecindario, creciendo, se extenderia por ese lado, lo que no se verificó. Tiene cerca de doscientas varas de ancho é igual número de fondo, comprendiéndose en este cuadro el templo y el convento. La fachada del templo mira al Oeste y está repartida su altura en cinco cuerpos, cada uno de los cuales tiene sus columnas con sus respectivos pedestales, plintos, capiteles, cornisas y frisos, todo trabajado con gusto y delicadeza. Entre las columnas hay nichos abiertos con las estatuas de San Pedro y San Pablo y diversos santos de la Orden. Entre la puerta principal y la ventana del coro alto se ve un cuadro en que se destacan de medio relieve las figuras de Santo Domingo y San Hipólito, llevando en hombros á la provincia, representada por un templo. Corona la portada un semicírculo de molduras que rodean á las estatuas de la Fé, Esperanza y Caridad. El diámetro de este semicírculo es de veinte varas, y la altura de la portada de noventa. Está ceñida por sus costados la portada con dos torres, cuya perspectiva del suelo á las cruces es de ciento treinta varas.

El interior del templo era un verdadero relicario para la religion y las artes. Los muros y las bóvedas, recargadas de adornos de oro del mejor gusto, presentaban á la vista una belleza sublime de que no es fácil dar idea. Un árbol inmenso extendia por todas partes sus ramas y sus innumerables hojas doradas, entre las cuales sobresalian de bajo relieve los bustos de santos, que á proporcion de la altura iban disminuyendo en tamaño, de manera que en las claves del templo aparecian agrupados solamente los rostros. A uno y otro lado, en los muros, habia distribuidas hermosas capillas cuya entrada estaba cubierta con un enverjado de hierro torneado. La destinada al culto de la imágen de la Vírgen del Rosario era sola ella un gran templo con su coro alto, sacristía separada, torres propias y cuanto era necesario para las funciones sagradas; pero esta fué obra de tiempos posteriores. El retablo solo del altar principal del templo mayor tuvo de costo, sin los gastos de trasporte desde México en que se trabajó, 13,700 pesos. Las pinturas eran de Concha. Ese retablo se puso el año de 1612; mas habiendo sufrido algun deterioro con el trascurso del tiempo, se le sustituyó otro mejor en 1681, quedando, sin embargo, las mismas pinturas y algunas de las antiguas estatuas. La reforma destruyó este retablo, y aun no há muchos años se trató de raer los dorados del muro para utilizar el metal que se lograse recoger. [1] El P. Florencia dice, hablando de este magnífico edificio, que no lo tenia igual en todo el mundo la religion dominicana, ni en la Nueva España las demás Ordenes regulares.

El convento solidísimo, cubierto en su mayor parte por bóvedas, no ménos elegantes que fuertes, aun parece destinado á desafiar á los siglos. Sus inmensos dormitorios, sus

---

[1] Alguien se apoderó tambien, despues de la exclaustracion de los frailes, de algunas de las bellas pinturas de Concha, y para aprovechar la tela, restregando y machacando y lavando el cuadro, procuraba borrar la pintura. El retablo, á lo ménos en parte, ha servido de leña á los soldados. No son estos los únicos actos de barbarie que han presenciado nuestros tiempos.

hermosas galerías, sus amplios patios, extensos jardines, sus fuentes, estanques, etc., eran el orgullo de los frailes y la admiracion de los viajeros. Ninguna oficina faltaba, y en todos los departamentos del gran edificio se encontraban bellezas artísticas. La botica del convento, la primera que hubo en la ciudad, estaba completamente surtida de cuanto se acostumbraba para curar á los enfermos. Para dar una idea de la fortaleza de este convento, se ha dicho, y es exacto, que la artillería, jugando sobre las bóvedas, y á veces disparando contra ellas, ninguna mella les ha hecho, como ni los fuertes terremotos que en distintos tiempos han sacudido á la ciudad. Desde la exclaustracion, el convento fué convertido en cuartel. El suntuoso templo ha servido repetidas veces de cuadra.

En los tiempos de que hablamos, no estaba aún concluida la obra ni era tan fuerte: se habia cuidado más, dice Burgoa, de la belleza que de la solidez. El convento fué sucesivamente destruido tres veces por terremotos y reconstruido con ventaja hasta quedar en su estado actual. Los frailes lo habitaron desde 1608, por no tener otra casa en la ciudad desde la ruina de la de San Pablo. La comunidad religiosa se trasladó en la dominica infraoctava de Corpus, con asistencia del obispo, cabildo eclesiástico, ayuntamiento é inmenso pueblo.

4.—Los jesuitas habian sufrido tambien grandes pérdidas á causa de los terremotos mencionados: su templo habia quedado en estado de ruina. En compensacion, las limosnas de los fieles eran abundantísimas. Además, la Providencia parecia querer favorecer su fortuna: una terrible helada que destruyó los sembrados, quemando aun la menuda hierba y el zacatillo de la orilla de las sementeras, respetó, sin embargo, los cañaverales de los jesuitas, que con su crecido rendimiento pudieron dar cima á la obra de reparacion que emprendieron. Tardaron en ella, sin embargo, tres años, pues hasta el de 1607 no pudieron dar por concluido el templo.

Estos sacerdotes disfrutaban, sin interrupcion, el amor del pueblo y el favor de las autoridades, esforzándose cada dia más por merecerlo con los trabajos propios de su instituto. Sucesivamente fueron rectores personas tan notables como Bernardino de Acosta, Francisco de Vera y Juan Sanchez. Durante la permanencia del último en la ciudad, en 1611, se celebraron grandes fiestas con ocasion de haber sido canonizado San Ignacio de Loyola, teniendo parte en ellas no solo el obispo y las Ordenes regulares, sino el pueblo y el corregidor D. Cristóbal de Oñate, que tomó á su cargo los gastos que se hicieron en los públicos festejos. Francisco de Vera fué separado de Oaxaca en 1613, y enviado por sus superiores, en calidad de procurador de su provincia, á España y Roma. Antes habia ido á Filipinas á la cabeza de una compañía de misioneros, y despues estuvo algun tiempo en el Colegio de Guadiana. Finalmente, parece que fué á morir á Oaxaca. Despues de una larga y penosa enfermedad, al advertir que se acercaba el momento postrero de la vida, fijando la mirada en un Santo Cristo, exclamó: "Eternidad," y espiró el 9 de Noviembre de 1616. El 7 de Octubre del año precedente, 1615, habia muerto tambien en Oaxaca un virtuoso coadjutor, Juan Bautista Aldricio.

5.—Entretanto se habian sucedido tres obispos cuyos hechos referimos seguidamente. En el año mismo de la traslacion del Sr. Covarrubias fué electo para sucederle D. Juan de Cervantes, entónces arcediano de la Catedral de México y gobernador de la Metrópoli. Era hijo de D. Juan de Cervantes y de Doña Luisa Lara, personas distinguidas y que pertenecian á los primeros conquistadores de la Nueva España. El primero contaba entre sus méritos el de haber pacificado á su costa las provincias de Pánuco y Huas-

teca, servicio que le fué agradecido por Cárlos V en carta que le dirigió, prometiendo conservarlo presente en la memoria para recompensarlo debida y oportunamente,[1] como en efecto lo hizo nombrándolo capitan general y gobernador de aquel departamento. El obispo de Oaxaca nació el 19 de Abril de 1543.[2] Cursó sus primeros estudios en el colegio de San Ildefonso, bajo la direccion del sabio maestro dominico Pravia. Terminó su carrera literaria en la Universidad de Salamanca, en donde, además, enseñó despues, con general aceptacion, en calidad de catedrático sustituto. Graduado allí de doctor, volvió á su patria, la Nueva España, llevando ya el nombramiento de tesorero de la Catedral de Puebla. De aquí pasó á la Iglesia Metropolitana para ocupar primero el puesto de canónigo lectoral y despues la dignidad de arcediano. Fué juez ordinario y calificador del Santo Oficio; obtuvo y sirvió en propiedad la cátedra de Escritura Sagrada en la Real Universidad, entre cuyos retratos de hombres ilustres se puso el de Cervantes; por ausencia del Illmo. D. Pedro Moya de Contreras, gobernó el arzobispado en los doce años que corrieron de 1596 á 1608; y en fin, fué electo en este año obispo de Oaxaca, no tomando, sin embargo, posesion de su diócesis sino hasta tres años despues, en 1611.

Los anteriores obispos de Oaxaca habian sido todos es-

---

[1] Gil Gonzalez Dávila dice haber leido la carta. Teat. Ecles.

[2] Debemos al Sr. Agreda la fé de bautismo del Sr. Cervantes, copiada del Libro 1º de Bautismos de la Catedral de México á folios 117 vuelta. Dice así:—Jueves 19 de Abril de 1543 bautizó el Sr. Cantoral á Juan, hijo de Juan de Cervantes y de su muger Doña Luisa, fueron compadres Xaramillo y Martin de Guzman y sus mugeres.—*Francisco Cantoral*, Cura."—Aunque se omitió en esta partida el apellido de Doña Luisa, madre del obispo, en la de otro hijo llamado Francisco, que se lee á folios 27 del Libro 2º, consta que era Lara. Lo mismo consta en el testamento que otorgó otro hijo suyo, Leonardo, en esta ciudad de México el 18 de Agosto de 1788, ante el escribano público Alonso Bernal.

pañoles, y la mayor parte regulares; D. Juan de Cervantes, que era mexicano y pertenecia al clero secular, no por eso desdijo de la sabiduría y santidad de sus predecesores. Su gobierno fué suave y ordenado: fermentaban ya en Oaxaca gérmenes varios de discordia; pero el obispo tuvo tacto para dejar que se desarrollasen solamente los elementos vivificadores de la sociedad religiosa. La discordia es un elemento disolvente que á toda costa debe soforarse; ni puede llamarse gobernante quien no sabe conservar entre sus manos el bien precioso de la paz. El clero secular y las Ordenes regulares eran entónces el nervio de la sociedad: el Sr. Cervantes dejó que á su sombra desplegaran su actividad, sin desacuerdo y sin estrépito. Veremos más adelante que no todos fueron igualmente prácticos en el gobierno.

A los jesuitas habia dado en México muestras de adhesion, que continuó en Oaxaca, esmerándose á porfía en honrarlos como lo habian hecho sus predecesores. Se sabe que personalmente era infatigable en el púlpito. Además, en Oaxaca se manifestó extraordinariamente limosnero, repartiendo gruesos caudales para socorrer las necesidades públicas y privadas: con razon; pues si la misericordia y la liberalidad son en todos virtudes plausibles, ellas solas no bastan á un obispo, que necesita llevar sus limosnas hasta la munificencia, so pena de pasar por despreciable avaro á los ojos de sus súbditos. Entre los cuantiosos desembolsos que hizo, debe contarse en primer lugar el que tuvo por objeto el culto de la Cruz de Huatulco.

6.—Ya dejamos dicho que el Sr. Ledesma, con acuerdo de los más sabios personajes de su tiempo y obligado por razones poderosas, habia determinado dejar el Santo Madero en el lugar mismo que sirvió de teatro á los prodigios ántes referidos, cuidando, sin embargo, de que la sagrada reliquia fuese venerada y de que los ministros de aquella tierra fuesen convenientemente atendidos. Advierte el P.

Burgoa, que luego de tomada esta resolucion, fielmente se cumplió; pero que trascurrido algun tiempo, distraida la atencion del público en otros varios objetos, "por la cercanía de tener á la mano este bien," y principalmente por la inconsistente naturaleza y frágil condicion del corazon humano, "se debió resfriar un poco el respeto de la santa efigie." Acontecia esto en Oaxaca, miéntras la fama llevaba en rápido vuelo á otras naciones la noticia de los prodigios de Huatulco. Llegaban á este puerto embarcaciones de lejanas playas de la América del Sur, y los marinos solícitos cortaban astillas del madero, llevándolas consigo como precioso talisman. Referian ellos cómo al contacto de aquella reliquia sanaban de sus enfermedades, y á su presencia se calmaban las tormentas. Este trabajo de cortar pequeños pedazos á la Cruz, creció en términos de juzgarse nuevo milagro que pudiera sostenerse sobre un pié extraordinariamente adelgazado hasta donde alcanzaban las manos de los devotos.

En México habia corrido tambien la fama de la Santa Cruz, contándose entre sus adictos nada ménos que el arcediano D. Juan de Cervantes. Con tal antecedente, no es de extrañarse que á poco de haber llegado á su obispado se procurase noticias del estado en que se hallaba, y que sabedor de la prisa que se daban en desmenuzarla, se resolviese á trasladarla á la ciudad. Ante todo determinó que dos notarios de saber y experiencia y un juez eclesiástico partiesen al puerto á fin de hacer constar, con la claridad posible, el orígen del madero, la historia de su venida al país, las tradicionales palabras del anciano que la trajo y recomendó que fuese venerada, los prodigios que se le atribuyeron en los tiempos anteriores á la conquista, las circunstancias del arribo á Huatulco del inglés Candisch, la saña con que persiguió á la Cruz y la admirable conservacion del Santo Madero. Así se hizo, en efecto, formándose un expediente de más de dos mil folios, en que, segun Burgoa,

que asegura haberlo visto, constan los hechos allí autenti-
cados, tan plena y claramente, que no pudiera desearse más.
A la vuelta de los notarios se continuaron en la ciudad las
diligencias, tomándose declaracion á numerosos testigos de
prodigiosos hechos verificados á la presencia de algun fragmento de la Santa Cruz. Fueron reunidas despues para
conferenciar sobre la materia, las personas más doctas, quienes, despues de cruzarse varias opiniones, convinieron en
que el famoso madero deberia ser removido de su lugar y
conducido á la ciudad.

Para este intento fueron comisionados el Sr. D. Antonio
Cervantes y otros varios sacerdotes, con instrucciones del
obispo sobre misas y preces que habian de hacerse ántes de
mover la Cruz. Mas como al conocer esta determinacion los
fieles, los hurtos piadosos crecieron sin medida, ántes de
que las manos de los devotos consumasen aquella obra des-
tructora, sin esperar á los comisionados, el párroco de Huatulco resolvió pasarla al templo de su cargo. Revestido con
los sagrados paramentos, acompañado de algunas personas
principales y rodeado de numeroso pueblo, se llegó á la
Cruz, la besó respetuosamente, la tomó en las manos y la
levantó con una facilidad que dejó estupefactos á los concurrentes. Aquella Cruz, que las naves del impío Candisch,
tirando con toda la fuerza de sus velas desplegadas, no pudieron mover de su sitio, no tenia metida dentro de la arena suelta de la playa más de una tercia de vara del pié.

El pueblo de Huatulco intentó resistir á mano armada;
pero vencido al fin por las buenas razones de los comisionados, dejó que fuese la Cruz llevada á la ciudad. En Oaxaca salieron á recibirla los dos cabildos, eclesiástico y seglar, las comunidades religiosas y los pueblos vecinos. El
obispo la esperó en su oratorio, y al tomarla, exclamó conmovido: "¡Oh Cruz dichosa, que adquiriste celestial virtud
del cuerpo del Señor; Cruz tanto tiempo por mí deseada,
recíbeme de manos de los hombres y restitúyeme á mi Sal-

vador, para que por tí me reciba quien muriendo en tí me redimió!" El 24 de Febrero de 1612, á las dos y media de la tarde, Cervantes trasladó en su coche la Santa Cruz de su palacio al convento de dominicos. El siguiente dia, domingo de Septuagésima, vestido de pontifical, la condujo en solemne procesion á Catedral, en cuyo altar mayor estuvo expuesta por ocho dias á la veneracion pública. El domingo de Sexagésima fué colocada en la suntuosa capilla que el obispo habia hecho construir á sus expensas en una de las cinco naves de la misma Catedral. Inútil es decir que el pueblo no fué indiferente en esta ocasion, sino que hizo de todos modos pública ostentacion de su fé y su piedad. Se ve aún en el retablo principal de esa capilla la historia toda de la invasion de Candisch, consignada en buenas pinturas.

7.—Lo que va dicho se refiere no á toda sino á una parte de la Cruz, pues al llegar ésta á la ciudad fué dividida en varias porciones, de las cuales una quedó en la Catedral, como de dos tercias de largo y cuatro dedos de ancho; otra se repartió en menudas piezas para satisfacer la devocion de los fieles; al templo de Santo Domingo tocó una gran cruz y otras menores al de Santa Catalina y demás conventos de regulares; en la familia del Sr. Cervantes quedó vinculada una, y á otra se destinó una capilla en la Puebla de los Angeles. En fin, otra cruz embutida en plata dorada y preciosamente adornada, fué puesta en manos de Fr. Andrés de Acevedo, dominico, que se dirigia entónces á Roma para asistir al capítulo general de su Orden, para que la presentase al Papa reinante, Paulo V. Con el mismo fin se entregó al religioso mencionado un extracto de las diligencias practicadas y la carta del Sr. Cervantes, que á continuacion copiamos:

"Santísimo Padre:—Juan, por la gracia de Dios y de esa Santa Sede Apostólica, obispo de Antequera en las Indias

Occidentales, postrado á los piés de V. S., se los besa, **y** protestando obediencia á esa Santa Silla Apostólica Romana, á cuya Santidad envia una pequeña parte de la milagrosa Cruz que se halló en el puerto de Huatulco del mar del Sur, dentro de la jurisdiccion y términos de este obispado: acompáñala el testimonio auténtico de los singulares milagros que ha sido Nuestro Señor servido obrar y cada dia obra esta Santa Reliquia, y se manifestó cuando Tomás Cambrig, inglés herege, corsario que entró á saquear este dicho puerto, quiso quitarla y su veneracion de los ojos y corazon de los fieles, intentando con tenacidad y porfía abrasarla y consumirla, conservándola Nuestro Señor sin lesion para confusion de los enemigos de la Santa Fé, y porque en V. S. reside el sagrado de ella, como Vicario de Nuestro glorioso padre San Pedro, no satisfaciera á mi obligacion **y** obediencia, si como fiel hijo y el más humilde súbdito de V. S., no la pusiera en su santísima mano para que como cabeza de toda la Iglesia tenga noticia y apruebe la calidad de este tesoro con que Nuestro Señor ha enriquecido esta nueva viña suya, á cuya bondad suplica conmigo conserve para su mayor honra y de su Iglesia la vida de V. Santidad, cuya bendicion apostólica (arrojado á sus plantas), imploro humildemente á los 4 de los idus de Mayo de 1613 años.—*Juan*, obispo de Antequera."

El pontífice recibió de rodillas á la Santa Cruz, la besó respetuosamente y recitó el himno *Vexilla regis*, etc. Para perpetuar el culto de la sagrada reliquia, el Sr. Cervantes dotó una fiesta anual que tenia lugar el 14 de Setiembre. ' Además, todos los viérnes de cuaresma se exponia en el

---

1 El Dr. D. Antonio de Cervantes Carbajal, sobrino del obispo, Maestrescuela de la Catedral de Puebla, dotó en esta ciudad con 2,320 pesos un aniversario de la Cruz de Huatulco. (Sedano).

altar mayor de Catedral, tributándosele por el pueblo solemne culto. [1]

Remesal, hablando del Sr. Cervantes, dice, que fundó para sus sobrinos dos grandes mayorazgos; Gil Gonzalez lo contradice afirmando que solo vinculó uno bastante moderado, lo que es verdad, pues la casa situada en la plazuela de Guardiola en México, fué el patrimonio que disfrutaron los herederos del señor obispo. Su devocion á la Santa Cruz fué recompensada en su muerte, que aconteció la víspera de la exaltacion, 13 de Setiembre de 1614. Su cuerpo fué sepultado en Santo Domingo de Oaxaca, y despues trasladado á San Francisco de México, al sepulcro de sus padres. [2]

8.—Le sucedió D. Fr. Bartolomé de Bohorquez. Era mexicano, hijo de D. Gerónimo Bohorquez, oriundo de la Villa de Utrera en Andalucía, descendiente de la casa real de Navarra y de Doña Isabel de Hinojosa. Profesó la religion dominicana en el convento de Santo Domingo de su patria, el 1? de Junio de 1586. En su Orden desempeñó los cargos siguientes: fué lector de filosofía y teología, maestro, rector del colegio de San Luis de Puebla, prior en el convento de Izúcar, provincial de la provincia de Santiago en México y procurador de su Orden en Roma y Madrid. La Universidad de su patria lo contó entre sus

---

[1] Esta institucion del Sr. Cervantes se conserva aún. En órden á las maravillas atribuidas á la Santa Cruz, dice Burgoa: "Poseo una cruz de una astilla y la he dado por mi mano á dos personas lloradas sin esperanza de vida que la recobraron milagrosamente; y se continúan estos socorros con tanta confianza, como si ya los hubiéramos recibido."

[2] Su epitafio dice: "Aquí yaze el Doctor Don Iuan de Cervantes, Tesorero que fué de la Santa Iglesia de Tlascala, y Arcediano de México, Gobernador muchos años de su Arzobispado, Catedrático de Prima de Escritura, Juez ordinario y Calificador del Santo Oficio, Obispo de Guaxaca, Gran Prelado." Gil Gonzalez Dávila. Teat. Eccl.

152

doctores. Estando en España fué nombrado por el rey obispo de Caracas en Venezuela y despues trasladado á Oaxaca, ciudad á que llegó por 1617. Debiendo hablar con alguna extension de su gobierno, referiremos, ántes de hacerlo, el acontecimiento del hallazgo de la imágen de Nuestra Señora de la Soledad.

En un libro manuscrito, perteneciente al archivo de las monicas de Oaxaca, que guardaban los capellanes, y ahora debe parar en poder del ilustrísimo obispo, se lee la siguiente leyenda, que trascribimos como la encontramos impresa hace algunos años:

"Para la Provincia de Guatemala, desde el puerto de Veracruz, caminaba un dueño de recuas; y habiendo hecho ya algunas jornadas, poco antes de la que le faltaba para entrar en esta Cuidad de Oajaca, se le incorporó, sin saber cómo, entre las suyas, una mula que traia sobre sí un cajon atravesado: nadie pudo asegurar dónde habia salido, ni cómo se habia allí introducido. Registróse cuanto alcanzó la vista, y no se vió persona que anduviese buscando dicha mula, ni aun otras cargadas ó descargadas de quienes se presumiese que se habia separado. Continuáronse las jornadas, y el dueño de aquella recua propuso luego hacer manifestacion del hallazgo ante juez competente, por que algun dia no le parase perjuicio. Muy bien lo discurria el buen hombre; mas no sabia lo que tenia Dios dispuesto en aquel caso.

"Proseguia su viaje, entraba ya en esta Ciudad, llegó á la ermita de San Sebastian, y á la puerta principal, como aun hoy se ve contigua al camino real, al llegar enfrente de ella el meztizo bruto se dejó caer con su cajon en el suelo: pensóse que era fatiga y rendimiento al peso que le oprimia; acudieron unos y otros á levantar la mula, que discurrieron cansada, valiéndose de las fuerzas, ardides y diligencias que en tales casos dicta el despecho y la impaciencia de los de aquel egercicio. Todo, empero, fué en vano,

y cansados los sirvientes, hubo el dueño principal de entrar en la Ciudad. Notició á la justicia el caso sobre lo que habia sucedido, pidió se abriese en su presencia el cajon, y lo que en él se hallara que quedara por autoridad suya depositado hasta en tanto qne constase de su legítimo dueño. Pasó á la averiguacion un alcalde ordinario; mandó que descargasen la caja, hízose, y esto bastó para que se levantase la mula, que estaba todavia en el suelo, ya buena y sana al parecer, pero muy á breve rato volvió á caerse muerta. Pareció entonces á todos efecto del trabajo y gran peso de la caja, y abierto el cajon que contenia una hechura de Jesucristo Nuestro Rendentor en que se representaba su gloriosa Resurreccion y una cabeza y manos con rótulo que decia "Nuestra Señora de la Soledad al pié de la Cruz." Y entonces los corazones católicos llamaron hácia sí lo religioso, y conocieron y concibieron no haber sido casual el haberse introducido en las otras aquella mula, el haberse echado con la carga, y en fin, el haberse caido muerta: que esto último, decian, sucedió, porque no querria el cielo sirviese despues á otros usos comunes, animal que sobre sí carga tan soberanas preseas.

"Que no le pertenecia el conocimiento de aquella causa, dijo el alcalde ordinario; que se le cerciorase de todo al Ordinario: hízose así, y mandó el S. obispo sus ministros. Con la relacion que le hicieron, mandó que por cuanto enfrente de aquella Capilla habian parado las dos hechuras, se quedase allí como en depósito la cabeza y manos de la Vírgen de la Soledad, y que á otra ermita que pocos años antes habian erigido nobles Ciudadanos, congregados en hermandad y cofradia, bajo la advocacion de la Santa Veracruz, la cual ermita se le dió el año de 1699 á la estrecha religion de Carmelitas descalzos y les está sirviendo ahora de iglesia: á esta pues mandó el S. Obispo fuese llevada la imágen del Salvador. Ejecutóse, y allí se vé y reverencia esta imágen, y aun el cajon perdura en estos tiempos respetuosamente guardado en la sacristía, sin que se le haya atrevido en tantos años la roedora polilla.

"Así fueron separadas y divididas las dos imágenes, y lo dicho en la forma referida consta de tradicion que hay en toda esta tierra, y en especial se sacó de una carta que se guarda del archivo de este convento, la cual escribió el venerable sacerdote D. Fernando Mendez al Illmo. y Reverendísimo Sr. D. Manuel de Santa Cruz, quien como tan amante de la religion recoleta agustina, ya despues que habia tomado posesion de aquesta casa, quiso tener algun instrumento cuasi auténtico que testificase el caso de haber entrádose, como dicen, por la puerta de la capilla de Señor San Sebastian, la milagrosísima imágen de Nuestra Señora de la Soledad."

Como se ve, la leyenda contenida en las anteriores líneas se apoya, como en su principal fundamento, en tradiciones que se conservan aún en Oaxaca. No se conoce otro orígen á la imágen muy venerada de Nuestra Señora de la Soledad, ni hay necesidad de buscárselo, pues para creer el muy sencillo y natural que refieren las tradiciones, no hay que acudir á milagros inexplicables en el órden comun. La imágen de la Vírgen quedó en la ermita de San Sebastian, que por la devocion que el pueblo cobró á aquella sagrada imágen, perdió su advocacion primitiva. Para el culto de la Santísima Vírgen se estableció una cofradía compuesta de lo más noble de la ciudad, cuyo rector fuese un canónigo, y se designó además un capellan cuyo nombramiento correspondia al cabildo eclesiástico. El domingo de Resurreccion se conducia desde ese tiempo procesionalmente, á las cuatro de la mañana, la imágen de la Santísima Vírgen á la Catedral, verificándose igual cosa con la del Salvador, que á la misma hora era llevada desde su ermita de la Veracruz: despues de una ligera detencion en que se cantaban himnos y otras alabanzas, las dos imágenes volvian á sus santuarios. Esta procesion era muy solemne y concurrida, y duró hasta la época del Illmo. Sr. Sariñana, que la prohibió, temiendo que por la hora en que tenia lugar, fuera ocasion de abusos. Poco despues tuvo principio la costumbre de llevar la primera efigie cada año á la Catedral, en donde permanecia seis meses, con el fin de multiplicar los votos y hacer propicia á la Madre de Dios para que no faltase á su tiempo el beneficio de las aguas.

La otra ermita en que se habia erigido una confraternidad en honor de la Santa Cruz, fué la base ó el cimiento del suntuoso templo que un siglo despues levantaron en el mismo lugar los religiosos carmelitas.

9.—En la parte opuesta, y al sur de la ciudad, comenzaban tambien por este tiempo los franciscanos á edificar casa y templo. Estos frailes, que tanto bien hicieron en la capital de la nacion al principio de la dominacion española, no extendieron por entónces sus beneficios á Oaxaca. Acaso Valencia, con otros, haya hecho algunas correrías hasta Tehuantepec, por 1530, como lo dice Torquemada; [1] pero estos viajes apostólicos fueron de poca duracion ni dejaron huella alguna. El único pueblo en que permanecieron algun tiempo fué Teotitlan del Camino; mas por 1567 desampararon la casa que tenian edificada por escasez de religiosos. Los vecinos no vieron con gusto el cambio de estos frailes por clérigos, y á uno de los primeros que hubieron á las manos tuvieron encerrado y bien custodiado por tres meses dentro de su mismo convento, acudiendo entretanto al virey con súplicas para que volviesen los franciscanos á la administracion de sacramentos; mas no bastaron sus ruegos y los clérigos quedaron con la parroquia. [2] Fué hasta despues cuando algunos de los franciscanos descalzos que pasaban por México á Filipinas y al Japon, para descanso y parada, quisieron

1 Torquemada. Lib. 19, cap. 21.
2 Idem, idem, cap. 9.

tener en aquella capital un convento, desde donde se derramaron á otras provincias, tocando á Oaxaca una casa, que estuvo sujeta primero á la provincia de San Gregorio de Filipinas, pero que despues se erigió en custodia, cuando se constituyó la provincia de San Diego. [1] Fué Fr. Francisco Torantos quien en 1692, siendo obispo el Sr. Ledesma, puso los primeros cimientos del convento y templo que se llamó entónces de San Ildefonso, prevaleciendo despues por la devocion de los fieles el nombre de San Francisco. Uno de los primeros guardianes fué Fr. Cristóbal de Ibarra, que murió en la ciudad de un accidente repentino que le acometió en el momento de terminar la celebracion de la misa.

Habia dirigido la construccion del convento de Santo Domingo el P. Fr. Hernando Cavarcos, natural de Galicia y vecino de Oaxaca, teniente que habia sido, ántes de recibir el hábito, de D. Pedro Fajardo, de los primeros pobladores de la ciudad y alcalde mayor de las cuatro villas del marqués. Cuando por mandato de sus prelados dejó la atencion de Santo Domingo, se consagró á edificar el templo de Santa Catalina, á que él abrió los cimientos, levantó los muros y cerró las claves de sus excelentes bóvedas. A él se debió tambien el insigne retablo del mismo templo, destruido en la reciente exclaustracion. Las monjas se habian multiplicado mucho, pues el pequeño número de fundadoras se habia convertido en más de ochenta monjas, que observaban rigorosamente la disciplina regular.

10.—Entónces florecian en la ciudad santos sacerdotes que cultivaban la virtud en los ejercicios tranquilos de la vida regular, y que repartiendo el tiempo entre la oracion y el estudio de las letras humanas, se formaban sabios en el

1 Torquemada. Lib. 19, c. 19.

retiro del claustro. Fr. Diego de la Vega vivió cuarenta años entre los muros de su convento, sin salir sino una ú otra vez en el año.[1] Escribió un libro intitulado: "Corona de la Princesa de los cielos," que se dió á la prensa. Otro "Union fraternal de las Ordenes franciscana y dominicana:" quedó inédita, lo mismo que la "Vida penitente y ejercicios espirituales de Fr. Lope de Cuellar," que tambien escribió.[2] Fr. Martin Jimenez ilustró en Puebla las cátedras y en Oaxaca administró á los chochos. Era natural de Villa-alta y hermano de otro sabio dominico, Fr. Diego de Acevedo. Compuso en idiomas mixteco y chocho dramas sagrados, dispuestos con bella trama para deleitar, enseñando al mismo tiempo los dogmas católicos: se representaban en las principales festividades, pero nunca se dieron á la prensa. Escribió igualmente un "Curso de artes, ó Filosofía Tomística," que habiendo quedado inédita, pereció en la exclaustracion.[3] Fr. Melchor de San Raimundo poseia exquisita sensibilidad y mucha facilidad para expresar sus pensamientos. Compuso muy bellos versos en zapoteco. Escribió, además, en verso zapoteco y en tres jornadas, la "Vida y martirio de Santa Catalina." Fr. Antonio Pozo, vicario de Nejapam, y despues prior de Villa-alta, fué autor de una obra que cuando se dió á la prensa, fué recibida con aprecio y recomendada por la Universidad de Salamanca: tenia por título: "Decision de cuestiones regulares."[4] Escribió, además,

---

[1] Burgoa. Palest. Ind.

[2] Así Burgoa como Beristain en su Bibliot. Hisp. Americ., hablan de los escritores aquí mencionados.

[3] Parece increible que en nombre de la ilustracion hubiese sido destrozada la riquísima biblioteca de Santo Domingo, que tantos libros inéditos y tantos preciosos documentos de la antigüedad contenia; pero es un hecho incontestable. Aun pudiera repararse en parte la pérdida sufrida, recogiéndose los manuscritos que resten en manos de particulares.

[4] Remes. Lib. 10, cap. 15. Tal vez sea la misma que le atribuye Beristain con el título de *Monastica Theologia*.

"Sermon en elogio de San Juan Evangelista," "Arte de la lengua zapoteca," "De Authoritate Vicariorum et Parochorum Novæ Hispaniæ." Murió en Santa Ana Sagache el 22 de Abril de 1623.[1] Fr. Martin de Requena, español, profesó en Oaxaca en 1598: tuvo fama de muy docto. Cuando el Sr. Bohorquez fué electo obispo no pudiendo luego tomar por sí las riendas del gobierno, señaló á este religioso su gobernador, cargo que desempeñó satisfactoriamente. Dejó inéditos varios opúsculos, y dió á la prensa un libro intitulado "Exequias del Sr. Felipe III, Rey de las Españas, celebradas en Oaxaca."[2] El P. Saravia, de quien ya hemos hablado, escribió la "Relacion del natural, condicion y costumbres, conversion y reduccion de los indios chinantecos."—"Catecismo Chinanteca."—Gran Homiliario chinanteca." Dos de estas obras permanecian inéditas en el convento de Santo Domingo de Oaxaca. Fr. Cristóbal Chavez Castillejos, español de orígen, tomó el hábito de dominico en Oaxaca en 1601: fué muy erudito en las letras sagradas y perfecto conocedor del idioma, costumbres y tradiciones de los mixtecas á cuya enseñanza se dedicó. Para escribir la crónica de su provincia registró todos los archivos, y coordinando sus apuntes, formó dos tomos en folio, que no pudiendo darse á luz en México por el costo excesivo de la imprenta, fueron conducidos por su autor á España, en donde tampoco se imprimieron por haber muerto ántes Fr. Cristóbal. En la Biblioteca de dominicos de Oaxaca existia un ejemplar con el título "Historia de Oaxaca." Se perdió en tiempo de la reforma, lo mismo que otra obra del mismo autor "De las primeras colonias de los indios y del orígen de los indios;" imprimiéndose solamente un "Sermon apologético en la fiesta

---

[1] Remesal. Tom. 3, pág. 18.
[2] Beristain. Biblioteca hispano americana, t. 2, pág. 500.

que la Mixteca consagró en Yanhuitlan á su patron, etc. [1]
El P. Fr. Alonso Vaillo, primer provincial de Oaxaca, en
donde murió á los 112 años de edad, el año de 1615, escribió la "Vida de los insignes religiosos predicadores de
la provincia de Oaxaca," MS. que ayudó mucho á Remesal para escribir su historia. [2]

Fr. Juan Mijangos, natural de Oaxaca, religioso agustino, aventajado maestro de filosofía y teología, doctor de la
Universidad de México, escribió: "Espejo divino, que deben consultar los padres para la instruccion de sus hijos."
—"Sermonario dominical y santoral," impreso en México.
Fr. Pedro de la Cueva, oaxaqueño, escribió: "Arte de gramática de la lengua zapoteca." Fr. Alvaro Grijalva, escribió:
"Maravillas del Rosario:" quedó inédita. [3] El religioso Grijelmo, de quien ya se habló ántes, escribió: "Sermones en
lengua zapoteca" y sesenta y siete textos de la Sagrada
Escritura, explicados.

Entre los talentos notables sobresalió por este tiempo
el de un indio de Zoapeche, llamado Juan Matias, cuya
natural aptitud para la música y el canto lo hicieron, á los
muy pocos años de su edad, objeto de general admiracion.
Componia con buen gusto, correccion y extraordinaria facilidad y tocaba con singular destreza toda suerte de instrumentos. Un vecino rico quiso á su costa llevarlo á España y presentarlo al rey, lo que no se verificó por falta de
navío. Habiéndose vuelto de Veracruz por esta causa, fué
nombrado en la Catedral de Oaxaca, maestro de capilla,
en cuyo destino perseveró quince años, enseñando muchos
discípulos y escribiendo, para uso de aquella iglesia, muchos libros de música. Probablemente salieron de su mano los hermosos libros corales de Catedral, en uso todavía,

1 Vease á Burgoa, Beristain y Carriedo.
2 Beristain, t. 3, pág. 240.
3 Se perdió con la Biblioteca de Santo Domingo.

y que segun dicen los historiadores, costaron al Illmo. Sr. Bohorquez cinco mil pesos. Juan Matías, dice Burgoa, que redujo el canto de órgano á un círculo armónico admirable.

11.—Por haber comenzado á darse culto en este tiempo á la Vírgen de Juquila, se hace necesario tejer su historia, de bastante interes para el pueblo oaxaqueño. Con el nombre de Juquila se conoce una pequeña imágen de la Madre de Dios, generalmente venerada y visitada desde entónces año por año por miles de devotos. Tiene una tercia de vara y el grueso de dos dedos de alto y viste una túnica sobre la que cae el manto que se desprende de los hombros y se tercia airosamente bajo el brazo inquierdo. El cabello se extiende sobre el ropaje, las manos están unidas ante el pecho y los ojos modestamente inclinados. Perteneció primeramente á Fr. Jordan de Santa Catalina, pasando luego, por donacion de este religioso, al poder de un indio natural de Amialtepec, piadoso y gran devoto de María. Los vecinos de Amialtepec, á donde la llevó su nuevo dueño, cobraron á la imágen singular afecto, visitándola con frecuencia é invocándola en sus necesidades. Sin duda aquellas preces fueron bien acogidas por la Reina de los cielos, pues se contaban maravillas obradas por su intercesion, y tanto, que pronto la fama voló por los pueblos circunvecinos y aun llegó á lugares distantes, de donde partian devotos peregrinos para visitar el jacal de Amialtepec que guardaba la Santa Imágen. La noticia de tales acontecimientos llegó al cura del lugar, D. Jacinto Escudero, arcediano despues de Guadalajara, persona instruida y sensata, quien, para evitar abusos, fáciles de cometer con pretexto de devocion en una casa privada, léjos de la vigilancia de los sacerdotes, venciendo la resistencia del propietario de la sagrada estatua, la trasladó al templo. Allí la devocion creció y los peregrinos aumentaron considerablemente.

Corria el año de 1633. Cuando llegó el invierno, los indios pusieron fuego á la hierba seca del monte, como es costumbre entre ellos, para lograr en la primavera pasto verde para los ganados. Esta vez el fuego cundió rápidamente, y ayudado del viento, muy en breve hizo presa de los jacales de Amialtepec. Los habitantes huyeron, y desde un creston cercano de su montaña vieron sus casas devoradas por las llamas, y el templo mismo en que estaba la imágen de la Vírgen hecho pábulo del voraz incendio: templo y casas desaparecieron. Pasado el peligro, y repuestos los indios del susto, al volver sobre el ennegrecido suelo para recoger lo que de sus casas hubiese perdonado el fuego, vieron con sorpresa que el templo era, en efecto, un monton de cenizas, pero que sobre éstas quedaba entera, con sus vestidos intactos, aunque ligeramente ahumada, la estatua de María.

De este acontecimiento quedó memoria en un cuadro que el Dr. D. Manuel Ruiz y Cervantes asegura haber visto, en que estaba pintado el incendio con esta inscripcion: "Milagrosa imágen de Nuestra Señora de Amialtepec, en donde quemándose toda la iglesia y el altar en que estaba colocada, pasado el incendio, se halló sobre las cenizas del templo, sin quemarse ni aun el vestido." El P. maestro Fr. Nicolás Arrazola, persona docta, que escribió sobre el caso, dice que el hecho está autenticado, y en comprobacion de él cita á los párrocos de aquel lugar, Escudero, ya mencionado, y Casaus, que fué despues penitenciario de Oaxaca; á los Sres. Patricio Carmona, José Santos Ofendí y Antonio Ayuro, recomendable por su buen juicio y acertado criterio, y en fin, el acuerdo y uniformidad de cuantos presenciaron el acontecimiento, que unánimes lo expusieron como se ha referido, bajo la fé del juramento, en el expediente que se instruyó al efecto, como consta en documentos antiguos que el mismo Arrazola leyó y tuvo en su poder.

Se puede dar, en efecto, por inconcuso el hecho de ha-

berse conservado incombusta la estatua de la Santísima Vírgen, sin que por eso sea necesario para explicarlo acudir á
milagros que no se deben aceptar sino cuando son tan in-
controvertibles como los que autoriza la Iglesia con su aprobacion. Lo que no es dudoso es que aquel suceso causó
viva sensacion en Oaxaca, cooperando en buena parte á
conmover los ánimos el párroco Escudero con sus consultas dirigidas á las personas más caracterizadas y doctas de
la ciudad. Muchos de los vecinos de ésta, de los pueblos
inmediatos y aun de las más lejanas montañas de Oaxaca,
desde luego se pusieron en marcha hácia el pueblo de Amialtepec, resueltos á ver por sí mismos las señales del prodigio
que se contaba. No deben haberse arrepentido de su viaje,
pues desde entónces comenzó, para continuar hasta nuestros dias, la anual peregrinacion de los oaxaqueños, que
desde fines de Noviembre salen de todas partes, á millares,
dirigiendo sus pasos al pueblo de Juquila, llevando en su
corazon la segura confianza de que sus males desaparecerán
en la presencia de la Sagrada Imágen. Aún trataremos más
adelante de este asunto.

CAPITULO VIII
DISIDENCIAS.

1. Poblacion en 1620.—2. Descripcion de la ciudad y del valle.—3. Parroquia de oaxaqueños en México.—4. Paz.—5. Primeros gérmenes de division.—6. El ayuntamiento y los dominicos.—7. Diferencias con el Ilustrísimo Bohorquez.—8. Lope de Cuellar.—9. Otros santos frailes.—10. Fr. Francisco Moreno.—11. Diversos acontecimientos.

1.—La poblacion de la ciudad iba creciendo lentamente. Antes de bajar al sepulcro, los fundadores de Antequera habian dado vida á una generacion más numerosa de criollos y mestizos, á los que sucesivameute se fueron agregando peninsulares que llegaban á establecerse en Oaxaca para disfrutar mercedes de terrenos ó para desempeñar alcaldías, corregimientos y otros cargos, ó para buscar fortuna en el comercio y el trabajo. Avecindados todos en la ciudad, por medio de alianzas matrimoniales podian multiplicarse sin obstáculo, pues las guerras habian cesado, no les alcanzaban las pestes que diezmaron á los indios, ni resentian otra alguna causa de despoblacion. Por falta de datos, no es fácil, sin embargo, saber con exactitud el número de vecinos de Oaxaca en aquel tiempo. Chilton,[1] viajero in-

---

[1] Relacion de su viaje publicado por el Sr. Icazbalceta, en el tom. 1, pág. 449, segunda época, del Boletin de la Sociedad de Geografía y Estadística.

glés, que pasó por Oaxaca en 1570, le da solamente "cincuenta vecinos españoles y muchos indios." No debe haber estado muy de paso en la ciudad, pues en 1579 le tocó perder parte de sus intereses en el saqueo de Huatulco por Francisco Drak; y sin embargo, su noticia no es exacta, pues Oaxaca era reputada entónces la segunda ó á lo sumo la tercera ciudad de españoles de la Nueva España. Unos piratas ingleses cogidos en las costas de México y llevados en la escuadrilla destinada á perseguir al célebre corsario Drak para servir de intérpretes en caso necesario, habiendo pasado por Oaxaca despues de aquella infructuosa expedicion, pudieron observar el estado que guardaba; mas en la relacion de su viaje que publicó uno de ellos, nada dicen de la poblacion, limitándose á referir, sin pormenores, que caminaron por "la ciudad de Toatepec" (*Tehuantepec*), y luego por "Xashaca" (*Oaxaca*), [1] En la narracion del viaje á Guatemala del comisario Fr. Alonso Ponce, se lee únicamente que era "Guaxaca la segunda poblazon de españoles en la Nueva España; todas las casas eran de adove cubiertas de teja, y *hay en ella gran vecindad*, toda es gente muy devota de nuestro estado." [2] Perez de Rivas, en su "Historia de la Compañía," [3] y refiriéndose al fin de ese siglo y al principio del siguiente, asigna á la ciudad quinientos vecinos. Juan Diez de la Calle, [4] cincuenta años despues (en 1646) solo aumenta cien á los quinientos vecinos que señala Rivas. Como estos dos últimos autores escribieron fundados en mejores datos, podria desde luego aceptarse el número que indican; pero difieren notablemente del que señalan otros autores. Tomás Gage, [5] refiriéndo-

---

1 Boletin de la Sociedad de Geog. y Estadíst. Epoc. 2, tom. 2, pág. 8.
2 Relacion breve y verdadera, etc. Tom. 1, pág. 276.
3 MS. Tom. 1. lib. 3, cap. 25. fol. 116.
4 Memorial y noticias sacras. Fol. 79.
5 Nueva relacion que contiene los viajes de Tomás Gage. T. 1, p. 280.

se al año 1626, dice que "el vecindario de Guajaca apenas llegaria á dos mil personas." Como Burgoa, que por ser oaxaqueño y haber nacido en ese tiempo es el más digno de crédito en este punto indica esta última cifra, juzgamos que no se debe buscar otra, bien que comprendiendo en ella no solo á los nativos de España sino tambien á los españoles criollos y á los mestizos. Fácil fuera obtener la poblacion si se contase con el archivo parroquial; mas habiendo perecido los libros de ese tiempo en un incendio, segun se dice, hay que pedir á los viajeros lo que no pueden dar los anales de Oaxaca. Los asientos ordenados de muertos y nacidos comienzan en el Sagrario de la ciudad en el año de 1652, y de ellos, por un cálculo aproximado, se puede deducir la poblacion indicada por Burgoa.

· 2.—Tomás Gage, que acabamos de citar, describe en estos términos la ciudad y el valle de Oaxaca: "Guaxaca, cabeza del obispado de su nombre, aunque no de grande estension, es pueblo muy lindo y muy alegre. Es, como todas las demas de América, esceptuadas las plazas marítimas, ciudad abierta y sin murallas, baluartes, ciudadela, artillería ni municiones para defenderla. Está gobernada por un alcalde mayor, cuya jurisdiccion se estiende mas allá del Valle hasta Nejapa, y casi hasta Tecoantepec, que es un puerto sobre la mar del Sur."

"El Valle tendrá unas quince millas de largo y diez de ancho, y lo riega un rio muy abundante de pesca que pasa por medio." [1]

"Cúbrenlo muchos rebaños y vacadas, y proveé de lanas las fábricas de paño de Puebla de los Angeles, de cueros á

---

[1] Todos los oaxaqueños saben que el Atoyac no tiene pescados mayores de una pulgada, y que aun éstos son escasos: no es esta la única inexactitud de Gage. Aceptamos su descripcion solo en cuanto se conforma con las de Florencia y otros autores de nota.

los mercaderes de España, de carnes á la Ciudad de Guajaca y todas las demas del contorno estremadamente ricas, y mantiene muchos conventos de religiosos, y muchas iglesias con sus ornamentos."

"Pero lo que mas nombre da al Valle de Guaxaca, son los buenos caballos que en él se crian, y que se consideran como los mejores del pais."

"Tambien hay haciendas en que se cultiva la caña de azúcar; y como á esa ventaja se reune la de sus abundantes y buenas frutas, la Ciudad de Guajaca tiene la fama de fabricar las mejores confituras y dulces de toda la América."

"Se cuentan dentro de la poblacion seis conventos entre los de los frailes y los de las monjas, que son muy ricos; pero el de la Orden de Santo Domingo lo es mas que todos los otros, porque su tesoro vale mas de tres millones, siendo la iglesia el edificio mejor y mas hermoso de toda la comarca. La obra se acabó estando yo allí, y las paredes de piedra son tan gruesas que yo mismo he visto andar por encima las carretas cargadas de piedras y otros materiales."

"Los dos conventos de monjas de Guaxaca son nombrados por la habilidad de las religiosas para las dos clases de bebidas que hacen en aquellos países, y son el chocolate y los atoles, que se parecen á la leche de almendras de Europa, annque mucho más espesas."

"Para no hablar más de Guaxaca, solo diré que su aire es tan templado, tanta su abundancia de todas las cosas necesarias á la vida, y tal y tan cómodo su asiento entre ambos mares del Norte y del Sur, teniendo á un lado San Juan de Ulua y al otro Tecoantepec, pequeño puerto sin fortificacion, que no hay parage alguno en toda la América donde yo hubiera deseado mas establecer mi morada que en esta ciudad."

El P. Florencia no difiere mucho en su descripcion de Oaxaca de la que hace Tomás Gage: "Es Guaxaca, di-

ce,¹ una de las más populosas y bien fundadas ciudades de la Nueva España. Con la riqueza grande de la grana, que despues del oro y de la plata es en la Nueva España el género mas precioso y de que abunda en extremo el valle, y otros géneros que hacen muy acreditado el trato y comercio desta ciudad, ha crecido tanto, que despues de México y la Puebla tiene el tercer lugar en la Nueva España. Las calles iguales, desahogadas y tiradas á cordel, lindas casas y una plaza principal con sus portales, casas de cavildo muy bien labradas, la Cathedral á un lado, de grande y capaz arquitectura. El temple es bueno, ni frio ni caliente, la abundancia del valle, de que se provee y abasta la ciudad, es muy grande. El regalo de frutas, carne, peces, dulces de todos géneros, y lo demas, no solo para el sustento, sino para las delicias de la vida humana, es excesivo. Hácese el mejor y mas sazonado chocolate de toda la Nueva España y del primor del que se llama todo el que va della á España de "Guaxaca" por las ventajas que haze el que allá se labra. No solo es sobrada esta ciudad por los frutos que da en abundancia, sino por lo que le viene del Peru por Teguantepec y Aguatulco y se tragina á ella de vino, aceyte y aceytunas, cacao de Guayaquil y plata, y por lo que de Veracruz se trasporta en quantiosas conducciones de lo bueno que viene de Europa en las flotas."

Oaxaca se movia con la vida de los pueblos que entran en el camino de la prosperidad. Para enriquecerse en un comercio activo contaba con la ventaja de su posicion en medio de los dos mares y casi en medio de las dos Américas. Por sus puertos de Huatulco y Tehuantepec se comunicaba con Guatemala y el Perú; enviaba su grana y sus frutos por Veracruz á España, y recibia en compensacion ricas mercaderías de Europa. Siguiendo aquella carrera,

---

¹ P. Florencia. Lib. 4º, cap. 8.

Oaxaca debería llegar á la opulencia en el siguiente siglo para empobrecer brevemente en nuestros dias. Favorecia la circulacion del animado, aunque naciente comercio de aquel tiempo, una virtud eminentemente social, cultivada con esmero por los oaxaqueños y que no ha desaparecido completamente: la hospitalidad. Los mesones y hospederías son allí de fecha muy reciente. En los caminos habia parajes destinados á la remuda de las caballerías que usaban los correos y los viajeros. En las casas comunales de cada pueblo podian éstos hospedarse, siendo en tal caso atendidos gratuitamente ó con gastos moderados por los ministros de las respectivas repúblicas. Pero todo pasajero podia estar seguro de ser bien recibido á donde quiera que llegase, de tener por suyas todas las casas oaxaqueñas y de no encontrar tal vez uno solo que no estuviese dispuesto á dividir con él su mesa. A esta recomendacion reunian los oaxaqueños ingénua sencillez, constante buena fé, lealtad incontrastable y cierta igualdad que aproximaba las clases sociales, haciendo de todas una sola familia. La fama de México y de Puebla, ciudades mayores sin duda que Oaxaca, atraia á la mayor parte de los extranjeros que tomaban puerto en Veracruz; pero los que solian dirigirse por cualquier motivo al valle de Antequera, por lo comun no resistian los encantos de una sociedad rica, amable y quieta, fijaban allí su residencia y contribuian al aumento de la poblacion.

3.—Por otra parte, los mixtecas habian manifestado instintos comerciales que, desarrollados con el tiempo, produjeron todo su resultado. Los españoles se establecieron entre ellos; de modo que si se hace excepcion de los pueblos montañeses, en los demás la raza pura indígena desapareció. Gran número de indios se dieron á viajar, en términos de quedar sus pueblos despoblados, como ya se notó de Nochistlan. En México habia tanto número de mixtecas, zapotecas y otros de Oaxaca, que fué necesario constituir especial parroquia para ellos. Desde 1610, con beneplácito del arzobispo, se habian reunido en la capilla del Rosario, situada entre las del Señor de la Espiracion y de la Tercera órden de Santo Domingo, bajo la direccion de los religiosos de este hábito. Por alguna competencia suscitada entre los párrocos de la capital, sobre la administracion de sacramentos á estos indios, fué necesario el despacho de Real Cédula (9 de Junio de 1623), prescribiendo á la Real Audiencia y al virey la proteccion del órden establecido entre ellos y la conservacion de la parroquia oaxaqueña de Santo Domingo. Los agustinos y franciscanos, curas doctrineros de San Sebastian y Santa María, reclamaron que los zapotecas y mixtecas residentes en México vivian en territorio sujeto á su jurisdiccion; mas el rey dió sobrecarta á la cédula mencionada, el 10 de Junio de 1672, mandando fuesen amparados en su capilla del Rosario; y como el litigio continuase, se despachó segunda sobrecarta (19 de Noviembre de 1676), mandando que el ministro doctrinero dominico "se propusiere al virey como vicepatrono, y recibiese colacion canónica del señor arzobispo, para que administrara en todas las partes y territorios donde los mixtecas, zapotecas y vagos tuviesen habitacion, y para que el Juéves Santo cumpliesen con el precepto de la Iglesia en su capilla del Rosario." [1] La capilla del Rosario fué demolida en 1756.

4.—La regularidad, el órden y la paz eran los elementos en medio de los cuales se desarrollaba la sociedad oaxaqueña: tal vez haya sido aquella su más feliz época. No hablaria con exactitud el que dijese que semejante bienestar se debia á la nacion española. España, como todos los pueblos, abrigaba entónces en su seno individualidades de vária condicion y de inclinaciones encontradas, ni dejaban de fermen-

---

[1] Noticias de México, recogidas por D. Francisco Sedano. Tom 2º, pág. 43.

tar en el corazon de sus hombres malas pasiones y desoladores designios. Sin duda no eran los más aptos para hacer la pública felicidad los que aperreaban á los indios y saqueaban los sepulcros de sus padres; pero con ellos habian andado mezclados otros, españoles tambien, de pensamientos elevados y nobles sentimientos, quienes haciéndose superiores á los intereses de sus compatricios y á los alcances de su siglo, aun á riesgo de pugnar abiertamente con su patria, tomaron á su cargo eficazmente la defensa del oprimido: esos españoles recibian sus inspiraciones inmediatamente del catolicismo: eran sacerdotes. Ciertamente, si la gloria de un hombre ha de refluir en honra de su patria, ninguno ha honrado más á España que Las Casas.

Un siglo de trabajos habia sido necesario para dar á los pueblos de Oaxaca la nueva organizacion que tenian y en que casi descansaban. Por una parte la fuerza de la nacion invasora predominaba sobre los derechos de los pueblos vencidos: los indios llevaban con tranquilidad el yugo del gobierno español sin rebelarse, sin quejarse. Por otra parte, las persuasiones de los dominicos habian logrado extender por todas partes la religion de Jesucristo: quedaban idólatras, pero eran pocos y estaban retirados en lo más áspero de las montañas. Las diversas naciones que ántes ocupaban el país, distribuidas en innumerables pueblos, vivian pacíficamente, obedeciendo el impulso que les imprimia el gobierno establecido, si no de corazon, por lo ménos cuanto era bastante para no perturbar el órden público. Realmente las leyes civiles solo alcanzaron á los mixtecas por el concurso de españoles que vivian entre ellos á causa del activo y ventajoso comercio que se habia desarrollado entre ellos; otro tanto aconteció en los pueblos cercanos á la ciudad, por su misma inmediacion al centro del gobierno; más los pueblos de la Sierra, salvando las apariencias de la ley y obedeciendo ostensiblemente á las autoridades, se regian, principalmente en su interior economía, por sus tradiciones y costumbres, y por el consejo de sus ancianos, respetados y obedecidos por ellos ciegamente hasta hoy.

La religion habia penetrado más hondamente que las leyes en el corazon de los indios. Habian presenciado éstos los inmensos sacrificios de aquellos buenos frailes que abandonaran patria, comodidades y esperanzas por enseñarles la divina fé; testigos eran de su virtud extraordinaria; experimentaban la sabiduría de sus consejos y la tierna solicitud que los animaba por su bien; á su lado vivian, los amaban y ni la menor desconfianza abrigaban de su desinteresado afecto paternal. Los más habian abrazado la nueva religion con sinceridad, por conviccion, sin ser compelidos por la fuerza; algunos otros habian aparentado cambiar de creencias, manteniéndose en el corazon idólatras; mas éstos habian muerto, dando lugar á otra generacion educada desde la infancia en el catolicismo. Así, pues, vivian sometidos con gusto á la direccion de sus curas, que generalmente merecian la confianza de sus feligreses.

5.—Debajo de aquella paz, y encubierta por los filantrópicos sentimientos de los frailes, la discordia encontró camino para depositar sus gérmenes venenosos en el corazon mismo de su virtuosa comunidad. Hemos dicho, y es necesario repetir ahora, que el deseo más ardiente de los dominicos habia sido la salvacion eterna de los indios; pero tal deseo no podia vivir sin que al mismo tiempo los frailes amaran y favorecieran con todas sus fuerzas á los indios. Ese amor, que en los religiosos se habia nutrido al calor de la caridad cristiana, era un sentimiento natural en los criollos y mestizos, nuevo elemento que, al combinarse con los demás que constituian á la sociedad oaxaqueña, notablemente la modificaba. Habia, pues, un grupo formado principalmente por los nativos de la tierra, que se inspiraba en las tradicionales enseñanzas de los dominicos, que se distinguia por su amor al país en que vivian, cuyo bienestar, prosperidad y gloria deseaban empeñosamente, y al que daban inmensa preferencia sobre todo lo que no era precisamente oaxaqueño. Se sustentaba este partido sobre la doble base de la naturaleza y la religion, y se adheria tanto más fuertemente á él el corazon, cuanto con más esmero cultivaba la piedad y la virtud, puesto que ésta se formaba entre las manos de los dominicos. Pero contínuamente iban llegando á Oaxaca comerciantes ó empleados, oriundos de España, que obligados por el interes ó el deber á permanecer léjos de su patria, no por eso renunciaban á su amor y á sus recuerdos. Vivian éstos con desabrimiento y cansancio en Oaxaca, que á su ver no era sino un pálido reflejo de su hermosa Castilla en que todo era bello, todo muy bueno y grande. Tal sentimiento era tambien natural, ni podia ser combatido legítimamente. Este partido era el ménos numeroso, pero el más fuerte como representante de la nacion vencedora. Si pues abiertamente, y con las armas en la mano, no se combatian oaxaqueños con oaxaqueños, en el fondo los ánimos estaban separados por una línea que, como trazada por la naturaleza misma, no es de extrañarse que hubiese recorrido toda la nacion, separando mexicanos de mexicanos. Existian, pues, ya los gérmenes que deberian fermentar en secreto dos siglos, producir la sangrienta guerra de Independencia, y en nuestros dias mantener á los mexicanos divididos en dos bandos, que aún se caracterizan perfectamente, el uno por su amor, el otro por su odio al extranjerismo. [1]

Penetró esta division en los claustros. A Santo Domingo llegaban con frecuencia frailes del otro lado del mar, que si bien mostraban no vulgares virtudes, no estaban á la al-

---

[1] No es, ni puede ser España el objeto de los suspiros de algunos mexicanos; pero es tan pronunciada la preferencia que dan á la extranjería, como marcado el menosprecio por nuestras costumbres é instituciones.

tura de los héroes de santidad que les habian precedido, cargando consigo su orgullo de españoles, sus deseos de preferencia y de mando, y alguna mal disimulada ambicion de dinero ó de honor. Semejantes tendencias, pugnando con las ideas recibidas y dominantes entre los frailes antiguos, no podian ménos de producir desunion de voluntades, recíproca aversion y un fatal encono que se arraigaba cada dia más en los espíritus. Unos y otros se hacian una guerra sorda. Tomás Gage dice que los dominicos oaxaqueños se permitian contra los españoles punibles excesos;[1] y si bien tal autor, por su mala nota, no merece fé, cierto es que habian surgido entre unos y otros divergencias y oposiciones, pues Burgoa refiere que por extinguirlas trabajó activamente Fr. Martin Jimenez, y que con el mismo fin se determinó en el capítulo celebrado en 1611, que los provinciales fuesen alternativamente españoles ó criollos, á condicion sin embargo de que los primeros hubiesen morado siquiera dos años en Oaxaca.

[1] Refiere que habiendo muerto un religioso español, "doctor en teología, respetado por su saber como el oráculo de toda la provincia," los criollos "escudriñaron todos los rincones de su celda," y habiendo descubierto "en un arca un poco de dinero que no habia declarado á su prior," lo sepultaron como excomulgado y "con mengua de su fama, en un hoyo que hicieron abrir en la huerta." Como muestra de las inexactitudes ó mentiras de Tomás Gage, citaremos la noticia que da de que "á muy corta distancia" de la ciudad de Oaxaca pasa el rio Alvarado, subiendo los barcos de San Juan de Ulúa nada ménos que hasta San Ildefonso Villa-alta. Cuenta que disgustado de la conducta de los criollos, salió de Oaxaca con direccion á Chiapa, alcanzando al fin de la primera jornada á "Antequera, gran villa de indios," lo que se hará incomprensible á los oaxaqueños, qué saben que Oaxaca y Antequera son una misma cosa. Tomás Gage, deseoso de enriquecer, tomó el hábito dominicano y viajó por América. Despues de algunos años regresó á Europa y en Inglaterra apostató de la fé católica. Vease su biografía en el Diccionario de Historia y Geografía.

6.—Era tiempo este en que los dominicos empezaban á sufrir los azares de la adversidad. Por el año de 1633 el ayuntamiento disputó á Santo Domingo los títulos con que disfrutaba una merced considerable de agua. Cuando los frailes trataron de edificar este convento, compraron uno ó dos solares á personas particulares, y el ayuntamiento les hizo donacion de los demás que necesitaban hasta el número de veinticuatro, que hacian seis cuadros de los ordinarios que tiene la ciudad, agregándoles la merced de cinco cuartillos de agua, además de tres que desde ántes tomaban de la caja para el convento de San Pablo; mas todo á condicion de que el edificio de Santo Domingo quedase acabado dentro del plazo de veinte años que les dieron. Los dominicos tomaron posesion de los solares y del agua y abrieron los cimientos del convento; mas por dificultades que sobrevinieron, la obra no se continuó. Espiró el plazo señalado, y por el año de 1572, el ayuntamiento quiso recobrar los solares, de que solo habia hecho donacion condicional. Los dominicos se creyeron lastimados en sus derechos, nombraron juez conservador que los defendiese y le pidieron que con censuras compeliese á los regidores á respetar sus propiedades en virtud de bulas y privilegios que afirmaban tener. El procurador mayor de la ciudad pidió que se impidiese la obra de Santo Domingo, pues se estaba edificando sin licencia ni facultad conforme á las leyes y capítulos de corregidores, además de que habiendo espirado el plazo que se les habia dado para construir, ningun derecho podian alegar ya en su favor, advirtiendo que los cinco cuartillos de agua no se les podia conceder sin perjuicio de la poblacion, por ser poca la que llegaba á la ciudad por no tener sólido acueducto, y que por lo mismo, si ántes se les habia hecho merced de aquella cantidad de agua, pedia en nombre de la ciudad restitucion y que la tal merced se diese por nula y de ningun valor.

Iba adquiriendo el pleito serio aspecto y acaso al fin no

se hubiera podido fabricar Santo Domingo; pero los frailes tenian no pocos motivos de agradecimiento al municipio, cuyos miembros á su vez habian sido constantemente adictos á los frailes, por lo que, cediendo cada parte algo de sus pretensiones, el litigio acabó. Además de los tres cuartillos de agua de que disfrutaban sin oposicion, los munícipes concedieron á los frailes otros dos para que perpétuamente los gozasen, á condicion de que ayudasen con $ 300 al costo de $ 1,850 que tendria el encañamiento del agua, segun contrato celebrado con Justo de Alcántara y Justo de la Vega, canteros encargados de la obra. Hicieron además nueva donacion de los solares, á condicion de que la mayor parte del convento se tendria concluida dentro de treinta años, plazo que nuevamente señalaron. Dijeron que lo hacian "por conservar el amor y la voluntad que tenian á los religiosos de la dicha Orden y casa, y atento á que han sido y son los que en esta ciudad han predicado y predican el Evangelio, y de ellos han tenido y tienen ejemplo y doctrina,"[1] comprometiendo para afianzar perpétuamente lo concertado sus propios y rentas "para siempre." Cumplieron los dominicos las condiciones impuestas: ayudaron con mucho más de lo pactado á la construccion del caño de agua; edificaron su convento en el tiempo señalado y lo poseyeron pacíficamente hasta 1633 en que por algunas dudas que surgieron hubo necesidad de revisar y reconocer los títulos. El alcalde ordinario y juez comisario del cabildo, que era entónces el capitan D. Diego de Loayza y Paz, dejó intactos los derechos y posesion de los dominicos, ni volvió á removerse esta cuestion.

[1] Así lo dice un testimonio auténtico de la transaccion celebrada entónces, perteneciente al antiguo archivo de Santo Domingo, que pára en mi poder: lo firman: Francisco de Montealegre, Justo Gomez Sorita, alcalde ordinario; Bartolomé Sanchez, Luis Aguilar, Gaspar de Vargas, Francisco Alavez Avendaño, Juan de Salinas, Pedro Gutierrez Villardiga, escribano público.

7.—No eran estas solas diferencias las que minaban sordamente la autoridad y el prestigio de los dominicos; otra más grave habia comenzado pocos años ántes con admiracion y escándalo del pueblo, poniéndolos en lucha abierta con el Illmo. Bohorquez. Cierto era que cuanto bueno existia en Oaxaca hasta el año de 1627 era obra de estos religiosos. Ellos habian recorrido el país en todas direcciones, penetrando en el corazon de las tribus ménos accesibles, predicando el Evangelio á los infieles más indóciles, domando con su palabra suave á los más resistentes y tenaces, reduciéndolos á pueblos, enseñándoles algunas artes, abriendo los caminos y levantando por donde quiera suntuosos edificios que son aún la admiracion de los viajeros; con sus virtudes heróicas y sus benéficas obras se habian conciliado la veneracion y el amor general del pueblo, especialmente de los indios, que los tenian por padres y los miraban como generosos protectores; su autoridad era grande y su influencia poderosa; mas el ejercicio de todo poder produce rencores y da lugar á rivalidades que detienen ó embarazan su accion, que debilitan la autoridad y muchas veces logran destruirla, como aconteció esta vez con los dominicos.

Por una parte, las autoridades civiles estaban mal satisfechas con el uso de su propia autoridad, que cada dia los frailes procuraban reducir á más estrechos límites. No eran tan prontos en permitirse una demasía, como los sacerdotes en levantar reclamos y llevar hasta el pié del trono sus clamores: sus actos más inofensivos eran acremente censurados, y sus más justos mandamientos préviamente sujetos á la revision y á las observaciones de los dominicos, pues realmente, no eran aquellos obedecidos sino mediante el consejo de éstos. Así, los alcaldes y corregidores vivian en una especie de tutela que no pudiendo sacudir, sufrian con resignacion forzada, haciéndola objeto de sus quejas á las audiencias y vireyes. Por otra parte, los obispos creian

mermado su poder espiritual por las exenciones de aquellos religiosos, que resguardados con sus privilegios, se ponian frecuentemente fuera de su alcance. Los primeros obispos habian visto en los frailes unos activos cooperadores de sus trabajos apostólicos; pero los últimos querian jurisdiccion más completa y amplia, sin rémoras ni trabas. Las quejas de unos y otros deben haber llegado á los reyes católicos, pues tiempo hacia manifestaban inclinacion á deprimir el poder de los monjes, engrandeciendo la autoridad de los obispos y de los oficiales reales.

Para conseguir esto, el camino era bastante llano: separar á los frailes del lado de los indios y obligarlos á la vida claustral de su instituto. "Los buenos efectos, decia el marqués de Montes Claros al rey de España, que las religiones han hecho en la doctrina espiritual de los indios de que V. M. ha sido informado tantas veces, me excusa de representar la importancia de su conservacion por todo el tiempo que no se hallare número suficiente de clérigos para este ministerio, pues si se alterase el estado que tienen, seria forzoso restituirlos mañana en lo que les quitamos hoy, de que resultaria hacerse más presumidos en eso mismo de que se les acusa, si conociesen que la necesidad obliga á V. M. y á sus ministros á disimularles lo que tanto pide enmienda; pero cuando esta falta se pudiese suplir, mi parecer seria, que pues no importa ménos su reformacion que su conservacion, se redujesen á vida monástica de comunidad y coro, sin andar tan derramados en negocios seglares, con que se juzga por imposible la observancia regular á que están obligados por su profesion."

Las causas que motivaban aquella innovacion ciertamente eran plausibles, pues se trataba de reformar á los regulares, de librar á los indios de la opresion en que los tenian y del desarrollo de la agricultura y de la ganadería, resultado seguro, segun se pensaba, de la proteccion de los españoles europeos. Tambien puede ser que se haya intentado sacar á los indios del estado de pupilaje en que habian sido constituidos al principio. Entónces, dice el mismo virey, "prudentemente se acomodaron las leyes á su pequeñez, y aun se disimularon sus principales ejecuciones por tiempo, atendiendo á la multiplicacion y ensanche de la doctrina: todavía se corre á este paso, y los gobernadores, con voz de no hacer novedad, y los súbditos por no probarla, quieren que provincias extendidas se rijan con lo que ordenó para limitadas poblaciones." Pero bien se traslucian en tales novedades los intereses de un partido que ya hemos caracterizado, adverso igualmente á los indios y á los frailes, y contrario en sus aspiraciones y tendencias á los mestizos y á los criollos, pues el repetido marqués de Montes Claros, creia y aconsejaba que para gobernar la Nueva España "era menester dar á los indios dueño," obligándolos á que tuviesen "españoles á quien servir," con paga tan corta como fuese necesario para que siempre quedasen sujetos al trabajo, y repartiendo entre españoles los terrenos que los indios no beneficiasen, sin hacer cuenta con su reclamo ni con los de los frailes, "que en ello no pueden tener otra intencion que quitárselo á los españoles." [1]

Sin embargo, y á pesar de repetidas cédulas reales, en toda la Nueva España seguia su marcha el órden establecido, ni Oaxaca habia sufrido notable perturbacion hasta que el Sr. Bohorquez, por las sugestiones de un canónigo tan docto como inquieto, comenzó un ruidoso pleito. Hasta entónces los dominicos habian gozado la más completa exencion de la jurisdiccion episcopal, no solo en su gobierno interior sino tambien en la administracion de los pueblos de los indios, á quienes servian por mandato de sus superiores privativos, sin obligacion de justicia, sin necesi-

---

[1] Advertimientos sobre algunos puntos del gobierno de la Nueva España, que el marqués de Montes Claros envió á S. M.—Instrucciones de los vireyes á sus sucesores. Págs. 251 y sigs.

tar de la aprobacion y canónica institucion de los obispos, sin estar sujetos á su exámen, visita y correccion, todo en virtud de diplomas pontificios y cédulas reales y de una prescripcion de más de cien años, que les conferian sobre sus feligreses una autoridad cuasi episcopal. Las parroquias no eran beneficios colativos; estaban anexas con derecho plenísimo á los conventos que disfrutaban sus rentas y las servian en comun. Este modo de ser no era del agrado del Sr. Bohorquez, quien tal vez hizo alguna representacion á la autoridad civil, pues el 10 de Mayo de 1627, sin antecedente alguno, se notificó á los frailes reunidos en capítulo, despacho del virey, marqués de Cerralvo, con insercion de varias cédulas reales, mandando que los religiosos ministros de indios reconociesen el patronato real, remitiendo los nombres de tres sugetos, entre los que debería escoger uno el virey por párroco de cada lugar, y que ademas se sujetasen á los ordinarios en cuanto á la colacion y canónica institucion, al exámen, coreccion y castigo en el oficio de curas.[1]

Los dominicos obedecieron las cédulas reales en cuanto al patronato real; mas en órden á sujetarse á los obispos, interpusieron súplica para ante el rey y su Consejo de Indias, el virey y la Real Audiencia, por varias razones que embarazaban su ejecucion. Esto no obstante, el Illmo. Bohorquez trató de llevar á efecto en toda su extension las cédulas reales, proveyendo las parroquias por sí solo y en personas de su satisfaccion. A esta mala preparacion de los ánimos se agregaron varios encuentros que tuvo el diocesano con Fr. Jacinto de Hoces, visitador que era entónces de los frailes, con especialidad un grave disgusto que tuvo lugar el 3 de Agosto de ese mismo año, el que acabó de encender el pleito. Las agresiones de la una parte y las resistencias de la otra fueron contínuas y sosteni-

[1] *In officio officiando* estrictamente

das desde ese tiempo hasta el fin del año y por todo el curso del siguiente, acompañando á cada acontecimiento que sobrevenia, por una parte, sinsabores y amarguras que devoraban los interesados, y por otra, comentarios y murmuraciones del pueblo que no tenia costumbre de ver tales contiendas en el seno de la Iglesia.

Fr. Gerónimo Moreno, provincial de los dominicos, que llevaba todo el peso de la disputa, puso en movimiento los recursos que le sugirió su ingenio y su carácter apacible para que el obispo se tranquilizara, dejando que siguiese corriendo el órden establecido y desistiese de su propósito de introducir peligrosas novedades; mas conociendo que sus diligencias no producian resultado, á fin de no estar á la cabeza de aquella ingrata cuestion, apeló al raro expediente de cometer una arbitrariedad en el ejercicio de su empleo, falta que las constituciones de su Orden castigaban con la destitucion del oficio. No habiendo aprovechado el arbitrio, continuó sus gestiones, procurando por medios suaves la paz y la reconciliacion: consiguió ser acusado por los suyos de débil, sin aprovechar por eso nada en su propósito. Calderon, prior de Santo Domingo y muy respetable por su saber y virtudes, llegó á pedir al Sr. Bohorquez, de rodillas, que les restituyese la tranquilidad y concordia que tanto deseaban, mas sin lograr el menor éxito de sus ruegos. El señor obispo mandó encausar á los frailes, formándose numerosos procesos con declaraciones, pesquisas y estrepitosos procedimientos en toda la diócesis. Puso en entredicho los templos de Santo Domingo y San Francisco, fulminando excomunion contra los fieles que concurriesen á las misas y otros oficios divinos que se celebrasen en ellos, entredicho que se prolongó por dos años, á pesar de la consternacion de los muchos que amaban tiernamente la Orden de predicadores y de las representaciones más vivas hechas por respetables personas.

Era ya famosa la procesion que salia de Santo Domingo

el viérnes de la Semana Mayor, conduciendo en rica urna de plata la estatua del Hijo de Dios difunto, á que cooperaban los gremios y concurria casi toda la ciudad; pero en aquellas circunstancias fué muy difícil organizarla por la prohibicion de intervenir en ella que impuso el diocesano á los fieles. No obstante las dificultades que pulsaban, determinaron los frailes sacarla; y en efecto, en compañía de los franciscanos y agustinos la llevaron por las calles acostumbradas, haciéndose notable la ausencia completa del pueblo y la imponente soledad en medio de la cual marchaba el Santo Entierro acompañado solo de religiosos: entró la procesion en las naves de la Compañía y de Catedral; mas ningun canónigo apareció por allí por la prohibicion del obispo.

Habia canónicamente erigida en Santo Domingo una cofradía en honor del Nombre de Jesus, cuyos cofrades eran casi todos "pardos," los que por la Cuaresma tenian costumbre de hacer cada año una muy solemne procesion. En la que hicieron por estos años les fué notificado, ya en el camino, mandato del Illmo. obispo para que no volviesen á Santo Domingo, sino que se quedasen en San Agustin. Así se verificó. Los dominicos se quejaron á la Audiencia, que libró mandato para que la cofradía siguiese en Santo Domingo; mas entónces los dominicos rehusaron ya recibirla, por la ingratitud característica de los "pardos" y su inclinacion á las revueltas.

Estas hostilidades y otras del mismo género tenian desabridos contínuamente á los dominicos, que, habiendo agotado los medios suaves, tuvieron al fin que valerse de otros más enérgicos. El 7 de Noviembre de 1629 nombraron juez conservador á Fr. Diego de Ibañez, religioso franciscano, guardian de San Francisco de México, y que gozaba reputacion de docto. El 11 de Mayo de 1630 llegó en efecto á Oaxaca, y comenzó á ejercer su delicado cargo, citando al obispo á su celda y conminándole con graves censuras y pérdida de temporalidades si rehusaba obedecerle. Como era de esperarse, no compareció el Illmo. obispo, por lo que fué puesto en tablillas con otras muchas personas del clero secular, por el juez conservador, como público excomulgado. El obispo apeló. El juez conservador denegó la apelacion. El obispo ocurrió por vía de fuerza á la Real Audiencia, la cual declaró que el R. Ibañez hacia fuerza en efecto, mandando en consecuencia que se otorgasen las apelaciones y que se quitasen y tildasen los nombres del Illmo. Bohorquez y demás excomulgados, de las tablillas en que habian sido colocados. Así se hubiera ejecutado sin duda; pero los dominicos, que presumieron que la sentencia de la Audiencia no les habia de ser favorable, habian tomado con tiempo sus medidas. Los notarios buscaron á Ibañez en su convento y en la vecindad, en México y en Oaxaca; en ninguna parte lo hallaron, llegando á saber al fin de muchos dias que habia marchado para España. Se dirigieron entónces á los dominicos haciéndoles saber que debian quitar de los carteles de los excomulgados el nombre del Illmo. diocesano de Oaxaca; mas los dominicos respondieron que, siendo parte en aquel juicio, no á ellos sino al juez deberia notificarse la provision de la Real Audiencia, tocándoles únicamente representar y hacer valer sus derechos ante competente autoridad, pero nunca avasallar ni ejercer en propiedad las funciones de juez. El obispo hizo nuevas gestiones por medio de su procurador Juan Martinez, para que la sentencia tuviese cumplido efecto; mas la Audiencia contestó, que habia cumplido, proveyendo lo que estimó justo; que las notificaciones no se podian hacer por hallarse en Castilla Fr. Diego Ibañez; que nada más se podia hacer, y que el señor obispo podia practicar las diligencias que á su derecho conviniesen.

El Sr. Bohorquez ocurrió entónces al arzobispo de México, quien dió comision á su provisor el Dr. Luis de Zifuentes para conocer en la causa. Se libraron por el juzgado eclesiástico nuevas órdenes para que de las tablillas se borrasen los nombres de los censurados; pero notificadas á los dominicos, respondieron que estaban exentos y eran independientes por sus privilegios de la jurisdiccion episcopal, y que solo el juez que habia impuesto aquellas excomuniones ú otro superior las podia quitar, pero nunca una autoridad incompetente y extraña, por alta que fuese, como era la del arzobispo, á quien por lo mismo rehusaron obedecer. Fué necesaria nueva provision real, mandando que se nombrase otro juez conservador para que las censuras se levantasen, el 12 de Agosto de 1631.

Siguió aún el pleito con vicisitudes várias, hasta 1633 en que aconteció la muerte del Illmo. obispo. Hallándose gravemente enfermo, quiso reconciliarse con aquellos frailes con quienes por espacio de seis años habia sostenido tan reñidas controversias. El 29 de Agosto de 1633, el alcalde mayor de la ciudad, Gonzalo Carbajal; el rector de la Compañía de Jesus, Juan de Avalos; el regidor Fernando Mendez y otras personas comisionadas por el diocesano, se dirigieron á Santo Domingo y suplicaron al reverendo Requena, que fungia de provincial, fuese con algunos otros religiosos al palacio episcopal, á fin de reconciliarse con el Sr. Bohorquez, que lo deseaba. Los dominicos acudieron á la cama del enfermo, manifestándose prontos á conceder el perdon que se les pedia, siempre que el señor obispo reparase de algun modo las injurias que les habia inferido. El rector de la Compañía indicó que los procesos formados contra aquellos religiosos deberian entregárseles originales. El obispo lo mandó hacer y el provisor entregó los procesos acumulados, que se quemaron en presencia del escribano Luis Rincon, que dió fé de todo.

Desde esta época quedó abierta la puerta de las disputas, que continuaron con los frailes dominicos los sucesores del Sr. Bohorquez, casi siempre sobre el mismo tema de las parroquias que deseaban secularizar, como lo consiguieron en gran parte. De tales pleitos reportaron males considerables los frailes, no solo por los cuantiosos caudales que gastaron, sino principalmente porque distraida su atencion en negocios ajenos de la piedad, la disciplina religiosa se debilitó notablemente. Obligados á defenderse de agresiones que juzgaban injustas, comprendieron que era necesario estudiar y saber. El deseo de vencer en las frecuentes discusiones, el ardor que se desplega en la prosecucion de un pleito y la ciencia misma que se adquiria en los libros, dieron entrada en el claustro á pasioncillas que, si de pronto no desmoralizaron á los frailes, relajaron mucho la severidad antigua. [1]

Pero aquel choque, al parecer puramente eclesiástico, tenia tambien otra importancia, pues entrañaba una cuestion política: era una de las manifestaciones de las ideas opuestas reinantes en Nueva España; y la prueba es que, sin cir cunscribirse á la diócesis de Antequera, semejantes deba tes, ya con un motivo, ya con otro, se multiplicaban por el mismo tiempo en Puebla y México. Dos elementos habian servido para hacer la conquista: la religion y las armas. En las luchas intestinas que sacudieron á México despues de la conquista, pareció prevalecer el elemento religioso; pero el tiempo se habia encargado de probar que no siempre los frailes habian de quedar vencedores. Por medio de ellos habia gobernado España hasta entónces; pero los reyes católicos querian ya mandar por sí mismos, ejercer en sus colonias un poder más directo, gozar de una autoridad más propia é independiente. Puesta, pues, su poderosa intervencion, la cuestion podia darse por resuelta y los frailes por vencidos, á despecho de las inclinaciones favorables que Roma les mostraba. ¿Qué hubiera sucedido si México hubiese continuado en su organizacion primera? Difícil es de-

1 Levanto. MS.—Testimonio auténtico de este litigio, perteneciente al antiguo convento de Santo Domingo.

cirlo con seguridad; se puede, sin embargo, conjeturar que los pueblos se hubieran emancipado siempre de los frailes, y aunque de otro modo, el cambio político se habria verificado al fin, puesto que, como entónces se decia, las naciones no pueden estacionarse en perpétua infancia. Tambien se puede creer, contando con el desafecto de los frailes á los extranjeros y su amor á México, que el tiempo de nuestra independencia se hubiera anticipado.

El Sr. Bohorquez sin duda no entraba en estos cálculos, siendo su intencion sostener sencillamente su jurisdiccion y autoridad. Al favorecer, sin saberlo, el triunfo de un partido que por una parte queria la opresion de los indios y por otra manifestaba ya tendencias á avasallar la Iglesia, tal vez no hacia más que dejarse arrastrar por el ímpetu de los tiempos, demasiadamente inclinados á los debates judiciales.

La falta de observancia de alguna formalidad prescrita por el derecho, de que eran entónces nimiamente escrupulosos, llevó á la cárcel pública de México al maestrescuela de Oaxaca, Dr. D. Antonio de Membrila y Arriaga. Nombrado juez conservador en el pleito que los jesuitas seguian con el arzobispo D. Juan de la Serna, habia procedido á notificar algunos autos sin manifestar las comisiones en virtud de las cuales procedia.[1]

8.—Hemos anticipado un poco las fechas para referir sin interrupcion los disturbios acontecidos en Oaxaca. Ajeno á ellas, acrisolaba su heróica virtud en las enfermedades Fr. Lope de Cuellar. Era natural de Estremadura é hijo de padres muy pobres. En Puebla recibió el hábito dominicano; mas resfriada la voluntad durante el noviciado, volvió al siglo sin profesar. En Oaxaca, despues de sujetarse á duras pruebas, emitió sus votos solemnes el año de 1566. Aprendió muy bien el idioma mixteco y se sirvió de él con ventaja

---

[1] Historia de los Jesuitas, por Alegre.

en el púlpito y en el confesonario. Ardia en su alma gran celo por el bien del prójimo; pero á ésta reunia otras virtudes levantadas de que dió muestras en dificiles lances de su vida. Por el año de 1601, predicando en el templo de Yanhuitlan, fué acometido de un accidente súbito que lo derribó en tierra. Como á consecuencia de aquella enfermedad habia quedado ciego, se llamó al lego cirujano del convento, quien despues de un reconocimiento detenido, declaró que habia esperanza de cura, si el enfermo se prestaba á la operacion de batir las cataratas que en ambos ojos obstruian el paso de la luz. Así se hizo en efecto; y al recoger el lego con su aguja la tela de uno de los ojos, Fr. Lope dijo con alegre apacibilidad: "gracias á Dios que ya veo el rosario del hermano." El cirujano advirtió que no habia que alegrarse tan presto, pues faltaba aún que recoger otra telilla. Y así sucedió, que al continuarse la operacion, totalmente reventó el ojo del paciente, el cual, con el mismo tono é igual tranquila alegría, dijo segunda vez: "gracias á Dios que ya no veo nada," agregando despues de una ligera pausa: "Dios retribuya al hermano el gran beneficio que me ha hecho librándome de un enemigo casero." ¡Qué vigoroso corazon poseia el digno sacerdote Cuellar! Sin duda desapareció la escuela en que se formaban tan grandes hombres.

Parece increible lo que despues de esto padeció en una cama de veintidos años, y más increible que á sus dolencias gravísimas hubiese agregado las más duras penitencias. A la total ceguera siguió pronto un molesto ensordecimiento, acompañado de constante é insoportable ruido en los oidos, que le producia en las sienes dolor intenso. Debajo de un ojo se le formó una llaga que á poco le devoró la nariz. Sobrevinieron despues dolores en todo el cuerpo y una parálisis tan general, que no podia tomar por su mano los alimentos. Un fuerte ardor de orina le acometia con tal fuerza que le hacia sudar de conjoga, durándole cada acceso por lo ménos tres dias. Cuando éste cesaba, le sobrevenian náuseas con dolorosísimas convulsiones que le duraban una semana. A veces sus padecimientos le hacian entrar en formal agonía, reconocida tal por los médicos; mas despues de luchar dos ó tres dias con la muerte, volvia lentamente á la vida.

Su mayor alivio era recobrar el movimiento de una mano y la soltura en la articulacion de una rodilla. Entónces, de esta libertad se aprovechaba para procurarse rayos, cadenas y otros instrumentos de martirio que se aplicaba sin compasion; para arrojarse de la cama y arrastrarse por el suelo de la celda, meditando todas las noches en las estaciones del Calvario. Era conocido con el nombre de *Job oaxaqueño*, pues nunca se le vió alterarse, soportando sus padecimientos con una igualdad de ánimo de la que no hubiera sido capaz un estóico. Dios recompensó sus virtudes, dando á sus palabras y á sus manos, segun se dice, el poder con que los santos han realizado maravillas. Su muerte aconteció en 1623, con fama de santidad. En sus funerales ofició el Illmo. Bernardino Salazar, que en el templo de Santa Catalina habia sido consagrado ese mismo dia obispo de Chiapa. Asistieron á sus exequias ambos cabildos y todas las autoridades, y su cadáver fué conducido en hombros del dean y de los prelados de las Ordenes regulares. Alguno del pueblo, al inhumarlo, para tener una reliquia suya, le arrancó un dedo del pié, de que corrió sangre líquida como si estuviera con vida. [1] Despues de su

1 Burgoa escribe que Dios le mostró una época en que su provincia seria combatida por borrascas deshechas, viendo escalados los muros de sus leyes y desalojados y perseguidos sus defensores, etc. Si esta fué una profecía, se ha visto exactamente cumplida. En el capítulo general de la Orden celebrado en 1650 se habla de Fr. Lope de Cuellar en estos términos: "Persante obiit Fr. Lupus de Cuellar filius conventus Sancti Dominici de Oaxaca, vir mire á Deo exercitatus in schola patientiæ: qui ut erat lingua indorum calentissimus, demum ex inmensis laboribus

188

muerte se autenticaron varios milagros, se formó proceso de sus virtudes heróicas y se remitió á Roma pidiendo su canonizacion. Dejó manuscritos varios sermones en lengua mixteca.

9.—Además de Cuellar, resplandecian por su virtud en Oaxaca otros varios religiosos dominicos. En el capítulo general habido en Roma en 1614 se declaró varon de vida apostólica Fr. Andrés de Cumillas. Era hermano mellizo de Fr. Francisco Enriquez, y los dos oaxaqueños, hijos de Francisco Enriquez y de Isabel Cumillas; profesaron al mismo tiempo é hicieron una vida digna de los fundadores de Santo Domingo de Oaxaca.

En Enero de 1624 murió en Almoloyas el dominico Mellado, de cuyas virtudes hacen tambien honorífica mencion las actas de los capítulos generales. '

El 14 de Julio de 1631 murió Fr. Juan del Corro, á causa de haberlo apedreado los indios de su parroquia. Era

quos in illis provinciis vineæ Dñ. Sabaoth fervidissimus cultor per annos 22 exantlavit: omni postea membrorum usu destitutus, longa infirmitate distubuit per plurimos annos, alterius oculi orbatus lumine, tandem omnino et cecus et surdus admiranda serenæ tranquilitatis ac tolerantiæ specimina dedit, cilicio insuper usque ad extremun affligens corpus: claruit miraculis et spiritu propetiæ: cujus Vitam et mores post obitum Illmus ejusdem Civitatis Episcopus palam commendavit: populus vero santum acclamavit, ac vestium sibi particulas certatim in funere præcidit." Fr. Jacinto del Castillo, en una "Descripcion narrativa" que imprimió en México en 1646, dice hablando de Cuellar: "Aquel asombro de este siglo, aquel pasmo de nuestros tiempos, el Job de nuestra Provincia, cuyo espíritu profético ha conocido y esperimentado, el Penitente Santo Fr. Lope de Cuellar." (MS. de Levanto, fol. 103).

1 En el capítulo de 1650 se lee lo siguiente: "Ibidem cum santitatis opinione decessit P. F. Dominicus Mellado, filius Provinciæ hispaniæ, vir eximiæ devotionis, altæ panpertatis et hnmilitatis profundissimæ, qui, inter alia miræ pietatis exercitia, præ tenero et devotissimo erga quandam crucifixi imaginem, quotidie, plusculos ante eum cereos accendere solitus erat unde post obitum, cum ex more quatuor ce-

español, y habia tomado en Oaxaca el hábito de dominico. Siendo vicario de Tlacochahuaya, el Illmo. Bohorquez, que entónces seguia con los dominicos el escandaloso litigio, nombró visitador de regulares al P. Martin Alonzo, que con su notario y fiscal recorrió los valles. En Tlacochahuaya no fué recibido por los frailes que alegaron tener cédula de Felipe II para ser visitados únicamente por religiosos y no por clérigos. Los indios, que nada entendian de jurisdiccion ni derechos eclesiásticos, mirando que disputaban con calor unos y otros sacerdotes, tomaron parte en la contienda en favor de los clérigos, no con razones sino con piedras: una de éstas alcanzó en un brazo á Juan de Morga, fraile morador del convento, lo que visto por Corro, que era el superior, fué motivo para que tambien él entrara en las vías de hecho: con auxilio de un madero, repartiendo golpes, apartando y derribando indios, libró de la muerte á Morga, pero él quedó tan estropeado y herido de las pedradas, que murió despues de un año de padecer.[1]

Estando en España como procurador de su provincia en la cuestion del Sr. Bohorquez, falleció tambien Gil Negrete, que tan importantes servicios habia prestado á su religion.

10.—Aun haremos mencion de dos religiosos dominicos. El uno es Fr. Gerónimo Moreno, natural de Utrera y religioso profeso de San Pablo de Sevilla. Hizo con gloria sus estudios en Salamanca, y en Sevilla publicó una obra: "Vida de Fr. Pablo de Santa María." En Oaxaca enseñó teología y predicó muchos sermones. Su carácter dis-

---

reos circa ejus feretrum lucerent: mox inibi, decem ardere deprehensi sunt, manifesto ut putatur miraculo." (MS. de Levanto. fol. 103). En el mismo capítulo se hace mencion de Saravia, de quien hemos hablado, y de F. Martin de Allende.

[1] MS. de Levanto. Fol 117.

tintivo era la modestia: era sabio sin orgullo y virtuoso sin afectacion. Trabajaba asíduamente en algunas arduas empresas, con tanta sencillez y naturalidad, que no parecian costarle esfuerzo alguno. Humilde sin parecerlo, pobre sin que nadie notara sus necesidades, penitente sin ruido, amaba de preferencia el silencio, el retiro y el estudio. A los indios sirvió con eficacia cosa de catorce años, explicando la doctrina á los más humildes ingenios y haciendo brillar su inteligencia en el arte inimitable de hacerse comprensible á los más rudos.

Al pueblo de Etla, con poco trabajo hizo un gran beneficio. Ignoro por qué motivo habian surgido algunas diferencias entre los varios pueblos del valle de ese nombre, que fomentadas por los justicias del lugar á quienes aprovechaban, no daban esperanzas de tener fin. Tales diferencias acarrean por lo comun gran pérdida de intereses y de vidas, sin contar con la desmoralizacion 'que pronto cunde por todas partes. El buen sacerdote Moreno, que era prior de Etla entónces y que para extirparlas no tenia ya otros medios de que valerse, subió al púlpito en ocasion de estar reunidos muchos de sus feligreses: pintó con vivos colores los males de la discordia; desplegó para persuadirles la union, todos los recursos de su elocuencia, que era llana, pero lacónica y enérgica, y cuando lo juzgó oportuno, sacó un hacecillo de popotes que llevaba preparados, y mostrándolos al auditorio, hizo ver cuán frágiles eran uno á uno y lo resistentes que parecian reunidos. De hecho quebró algunas de aquellas endebles varillas tomándolas por separado; mas no pudo hacer otro tanto teniéndolas unidas. El ejemplo persuadió á los indios, que no solo se avinieron entónces, sino que en el templo erigieron un altar á la Vírgen de la Paz, y para no dar abrigo en el porvenir á nuevos odios, al lado del retablo pusieron adornado con listones el hacecillo de popotes que deseaban tener siempre á la vista.

11.—Los disgustos que le ocasionó la cuestion del Sr. Bohorquez le quitaron la salud. Para morir no quiso tener ningun libro, ningun mueble, ningun objeto de la tierra en su celda. Falleció abrazado con el Santo Crucifijo. Escribió "Reglas para los confesores de Justicias y Alcaldes mayores de las Indias, sobre sus tratos, contratos y repartimientos, etc.," impresas en México; "Nuevo arte con todas sus reglas é irregularidades del idioma zapoteca;" "El símbolo de San Atanasio, los evangelios y las epístolas de San Pablo, traducidas al mismo idioma;" "Notas y apuntamientos sobre la Suma de Santo Tomás;" "Sermones;" "Tratado del juicio final;" Un extenso y profundo "Tratado de los signos," de que, segun dice Burgoa, se sirvieron con provecho varios autores de la Universidad de Salamanca; una obra grande sobre aquellas palabras de Job: *Milicia es la vida del hombre sobre la tierra*, y un "Tratado de los verbos compulsivos y reiterativos que se usan en el idioma zapoteca." Lo más se conservaba inédito en la Biblioteca de Santo Domingo, y debe haber perecido en la exclaustracion.

Fr. José Calderon era oaxaqueño y de gran fama de saber. Estudió en la Universidad de México y recibió los grados, siendo aún seglar. En Oaxaca fué promovido al estado sacerdotal y destinado á las parroquias, que sirvió, de Teosacualco y de Juquila. Deberia haber sido nombrado canónigo de Catedral cuando renunció los beneficios y abrazó el instituto dominicano. Siendo prior de Santo Domingo acontecio el ruidoso pleito con el Sr. Bohorquez. Fué el primer oaxaqueño que escribió una obra de filosofía, extractando y reduciendo á método más claro las doctrinas de Domingo Soto. Sus manuscritos deben haber sufrido la suerte de todos los de Santo Domingo.

Dos de los fundadores de la Compañía de Jesus en Oaxaca fallecieron tambien por este tiempo: Pedro Diaz y Juan Rogel. El mismo año que este último en Veracruz, falleció en Oaxaca el hermano coadjutor Pedro López, encargado de Santa Inés, hacienda de los jesuitas.

El 13 de Febrero de 1619 alcanzó á Oaxaca un gran temblor que demolió edificios, abrió sierras, descubrió espantosas cavernas, formó lagos, etc. En el convento de Santo Domingo causó algunos estragos que se repararon con ventaja. Poco despues se padeció una larga seca, para cuyo remedio se hicieron plegarias y procesiones en que las comunidades religiosas marcharon descalzas y en trage de penitencia. Algunos años ántes, el 8 de Setiembre de 1614, sin temblor, se desplomaron dos naves de la iglesia de Cuitepec, muriendo diez y siete personas.

A 22 de Noviembre de 1623, en virtud de un buleto de Paulo V expedido el 11 de Marzo de 1619 á instancias de Felipe III, comprobado por el nuncio y obedecido por el Sr. Bohorquez, se erigió en universidad formal, en que se enseñasen artes y teología y pudiesen los estudiantes recibir los grados en estas facultades, el convento de Santo Domingo de Oaxaca. La inauguracion fué solemne y con gran concurso. El R. Fr. Alonso del Castillo, en presencia de todos los asistentes, desde la cátedra dió la primera leccion de filosofía, levantando testimonio de todo el escribano Luis Rincon. Ignoro por qué causas no se le conservó el título de Universidad ni se acostumbró despues recibir los grados en Santo Domingo; pero presumo que tuvieron mucha parte las controversias del tiempo del Sr. Bohorquez.

CAPITULO IX

VIRTUOSOS SACERDOTES.

1. La religion franciscana.—2. Cristóbal de los Mártires.—3. Manuel de Jesus.—4. El V. Luis de Alavez.—5. Otros jesuitas.—6. El Illmo. Leonel Cervantes.—7. El Illmo. Benavidez.—8. Sus diferencias con la Inquisicion de México.—9. Y con los dominicos de Oaxaca.

1.—El Sr. Lorenzana dice, hablando del Sr. Bohorquez, que su gobierno fué acrisolado por graves oposiciones; y en efecto, el disturbio que se acaba de referir no fué el único motivo de inquietud de aquellos tiempos; otro causado por persona privada y por un contrato particular, metió bastante ruido y puso en expectacion á la sociedad. Hizo en este negocio los oficios de mediador el lego franciscano Manuel de Jesus, de quien, así como de otras personas notables de la Orden de dieguinos, es preciso dar alguna idea.

En el establecimiento de las Ordenes monásticas ha dominado siempre algun pensamiento consignado originalmente en las páginas del Evangelio, pero cuyo desarrollo lo hace aparecer nuevo y como si ántes ninguno lo hubiese concebido. Cada instituto religioso se ha apropiado alguna idea vertida en su principio por los labios de Jesucristo, pero cuya admirable fecundidad en bien del género humano, se ha hecho sensible en determinadas épocas, precisamente cuando su pleno conocimiento ha sido más oportuno. Esta es una gran verdad histórica que deja ver la accion de la Providencia en el curso de los acontecimientos.

Pero los fundadores de las Ordenes monacales, al hacer suyo aquel pensamiento, al realizar su designio, al dirigirse al objeto de sus miras particulares, juntamente han cumplido toda la ley alcanzando la perfeccion evangélica. Así como en el órden intelectual, las verdades de tal manera se enlazan, que negada ó reconocida una sola, por una hilacion lógica ineludible, tienen que negarse ó reconocerse tambien las otras; así en el órden moral, ejercitada con perfeccion una virtud, por el encadenamiento que tienen las unas con las otras, forzosamente se cultivan las demás. San Vicente de Paul se propuso principalmente socorrer á los que perecian de hambre, San Juan de Dios aliviar las dolencias de los enfermos, San Camilo impartir consuelo al espíritu de los mismos enfermos, San Cayetano instruir y educar á los niños, San Ligorio derramar igual instruccion entre los labriegos; pero cada uno de ellos, al dictar reglas para la ejecucion de tan benéficos designios, legaron juntamente á los imitadores de su vida el arte de ser buenos bajo todos aspectos. Los unos buscaron la santidad en las más rudas penitencias; los otros, cultivando la soledad y el silencio como los monjes de Scetis y de Nitria. San Francisco de Asis quiso sencillamente ser humilde.

Los franciscanos que desean seguir las huellas de su ilustre patriarca, comienzan por renunciar las riquezas, las altas dignidades, los puestos honoríficos, el ejercicio de todo poder y de toda autoridad que los haga descollar sobre sus semejantes. Esto sin embargo es poco para la negacion de sí mismo, que es el punto objetivo de las aspiraciones del verdadero franciscano. Prosiguiendo, pues, su marcha, aparta de sí las comodidades personales, sofoca las aspiraciones, aun las más nobles, como la de saber, y trabaja por persuadirse que nada es, que nada vale, y que solo merece el desprecio de sus semejantes. Se llega á posesionar de la idea

de su propia nulidad de tal suerte, que dislocando sus afectos é invirtiendo el órden comun, estima de preferencia lo que á la generalidad es ménos estimable. Es digno de notarse que en sus crónicas, desentendiéndose de los que entre ellos desempeñaron algun cargo y nombrando apénas á los ministros provinciales, se recomienda largamente la memoria de los hermanos conversos, que desempeñaron el cargo de hortelanos ó porteros.

No debe creerse que los legos franciscanos sean austeros en su trato, agrios en su conversacion é insociables con sus semejantes; muy al contrario, su actitud ingénuamente humilde y su aire de candor atraen las simpatías y aproximan á los más resistentes y preocupados. El semblante del lego está coloreado por una tinta indescriptible de bondad, sus maneras son insinuantes y su conversacion es sencilla, pero fluida y agradable, como pudiera serlo la de un niño. Se ha dicho que los legos de los conventos son locuaces, y puede ser verdad; pero esa locuacidad sin interes y sin malicia, juntamente inocente y frívola, cautiva.

Como estos bellos tipos van desapareciendo rápidamente de nuestra sociedad, necesario ha sido caracterizarlos bien para dar á conocer á los que en tiempos pasados se distinguieron en la profesion del instituto franciscano. Tal vez desagrade á muchos la narracion de los ejercicios tranquilos ó de las acaloradas disputas á que se entregaban los eclesiásticos de aquel tiempo: acaso preferirian conocer las circunstancias espantosas de crímenes desconocidos; pero no está en manos del historiador inventar acontecimientos ni cambiar el carácter de las edades: la sociedad se ha de describir tal como es; y es cierto que en aquel tiempo no se perpetraban horribles delitos, ni el pueblo se agitaba en convulsiones desoladoras, ni los azares de la política conmovian á nadie. Despues de un siglo de fatigas, la sociedad oaxaqueña se habia sentado tranquilamente á saborear los frutos del catolicismo, á la sombra de la dominacion española.

La sociedad era eminentemente piadosa y le afectaba vivamente todo lo que al clero afectaba. Por otra parte, dos legos franciscanos fueron á los principios del siglo XVII el objeto preferente de la general atencion.

2.—El uno fué Cristóbal de los Mártires, cuyos padres y patria se ignoran, sabiéndose únicamente que profesó en México. La mayor parte de su vida religiosa se empleó en el oficio de limosnero en los pueblos de Oaxaca, que recorrió á pié, ceñido con áspero cilicio y ejercitándose en los ayunos y mortificaciones de su instituto. Su afabilidad, mansedumbre y dulzura, le conciliaron el amor de los pueblos que acudian á repicar las campanas cuando tenian noticia de que los habia de visitar. Su muerte fué acompañada de circunstancias extraordinarias, Debilitado por sus penitencias, llegó un dia á Santa Catalina Hualavichi, pueblo distante siete leguas de Villa-alta. Las autoridades del lugar le ofrecieron algun alimento, mas lo rehusó, anunciando que moriria en la noche, suplicando que remitiesen á la ciudad las limosnas que conducia y tomando abrigo en las casas de comunidad. Al dia siguiente, no encontrándolo en ellas las mismas autoridades, le buscaron en el templo: allí estaba en efecto de rodillas ante un altar de la Santísima Vírgen, abrazando con reverente actitud una pequeña cruz de madera. Esperaron algun tiempo; mas luego le llamaron y al fin se acercaron á él y le tocaron: estaba muerto. Admirado el pueblo de que sin vida conservase aquella postura, dió conocimiento al gobernador de Villa-alta, quien con el alcalde mayor y muchas personas principales emprendió viaje al pueblo de Santa Catalina. Encontró aún hincado el cadáver del lego, con la misma reverente actitud, y lo que es más raro, con las carnes blandas y sin la rigidez inseparable de la muerte. Se dispuso trasladarlo á la villa, como en efecto se verificó, siendo conducido en andas, en medio de numeroso concurso, que se disputaba sus reliquias. Fué sepultado despues de tres dias de su fallecimiento, de los cuales uno estuvo expuesto á los rayos del sol, sin experimentar corrupcion. Constan estos hechos de una escrupulosa informacion que se practicó en Oaxaca, segun afirma Baltasar Medina. [1]

3.—El otro lego de quien tenemos que decir algo es el V. Fr. Manuel de Jesus. Era natural de Braga, en Portugal, nació el año de 1544 y sus padres fueron Miguel Gonzalez de Noguera y Senorina Luis. Siendo jóven, estuvo dos veces cautivo de los moros, de cuyo poder logró librarse por la fuga, despues de haber expuesto su vida favoreciendo la evasion de otros compañeros de cautiverio. Siguió la expedicion del rey D. Sebastian hasta la muerte de este monarca, que aconteció el 4 de Agosto de 1578. Vino entónces á México y se ejercitó por algun tiempo con provecho y honra en el comercio. En fin, recibió el hábito de franciscano y fué asignado morador de Oaxaca, en cuyo convento desempeñó por mucho tiempo, cumplidamente, los oficios de portero, sacristan, refitolero y hortelano, sin dejar de hacer frecuentes salidas, recorriendo no solo la ciudad sino las haciendas y pueblos inmediatos en demanda de limosnas, que recogió muy abundantes.

Era este hermano laico de un natural pacífico, de un exterior mortificado, insinuante y persuasivo en sus palabras. El pueblo admiraba sus virtudes, lo respetaba en extremo y obedecia ciegamente sus indicaciones: el lego aprovechaba la superioridad que le daban su hábito y sus santas costumbres, para hacer bien. Repetidas ocasiones se reclamó su intervencion, con éxito, para reconciliar graves enemistades. Tan público era esto, tanto imperio tenian sus palabras y tan grande fué el concepto que se tuvo de su juicio y discrecion, que habiéndose ofrecido el ruidoso asunto de

---

[1] Crónica de la Provincia de San Diego. Lib. 2, cap. 21.

que ya hicimos mencion y que estuvo á punto de estallar en reñido pleito entre el Illmo. Sr. Bohorquez y algun otro sugeto muy principal, á una sencilla indicacion de Fr. Manuel, cedieron ambas partes y rescindieron el contrato causa de tal desavenencia. El señor obispo dijo expresamente: "Era voluntad de Dios que el negocio no se efectuase, pues lo repugnaba y resistia varon tan santo como Fr. Manuel."

En su convento fué un verdadero hijo de San Francisco, humilde, pobre, penitente, fiel observador de las reglas de su instituto, y de las maceraciones que se impuso en su juventud y que conservó aun á los noventa años de edad, ayunando y disciplinándose como si fuera novicio.

Dios recompensó sus virtudes, concediéndole aquellas gracias que llaman *gratis datas* que frecuentemente son un indicio de santidad, de modo que, segun fama de aquellos tiempos, fué un nuevo Diego de Alcalá y otro Salvador de Horta. Se dice que el pueblo fué muchas veces testigo de las maravillas que obraban sus manos, ya en la curacion de graves y redeldes enfermedades, ya en vaticinar acontecimientos futuros, ora en devolver cosas perdidas, ora, en fin, en el poder que tenia sobre los elementos y las criaturas irracionales, que unas deponian á sus piés su ferocidad, [1] y otras obedecian sus menores mandatos. Público fué en Oaxaca que á los pájaros que devoraban la fruta de la huerta del convento reconvino por tal robo y glotonería, y algo sin duda se vió extraordinario en la sumision de las aves, pues generalmente se le dió el nombre de "Padre de los pájaros."

El templo de San Ildefonso (San Francisco), se debe á sus fatigas, pues no solo empleó en esta obra las abundantes limosnas que recogia, sino que personalmente trabajó, conduciendo sobre sus hombros el material necesario y le-

---

1 El que quiera saber los milagros que se le atribuyen, lea las Crónicas de San Diego.

vantando con sus propias manos los muros. Vió terminado el templo y aun le alcanzaron sus recursos para enriquecer con ornamentos la sacristía y edificar una parte del convento grande.

Anunció, segun se díce, con todos sus pormenores, su muerte, que le sobrevino á las siete de la noche del 9 de Mayo de 1634, habiéndose él mismo vestido su hábito y llamado á los religiosos que le recomendasen el alma. Fué sepultado en el templo que habia edificado, asistiendo á sus exequias las comunidades religiosas, lo más florido de la ciudad y un pueblo inmenso que lo proclamaba santo, disputándose á porfía y con el mayor empeño sus reliquias.

4.—Agitado por interminables disputas, habia sido al mismo tiempo ilustrado por las virtudes de hombres santos el tiempo del gobierno de Bohorquez. Si los franciscanos disfrutaron la compañía del "Padre de los pájaros;" si los dominicos se honraban contando entre los suyos al "Job oaxaqueño," los jesuitas pudieron agregar un tehuantepecano al número de los mártires del catolicismo. Fué éste Luis Alavez, natural de Tequisistlan é hijo de Diego de Alavez, encomendero del pueblo.

Al nacer, año de 1589, administraba como párroco en Tequisistlan Fr. Juan Tineo, religioso dominico, extraordinariamente limosnero, á tal grado, que Dios multiplicaba en sus manos el dinero para ser distribuido entre los necesitados; y de costumbres tan puras, que le conciliaron el aprecio y la admiracion general. Se le atribuian los dones de profecía y de vision clara del secreto de los corazones. Se contaba que habia hecho algunos milagros y Burgoa creyó que seria canonizado. Fué éste quien bautizó al infante Luis Alavez, notándose que al escribir la partida usó de tinta roja y de letra mayor, llenando con ella sola una página del libro de los nacidos: se ignoró entónces la causa de semejante novedad; pero despues se pensó que habia sido anuncio del glorioso martirio que habia de sufrir aquel infante.

Educado cristianamente por sus padres, y despues de estudiar latinidad en el colegio de jesuitas en Oaxaca, cuando tuvo edad proporcionada, fué conducido Alavez á México, en donde cursó las aulas en el colegio de San Ildefonso, á cargo entónces de la Compañía. A la edad de diez y seis años abrazó el instituto de San Ignacio, siendo su director como novicio el célebre Nicolás de Arnaya, quien aseguró que jamás el jóven oaxaqueño habia perdido en su concepto la inocencia bautismal. Era, en efecto, entónces Alavez tan aventajado en las letras como inmaculado en sus costumbres. Despues de estudiar teología, y de emitir, ya ordenado sacerdote y con la preparacion debida su cuarto voto, á causa de sus repetidas instancias, los superiores lo destinaron á la mision de los indios tepehuanes que en notable parte estaban todavía en estado de barbarie. Segun práctica de los jesuitas, deberia primero servir de vicario bajo la direccion de algun otro religioso; y de ese modo estuvo Alavez en la mision de San José del Zape á la vista del V. P. Juan Fonte, por el tiempo de tres ó cuatro años, hasta que al último de estos religiosos fué forzoso separarse para asistir á los indios, por muerte del misionero residente en el pueblo de San Ignacio. Segun parece, tenia ya entónces conocimiento de su muerte, pues la anunció anticipadamente á Sebastian Montaño y á un jóven indio que le era muy adicto y que habia de perecer juntamente con él á manos de los tepehuanes.

Hemos dicho que una parte de estos indios permanecia en la infidelidad, y ahora agregamos que muchos de los convertidos, en cuyo corazon no habia echado profundas raíces el catolicismo, volvian frecuentemente á sus antiguos dioses y á sus brutales vicios. Esto acontecia principalmente con los hechiceros, que en la fé de Cristo echaban de ménos la influencia y los provechos de que gozaban en la idolatría. Estos, pues, unidos á los infieles y á los apóstatas, fraguaron entre los tepehuanes una formidable conjuracion, que se mantuvo tenazmente en inviolable secreto un año entero. Segun los designios de aquellos sediciosos, el movimiento deberia comenzar con la muerte de los sacerdotes y españoles que se reuniesen en la mision del Zape, un dia 21 de Noviembre, dedicado á la Presentacion de la Madre de Dios, y en la que se preparaba una gran fiesta con motivo de la colocacion de una imágen de la Vírgen. La ocasion, dice el P. Alegre, no podia ser más oportuna; sin embargo, la codicia de una arria cargada de ropas, que habian visto entrar en Santa Catalina, les hizo apresurar el rompimiento en ese pueblo, á que luego siguieron los demás. El robo se verificó, en efecto, en la mañana del 16 de Noviembre, y las hostilidades comenzaron con la muerte del jesuita Hernando de Tovar. A esta siguió en Atotonilco la muerte del franciscano Pedro Gutierrez y otros en pueblos diferentes. En el Zape, ignorantes del estado de las cosas, se habian reunido para preparar la fiesta del 21, diez y siete españoles, más de sesenta negros esclavos y cuatro religiosos, Luis Alavez, Juan del Valle, Juan Fonte y Gerónimo de Maranta. Repentinamente los insurrectos entraron en el pueblo, incendiaron las casas y mataron á los indios fieles. Al ruido, y adquiriendo noticia de lo que pasaba, el P. Alavez se apresuró á salir, como buen pastor, en defensa del rebaño. Armado con un santo crucifijo, dirigió la palabra á los bárbaros rebeldes, esforzándose por aquietar sus ánimos; mas léjos de conseguir su objeto, cayó en el acto, atravesado por muchas flechas.

Su cuerpo, lo mismo que los de los otros sacerdotes, que todos corrieron igual suerte, unos el mismo dia y otros el siguiente, quedaron insepultos hasta el mes de Enero del siguiente año, en que el Gobernador de Durango, D. Gaspar de Alvear, que por órden del virey habia emprendido la pacificacion del país y activamente perseguia á los rebeldes, de paso por el Zape, los encontró setenta dias despues de muertos, enteros y aun fresca la sangre de las heridas: los levantó, y en la Sauceda los entregó al padre rector del colegio de Guadiana. De allí fueron conducidos en triunfo á la ciudad: marchaban por delante algunas compañías y á los lados más de trescientos indios vestidos á su manera y adornados con ricas plumas. Fueron recibidos en Durango con repiques y salvas y depositados en el convento de San Francisco. Aquí se les cantó, el 7 de Marzo, una misa muy solemne por el R. provincial Juan Gómez. De allí, con el más lucido acompañamiento, fueron llevados al templo de la Compañía, en donde, bajo el altar de San Ignacio, se les dió honrosa sepultura, señalando las cajas con los nombres respectivos y la fecha de la muerte. En el colegio de San Ildefonso se conserva su retrato con esta inscripcion: "El R. P. V. Fr. Luis Alavez, colegial seminarista en este real colegio, varon ilustre en la exacta observacion regular y celo de la conversion de las almas; quien mereció morir á manos de los bárbaros tepehuanes, en odio de la fé que les predicaba, traspasado de saetas."

Posteriormente, en el año de 1647, habiendo venido á tierra el templo en que estaba depositado el cadáver del venerable Alavez, fué necesario exhumarlo: se le encontró entero, con la piel enjuta, con el rostro levantado al cielo y formando con los dedos de la mano derecha la señal de la cruz. Perez de Rivas, refiriéndose á este suceso, y fundado en las declaraciones de testigos de vista, dice: "Años despues, abriéndose el sepulcro, fueron hallados los cuerpos tan enteros, que parando en pié el del P. Alavez, se tenia poniéndole solo un dedo en el hombro." [1] Su canoni-

---

1 Triunfos de Nuestra Santa Fé. Lib. 10, cap. 42. Veanse tambien Alegambe—Mortes ilustres, y Nadasi—Annus dierum, etc.

zacion, así como la de sus compañeros, muertos á manos de los bárbaros, fué pedida al Pontífice romano por la duodécima congregacion provincial de los jesuitas.

5.—No era solo Alavez el jesuita oaxaqueño que daba honor á su patria con sus virtudes y letras: la juventud recibia de los frailes impulso vigoroso á la piedad y á las ciencias, y se mostraba digna de sus maestros, llegando á la altura de los hombres más distinguidos de aquellos tiempos. Baltazar de Cervantes era natural de Oaxaca y sobrino del obispo de dicha ciudad. Demostró sus talentos sosteniendo con gloria un acto mayor de sagrada teología en México, y de su virtud se sabe que se presentaba como un modelo á los novicios jesuitas. Enviado á las misiones de los bárbaros fronterizos, aprendió el idioma de alguna de aquellas tribus salvajes, logrando con su auxilio numerosas conversiones de idólatras. Durante los siete años que permaneció en Sinaloa, se ejércitó en la pobreza propia de un religioso, distinguiéndose igualmente por su celo apostólico. En México enseñó despues el curso de filosofía, con aplauso. En Puebla enseñó tambien por dos años teología moral, y allí se cautivó la estimacion del obispo D. Alonso de la Mota, de modo que nada hacia ni determinaba sin el prudente consejo del jesuita.

A Oaxaca fué por obediencia. En ella le seguian los aplausos por donde quiera, especialmente á causa de su elocuencia. Acaso haya tenido con este motivo alguna tentacion de vanidad, pues para vencerla, sacrificó las glorias del púlpito, predicando solamente á los indios de Jalatlaco, en su idioma. Perseveró en este oscuro trabajo algunos años, hasta que fué llamado por sus superiores á México. Continuó aquí predicando á los indios en mexicano, y dando saludables preceptos á la juventud del colegio máximo, de que fué prefecto de espíritu. ¡Sus últimos años fueron colmados de graves y penosas enfermedades, de que murió á 2 de Julio de 1649.

De otro jesuita oaxaqueño cuenta Alegre que era de singular compostura y de muy amable trato, y que asistiendo á los enfermos contrajo el mal de que murió, como acostumbran los santos. A otro jesuita, Bartolomé Perez, habiendo consultado el Sr. obispo Benavidez algun negocio grave, respondió con tanta sabiduría, que el obispo no pudo ménos de exclamar: "Mucha ciencia hay en la Compañía, cuando este hombre no ocupa las primeras cátedras." Era entónces rector del colegio de Oaxaca.

Disfrutaba de paz allí la Compañía en esta última ciudad, miéntras en otros obispados sufria las agitaciones de una borrasca deshecha, especialmente en Puebla, en donde un pleito sobre diezmos, de que el obispo de Oaxaca á quien se apeló como delegado apostólico nunca llegó á conocer, habia sido el principio de controversias numerosas con el Sr. Palafox, que á todos causaban pena, sin que ninguna de las partes reportase la más pequeña ventaja. Temiendo que la parroquia de Jalatlaco, que hacia tiempo administraban, crease algunas diferencias con el ordinario, como habian servido semejantes pretextos para desavenirlo con los dominicos, la abandonaron á pesar de las súplicas del virey. No por eso dejaban de prosperar en intereses temporales. D. Juan Franco Utuite liberalmente les donó 14,000 pesos para la compra de una hacienda, y aun ofreció otros 20,000 para la fábrica de su templo, que no llegaron á darse por causas que se expondrán despues.

Por este mismo tiempo visitó Oaxaca el famoso Martin Lutero, Martin Droga ó Chepe Garatuza, pues con todos estos nombres era conocido el embaucador poblano Martin Villavicencio, de cuya sagacidad é inagotable inventiva cuenta la tradicion cosas maravillosas. Poco logró su industria en Oaxaca. A los indios pudo hacer creer que era sacerdote y sacarles con sus embustes algun dinero. Al lle-

gar á la ciudad propaló que iba á pelear una capellanía; pero la Inquisicion, que ya conocia sus hazañas, le echó la garra. Pudo escapar de su prision y se fué con sus arañerías á otra parte.

6.—El Sr. Bohorquez murió en 1633. Dicen que era profundo y agudo metafísico,[1] y famoso predicador y dedicado al culto, en cuyo favor gastó sumas crecidas. Modesto en su trage y en su mesa, vivió siempre como fraile observante; compasivo para con los miserables, para alivio de los indios estableció que las obvenciones se redujesen á seis sinodales; amante de su clero, quiso á toda costa hacerlo prevalecer sobre los frailes dominicos, de cuyo seno habia salido sin embargo para la mitra de Oaxaca. El cabildo eclesiástico dió en su catedral sepulcro para los parientes de este obispo. Segun Beristain, escribió "Elogio de la Pureza Virginal de la Santísima Madre de Dios," impreso en México en 1620.

Le sucedió D. Leonel de Cervantes, mexicano, hijo de D. Leonel de Cervantes y de Doña María de Carbajal. En Salamanca, en que hizo sus estudios, recibió los grados de licenciado y doctor en Cánones. Felipe III lo creó maestrescuela y despues arcediano de Santa Fé. Allí mismo dessempeñó satisfactoriamente los cargos de provisor y vicario general de los arsobispos Bartolomé Lobo y Fernando Ugarte, el último de los cuales, escribiendo al rey de España, expresaba su admiracion por los talentos de su provisor, en estos términos: "El Dr. Leonel Cervantes, arcediano de esta mi iglesia, es sugeto tal, que en su presencia me avergüenzo de verme consagrado y á él no." Logró, en efecto, el Sr. Ugarte, consagrarlo en 1620 obispo de Santa Marta, iglesia que gobernó cinco años, dando nuevas muestras de su saber en el concilio provincial de San-

[1] Mendez, Anual Historia de Santo Domingo. MS. Lib. 1, cap. 39.

ta Fé á que asistió en 1625. El 20 de Setiembre de este mismo año fué promovido á la mitra de Cuba. En 1631 fué trasladado á la de Guadalajara, y de aquí á la de Oaxaca, el 15 de Marzo de 1635. No pudo conocer esta su última diócesis: al dirigirse á ella desde Guadalajara, murió en México [1] en 1637, siendo inhumado en San Francisco, en el sepulcro de sus padres. Gil Gonzalez Dávila dice que por sus limosnas mereció el nombre de "Padre de los pobres." Escribió: "Ordenaciones conciliares para la Metrópoli del Nuevo Reyno de Granada, etc."

Esta familia Cervantes era tan ilustre como cristiana, y habia dado especialmente á la iglesia de Oaxaca hombres notables por su saber y virtud. Además de los que llevamos nombrados, figuró de dean de aquella iglesia, D. Nicolás Cervantes, autor de estas obras: "Sermon de la Santa Cruz de Huatulco," "Sermones varios dedicados á Cárlos II," "Oratio pro Instauratione studiorum in Academia mexicana," impresos todos. [2]

7.—En lugar de Cervantes fué electo para la mitra de Antequera, D. Bartolomé de la Cerda Benavente y Benavidez, madrileño, hijo de D. Bartolomé Benavente y de Doña María de la Cerda, que habian sido de los primeros conquistadores de México. El jóven Benavidez estudió en la Universidad de Sigüenza y allí recibió los grados de licenciado en Cánones y doctor en teología. Felipe III lo hizo

---

1 Beristain. Biblioteca Hispano Americana, tom. 1.—Dávila. Teatro eclesiástico, tom. 1, de donde tomamos el siguiente epitafio del sepulcro de este obispo: "Aquí yaze el Doctor D. Leonel de Cervantes Caravajal, Maestrescuela y Arcediano de Santa Fé del Nuevo Reyno de Granada, Provisor y Vicario general de su Arzobispado, Comissario del S. Oficio de la inquisicion y de la Santa cruzada, Obispo de Santa Marta, Obispo de Cuba, Obispo de Guadalajara, y de Guaxaca, Gran Limosnero, y Padre de los Pobres."

2 Beristain. Biblioteca citada, tom. 1.

canónigo de Lima en 1620. En aquella misma iglesia fué sucesivamente maestrescuela, arcediano, comisario de la Santa Cruzada, y visitador general del arzobispado; y en fin, catedrático de la Real Universidad de la misma ciudad. Beristain dice que tambien fué dean de aquella iglesia. En 1638 fué electo obispo de Oaxaca, consagrándole D. Pedro Villagomez, con asistencia de los Illmos. Fr. Antonio Conderino y Fr. Francisco de la Serna. En el siguiente año de 1639 tomó posesion de su diócesis. En el Diccionario de Historia y Geografía se dice que pobló el colegio seminario, lo que no puede ser cierto, pues aun no se habia creado en ese tiempo tal establecimiento. Allí mismo se asegura que edificó á sus expensas un convento, que sin duda es el de Belen, pues en la Historia Betlemítica escrita por Fr. José García de la Concepcion, se dice que en Oaxaca "hubo un obispo que previno presagioso habitacion, dispuso salas con raro empeño, labró quartos, erigió oratorio, y preparó todas las cosas que podian conducir á la formacion de una casa religiosa y que al mismo tiempo pudiesse servir de Hospital," sin revelar el destino especial que le daba. [1] Los betlemitas no llegaron á Oaxaca sino mucho tiempo despues; pero el convento existia ya, pues siendo obispo el Sr. Cuevas Dávalos se sabe que se incendió, aunque sin estar aún habitado. Pero si esto es conjetural, no lo es que logró el primero de la Santa Sede despues de repetidas instancias, el uso de las facultades llamadas "Sólitas," de que disfrutan ahora todos los obispos de América, valiéndose para el intento del cardenal de Lugo, con quien siguió una larga correspondencia epistolar. Con el mismo fin, tal vez, escribió al Papa Inocencio X una carta que le atribuye Beristain, con este título: "Epistola ad Inocentium X de Rebus spiritualibus dioccesis oaxacencium." En el archivo de la Catedral de Oaxaca

---

[1] Lib. 3, cap. 6.

se conservaban las cartas del cardenal de Lugo y la bula del Pontífice que concedia las "Sólitas." Visitó todo el obispado. [1]

8.—El Sr. Bohorquez habia practicado el camino de los litigios y Benavidez juzgó conveniente seguirlo. En México anduvo por 1648 envuelto en pleitos con el arzobispo y la Inquisicion. Quejosas de este tribunal, muchas personas habian dirigido representaciones al inquisidor general, quien dió comision al obispo de Oaxaca para conocer en estas diferencias. El 23 de Julio llegó á México, siendo luego visitado por la Real Audiencia y el obispo gobernador, el arzobispo, las religiones y los inquisidores, ménos el Dr. D. Juan Saenz de Mañozca, sobre quien deberian caer sus pesquisas. Pasados aquellos primeros cumplimientos, Benavidez presentó los documentos que lo acreditaban juez de aquella delicada comision. D. Juan Saenz lo recusó, y el arzobispo, como visitador del tribunal, prohibió que fuese obedecido. Benavidez pidió al gobernador auxilio real; mas se le dijo que asentase primero su jurisdiccion con el arzobispo y luego conseguiria ser obedecido. Entre los agraviados por los inquisidores que frecuentaban la casa del obispo de Oaxaca, era uno el Dr. Antonio de Gaviola, fiscal del Santo Oficio, á quien el arzobispo, sin otro motivo, hizo poner en tablillas como público excomulgado por desobediente á sus mandatos. Gaviola se retrajo al convento de San Sebastian. El fiscal del arzobispado, Fernando de Gaitan, acometió á prenderlo; pero se levantó tal tumulto de gente en defensa de Gaviola, que fué necesaria la presencia del gobernador, del sargento mayor y de tropa armada para que cesase la borrasca. El

---

1 Se han consultado para formar estos apuntes biográficos, Gil Gonzalez, Beristain, citados ántes, Lorenzana en las séries publicadas al fin del segundo concilio mexicano, y el Diccionario de Historia.

Sr. Benavidez permaneció en México hasta 5 de Octubre en que salió para Oaxaca, sin haber ejecutado cosa alguna, [1] siendo sustituido tres años despues en el desempeño de su comision por el inquisidor de Cartagena D. Pedro de Medina Rico. [2]

9.—No fué más feliz en sus agresiones á los dominicos de Oaxaca. Estos, á la muerte del Sr. Bohorquez y á consecuencia de la reconciliacion celebrada con él, disfrutaron de alguna paz, pero no muy dilatada, pues en 1637, el virey marqués de Cadereita envió despacho para que el provincial se presentase en México á tratar sobre la eleccion é institucion de los doctrineros de los indios. Las diligencias del provincial para eludir la sujecion al patronato real fueron inútiles: quedó establecido desde entónces, que para la provision de cada parroquia se presentasen á la eleccion del virey los nombres de tres sugetos, entre los que deberia ser uno escogido. Igualmente se removió, cuando ménos era de esperarse, la cuestion de sujetarse los regulares á la institucion y correccion de los señores obispos para la administracion de las parroquias. Por muchos años vivió en la mejor armonía con los frailes el Sr. Benavidez y aun les dió pruebas de grande afecto. En la eleccion del padre provincial celebrada en 1646, contribuyó cuanto pudo á las manifestaciones públicas de alegría que 'se hicieron, por haber tocado este cargo al P. Requena. El Sr. Benavidez cantó en Santo Domingo la misa de pontifical, con asistencia de todos los canónigos y de las autoridades civiles, y luego sacó una solemne procesion en que lo asistian los religiosos vestidos con capas de ricas telas, pues comenzaba á desplegarse algun lujo en los templos. El docto P. Fr. Pedro del Castillo, sostuvo por tres ho-

1 Diario de sucesos notables, por Martin de Guijo.
2 Id. Págs. 182 y 185.

ras un erudito certámen, con aplauso de los sabios que abundaban ya en la ciudad, y se dió un convite de cincuenta cubiertos, con esta ocasion. En los dos dias que siguieron á la eleccion, por mandato del corregidor D. Antonio de Estupiñan, se quemaron fuegos artificiales y se corrieron toros, con asistencia de las autoridades, que tomaron asiento en un tablado preparado decentemente, y de inmenso pueblo, si bien el convento se mantuvo cerrado por respeto á las leyes de la Iglesia, siempre adversas á tan peligrosas diversiones. La descripcion de todos estos festejos, escrita por Fr. Jacinto del Castillo, se dió á la prensa poco tiempo despues.

A pesar de tan favorables antecedentes, entre aquel mismo provincial Requena y el mismo Sr. Benavidez se encendió ruidosamente de nuevo la cuestion de los curatos. El año de 1645 expidió el rey cédula especial para que en Oaxaca se ejecutasen las cédulas anteriores relativas á la sujecion á los obispos de los párrocos regulares. Con este motivo, el Sr. Benavidez suplicó y el virey mandó que tales disposiciones fuesen, en fin, un hecho. Los dominicos tenian privilegio de exencion, concedido por S. Pio V, á instancias de Felipe II, confirmado por Gregorio XVI, en virtud del cual se tenian por libres de la jurisdiccion de los obispos en las doctrinas que administraban. Además, temiendo excederse en la defensa de sus derechos, habian consultado al general de su Orden, Tomás Turco, quien por sus letras de 15 de Junio de 1644, les mandó resistir las agresiones de los obispos. A pesar, pues, de las reiteradas órdenes del virey, continuaron usando de sus privilegios, y para su mejor defensa nombraron sus procuradores en México, á Fr. Jacinto del Castillo y Fr. Francisco Burgoa, citado tantas veces en este libro. Seguíase con calor el pleito en la corte de los vireyes; mas entretanto el rey, que sin duda tomaba exactos informes del curso que llevaba, comprendiendo que su término dependia de los

superiores residentes en Roma, se dirigió al general supli-
cándole impusiese obediencia á sus súbditos de Oaxaca.
Tomás Turco libró en consecuencia sus letras patentes el
19 de Noviembre de 1647 mandando que los curas domipi-
cos se sujetasen, como lo prescribian las cédulas reales, á la
institucion, visita y correccion de los obispos, *officio official-
do* estrictamente y no de otra manera.

La determinacion del R. P. General de la Orden llegó á
manos del Sr. Benavidez ántes que á las de los religiosos
dominicos, por lo que se apresuró á procurar una transaccion en que pactó, que de tres sugetos que la provincia
ofreciese escogeria el virey uno á quien el obispo habria
de instituir necesariamente párroco, con derecho de visita
y correccion, pero solamente en el oficio de párrocos, sin
estrépito alguno judicial, y sin que por eso se relajase el
vínculo de la obediencia regular á los prelados propios, que
á su voluntad podria remover á los párrocos y disponer de
las rentas en beneficio de toda la comunidad. Se dió noticia del acuerdo habido entre las partes contendientes al
rey, que lo aprobó y confirmó por cédula expedida el 5
de Febrero de 1650. [1]

A pesar de la transaccion, el Sr. Benavidez continuó hostilizando sin descanso á la provincia de dominicos. Inter-

---

1 Se cuenta la siguiente anécdota de esta transaccion. La determinacion de Roma tomada de acuerdo con el rey de España, no era del todo
favorable al señor obispo, pues las parroquias quedaban anexas á los
conventos con derecho pleno, cuando se pretendia la sujecion omnímoda de los regulares á la jurisdiccion diocesana. Cuando, pues, el Sr. Benavidez supo la parte adversa de la resolucion, se apresuró á celebrar
una transaccion en que se pactase lo mismo que se habia mandado en
Roma, celebrando la concordia y avenimiento de las partes con un espléndido convite en que el señor obispo mandó servir á los frailes, *bobos*
preparados con delicado gusto. Como el convite tuvo lugar en un solar
cercano á una ermita de San Bernardo, quedó á esta imágen el nombre de "San Bernardo de los Bobos."

212

vino en el capítulo provincial celebrado el 8 de Mayo de 1649, pretendiendo impedir que saliese electo Burgoa vicario provincial, lo que dió motivo á nuevas quejas por parte de los dominicos y á que el rey de España, cuando se hizo cargo de la nueva cuestion que surgia, reprendiese al obispo en cédula de 10 de Diciembre de 1650, [1] que fué notifi-

---

1 Hé aquí la cédula: "El Rey.—Rev⁹. en Cristo Padre Obispo de la Iglesia Catedral de la Ciudad de Antequera del Valle de Guaxaca de mi consejo: Por haber tenido noticia en mi Consexo de las Indias, que habiendo ordenado, que los Religiosos, que han de ser electos para la Administracion de las Doctrinas, se sugetasen á la aprobacion y exámen de los Obispos, la Provincia de Guaxaca de la Orden de Santo Domingo, ha obedecido en todo, y por todo, mis mandatos: examinándose en suficiencia, y en dies lenguas extrañas, y peregrinas, que esa Provincia administra en cuarenta doctrinas, que tiene á su cargo: y que el Provincial conforme á las Cédulas Reales, ha presentado tres religiosos de los ya examinados, y aprobados por Vos, á mi Virey, para que el, como vice-patrono mio, por mi real Patronasgo, nombre uno para Doctrinero: y que con esta mano de exámenes el año pasado de mil seiscientos y cuarenta y nueve, quisisteis alterar la eleccion de Provincial de esa Provincia, insinuando á los religiosos mas graves, Maestros Priores y Vicarios, persuadiendo á sus deudos, dispusiesen, que se hiciese Provincial á vuestra satisfaccion. Y en esta consideracion, y que á mi Presidente y Audiencia del Nuevo Reyno el año de seicientos y doce, les mandé no se introduxesen en las elecciones de Provinciales, por ser materia escrupulosa: se me ha suplicado, os encargue, no os metais en las elecciones de Provinciales, que no os tocan, sino en el exámen de Doctrineros, y administracion de Sacramentos, y que no se provean los oficios en los Capítulos, ni las Doctrinas por vuestro gusto, de que se siguen inconvenientes: pues no teniendo comprehension de los méritos de los Religiosos, se hecha mano de los que tienen menos partes, dejando sin ellos á los mas beneméritos y virtuosos. Y habiendose visto por los de mi consejo real de las Indias, atendiendo á lo referido, y á lo mucho que conviene al servicio de Dios, y mio, que las elecciones, que se han de hacer, así para los dichos oficios, como para las doctrinas, sean en los mas beneméritos y virtuosos, y en aquellos, en quien concurrieren las partes y calidades competentes para ellos: me ha parecido rogaros y encargaros (como lo hago) que en lo que toca á Vuestro Pastoral procedais como os pertenece, por razon de el: y en todo lo que

cada al cabildo, por haber muerto ya, cuando se recibió en Oaxaca, el Illmo. Sr. obispo. A fines del mismo mes de Mayo de 1649, mandó prohibir con graves censuras la procesion que salia de Santo Domingo el domingo infraoctava de Corpus, sin embargo de las concesiones relativas de S. Pio V y de Clemente VIII que los frailes alegaban y de que estaban en uso desde 1604. El 25 de Julio del mismo año publicó un edicto, declarando vacantes todas las parroquias que servian los dominicos, y señalando desde luego á un sacerdote secular, D. Cristóbal López, cura de San Pablo de la Ciudad ó del Marquesado. Gran sensacion produjo

---

pertenece al gobierno interior de las Religiones, lo escuseis, y no os entrometais en su Gobierno: por obviar los inconvenientes de las diferencias de los Religiosos: escusando intervenir en las elecciones con pretexto, ni de los exámenes, ni de las doctrinas: dejandolos obrar con libertad de Sus Constituciones: para que con esto se eviten los inconvenientes, que se me han representado, se siguen de lo contrario; en lo cual pondreis el cuidado, que pide la gravedad, é importancia de la materia; fecha en Madrid á 10 de Diciembre de 1650—Yo el Rey—Por mandato del Rey N. S. Juan Bautista Saens Navarrete.—Rubricada con seis rubricas de los Señores del Consejo.—En la Ciudad de Antequera de la Nueva España, á 16 dias, del mes de Octubre de 1652 años: Ante los Señores Dr. D. Gonzalo Ibañez de Herrera Dean, Doctor D. Antonio Cardenas y Zalazar Arcediano, Lic. D. Julian de Vilches Tesorero, y Lic. D. Bartolome Carrasco de Betancur Canonigo, Cavildo Sede vacante de la Sta. Igla. Catedral: estando juntos en la Sala de su Ayuntamiento: Yo Nicolas de Arjona, escribano publico del numero de esta Ciudad, de pedimento del M. R. P. Mº Fr. Francisco de Burgoa, Calificador del Santo Oficio de la Inquisicion y Prior Provincial de la Provincia de San Hipolito M. de Guaxaca, Orden de Predicadores; leí clara y distintamente *y de verbo ad verbum* la real cedula de estas foxas, como en ella se contiene, y oida y entendida por dichos Señores, la recibieron en sus manos, besaron y pusieron sobre sus cabezas, estando en pié y descubiertos, con el acatamiento debido á carta de N. Rey y Señor natural: y dijeron, que la obedecen y cumpliran con lo que su Magestad manda, en cuanto les toca, y tocar puede, segun son obligados: de que doy fé En testimonio de verdad—*Nicolas de Arjona*, escribano público." (MS. de Levanto, folios 128 y 129).

28 *

este despojo en el ánimo de todos: se elevaron protestas, quejas y representaciones á la Audiencia. Segun se lee en los diarios del Lic. Guijo, la Audiencia no se resolvia del todo en favor de los dominicos, por tener hasta tres cédulas del rey en que se le mandaba prestar ayuda al Sr. obispo Benavidez, respondiendo á las repetidas súplicas del provincial que ocurriese al Consejo de Indias. [1] Estas mismas cédulas se notificaron por la Audiencia á las religiones de San Agustin, San Francisco, la Compañía y Santo Domingo de México; mas no se ejecutaron por estar aún pendiente el mismo pleito entre los frailes y el obispo de Oaxaca. [2] Sin embargo, sabida la voluntad de los generales respectivos residentes en Roma, Burgoa el primero y despues todos los demás vicarios provinciales, se sujetaron al mandato real que los obligaba al exámen y correccion del ordinario. Pero el obispo de Oaxaca pasaba más allá de los límites prescritos por la autoridad real y pretendia eliminarlos de golpe del ministerio parroquial, por lo que la Audiencia Real mandó al fin restablecer las cosas en su antiguo estado. De todas sus medidas violentas era motor el arcediano Salazar, que atizaba sin descanso el ánimo del obispo, induciéndolo á hostilizar á los dominicos, y que en esta vez, no pudiendo soportar el auto adverso de la Audiencia, que los mantenia en sus parroquias, dió á luz un manifiesto poco caritativo contra sus adversarios, y no pareciéndole que habia sido bastantemente aplaudido, escribió y dió á la prensa otro aun más sangriento, que se mandó recoger, deshaciéndose la planta por órden de la Audiencia.

Estas vejaciones y otras muchas de igual género que de contínuo traian quebrantada la paz pública y enflaquecida la piedad del pueblo, al fin obligaron á los dominicos á verificar nuevo nombramiento de jueces conservadores, reme-

1 Pág. 67.
2 Pág. 69.

dio supremo á que acudian en sus mayores angustias. La eleccion recayó en cinco personas que debian sucederse en el ejercicio del delicado encargo las unas en pos de las otras; á saber: el Dr. Cristóbal Gutierrez de Medina, párroco de la Catedral de México; el maestro Fr. Diego de los Rios, agustino, rector de la Universidad de México; el maestro Fr. Diego de Reina, agustino; el P. Diego de Monroy, jesuita, rector del colegio de San Pedro y San Pablo, y el P. Baltazar López, prefecto de estudios de la Compañía de Jesus. El P. Burgoa, que residia en México, procurando los intereses de su provincia, presentó peticion al real acuerdo, exponiendo los poderosos motivos que tenian para designar jueces conservadores que defendiesen la posesion en que estaban de sus privilegios apostólicos, suplicando se les prestase el auxilio real para remover todo impedimento en el ejercicio de su comision. La Audiencia, considerando las turbaciones y escándalos que ya otras veces se habian seguido del encuentro de la jurisdiccion contenciosa de los diocesanos y jueces conservadores, pues estaba aún fresca la memoria de la ruidosa contienda de los jesuitas con el Sr Palafox, ántes de hacer recaer su decreto sobre la peticion de Burgoa, determinó prudentemente dirigir al Sr. Benavidez una carta acordada, representándole los males que se habrian de seguir de la prosecucion de aquel desagradable pleito. Piden los oidores al señor obispo en esta carta, que anteponiendo el mejor servicio de Dios y el bien de la quietud pública á sus sentimientos particulares, temple y mitigue su ardor contra los dominicos, gobernando con discrecion y caridad, y evite las vejaciones y excesos que dan lugar al recurso peligroso y arduo de los conservadores. Le advertian que de no mostrarse dócil á la súplica que le hacian, conduciéndose moderadamente en lo de adelante, proveerian de justicia en la peticion de Burgoa, darian cuenta al rey de España, pues para ello conservaban copia de las cartas suplicatorias que habian remitido al señor obispo, y á éste solo se imputarian los daños á que habria dado causa. Con esta carta, en efecto, la intervencion de otras personas respetables, y especialmente, con las activas gestiones en el sentido de la paz del rector de la Compañía de Jesus en Oaxaca, que lo era Gerónimo López, se serenó algo la tempestad y los dominicos pudieron respirar un poco de tiempo.

Contribuyó no poco al buen éxito de los trabajos de la Audiencia, la actitud que habia tomado el ayuntamiento de la ciudad por el motivo siguiente. Acostumbraban los regidores, alcaldes y corregidor, oir misa los domingos en cuerpo de ciudad en el templo de las monjas concepcionas; mas por causa de un lance desagradable que les sobrevino cierto dia en el momento de cumplir este deber religioso, se salieron en masa del templo y no asistieron más allí á los divinos oficios. En estas circunstancias, Burgoa, en nombre de su provincia, ofreció al ayuntamiento los servicios gratuitos y gustosos de sus frailes y el templo de Santo Domingo para que los regidores y justicias asistiesen á las funciones religiosas á su satisfaccion. A consecuencia de esta cortesía de los dominicos, y en cabildo celebrado el 11 de Diciembre de 1649, la ciudad determinó favorecerlos en sus diferencias con el señor obispo, nombrando regidores que los acompañasen y defendiesen, marchando á México y á España, si fuere necesario. [1]

---

1 Firmaron este acuerdo Juan López de Olais, Diego Ortiz de Sepúlveda, Agustin Delgado Beltran, D. Alonso de Cariaga, D. Nicolás Ramirez de Aguilar, Diego Perez de Lujan, Cristóbal de Morales, Juan de Quevedo Alvarado, D. Nicolás Ferra de Zavala, L. Arjona. Dió testimonio Andrés de Salcedo, teniente de escribano público.

CAPITULO X

TRES ILUSTRES OBISPOS.

1. Cajonos.—2. Minas encantadas.—3. Pez raro.—4. El Santo Cristo de Huayapan.—5. Nuevas inquietudes con los frailes.—6. Cuevas Dávalos.—7. Insurreccion en Tehuantepec.—8. Es apaciguada.—9. El Illmo. Sr. Monterroso.—10. Illmo. Sr. Puerto.

1.—A la sombra de las ardientes disputas que sostenian los dominicos y el diocesano, los indios, no tan diligentemente vigilados y doctrinados como en otros tiempos, volvian poco á poco á sus viejas supersticiones y manifestaban tendencias á rebelarse contra las autoridades constituidas. En Quiegolani se descubrió, en medio de un maizal, un subterráneo, templo del dios protector de las sementeras: era una gran mazorca cubierta con blancos paños de algodon, y colocada entre blandas pieles de venado, perfectamente adobadas, que anualmente era escogida entre las mejores de la cosecha y recibia las públicas y solemnes adoraciones de los indios.

Iguales idolatrías se practicaban en algunos pueblos de la sierra. Cajonos habia sido de los últimos pueblos que abrazaron el catolicismo á que se mostró muy resistente. En el idioma del país se llamaba "Benixonó," palabra que significa "Contrahecho" ó "el que huye" ú "ocho en ú mero," lo que acaso se refiera al orígen y primera formacion del pueblo. A sus habitantes califica Burgoa de desleales, varios, altivos, codiciosos é inclinados á negociar en el comercio. En el tiempo que alcanzamos en esta historia, aun existian muchas supersticiones como lo atestigua el mismo Burgoa Un cazador vió en los pliegues de las montañas algunos actos idolátricos, y denunciándolos al cura, dió motivo para que despues de algunas pesquisas, la autoridad descubriese y recogiese al ídolo y á los principales culpables. El sacerdote era un anciano ladino, vestido de seda, al uso español. Por las declaraciones de éste y de los otros reos se supieron las ceremonias que se practicaban. El sacrificio que ofrecian era de expiacion y tenia lugar una vez en el año. El pueblo formaba de hierbas ásperas entretejidas, una especie de fuente ó plato, con que se presentaba al sacerdote: se postraban todos ante él, y uno en nombre de los demás, declaraba: que venian á pedir á su dios misericordia y perdon de las culpas cometidas en el curso de aquel año: cada uno de los presentes sacaba unas tiras delgadas de *totomostli*, unidas en dos en dos, y anudadas en el medio formando un lazo que representaba la culpa, depositaba en la fuente aquel símbolo del pecado, y extrayéndose sangre de las venas, lo regaba con ella. El sacerdote tomaba el plato, y ofreciéndolo al ídolo, con un gran razonamiento pedia misericordia para aquellos sus siervos, y volviéndose al pueblo, manifestaba que las culpas estaban borradas y que podian entregarse al regocijo y á las alegrías ordinarias. [1]

2.—Poco despues de este acontecimiento se descubrieron cerca de Villa–alta unas buenas minas, de una parte de las cuales pensaron los vecinos de la villa hacer donacion á la Compañía de Jesus en remuneracion de frecuen-

---

[1] Burgoa, 2ª parte, cap. 64.

tes misiones que hacian los jesuitas en ese rumbo. El padre Juan de Angulo fué á reconocer si con los fondos que se les ofrecian podrian edificar casa de su Orden entre los serranos. Los informes que dió á los superiores no debieron ser favorables, pues la donacion no se aceptó; sin embargo, no fué del todo infructuoso su viaje: las minas estaban *encantadas* y él las *desencantó.* Pasó el caso en estos términos:

Los pueblos inmediatos á las minas se resistian fuertemente á su laboreo, negándose al trabajo por motivos que se conocian desde luego fútiles y despreciables. Las verdaderas causas eran, ya las vejaciones que temian de los empresarios, ya el estorbo que tendrian con la vecindad de los españoles para el ejercicio de sus hechicerías, pues insensiblemente habian vuelto muchos á esta profesion, y tenian adquirida ya gran opinion de brujos. Juzgaban éstos perder las comodidades y el concepto que disfrutaban, haciéndose temibles por sus maleficios, si las minas se trabajaban: amenazaron por tanto, para librarse de la molesta vecindad, que con hierbas y operaciones mágicas harian desaparecer los filones de plata é inundarian de agua las excavaciones practicadas. Semejantes anuncios y algunos otros más realizables, como de una abierta rebelion, hicieron á todos entrar en serios temores. Los trabajadores decian que las minas ya estaban *encantadas* y contaban haber oido repetidas veces silbos y bramidos, golpes de picos y barretas, estruendo semejante al de muchas piedras y árboles que rodasen hasta el fondo de la mina. Los españoles mismos, poseidos de terror, pensaron desamparar el puesto. En esas circunstancias, el padre Angulo se dirigió á los caciques, les afeó sus desórdenes, y más que todo, la repugnante profesion de hechiceros aborrecible á todo el género humano, los amansó y redujo á consentir el laborío de las minas, bendijo á éstas y celebró cerca de ellas el sacrificio de la misa, para disipar el terror de los obreros, que entónces afirmaron que el padre habia desencantado los montes. [1]

3.—Poco ántes, en 1648, arrojó el Oceáno en las playas de Santa María del mar, en el istmo de Tehuantepec, un monstruo, cuya descripcion da Burgoa en los términos siguientes: "En la creciente del mar fué subiendo con las olas por la marina un bulto tan grande, que sobre las espumas parecia un escollo portátil ó levadizo. La gente del pueblo, que estará como doscientos pasos, lo divisó al amanecer: y como le vian subir, fué tan grande el asombro, que estuvieron resueltos á que, si pasara adelante, desamparar sus casas y salir huyendo. Estuvieron atalayando por ver á do tiraba, y reconocieron, que bajando la mar, encalló en la arena; y aunque se movia en ella, era tan tardo, que apenas daba paso el primer dia, el segundo mucho mas torpe, y al tercero le vieron inmoble; y siempre lo miraban de lejos, á vista donde pudiesen correr. Dentro de ocho dias sintieron mal olor, y vian venir algunas aves y ir perros á comer del, con que advirtieron estaba muerto: llegaron á ver lo que era, y hallaron la mas extraña monstruosidad que jamas, ni su semejante, havian visto, ni yo he leido en muchos autores que refieren los pejes raros salidos ó vistos en la mar."

"Era el monstruo de poco menos de quince varas de largo, y, con estar ya con el peso y los aires muy metido en la arena, salia mas de dos varas en alto, tanto, que por mas que fuera un hombre por un lado, no podia ver á los del otro. Toda la piel era vellosa y de color rufo como de vaca: la cabeza tambien parecida, con orejas sin canjilones: tenia dos manos delanteras, que descubrieron al escamarse la osamenta; cola tan rolliza como una columna, y tan gra-

1 Alegre, historia de la Compañía.

sienta que se corrompió de suerte, que ni los perros la querian comer despues. A mí me trajeron tres huesos: una espaldilla á modo de abanico, con la coyuntura de diámetro de una tercia, por do se podia parar muy bien, y de aquí salia en forma de medio círculo, de alto y ancho vara y media; una costilla del ancho de una ochava y de largo de dos varas, tan dura y maciza lo mas de ella, como las del Manatí ó Peje–mulier; la cauda ó extremidad era en trozos como los del espinazo del tollo ó tiburon, y uno de estos tenia de alto una tercia, y de asiento muy igual media vara, que fué la pieza que me trajeron con las otras dos, y el de la extremidad arrimado á la espaldilla hacia un muy artificioso y descansado asiento. Los demás, se llevaron diversas personas por curiosidad." [1]

4.—En la ciudad de Oaxaca, las disputas religiosas no habian hecho perder al pueblo la inclinacion al placer. El primer paseo de los oaxaqueños habia sido Cuilapan. Los reclamos de un obispo celoso de extirpar los abusos que se cometian á la sombra de los nogales, dieron fin á esta recreacion; mas la corriente de los amigos de la distraccion, contenida por un lado, se abrió camino insensiblemente por otra direccion. El pueblo elegido en lugar del primero fué Huayapan, y el principio de las frecuentes visitas allí de los oaxaqueños fué, como suele acontecer, un motivo de devocion. Hallábase en la sacristía una imágen del Salvador puesto en la cruz. Un dia se le vió cubierta de sudor: de pronto el acontecimiento se observó con reserva; mas habiéndose repetido muchas ocasiones, el obispo mandó hacer informaciones y quiso trasladarlo á la ciudad, cosa

---

[1] En el Museo Mexicano, tom. 1, pág. 149, publicó D. Juan B. Bolaños la descripcion cuya clasificacion harán los naturalistas. En la Biblioteca de Santo Domingo se conservaba un hueso de este pez. (Carriedo. Ests. hists., pág. 25).

que resistieron los indios. Comenzó á verse la imágen con suma veneracion y á ser visitada por numerosas familias: á proporcion fueron abundantes las oblaciones de los devotos, y el pueblo pudo construir y dedicarle un templo decente. Como Huayapan se halla asentado al pié de la Sierra, en una sombría cañada bien regada por corrientes atorrentadas que circulan entre numerosos árboles, presenta cierto aspecto de agreste belleza que recrea la vista, y el aire que se respira es puro y saludable, los oaxaqueños, desde mediados del siglo XVII, comenzaron á frecuentarlo para cumplir sus votos religiosos y tambien por deleite. [1]

Los mexicanos establecidos en los suburbios de la ciudad, en los tres pueblos de Santa María, San Martin Mexcapan y San Juan Chapultepec, se habian disminuido tan considerablemente, que entre todos apénas contenian doce familias. Un religioso dominico les dió nueva vida, Fr. Nicolás de Rojas, que los administraba desde el templo de San Pablo de la Ciudad. Este templo, uno de los primeros, derribado por los temblores, habia sido reconstruido con solidez y belleza por el padre Francisco Burgoa, que quiso hacer del convento anexo una casa de recoleccion y reforma para los religiosos de su Orden. En la prosecucion de su intento sufrió viva oposicion; mas al fin pudo encerrarse en él con cuatro frailes que le quisieron seguir. [2]

5.—El Sr. Benavidez habia muerto el 14 de Febrero de 1652, [3] y como en el cabildo eclesiástico, que solo constaba entónces de cuatro personas, predominaba de un modo absoluto la autoridad del arcediano Cárdenas, quedó éste gobernando en la sede vacante. De carácter in-

---

1 Burgoa, 2.ª parte, cap. 51.

2 Burgoa. Apéndice á la 2.ª parte. Vida de Fr. Nicolás de Rojas.

3 El 23 se supo el fallecimiento en México. Diarios de Guijo, página 218.

quieto, extraordinariamente inclinado á los litigios, y siempre hostil á los dominicos, apénas les dejaba momentos para respirar: no habia terminado aún una cuestion, cuando surgia otra de la inagotable inventiva del arcediano. Hasta entónces habia combatido á la provincia desde léjos: provisor y vicario general del obispado durante veinte años, aprovechaba su inmediacion á los obispos para comunicarles á uno en pos de otro sus sentimientos adversos á los frailes y promoverles dificultades por donde quiera. Cuando por la muerte del Sr. Benavidez quedó en sus manos el gobierno de la diócesis, declaró luego vacantes veintiuna parroquias de las que administraban los dominicos, pretendiendo proveerlas en personas del clero secular: acaso tambien intentó procesar á los frailes y obligarlos á comparecer ante su tribunal, pues éstos lo recusaron ante el Illmo. metropolitano. Además, elevó al virey duque de Alburquerque numerosas quejas que obligaron al provincial Manuel Baez á emprender viaje á México para vindicarse de las imputaciones que se hacian. Es verdad que aquellas prolongadas disputas tenian ya cansada la atencion pública, y que aun el cabildo eclesiástico las veia con desagrado, pues dos capitulares, el dean Dr. Gonzalo Ibañez y el tesorero Dr. Julian de Vilches, declararon el 15 de Julio de 52 y el 18 de Enero de 53, ante notario público, que cuanto se habia hecho contra la provincia de San Hipólito habia sido sin su autoridad y voto; [1] mas no por eso el arcediano se contenia.

El provincial Baez presentó al virey un extenso memorial, representando las inquietudes que agitaban á sus frailes y las vejaciones que habian sufrido de parte del arcediano, muchas de las cuales refiere, para pedir en conclusion el remedio á tantos males. El virey, con parecer del

---

[1] Esta protesta se guardaba en el archivo de Santo Domingo. MS. de Levanto, fol. 126.

fiscal, mandó que el obispo de Oaxaca castigase al arcediano y que nada se innovase en la administracion de las parroquias. Habia sido consagrado ya por muerte del Sr. Benavidez, obispo de Oaxaca D. Fr. Francisco Diego Evía y Valdés, monje de San Benito, y se aproximaba por 1654 á tomar posesion de su obispado.

Nació el Sr. Evía en la ciudad de Oviedo, y fueron sus padres D. Pedro Diaz de Quintanilla y Doña Catalina de Evía. Estudió en la Universidad de Salamanca y recibió los grados en la de Oviedo, en donde tambien fué catedrático de artes. En la religion á que pertenecia obtuvo varias prelacías. Fué presentado por Felipe IV para la mitra de Durango el 17 de Mayo de 1639. Lo consagró el Sr. D. Juan de Palafox y Mendoza en el convento de las descalzas reales de Madrid; tomó posesion de su diócesis en 1640. En la visita de esta vasta diócesis caminó más de novecientas leguas, mostrándose siempre celoso por el bien de las almas. En 1653 fué trasladado á la iglesia de Oaxaca, de la que tomó posesion en Marzo de 1654, casi al mismo tiempo que en Tehuantepec moria el obispo de Guatemala, Dr. Garcilazo de la Vega. [1]

Cuando aún estaba en camino para la ciudad, los dominicos, para no dar lugar á que las sugestiones del arcediano preocuparan su ánimo, salieron á su encuentro y le presentaron el despacho del virey en que estaban insertas muchas cédulas reales relativas á la cuestion que por tantos años habia conmovido á los frailes dominicos, y juntamente la lista de los curas regulares que debian llenar el ministerio en las parroquias declaradas vacantes, por el vicario capitular Cárdenas. El obispo dijo que obedecia las cédulas reales; mas que no se podian cumplir hasta saber si los religiosos se habian ajustado al Concilio Tridentino y derecho canónico, debiendo por lo mismo diferir á otro tiempo la re-

1 Diarios de Guijo, pág. 279.

solucion de este asunto. Luego que llegó á la ciudad, el promotor fiscal eclesiástico, digno cooperador de Cárdenas, presentó peticion al obispo para que no se aceptasen los párrocos regulares nombrados, por militar contra ellos las mismas causas que contra los removidos anteriormente, insistiendo fuertemente en el derecho de los obispos para nombrar por sí solos á los párrocos de la diócesis. Contestaron los dominicos el razonamiento del promotor; éste replicó y aquellos contrareplicaron. El Sr. Evía remitió la decision al virey, quien el 20 de Noviembre de 1654 proveyó en favor de los dominicos, fundado en que ya se habia fallado en causa semejante promovida por la mitra de México, que las causas de las promociones ó remociones de los párrocos se habian de exponer por el prelado regular, no al obispo sino al virey, como vicepatron de todas las iglesias.

En el mismo despacho del virey encontró Cárdenas motivo para embarazar su ejecucion: contenia una cláusula en que se facultaba á los regulares para recibir la institucion canónica por medio de apoderado, y el arcediano sostenia que se habia de otorgar poder especial en cada caso, con todas las formalidades del derecho, conduciendo escribano público hasta el lugar en que el religioso se hallase, y otras exigencias que hacian costosa y molesta la diligencia. El virey resolvió en nuevo despacho expedido el 10 de Febrero de 1655, que bastaba que el párroco electo hiciese constar su voluntad por carta particular para que se instituyese legítimamente. [1]

Por lo demás, el Sr. Evía se mostró prudente en la administracion de su iglesia. y acaso hubiera hecho muchos bienes si la muerte no se apresura á descargar sobre él su

---

1 Están tomadas todas estas noticias de los manuscritos de Levanto, desde el folio 100 hasta el 130.

terrible golpe, quitándolo del número de los vivos: **falleció** el 6 de Diciembre de 1656. [1]

El arcediano Cárdenas era natural de Querétaro y doctor en Sagrados Cánones. Sabio y caritativo, se hizo **notable** principalmente por su incansable actividad y su **carácter** dominador. Tal vez para hacer cesar las inquietudes que promovia, fué trasladado (1664) á México, en donde ejerció el cargo de provisor y gobernador del arzobispado. Aun hostilizó á los regulares, escribiendo un alegato **sobre** el derecho que tienen los seminarios á la pension de las parroquias administradas por ellos. Murió por 1674. En el primer siglo de la dominacion española los dominicos hicieron un gran papel en Oaxaca. Mucho perdieron de la influencia y poder que disfrutaban por los litigios que sostuvieron con D. Antonio Cárdenas y los que siguieron despues, predominando en los dos siglos siguientes la autoridad de los obispos, contribuyendo acaso á tal engrandecimiento el brillo de las virtudes y el saber de algunos bastante ilustres de que pronto se hablará.

Además de Cárdenas, fué trasladado al cabildo eclesiástico de Michoacan D. Miguel Segovia, y al mismo tiempo proveidos para Oaxaca, de arcediano D. Nicolás Gomez Cervantes; de tesorero, D. Andrés Gonzalez Calderon; de canónigos, D. José Salazar Maldonado y D. Pedro de Otalora, obispo de Santa Marta. En el órden civil, Francisco Plaza, general que fué de la Carrera de Filipinas y alcalde mayor de Nejapan, levantó sus bienes y desapareció, dejando sin solucion crecidas deudas. De Jicayan era corregidor D. Diego Orejon y de Villa–alta D. Martin Robles, ambas personas muy consideradas en México.

---

[1] El 16 de Julio del mismo año habia consagrado en Tepeaca dos obispos. (Guijo, pág. 367).

6.—Fué obispo de Oaxaca despues de Valdés el Sr. D Alonso de Cuevas Dávalos, mexicano. Nació el 25 de Noviembre de 1590: estaba relacionado por la sangre con las más nobles familias de México y se bautizó en el templo de San Agustin, en que sus ascendientes patrocinaban varias capillas. Desde niño fué inclinado á ejercicios piadosos. Cursó sus estudios en el colegio de San Ildefonso, bajo la direccion de los padres jesuitas, y con general aplauso recibió los grados en la Real Universidad. En el santuario de Nuestra Señora de Guadalupe cantó su primera misa, y poco despues fué electo capellan de Santa Teresa la Antigua. Alimentaba este sacerdote en su alma el fuego que vivifica á los santos, fuego que frecuentemente se derramaba al exterior, dando vida á los hechos más dignos de elogio. En el retiro de su casa se abanbonaba á la contemplacion de las altas verdades cristianas, para salir despues, conmovido por el fervor de la gracia, solicitando hacer bien á sus semejantes. Acostumbraba la penitencia y las mortificaciones voluntarias, á que se agregaban contrariedades, persecuciones y calumnias, que sufrió durante su permanencia en México; tales padecimientos, sin embargo, no cambiaron la suavidad y dulzura de carácter que manifestó en su trato, principalmente con los enfermos del hospital de Jesus, que visitaba con frecuencia.

En Puebla, de cuya catedral fué sucesivamente magistral, tesorero y arcediano, manifestó su misericordia con los necesitados, consolándolos y socorriéndolos siempre; pero particularmente en una peste que por los años de 42 y 43 desoló aquella poblacion, fundando con recursos propios un hospital, que en persona administró y cuidó. El 23 de Marzo de 51 fué por el rey electo dean de la Catedral de México, y en 1555 cancelario de la Real Universidad. Escogido para llenar el hueco que en Oaxaca habia dejado Evía, fué consagrado por el arzobispo Bugueiro el 13 de Octubre de 1657 con asistencia de los vireyes, Audiencia y lo más noble de la ciudad, emprendió su marcha el 25 de Noviembre, se detuvo en Puebla algunos dias y entró solemnemente en la capital de su diócesis el 22 del mes siguiente. Al frente ya del gobierno eclesiástico de Oaxaca, mostró en sus virtudes personales las cualidades de un excelente pastor de las almas. No porque habia alcanzado una elevada dignidad dejó que se resfriara en su alma el antiguo ardiente amor al prójimo; ántes bien, desde la altura en que estaba, su accion benéfica era más general y extensa. Su trato era dulce, su conversacion familiar sencilla y agradable, la moderacion y la prudencia guiaban siempre sus más importantes determinaciones. Tan solícito de hacer limosnas fué, que daba á quienes le pedian y buscaba á los que no llamaban á su puerta. Agotados sus tesoros, pidió prestadas crecidas sumas para repartir á sus queridos pobres. Y no solo con el bolsillo favorecia á los oaxaqueños, sino más especialmente con sus cuidados personales. En cumplimiento de su obligacion, y para el bien de sus ovejas, ningun trabajo rehusaba: emprendia caminos penosos y se sujetaba á toda suerte de fatigas, á pesar de su edad crecida, de sus achaques habituales y de su débil complexion, quebrantada todavía más por sus duras penitencias. Cuánta humildad y cuánta caridad no manifestó en la visita de su diócesis: consolaba á los indios en su abatimiento, miserias y dolores; les excusaba gastos, aun los más indispensables de la comida; y por sí mismo les enseñaba la doctrina. Tuvo una virtud que difícilmente se encuentra en las altas regiones del poder: de consagrarse con singular esmero al despacho de los negocios y causas de los pobres.

Los dominicos aprovecharon la paz que les concedia el Sr. Dávalos para embellecer su templo. En 1659 llamaron un maestro poblano que hiciese la obra de yeso y el dorado del cañon del cuerpo de la iglesia, cuyo costo fué de 26,691 pesos, 3 tomines. El siguiente año se construye-

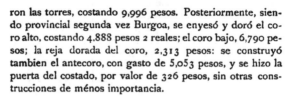

ron las torres, costando 9,996 pesos. Posteriormente, siendo provincial segunda vez Burgoa, se enyesó y doró el coro alto, costando 4,888 pesos 2 reales; el coro bajo, 6,790 pesos; la reja dorada del coro, 2,313 pesos: se construyó tambien el antecoro, con gasto de 5,053 pesos, y se hizo la puerta del costado, por valor de 326 pesos, sin otras construcciones de ménos importancia.

7.—El Lúnes Santo, 22 de Marzo de 1660, se insurreccionó la villa de Tehuantepec contra las autoridades españolas. Se debió el alzamiento, segun dice el padre Cavo, á la rapacidad de los agentes fiscales y á las extorsiones del alcalde mayor, pues generalmente no solicitaban esos destinos sino hombres codiciosos que sin miramiento á la condicion mezquina de los indios, solo pensaban en acumular tesoros. Sucedió, pues, que D. Juan de Avellan hiciese repartimientos excesivos, especialmente de mantas, que cobraba con notable rigor. Personas prudentes le advirtieron que los pueblos sufrian de mala gana aquella imposicion, que debia suavizar y contener los abusos de los encargados de cobrarla; mas como no se mostró dócil á este consejo, la gente sensata temió sériamente un desórden. La insurreccion se preparó, en efecto, con alguna anticipacion, aunque con bastante secreto para que pudiera ser sofocada oportunamente. El dia que se ha dicho, como á las diez de la mañana, el gobernador, alcalde y otros indios de la Mixtequilla, para tratar algun asunto de su pertenencia, se dirigieron á la presencia de D. Juan de Avellan: durante la conferencia, el gobernador se desmandó algo en palabras, y el alcalde mayor lo mandó poner en la cárcel: los demás indios salieron á la plaza, separándose poco de las casas reales en que habitaba el alcalde mayor, y riñeron ó fingieron reñir en altas voces: calificando aquel acto de falta de respeto, el alcalde mayor los mandó prender y azotar: cuando se les intimó esta órden, uno de los indios, poniéndose los dedos en la boca como acostumbran, silbó fuertemente: la revolucion estalló. A la señal, se levantaron en masa, desamparando sus puestos y mercaderías los indios é indias que desde temprano trataban en el mercado, y en breve se oyeron silbar en el aire multitud de piedras de todos tamaños. Los indios acometieron, en medio de una espantosa gritería, la casa del alcalde mayor.

Algunos vecinos que intentaron contener el tumulto, se vieron perseguidos por una lluvia de piedras, teniendo que refugiarse en el templo con sus mujeres é hijos, para salvar la vida. Un clérigo, vecino de la villa, D. Juan Vigil de Quiñones, persuadió á los frailes que sosegaran á la muchedumbre irritada, y el prior del convento, en efecto, llegó hasta la plaza, é hincándose entre los grupos de la plebe, pedia con expresivos ademanes que se contuviesen; pero inútilmente, porque le respondieron que se retirase, si no queria morir él mismo; y como no lo hiciese tan pronto como deseaban, tres indias y un indio se apoderaron de él, y á empellones lo hicieron entrar en el cementerio. Siendo ineficaces los ruegos, se revistieron los frailes las vestiduras sagradas, y con el Santo Sacramento descubierto salieron hasta la plaza; mas la plebe, ciega ya de furor, nada veia ni respetaba: algunos se hincaron con las piedras en las manos y amonestaron á los frailes que se retirasen si no querian morir, con lo que la procesion hubo de volver al templo sin haber conseguido cosa alguna.

Los indios comenzaron por arrojar piedras sobre las casas reales; despues les pusieron fuego, y cuando las llamas hubieron devorado las puertas, entraron por todas partes. Cuando el alcalde mayor, que se habia refugiado á una última habitacion, llegó á comprender que no le quedaba medio alguno de salvacion, postrado ante un Santo Cristo pidió perdon de sus culpas, y empuñando una espada, dijo á su esposa, hijos y criados que se salvasen como pudiesen, y se arrojó sobre las turbas amotinadas: á los pocos pasos, habiéndole alcanzado una piedra en las sienes, cayó sin sentido, con que los indios pudieron rematarlo, lanzando sobre él tan terribles pedradas que le abrieron el cráneo y el cerebro se esparció por el suelo. Era esto en los momentos que los frailes y los clérigos salian otra vez por las calles, conduciendo al Divino Sacramento, para contener con su presencia á las masas: les avisaron que el alcalde mayor era muerto, y se volvieron al templo.

Además de D. Juan de Avellan, murió un indio cacique, llamado D. Gerónimo, un negro esclavo y otro español, criado del alcalde mayor: fueron despojados de sus vestidos, arrastrados y arrojados desnudos en medio de las calles. Distraida la atencion de las turbas en estas crueles ejecuciones, dieron lugar á que se pusieran en salvo, la esposa, los hijos y demás criados de Avellan, favorecidos por un negro, un mestizo, un indio y varias indias que les tuvieron compasion, aunque no tan bien librados que no les alcanzasen algunas pedradas: varios grupos los siguieron con intenciones poco benévolas; mas por respeto al bachiller Salinas, en cuya casa se habian refugiado, no les dieron muerte. Lastimaron tambien á Fr. Juan Chirinos, que se habia mezclado entre la muchedumbre pretendiendo apaciguarla.

Los indios saquearon las casas reales, apoderándose de cuanto habia perteneciente á D. Juan Avellan ó de propiedad comun; y apagaron despues el fuego, que habia ya carbonizado diez mulos con otros varios objetos. No estaba aún satisfecha, sin embargo, la venganza de los tehuantepecanos: querian arrojar á las llamas los cuerpos de los muertos, y á las dos de la tarde se presentaron en número considerable á las puertas del templo, pretendiendo extraer al teniente del alcalde mayor, al gobernador y alcaldes de la villa y á otras personas adictas á D. Juan Avellan, para darles la muerte. El prior se puso de pié con resolucion en el umbral del templo y dijo que pasarian sobre su cadáver ántes que dar un paso adelante: les afeó su crímen y les expuso sus consecuencias haciéndoles ver el castigo que habian de esperar; y viendo que entraban en reflexion, les pidió de rodillas que no agravasen su delito, ni consumasen su ruina con nuevos atentados. Los indios se dejaron ablandar: entregaron el cadáver del alcalde mayor, permitiendo que se le diese honrosa sepultura, y se retiraron á sus hogares, cerrando los caminos para que se ignorase lo acontecido, hasta que ellos mismos dieron al virey noticia. Permitieron tambien que la viuda é hijos del alcalde finado saliesen de Tehuantepec el Viérnes Santo, como lo verificaron, llegando á Jalapa á la media noche, con una niña de pecho en agonía. Se determinaron, sin embargo, á no admitir autoridad ni juez alguno que no les diese préviamente palabra de perdon, prometiendo no hacer pesquisa alguna sobre aquel trágico suceso.

8.—El virey, que lo era entónces Alburquerque, en lugar de enviar fuerza armada que sujetase á los rebeldes, tomó la prudente medida de suplicar al provincial de dominicos que personalmente procurase aquietar los ánimos y poner órden en la villa. Así lo hizo Navarrete, que era el provincial, con algun éxito, tanto que al fin del año recibieron los indios pacíficamente á un nuevo alcalde mayor; mas no soltaron las armas de las manos, ni fué tan completa su pacificacion, que se redujesen á dar avío á los pasajeros, á pagar los repartimientos de mantas ni otras imposiciones de este género. Además, el fuego de la revolucion iba cundiendo por varias partes. La víspera y el dia de Córpus del mismo año se amotinaron los indios de Nejapan, intentando dar muerte al alcalde mayor, al vicario Fr. José de los Angeles y á otras personas, que con la fuga se libraron de la muerte. Otra conmocion igualmente peligrosa tuvo lugar en la Villa–alta de San Ildefonso. Por todo lo que, el conde de Baños, que habia sucedido al duque de Alburquerque en el vireinato, se resolvió á mandar á Oaxaca al oidor D. Francisco de Montemayor de Cuenca, quien deberia poner en claro los hechos y castigar á los culpables.

En desempeño de su obligacion, este juez, en 23 de Abril de 1661, mandó que el provincial de dominicos separase de la parroquia de Nejapan y de todo ministerio de indios á Fr. José de los Angeles, pues tenia informes que habia dado motivo para una de las revueltas mencionadas. Posteriormente presentó este religioso pruebas suficientes de su inocencia y obtuvo satisfaccion completa de la Audiencia, del virey y del mismo oidor Cuenca. [1]

Tambien parece que entónces ya se intentó sujetar por la fuerza á los tehuantepecanos, enviando tropas, que en la contienda llevaron la peor parte, pues toda la comarca se habia puesto en armas. La noticia del desastre voló á México y asustó al conde de Baños que resolvió enviar tropas suficientes para reducir á su deber á los insurrectos. Trataba de organizar un cuerpo que marchase á Oaxaca, cuando le llevó un mensajero la noticia de quedar todo apaciguado por la diligencia del Illmo. Sr. Cuevas Dávalos. [2]

Al saber, en efecto, éste lo que pasaba en Tehuantepec, se dirigió apresuradamente á esta villa, y sin pérdida de tiempo se presentó á la turba amotinada, sin más armas que su báculo pastoral. Comprendió que aquellos infelices se habian rebelado por la miseria en que estaban y los sufrimientos que tenian: los consoló, les ofreció perdon por lo pasado, se despojó de cuantas alhajas poseia y las repartió, sin exceptuar su anillo pastoral. La rebelion no siguió, en efecto, adelante y el obispo cumplió brillantemente su mision de paz y de consuelo. Mereció cédula especial

---

[1] Están tomadas estas noticias de los MS. de Fr. Leonardo Levanto, fols. 130, 131, 132, 134 y 135.
[2] Así lo refiere el padre Cavo. Historia de tres siglos, al año 1661.

del rey, fechada el 2 de Octubre de 1662, en que le daba las gracias por su conducta prudente y justificada en el asunto.

9.—No eran solo las revoluciones el motivo de angustia que tenian entónces los oaxaqueños. El 7 de Junio de este mismo año, entre dos y tres horas de la mañana, hubo un gran terremoto en que padecieron mucho los edificios, especialmente el de San Francisco. La imágen de este santo tenia en las manos atado un Santo Cristo que con el vaiven de la tierra, se volvió dando el rostro al pueblo, lo que fué motivo entónces de la devocion del pueblo y asunto de unas coplas que se imprimieron refiriendo el caso. [1] Se quebrantaron igualmente las torres de Santo Domingo que tuvieron que ser fabricadas de nuevo.

El 13 del siguiente mes de Setiembre llegó á la ciudad una bula de Alejandro VII relativa á la Concepcion Inmaculada de la Santísima Vírgen, y como el pueblo era eminentemente piadoso, en honor de la Madre de Dios se iluminaron las calles, y el 17 del mismo mes, con asistencia de los dos cabildos, de todas las religiones y de numeroso pueblo, se condujo en procesion su estatua desde el templo de Santo Domingo, siendo el promotor de la solemnidad Burgoa. [2]

En recompensa de los servicios prestados en la insurreccion de Tehuantepec, fué promovido el Sr. Dávalos al arzobispado de México, en que duró poco más de nueve meses, muriendo en Octubre de 62, de una enfermedad aguda que lo tuvo en el lecho poco más de quince dias. El Sr. Cuevas Dávalos fué un santo sacerdote y un excelente obispo, benigno y suave, de carácter misericordioso con los pobres y solícito siempre de cumplir fielmente sus deberes. El tra-

1 Crónica de San Diego.
2 MS. de Levanto, f. 135.

bajo era su incesante ocupacion y la penitencia el crisol en que purificó su espíritu.

En pos de éste vino á gobernar la iglesia de Oaxaca otro insigne obispo, D. Tomás de Monterroso, del Orden de predicadores, maestro de su religion, sugeto de grande literatura, que manifestó en las cátedras y púlpitos de España. Se dice que debió la mitra á un magnífico sermon de la Purísima Concepcion de María Santísima, por lo que en muchos de sus retratos se ve la sagrada imágen de la Madre de Dios. Parece que su principal anhelo en su obispado, de que tomó posesion á fines de 61, fué la conversion de los pecadores á la verdadera penitencia y á una vida segun los mandamientos de la religion. Para esto no cesó de instar en frecuentes fervorosísimos sermones, en los que se manifestó siempre y por mil títulos excelente orador; y este era su fin en las pinturas que mandó hacer y colocar en su iglesia catedral y otros lugares, poniendo á la vista de todos, casos ejemplares que pudiesen mover á sus ovejas. El mismo en su persona y costumbres era un vivo ejemplar de cristiana perfeccion. En las procesiones públicas de penitencia que dispuso en varias ocasiones, por motivo de calamidades públicas, se le vió, con gran edificacion del pueblo, ir descalzo en ellas cargando alguna imágen.

La cuestion de las doctrinas de regulares continuaba turbando las relaciones que deberian unir á los dominicos y los obispos de la diósesis, como se ve por una carta que dirigió el cabildo eclesiástico al virey, prometiéndose que las cédulas reales sobre patronato serian fielmente guardadas por los religiosos, toda vez que los gobernaba el R. P. Hurtado. Era este provincial, portugués, nacido en San Miguel, una de las islas terceras, y establecido en Oaxaca desde niño: murió á poco de su eleccion. No eran sin embargo tan ruidosas las inquietudes como en otros años pasados, y se tenia calma suficiente en Santo Domingo para derribar los claustros y reconstruirlos solidísimos, encadenados con fuertes fajas de hierro, para que pudieran resistir los más fuertes terremotos.

Tambien trabajaron los dominicos oaxaqueños en el régimen y gobierno del Colegio de San Luis de Puebla, cuya posesion se disputaban las provincias de Puebla y México, quedando á cargo de la de Oaxaca entretanto se terminaba el litigio, que se prolongó hasta 1729.

Los jesuitas tenian ya bien organizado su colegio de Oaxaca, al que concurria número crecido de alumnos, y desplegaban increible actividad en el ministerio eclesiástico. El sabio é incansable Tardá ilustraba el púlpito y gobernaba como rector la casa de su instituto, de la que salia para Roma como procurador de su provincia. El P. Vidal inmortalizaba su memoria y la devocion que profesaba á la pasion del Salvador con el toque de las tres. El Concilio mexicano habia mandado esta práctica en recuerdo de las tres horas de agonía que pasó Jesucristo en la cruz; mas insensiblemente se habia perdido la costumbre: el P. Vidal la restableció y dura aún en el dia. Poco despues, el P. Francisco Javier Solchaga, insigne misionero y elocuentísimo orador, comenzó su brillante carrera predicando en las calles y plazas de esta ciudad, y confesando con asiduidad y celo digno de un apóstol. Enseñó aquí gramática y fué luego á derramar la hermosa luz de su palabra en Guatemala, Nicaragua, Puebla y México.

Otro jesuita oaxaqueño, Diego de Acevedo, daba en México bastante honor á su patria. Trabajó asíduamente en las misiones y luego fué rector de varios colegios. Bajo su direccion, el colegio de San Ildefonso prosperó, así en lo material como en lo moral. Hizo allí la sala de San Ignacio y debajo de ella refectorio, la capilla de bóveda que tiene el colegio y encima la sala rectoral. La educacion que daba á los alumnos era tan esmerada y santa, que se apresuraban los padres de familia á enviar allá á sus hijos, aumentándose en consecuencia los alumnos hasta llegar al número de

ciento cincuenta. Escribió un librito "Cortesano estudiante," que mereció la universal aceptacion. Era humilde, muy dado á la oracion y devotísimo de la Santísima Vírgen, cuyo amor procuraba imprimir en todos, especialmente en sus colegiales y novicios. Falleció en 2 de Enero á los sesenta y ocho años de edad.

Dos acontecimientos notables se refieren á este tiempo. El uno fué el incendio del templo de Guadalupe situado á orillas de la ciudad, que comenzó, como suele en casos semejantes, por descuido, cundió con rapidez y redujo á cenizas la techumbre, los retablos y todo lo que en él habia de combustible. El retablo principal, como todo lo demás, fué devorado por las llamas, quedando sin embargo ilesa una pintura de la Vírgen titular del templo colocada en él. Allí fundaron convento despues los padres betlemitas. El otro hecho es la fundacion del colegio seminario con autoridad real, como consta de cédula de 12 de Abril de 73, y con autoridad pontificia de Inocencio XI, en breve de fecha 20 de Febrero de 77. Dotó el Sr. Monterroso algunas becas y fué probablemente quien donó la buena casa de dicho establecimiento, y que hoy es Instituto de ciencias del Estado. Por entónces los colegiales, que usaban manto negro y beca color de grana, corta y graciosa, salian diariamente á oir en las aulas de los jesuitas las lecciones de aquellas ciencias que no se enseñaban en el Seminario.[1] Falleció el señor obispo, con general sentimiento, el 25 de Enero de 78 y fué sepultado en la Santa Iglesia Catedral.

10.—Despues del Sr. Monterroso fué obispo de Oaxaca el Dr. D. Nicolás del Puerto, notable por más de un título. Era indio, natural de Santa Catalina Minas, hijo de D. Martin Ortiz del Puerto y de Doña Marta Colmenares Salgado. Es probable que comenzase sus estudios en el colegio de

---

[1] Bust. en las notas á la Hist. de Alegre.

jesuitas de Oaxaca; se sabe que los continuó en el de San Ildefonso de México. Se sabe tambien que, ya sacerdote, residió algun tiempo en su patria; pero que oprimido por mezquinas pasiones, tuvo que volverse á México, en donde sus talentos fueron estimados y dignamente remunerados. Dominar al que manda por la lisonja y la astucia ha sido en todos los tiempos y pueblos el camino del poder, que han seguido medianías despreciables; menguar el mérito verdadero y sofocar entre humillantes tinieblas la luz del talento, ha sido muchas veces en Oaxaca el arte de prevalecer que ha ejercido la recelosa envidia. El Sr. Puerto, cuya indisputable sabiduría fué tan dignamente aplaudida en México, sufrió sin embargo en Oaxaca la humillacion de ser reprobado en un exámen de oposicion á una parroquia, por personas que sin duda le eran muy inferiores y cuyos nombres la historia olvidó. Se cuenta que habiendo resuelto por esta causa abandonar á su patria, ya en camino para México, en San Juan de Estado, lloró de amargura y protestó no volver á Oaxaca sino de obispo. ' Era ya entónces doctor en Cánones por la Universidad de México, y abogado de la Real Audiencia.

En esta capital pudo elevarse, no por el favor sino por su mérito distinguido. El 23 de Setiembre de 1642 ingresó en el Colegio mayor de Santos. Durante algunos años frecuentó como abogado los tribunales, haciendo en ellos resonar su elocuencia que le mereció el renombre de "Ci-

---

1 En los Diarios de Rivera se lee: "Le reprobaron en el Sínodo, y al llegar á la cuesta de San Juan del Rey, despechado, y mirando hácia Oaxaca, sacudió sus zapatos y dijo: que solo volveria de obispo, como sucedió." El P. Alcocer, en el sermon de honras por la traslacion de sus restos, que predicó el 4 de Enero de 1704 en la catedral de Oaxaca, dice: "A nuestro Illmo. Príncipe le sacó Dios de su tierra que era esta; casi quedado en ella por la conveniencia de un curato, que frustrada su consecucion le obligó á salir de estos países." (Apéndice á las Noticias de Sedano. Págs. 100 y 101).

ceron de los estrados." El 1º de Diciembre de 49 se opuso á la cátedra de Código en competencia con el Dr. Juan de Arce, á quien fué adjudicada por la Universidad. Puerto llevó agravios á la Audiencia; mas los jueces lo excluyeron siempre de la oposicion por sacerdote. Tomó pronto el despique de este desaire. En Marzo del siguiente, se opuso á la cátedra de Decreto en competencia con el mismo Arce: desechado por haberse presentado pasado el plazo de los edictos, llevó la cuestion á la Audiencia por vía de agravio, y los jueces esta vez, despues de oir sus alegatos, sentenciaron á su favor. Arce apeló al Consejo de Indias; mas le fué denegada la apelacion. Puerto deseaba solo esta victoria, pues luego de conseguida, se escondió, negándose á tomar punto en la oposicion, por lo que la cátedra se dió al Dr. Ibarra.[1] El 23 de Agosto del mismo año de 1650 en oposicion con el mismo Arce, el Dr. Solis y otros igualmente doctos, obtuvo la cátedra de Prima de Sagrados Cánones.[2] Habia sido hasta entónces catedrático del Sexto y de retórica. El 13 de Mayo de 56 le vino de España despacho de canónigo de la Catedral de México, y en el siguiente mes, de comisario general de la Cruzada.

Este último cargo le proporcionó un disgusto y un honor el siguiente año de 1657, en que por no haberse recibido las bulas, los sabios en México dudaron y emitieron pareceres varios sobre el partido que convendria tomar. El comisario de la Cruzada, á quien directamente tocaba la cuestion, meditaba tambien en el modo de resolverla con acierto. Suelen los hombres pensadores, aun entre otras complicadas atenciones, tener inspiraciones luminosas sobre algun asunto que de preferencia ocupa su inteligencia. Jugando al tresillo en un rato de solaz con otros amigos, tuvo un feliz pensamiento sobre la cuestion debatida. Se dice

1 Diarios de Guijo, págs. 83 y 98.
2 Idem, págs. 135 y 138.

que en el reverso de uno de los naipes que tenia en la mano, escribió: "que se resellen las bulas," tema sobre que dictó despues un "manifiesto" que se remitió á España. Leido con aprecio por el Real Consejo, mereció á su autor la mitra de Oaxaca un poco más adelante. Sin duda por esto en los retratos del Sr. Puerto se ve un naipe que la tradicion se ha empeñado en hacer creer que fué un cinco de oros.

Entretanto, el parecer del comisario, al que se habia plegado el virey, dió lugar eu México á graves disturbios. El arzobispo, en efecto, que era de contrario sentir, con madura consulta de doctos teólogos, prohibió la publicacion de bulas reselladas. El Sr. Puerto recusó al arzobispo. Se hostilizaron mútuamente el virey y el arzobispo, la Audiencia y los tribunales eclesiásticos, verificando prisiones y publicándose amenazadores edictos; no se pudo hacer la publicacion de las bulas, y "el comisario anduvo ausentándose de la Catedral temeroso del arzobispo." Así permanecieron las cosas hasta Enero del siguiente año en que celebradas las paces, pudieron las autoridades convenirse en el parecer del Sr. Puerto.

Fué además en México provisor desde 30 de Enero de 1663, hasta 7 de Setiembre de 1665, y segunda vez desde Junio de 74 hasta Noviembre de 75; doctoral y tesorero de la Catedral, rector y cancelario de la Universidad, presidente de la Audiencia de Guadalajara, del Consejo Real, y en fin, obispo de Oaxaca, dignidad de que tomó posesion el 19 de Febrero de 1679. [1]

1 Diarios de Guijo. Pág. 389.

CAPITULO XI

FUNDACIONES RELIGIOSAS.

1. Illmo. Sariñana.—2. Colegio de niñas.—3. La Soledad.—4. Sor Antonia. 5. Fernandez Fiallo.—6. El Cármen de arriba. San Juan de Dios.—7. Frailes dominicos.—8. Entredicho en San Francisco.—9. Escritores. 10. Aspecto de la ciudad.—11. Division política de Oaxaca.—12. Piratas del Pacífico.

1.—El Sr. Puerto no gobernó por mucho tiempo la iglesia de Oaxaca, pues cuando ciñó la mitra era de avanzada edad, y estaba achacoso. En elogio suyo basta decir que mereció de sus contemporáneos el honroso título de "Salomon de América." Al colegio seminario donó su escogida biblioteca. El año de 81, habiendo ido para mudar de aires á una hacienda inmediata á la ciudad, murió en ella, el 13 de Agosto, sucediéndolo el Dr. D. Isidro Sariñana.

Era mexicano, hijo de D. Martin Sariñana y Doña María Medina y Cuenca, nació en 1631. Su carrera literaria fué brillante en el colegio de San Pedro y San Pablo, y en las aulas de la Universidad. Por su pobreza no pudo recibir el sacerdocio sino despues que un pariente suyo, en atencion á su virtud, fundó una capellanía en su beneficio, ni graduarse de doctor sino cuando en consideracion á sus letras, el claustro de la Universidad le perdonó la mayor

parte de las propinas. En México fué sucesivamente catedrático de escritura sagrada, párroco de la Santa Veracruz
y del Sagrario, canónigo lectoral, chantre y arcediano de
la Catedral. Electo obispo de Oaxaca en Abril de 1683, fué
consagrado por el Sr. arzobispo Aguiar y Seijas, con asistencia de lo más noble de la capital.

En su vida privada fué vivo ejemplo de virtud cristiana.
Su mesa era pobre, y su vestido, de gamuza y cubierto de
remiendos, uno solo en todo el tiempo de su episcopado.
Su trato era insinuante y dulce. Discreto, humilde y muy
comunicativo, no tardó en cautivarse la voluntad del cabildo eclesiástico, del clero en general y de todo el pueblo,
que veia en él un santo obispo. Su dignidad nunca le sirvió para hacer ostentacion de un poder que jamás debe es-
grimirse como una espada para lastimar y ofender. Sabia
que en la salvacion de sus ovejas deberia buscar su propia
justificacion; su conciencia intransigente no le permitió la-
dear el camino de sus deberes: así es que en el ejercicio de
su alto cargo, ántes que hacer gemir bajo el peso de inexorable justicia á los delincuentes, queria su remedio y enmienda: solia castigar; mas de tal suerte, que con la pena,
los culpables quedaban satisfechos y corregidos. La ciencia
de gobernar es un don del cielo que pocos disfrutan.

Sus talentos, su tiempo y su ciencia estaban á disposicion de los fieles. Las puertas de su palacio estaban abiertas siempre. Ningun obispo fué en Oaxaca más amante de
la paz. A ninguna de las Ordenes religiosas inquietó; ántes
bien, á la noticia de la menor discordia se apresuraba con
suma prudencia á conciliar las voluntades divididas. Todas
las tardes oraba en el templo de la Compañía. Muchas veces tomaba ejercicios en el convento de franciscanos. Sin
cesar dejaba oir su elocuente voz en el púlpito. Recorria
los barrios buscando á los pobres para darles vestido y dinero. Lo mismo hacia con los indios en la visita. En semejantes limosnas consumió sus rentas episcopales, su fortuna

propia, sumas crecidas que consiguió de la caridad de sus ovejas y otras que pidió prestadas y no pudo pagar.

Por descuido, despues del Sr. Puerto, el colegio seminario habia decaido en términos de no habitar en él un solo colegial: Sariñana mandó llevar niños indios de distintos idiomas, ordenó sábiamente su educacion religiosa y literaria y dotó de nuevo algunas cátedras. Lo mismo hizo en el colegio de San Bartolomé. Dió impulso al colegio que sostenia la Compañía. En fin, trató de realizar el bello pensamiento que habia concebido de fundar un colegio en que se diese educacion cristiana y civil á las niñas oaxaqueñas.

Tan liberalmente disponia de sus rentas para estas útiles empresas, como las economizaba en su familia. Vivia en Oaxaca un hermano suyo, pobre y ciego, D. Benito Angel, con su esposa Doña María Millan de Figueroa y cinco hijos; el obispo rehusó distinguirlo en sus limosnas de los demás pobres, por no malversar los tesoros de la Iglesia. Un sobrino suyo, D. Ignacio Sariñana, tuvo que volverse á México, por no poder subsistir en su compañía. A otro hermano suyo, sacerdote, que pretendia ser canónigo de Oaxaca, rehusó toda recomendacion, porque, decia, "que ningun mérito era para obtener dignidades eclesiásticas ser hermano del obispo."

Su rectitud era conocida y generalmente respetada. Los vireyes no dudaban obsequiar la eleccion de beneficiados eclesiásticos hecha por el Sr. Sariñana, seguros de su buen criterio y de su acierto. El rey de España, con quien se comunicó frecuentemente, se docilitaba tambien á sus advertencias; y consultado alguna vez por Cárlos II sobre algun asunto que afectaba la inmunidad eclesiástica, le contestó con entereza que no le era lícito hacer lo que deseaba. Con tanto calor defendia, en efecto, los fueros de su iglesia, que en otra ocasion la puso en entredicho por haber sido violentamente extraidos del templo ciertos reos por la autoridad civil.

Su deseo más ardiente habia sido la paz, que conservó en su vida á toda costa, y que no queria fuese perturbada, aun despues de su muerte. Próximo ya á bajar á la tumba, en nombre de Dios suplicó á los capitulares que en la sede vacante no permitiesen disensiones en Oaxaca. Su libro favorito habia sido siempre la Sagrada Biblia, con la que quisó morir abrazado estrechamente. Se dice que su postrera enfermedad se debió al dolor de no poder extirpar de su diócesis la idolatría. Los límites de esta historia no nos permiten dar noticias extensas de un obispo que ha tenido seis doctos biógrafos. Desentendiéndonos de sus raros talentos, admiracion de sus contemporáneos, y de su vasto saber, que fué calificado por milagro, en elogio suyo solo diremos que supo ser un digno obispo. Era excelente poeta, y entre otros versos escribió unas décimas intituladas: "Desengaños de la vida." Además de sus sermones, imprimió una obra intitulada *Mitología sacra*. [1]

2.—Ya se dijo que el Sr. Sariñana realizó el pensamiento de fundar un colegio para la educacion de las jóvenes del sexo débil: este pensamiento habia sido muchos años ántes concebido por un párroco de la mixteca, quien al morir, en 1630, legó suficientes caudales para tan útil establecimiento. Por causas que se ignoran, quedó en proyecto la obra humanitaria, hasta que el Sr. Sariñana, de cuya inmensa caridad no podian estar excluidas las pobres huérfanas, se determinó á dispensarles decidida proteccion. Este obispo comenzó por visitarlas en los colegios privados, estimulándolas al adelanto en las labores propias de su sexo, con dádivas y premios; mas como hubiese algunas que por su pobreza no pudiesen recibir particular educacion cristia-

---

1 En su tiempo se hizo para los bautismos una fuente muy bella que estrenó un negrito hijo de un esclavo. Ignoro si es la de mármol que aún posee el Sagrario.

na, el obispo resolvió erigir para ellas un colegio, sosteniendo siete, ó más si pudiese, con sus rentas. Se aumentó este número con los caudales que á disposicion del obispo tenia el gran bienhechor de Oaxaca, Fernandez Fiallo, de quien pronto debemos hablar. El legado pío del cura de la mixteca estaba además intacto, y el colegio de niñas se estableció y duró poco ménos de dos siglos. El edificio material se concluyó en tiempo de alguno de los sucesores del Sr. Sariñana, debiéndose á los cuidados y caudales de un administrador, que en remuneracion de sus servicios fué destituido. Habiendo apelado de tal determinacion, el obispo lo excomulgó, y como el administrador interpusiese el recurso de fuerza, la autoridad quiso agravar las censuras. En una de las notificaciones, el administrador, poseido de ira, rompió la espada al notario y le infirió algunos golpes, lo que dió motivo á largo pleito en la Audiencia de México. [1]

Otra fundacion trató de hacerse en aquella época. El cura de Jamiltepec, Lic. D. Antonio Grado, deseaba y promovia con el mayor calor la ereccion de un colegio seminario de indios agregado al de San Juan que los jesuitas dirigian en la ciudad, á semejanza del de San Gregorio de México, agregado al principal de San Pedro y San Pablo que tenia aquí la Compañía. Para los gastos de fundacion y conservacion de dicho seminario, donaba tres haciendas unidas y una labor contiguas al ingenio de Santa Inés, en el valle de Ejutla, de las que era propietario. Los alumnos internos, segun su voluntad, deberian ser doce, al cuidado de dos religiosos sacerdotes y con la obligacion forzosa de

---

[1] Testimonio de los autos seguidos en esta causa en la Bibl. del Sr. Agreda. Privado de sus fincas por la ley de desamortizacion, este colegio desapareció. Se debe al general Porfirio Diaz que el mismo edificio hubiese sido destinado de nuevo á la educacion de las jóvenes del sexo débil, sostenidas por el gobierno del Estado; sino que la inocencia de las jóvenes, sin las multiplicadas precauciones de la religion, se evapora allí más fácilmente ahora que ántes.

32 *

aprender los idiomas mixteco y zapoteco y de hacer cada tres años misiones en los pueblos de estos dos idiomas. Con tan bello y benéfico pensamiento escribió al provincial, que lo era entónces el P. Oddon, y lo mismo hizo el Illmo. Sariñana, quien en carta de 2 de Enero de 1693, se expresaba en estos términos: "El intento de D. Antonio me ha sido sumamente agradable y lo tengo por especial inspiracion de Dios, pues no solo acierta en la sustancia de la obra sino tambien en la circunstancia de ponerla en manos y al cuidado de la Compañía, en cuyo fervorosísimo celo se afianza, con la gracia del Señor, la consecucion de sus piadosos deseos." Tan magnífico proyecto no llegó á tener efecto, porque á los padres jesuitas no pareció bien aceptar la donacion ni tomar á su cargo la direccion del seminario.

3.—Otro insigne sacerdote, el Sr. arcediano D. Pedro Otatosa y Carbajal, dejó por este tiempo tambien un monumento magnífico de bellas artes y de cristiana piedad. Este venerable sacerdote gastó sumas cuantiosas en la ejecucion de un pensamiento que le absorbia por completo la atencion: deseaba ver concluido el templo de Nuestra Señora de la Soledad, como en efecto lo consiguió. La obra se comenzó en 1682, á virtud de permiso que solicitó el primer capellan de la cofradía de la Soledad, Lic. D. Fernando Mendez y que le fué otorgado por decreto de 3 de Enero del mismo año por el Excmo. Sr. conde de Paredes, marqués de la Laguna, que era entónces virey de México. Duró ocho años la construccion, pues no se terminó hasta 1690, en que con asistencia del cabildo la consagró el Illmo. Sr. obispo Sariñana. Los arcos atrevidos, las bóvedas soberbias, la finura de los detalles, asi como la grandiosidad y elevacion del pensamiento que se manifiesta en el conjunto, hacen de este templo uno de los mejores de Oaxaca. El fundador murió poco despues de ver concluida su obra, el 19 de Junio de 1691.

Las religiosas fundadoras no vinieron á tomar posesion del magnífico edificio, hasta siete años despues, del modo siguiente: El Illmo. D. Manuel de Santa Cruz habia erigido en Puebla, con autoridad pontificia, un monasterio de religiosas recoletas sujetas á la regla de San Agustin, por el año de 1682. Determinados en Oaxaca á establecer idéntico instituto en el convento de la Soledad, ambos cabildos y el S. obispo de esta última ciudad, se pusieron de acuerdo con el de la Puebla para que de allá vinieran religiosas fundadoras. Al intento, el dia 1º de Enero de 1697, el Illmo. Santa Cruz comunicó á sus monjas su determinacion de enviar al dia siguiente cinco para llevar á efecto la meditada fundacion, designando desde luego para priora de la nueva comunidad á Bernarda Teresa de Santa Cruz; para subpriora, á Ana de San José; para maestra de novicias, á María de San José; para tornera, á Antonia de la Madre de Dios, y en fin, para el ejercicio de la cocina, á María Teresa, religiosa de velo blanco. Aceptado el encargo y resueltas las religiosas señaladas á sacrificar patria y padres en aras de la obediencia, al siguiente dia 2 de Enero, comenzando la mañana, se abrieron las puertas del claustro y emprendieron su marcha para Oaxaca guiadas por el Illmo. Santa Cruz. En el último pueblo de su obispado fueron entregadas al Sr. prebendado D. Ignacio Asenjos, para continuar en su compañía su viaje hasta Oaxaca. El 6, la madre Antonia fué acometida de un dolor violento, no obstante lo cual prosiguieron su camino hasta el 10 en que cesó del todo la dolencia. El 14 llegaron á Oaxaca, acompañadas por el Illmo Sr. obispo, los dos cabildos y un pueblo numeroso. Dieron gracias de su feliz llegada á la Santa Imágen de la Soledad en su templo, salvaron el umbral de la clausura, y luego se cerraron las puertas en pos de ellas para no abrirse hasta dos siglos despues.

4.—Corre impresa la vida de dos de estas religiosas. Yo no me extenderé mucho en la narracion de sus santos hechos y heróicas virtudes, limitándome á exponer pocas reflexiones sobre la madre Antonia, con el fin de dar á conocer á todas. Hay una gran diferencia entre el claustro y el siglo. En el mundo vive el hombre de los sentidos, ve y palpa numerosos objetos, trata con muchas personas, adquiere relaciones múltiples, sucesivamente se ve colocado en situaciones diferentes y á veces difíciles y angustiosas. Unas veces levantado y otras abatido, agitado por várias pasiones y encontrados intereses, arrastrado siempre por una ola de su tormentosa existencia, el hombre del mundo, en el curso de sus dias, ofrece á la pluma abundante material para escribir la historia y á los lectores el encanto que produce la variedad de los acontecimientos. Pero una monja, que constantemente tiene los ojos cerrados y la lengua muda, retirada de la sociedad, olvidada de los hombres, perdida en la soledad del claustro, sin intereses, sin pasiones, alumbrada escasamente por la claridad melancólica del convento y conteniendo aun la respiracion para no romper el profundo silencio que allí reina, se diria que era una estatua de mármol frio mejor que una mujer con el corazon vivo y la sangre circulando aún caliente en las arterias.

¿Qué podria decir el biógrafo de una religiosa en cuya vida uniforme se encadenan y suceden los dias perfectamente idénticos unos á los otros? Pero allí donde falta el movimiento exterior existe una gran actividad interior, el espíritu despliega sin obstáculo sus poderosas fuerzas y el corazon y el alma viven y palpitan con más energía que el cuerpo. Seguir, pues, al espíritu no en pesada marcha y arrastrándose por el polvo de la tierra, sino en rápido y remontado vuelo, es la mision que toma á su cargo el biógrafo de una religiosa. Pero ¿cómo podrá seguirse el hilo de los multiplicados y fugaces pensamientos de un mortal? La generalidad de los hombres prodiga inconscientemente sus acciones, pero hay algunos génios que las encaminan todas á un designio que llena su existencia: á este modo los pensamientos olvidados, perdidos por lo comun en la permanente turbacion, en el oleaje agitado de la vida, están sin embargo sujetos á regla segura, á ley cierta, invariable y firme en el morador de un claustro. La religiosa se apodera en su juventud de un pensamiento que la domina y llena por completo, y que segun la institucion cristiana, nunca debe soltarse desde el momento de consagrarse á Dios hasta el postrer extremo de la agonía. Ante ese gran pensamiento desaparecen los intereses, la sociedad y el mundo todo. La religiosa cierra los ojos y los oidos para no comunicarse con la tierra; reduce sus pasos á los estrechos muros del convento, y aun allí son aquellos contados y medidos; pesa sus palabras y acciones, y de tal suerte se conduce, que ninguna imágen exterior éntre á perturbar la contemplacion del pensamiento dominante. Aun más; como en el alma hay actividades que no siempre se mueven acordes y en consonancia perfecta, tirando cada una por su camino, y la inteligencia misma no puede por mucho tiempo permanecer sosegada y quieta, sino que se agita, se rebulle en su asiento, dando lugar á que pensamientos varios y á veces encontrados, se revuelvan y choquen, la religiosa, en su mismo interior, si quiere ser fiel á su primer designio, tiene que ponerse en acecho de sus inclinaciones, deseos y afectos, así como de las varias imágenes y representaciones que la asaltan, para no dar cabida sino á los que favorecen su fin, desechando y combatiendo con esfuerzo victorioso todos los otros. Su vida entera debe ser, pues, un espionaje contínuo de sí misma, y como, además, tiene obligacion de dar razon exacta del estado de su espíritu y de su corazon al confesor, se ve con claridad cómo puede seguirse paso á paso el encadenamiento de los pensamientos de una monja y escribirse su vida espiritual. La narracion que siguiese este camino seria poco gustosa para los que aman la lectura de sensacion; pero la juzgaria muy importante el filósofo y el sabio que deseasen sorprender al alma en sus movimientos instintivos y considerarla en todas sus fases y relaciones diferentes.

Tal es, pues, la historia de la madre Antonia. Determinada desde su infancia á consagrarse á Dios, su larga vida no fué otra cosa que un admirable tejido de aquellas virtudes que sin estrépito ni brillo se practican en los claustros. Pacífica y dulcemente se sucedian en ella los trabajos del coro y las faenas de comunidad; ni se embarazaban en su heróico y contínuo ejercicio la modestia y la humildad, la templanza y la paciencia, la obediencia ciega á sus prelados y el cumplimiento exacto de la regla. Una idea tenia grabada indeleblemente en su alma: la de servir y amar á Dios, sin causarle el más pequeño desagrado. A este fin subordinaba todos sus pensamientos, afectos y acciones. Contemplar á Dios en sí mismo, en las obras de su omnipotencia, de su sabiduría y de su amor; en sus beneficios á los hombres y en sus designios en el tiempo y en la eternidad, hé aquí la ocupacion contínua de Sor Antonia. Es verdad que, sujeta como estaba á las miserias de la condicion humana, y aunque su voluntad se mantenia constantemente decidida, los pensamientos no siempre estaban á la misma altura. A veces, por el peso de la naturaleza y el poder de las distracciones exteriores, la atencion era ténue y remisa, y entónces la religiosa emprendia una lucha, esforzándose por desasirse de tan importunas turbaciones, concluyendo siempre por quedar victoriosa; pero á veces tambien la aprension de las grandes verdades de la fé era tan viva que desaparecian los objetos exteriores, se olvidaba de sí misma, quedando ella ciega, muda, sorda, inmóvil durante horas enteras, y trasformada en cierto modo en el privilegiado objeto de sus celestiales amores. A veces se daba cuenta de las operaciones de su espíritu, pero á veces su aprension era enérgica y vigorosa, su fuerza de concepcion contemplando á Jesucristo en su meditacion sublime, no ya solo por conceptos intelectivos ó por imágenes fantásticas, sino exteriormente tangible, real y visible á los ojos del cuerpo, oyendo sus palabras y sosteniendo interesantes diálogos con él. Estas visiones se leen con frecuencia en la vida de la madre Antonia.

Sea que ellas hayan sido sueños y delirios; mas fueron sueños que no la envilecieron, sino que ántes bien, la ennoblecieron y elevaron, y son muy deseables esos delirios que alumbran como un faro de luz la inteligencia, purifican como un crisol los afectos más íntimos del alma y estimulan poderosamente para hacer el bien y obrar siempre conforme á los eternos principios de moral.

A una de estas visiones deben los oaxaqueños la santa imágen que se venera en el templo de la Soledad con el nombre del Rescate, imágen que Sor Antonia mandó esculpir segun la forma en que la vió en uno de sus éxtasis.

A los amantes de las fechas diremos que la madre Antonia nació en Puebla el 3 de Setiembre de 1662, hija de D. Juan de Escobedo y Alvarado y Doña María Gertrudis Salcedo; que parece haber sido prevenida por la gracia desde la infancia, pues se dice que sin maestros aprendió á leer, escribir y rezar el breviario; que el 24 de Mayo de 1688 recibió en la misma ciudad el hábito de mónica, siendo, con otras diez y ocho, fundadora; que á poco vino con otras cuatro á fundar el monasterio de la Soledad, desempeñando allí el oficio de tornera hasta la muerte de Sor Bernarda, en cuyo tiempo entró, por eleccion de la comunidad, á gobernar como prelada, destino en que perseveró hasta su muerte, acaecida el 8 de Agosto de 1742.

5.—Las monjas solitarias, como se las ha llamado en la ciudad, una vez establecidas, comenzaron la distribucion de sus pacíficos ejercicios, continuando en ellos por cerca de dos siglos, sin tener al principio más agitaciones que las producidas por la falta de agua que al fin se condujo en una costosa cañería, y las causadas por el rumor que corrió entre la gente sin criterio y se hizo público despues, de que las religiosas habian quitado las manos y el rostro á la imágen de la Soledad, para remitirlos á Puebla, poniendo otra cabeza al busto en lugar de la primera. Nació esta insensata presuncion de haber las monjas limpiado y hermoseado el rostro de la santa imágen, ennegrecido ántes por el humo de las muchas velas que el pueblo encendia ante ella. El rumor creció en términos y fué tanta la indignacion que produjo, que por poco no estalló un motin sangriento. La Providencia dispuso que se desengañaran los ciudadanos, y aquietados los ánimos, no se volvió á hablar más del caso.

Oaxaca en este tiempo disfrutaba de un envidiable bienestar. El pueblo era laborioso, dócil á las autoridades constituidas y no solo moral en sus costumbres sino piadoso con exceso; el clero contaba entre sus miembros santos y sabios sacerdotes y generalmente era respetado; las autoridades por su parte usaban del poder con moderacion y acierto en beneficio de los pueblos. Las artes, impulsadas por las Ordenes monásticas que por todas partes emprendian grandiosas fundaciones, sensiblemente adelantaban y aun prometian hallarse más adelante en aptitud de disputar á Europa una gloriosa superioridad; pero, sobre todo, el comercio habia llegado á un grado increible de prosperidad: solo de grana habia ya por este tiempo un ingreso anual de cerca de un millon de duros. Las crecidas ganancias que de aquí resultaban no siempre servian únicamente á la avaricia y sed de oro, pues habia nobles almas que sabian emplear cuantiosas sumas en la pública beneficencia. Baste citar como prueba el ejemplo de aquel hombre admirable por su caridad, á quien Dios parece haberse empeñado en colmarlo de riquezas sin medida, miéntras él á su vez se em-

peñaba en deshacerse de todo en favor de los oaxaqueños, D. Manuel Fernandez de Fiallo. Trascribiré en este lugar lo que de tan ilustre y grande bienhechor de la humanidad dice el P. Alegre en su "Historia de la Compañía de Jesus:"

"Don Manuel Fernandez de Fiallo parece haber nacido para la felicidad de Oaxaca: no depositó en él la Providencia muy opulentos caudales sino para hacerlos correr por sus manos á beneficio comun de todo el pueblo. Seria nunca acabar pretender referir las innumerables limosnas privadas y particulares: nos contraeremos á decir aquellas que no pudo ocultar su circunspeccion, ó que despues de su muerte publicó la gratitud.

"Con 14,000 pesos ayudó á los reverendos padres carmelitas, y con 30,000 á los agustinos para la fábrica de su iglesia; 20,000 gastó en reedificar muchas piezas del convento de San Francisco; 3,000 en el de betlemitas: con 30,000 dotó diez camas en el hospital de San Juan de Dios; 70,000 gastó en la fábrica y adorno del templo de los religiosos de la Merced: con 11,000 aumentó la renta del Colegio de Niñas; 16,000 fincó para que de sus réditos se sustentasen cinco sacerdotes seculares, con la sola obligacion de sacar el guion y varas del palio siempre que saliese el Augustísimo Sacramento: con 80,000 pesos dotó el Colegio de la Compañía de Jesus, al que despues de algunos legados como de 20,000 pesos, dejó por heredero del remanente de sus bienes: más de 500,000 gastó en el espacio de cuarenta años en dotar huérfanas y monjas, y para el mismo efecto dejó fundada una obra pía de 198,000 pesos, de cuyos réditos se dotasen anualmente treinta y tres huérfanas, nombrando patron al rector de la Compañía. Esto, fuera de muchas fiestas anuales y lámparas perpétuas al Santísimo Sacramento en diferentes iglesias, de capellanías y otras distintas fundaciones. Hizo fuentes públicas para la comodidad de los pobres; reedificó las casas del ayuntamiento; ensanchó las cárceles para el alivio de los presos; fabricó las carnicerías, y por más de seis años hizo que á su costa se repartiese á los pobres, de limosna, gran cantidad de carnes. En su testamento dejó á los pobres vergonzantes toda su ropa y todos los géneros y efectos que sus encomenderos le remitiesen de los reinos de Castilla, reducidos á reales, en que se gastaron más de 80,000 pesos."

A estas obras deben agregarse la construccion ó reparacion de la iglesia y casa cural del Marquesado, hecha por el mismo Fiallo, en union de Ibarra, párroco de allí, por lo que se conservan aún los retratos de ambos en la portada de esta iglesia y la plaza del mercado, cuyo terreno se dice haberlo comprado él, cediéndolo luego á la comodidad del público. El magnífico acueducto de cantería en que hasta la fecha viene á la ciudad el agua potable desde el monte de San Felipe, distante más de una legua de la poblacion, obra que sola debe haber montado á algunos miles de duros, y cuya utilidad incalculable para el pueblo es obvia hasta el dia, parece que se debió á Pascuas.

Murió Fiallo en 1708. En la iglesia de la Compañía le hizo la ciudad magníficas exequias: su mejor panegírico fueron los suspiros y lágrimas de innumerables pobres. Su cadáver quedó sepultado en el mismo templo.

6.—La magnífica liberalidad del inmortal Fiallo nos conduce naturalmente á hablar de dos notables fundaciones á que eficazmente cooperó. La una fué el convento del Cármen para el que debe haber cedido el obispo la ermita de la Santa Veracruz y el ayuntamiento el terreno inmediato. Con los caudales de Fiallo y algunas otras limosnas, la ermita se trasformó en el suntuoso templo conocido con el nombre de Nuestra Señora del Cármen, pero que entónces no perdió su advocacion de la Santa Veracruz. El convento adjunto no se concluyó por entónces del todo, pues consta que muchos años despues se continuaba aún

la obra. Los mapas de la religion del carmelo señalan la creacion de este convento en el año de 1669.

La otra fundacion es la de San Juan de Dios. Es notable que en las crónicas de esta Orden hospitalaria se supone que en esta época se edificó el templo y convento de su religion en Oaxaca. Nosotros hemos dicho que fué el primer templo de esta ciudad, fundados en las indicaciones del padre Burgoa; sin embargo, en las gacetas de México de 1629, se da por cierto que la primera iglesia fué el Cármen de abajo. Los monjes juaninos fueron á Oaxaca á peticion del regimiento y expensas del capitan Antonio Diaz Masseda, y con el título de Santa Catalina Mártir levantaron su templo con licencia del virey conde de Moctezuma y del obispo Maldonado que lo bendijo, y predicó el dia de la posesion, que fué el 8 de Octubre de 1702, siendo comisario de la Orden Fr. Francisco Pacheco Montion. El convento se construyó con todas las enfermerías, viviendas y oficinas de un hospital, sin omitirse una huerta de recreo. Su dotacion fué para doce camas, seis religiosos y un sacerdote que administrase los sacramentos. Al principio fué Masseda quien sufragó todos los gastos; pero despues, con los auxilios de Fiallo y algunas otras limosnas, pudo asegurarse el porvenir de la fundacion. El primer superior que tuvieron estos frailes en Oaxaca fué Fr. Juan de Loranca, distinguido por su caridad para con los enfermos. Montion murió en su convento de Oaxaca, de que era prior, y de noventa y nueve años de edad, el 14 de Marzo de 1736.[1]

Por último, el convento de bethlemitas, edificado sin intencion, segun se ha dicho, aceptado por la autoridad civil en calidad de hospicio en tiempo del Sr. Cuevas Dávalos, erigido en convento formal con autoridad del Consejo de

---

[1] Gaceta de Marzo de ese año.

Indias en 1686, [1] vino á tener su complemento en el fin del siglo con los donativos del insigne Fiallo.

7.—Los dominicos habian tenido algunos capítulos ruidosos: en uno de ellos, reunido para elegir provincial, un grupo numeroso del pueblo, usando de violencia y amenazando con armas á los electores, impuso por la fuerza prelado á los frailes. Otras faltas de disciplina semejantes merecieron á la provincia las severas amonestaciones de su general. Sin embargo, no faltaban á la Orden hombres eminentes.

Uno de ellos fué el Dr. Francisco de Arguijo. Ligado por relaciones de familia con el Dr. Rios, protomédico del protomedicato de México, y dotado de muy buenos talentos para el ejercicio de esa profesion, despues de una brillante carrera literaria, recibió el doctorado en esa facultad. Rápidamente corrió por todas partes la fama de su acierto en la cura de varias enfermedades, tanto como la de su vida licenciosa. Para hacer olvidar esta mala nota, salió de México dirigiéndose al Real de minas de Zacatecas; mas tambien se vió obligado á salir de esta úlma ciudad, librándose con la fuga de la muerte que le tenian preparada personas ofendidas en su carrera de libertino. En Veracruz vió amenazador y pronto á caer sobre su cabeza el puñal de un marido de cuya esposa habia sido el seductor. En los momentos del peligro hizo voto de entrar en religion, como lo cumplió, aunque de mala gana, en el convento de Santo Domingo de Oaxaca. Por diez y ocho años siguió tibiamente la vida de los frailes; mas al fin, con toda la energía de su alma se consagró á la reparacion de sus faltas pasadas, mereciendo que el pueblo, por sus penitencias y otras eminentes virtudes, le diese el nombre de "Santo Doctor." A su muerte, que aconteció

---

1 Así lo dice la Crónica de Behetlemitas.

veinticinco años despues, en el de 1666, se le encontró el cuerpo cubierto de cadenas y cilicios que habian hendido las carnes. El Sr. obispo Monterroso ofició en sus funerales á que concurrieron en cuerpo los dos cabildos, el presidente de la Audiencia de Guatemala, D. Sebastian Alvarez de Roca Seca, y todo el pueblo.

El oaxaqueño Miguel de Escobar, hijo de Pedro Suarez y de Inés de Orellano, émulo por sus excesivas penitencias y celo apostólico en beneficio de los indios de los primeros fundadores de la fé en Oaxaca, cuyo don profético se reconoció en el éxito de sus predicciones, y cuya pobreza, sostenida en toda su vida, se consumó en la muerte que recibió sobre una estera de paja.

El padre Manuel Baez, de que se ha tratado varias veces. El padre Cristóbal de Agüero, á quien las actas llaman "el primer padre de la educacion de los indios," ignoro por qué causa. [1] El tlaxiaqueño Juan Galindo, y principalmente el sabio Francisco de Burgoa, de quien daremos algunos apuntes biográficos.

Era descendiente de los primeros conquistadores de Oaxaca, y estaba relacionado con lo más noble de la ciudad. Su madre fué Doña Ana de Porras y Alvarado y sus tios tenian repartidos algunos pueblos de indios y desempeñaban cargos públicos, singularmente los Alaveces, encomenderos de Tequisistlan, y D. Cristóbal de Salas, regidor de Antequera y corregidor de Zimatlan. Hizo su profesion religiosa en 1620. Enseñó muchos años sagrada teología en su convento de Sto. Domingo, en que obtuvo el grado de maestro. Poseyó con perfeccion los idiomas zapoteco y mixteco, que utilizó sirviendo en el ministerio de los indios. En 49 fué electo provincial de su Orden, con cuyo motivo ve-

---

1 Venerandus Mr. Fr. Cristoforus de Agüero Protoparens educacionis indorum, et lingua zapoteca Doctor insignis (scilicet verbis uti sacritis) fuit &. (Actas del capítulo de 1683. MS. de Levanto, fol. 141).

sitó casi todo Oaxaca, inquiriendo por todas partes no ti
cias de las antigüedades zapotecas. En 56 recorrió la Europa, terminando su viaje en Roma á donde habia sido
nombrado procurador. Volvió de la ciudad eterna con los
títulos de vicario general, calificador de la suprema inquisicion de España, comisario de ella, revisor de libros y visitador de las bibliotecas de Nueva España. En 1662 fué
segunda vez provincial de su Orden. Su vida fué laboriosa, ya por la eficacia con que se consagró al servicio de los
indios en las parroquias, ya por las graves dificultades que
agitaron entónces á su provincia, cuyo peso cargó en gran
parte á Burgoa, llegando por su actividad é inteligencia á
hacerse temible á los obispos que alguna vez, de un modo
irregular, quisieron intervenir en los capítulos de eleccion
para impedir que se pusiese al frente de los intereses dominicanos. De sus prendas personales y virtudes religiosas
hacen honorífica memoria las actas de Santo Domingo;
pero basta para conocer sus aspiraciones á la perfeccion
evangélica, saber que intentó convertir á San Pablo en
convento de reforma, restableciendo allí la práctica de las
santas y severas costumbres de Lucero. Siendo vicario de
Zachila, en su ancianidad escribió su "Palestra Indiana,"
en un tomo, á que siguieron despues otros dos intitulados
"Descripcion geográfica de la parte Septentrional del Polo
Artico, etc." El fin que se propuso fué dar buena doctrina
é inspirar sentimientos de piedad á los frailes, por lo que
no debe extrañarse el recargo de erudicion; sin embargo,
tal abundancia de saber, unida á un estilo vago, no puede
ménos de fatigar al lector que solo busca las noticias históricas sembradas acá y allá en sus obras. Boturini dice, [1]
que escribió varias obras científicas y oratorias: Beristain
hace memoria de las siguientes: "Fórmula y método de
rezar el Oficio Parvo," impresa. "Panegírico de Santo Do-

[1] Biblioteca hispano-americana del Dr. Beristain, tom. 1.

mingo de Guzman," impresa. "Sermon de la Encarnacion del Verbo," impreso. "Oracion eucarística por la felicidad de haberse salvado la flota," impreso. "Oracion panegírica del Dr. Argélico, predicada en Madrid de órden del patriarca de Indias," impreso. "Itinerario de oracion á Roma," inédito. Se asegura que tambien existen impresas algunas otras obras históricas aparte de las ya mencionadas.[1] Murió en Zachila en 1681 y su cadáver fué conducido á la ciudad, en donde se le hicieron honoríficos funerales.

Tenian tambien los franciscanos sus notabilidades, como Fr. Juan de la Cruz, venerado como santo por todo el pueblo, Fr. Roque de San Gerónimo, fiel imitador de las virtudes religiosas del famoso Fr. Manuel de Jesus, y Fr. Tomás de San Diego, que hizo diligentes informaciones y escribió los hechos más prominentes de los religiosos de su Orden. Escribió tambien sobre materias morales, haciendo aplicacion de los principios generales de la teología, á las costumbres de los indios. Quedaron inéditos sus escritos.[2]

8.—Tampoco faltaban á estos frailes turbaciones, con motivo de las exigencias de los obispos. El 1.º de Setiembre de 1675, Monterroso intimó á todos los regulares un mandamiento, prescribiendo que en el término de un mes mostrasen sus licencias de confesar y se presentasen á exámen de suficiencia, conminándolos con la pena de suspension en el ejercicio del ministerio sagrado, si contravenian á sus órdenes: exceptuaba únicamente de este general mandato á los religiosos dominicos. Los franciscanos, creyéndose vulnerados en sus privilegios, opusieron al edicto del obispo un breve de Inocencio X expedido en

---

[1] Carriedo. Estudio histórico, cap. 3, tom. 1.
[2] Crónica de San Diego.

Roma en 1648, que comienza con estas palabras: *Cum sicut acccpimus*, en que se manda, "que los regulares que hubiesen sido aprobados por el obispo para confesar seglares, no puedan ser suspendidos por el mismo obispo sin nueva causa, que sea tocante á las mismas confesiones." El obispo alegaba, para exigir el cumplimiento del edicto, las obligaciones de su cargo pastoral y la necesidad de procurar con diligencia el conocimiento de la aptitud de los ministros encargados de impartir á las almas el pasto espiritual; recordaba el tenor de las licencias mismas, que se concedian siempre por el tiempo de la volunt·d del obis· po; y en fin, mostraba un breve de Urbano VIII, en que se determina que los diocesanos puedan examinar á los religiosos, aunque ya éstos hubiesen sido aprobados por sus predecesores. Mas los franciscanos replicaban: que el oficio y cargo pastoral debia desempeñarse por los obispos con sujecion á los sagrados Cánones y sin lastimar los privilegios de que gozaban las Ordenes regulares; que la fórmula de estampilla en que las licencias de oir confesiones se concedian por el tiempo de la voluntad del concedente, debia entenderse no segun el sentido material de las palabras, sino segun derecho y con arreglo á los Cánones, los cuales explicaban, cap. *Si gratiosè* del sexto de las Decretales, que el beneplácito y voluntad de los príncipes en sus rescriptos, se extiende á todo el tiempo que dura su vida ó dignidad, no siendo con limitacion el tiempo de la gracia ó concesion; y finalmente, aseguraban que el breve de Urbano VIII habia sido dirigido á un obispo determinado, el de Córdova, D. Cristóbal de Lovera, sin hacerlo extensivo á todo el orbe cristiano, y sin importar obligacion en las Américas, tanto más que no habia pasado por el Consejo de Indias. como era entónces necesario; y que aun suponiéndolo obligatorio, no era aplicable al caso, pues que el breve trataba de los que habian sido aprobados por obispos anteriores y ellos lo habian sido por el mismo Sr.

Monterroso. Sin embargo de estas razones, se abstuvieron de ejercer el ministerio sagrado, dando noticia al provincial y esperando que la cuestion se resolviese en tribunales superiores. El escándalo del pueblo fué grande, pues como la misma conducta de abstencion observaron los mercedarios y agustinos, hacian falta confesores á los fieles. Así permanecieron las cosas algun tiempo, hasta que el obispo, consultando el bien público, despues de repetidas juntas con los superiores de las mencionadas Ordenes regulares, levantó su mandato el 29 de Enero de 1677.

9.—Así estos religiosos como los demás regulares y aun algunos seglares cultivaban con esmero las letras. De muchos hemos ya hecho mencion; á los demás nombraremos, siquiera sea para que sus nombres no queden perdidos en el olvido.

Entre los franciscanos se distinguió por su saber el R. Fr. Manuel Ibañez. Publicó un "Tratado del juez conservador de los religiosos dominicos de Oaxaca," y un "Memorial al Rey," en prosecucion de la causa de San Sebastian de Aparicio, para cuya canonizacion fué nombrado procurador en Roma por su Orden.

Jacinto Vilchis, poblano por su orígen, dominico de Oaxaca. Escribió: "Método de rezar con fruto el rosario de la Vírgen María y Meditaciones de sus misterios," todo en verso zapoteca.—"Nuevo rosario en verso zapoteca, por sufragio de las almas del purgatorio." MS.

Don Manuel Segovia, conónigo de Oaxaca, escribió "Arco triunfal magnífico que la Santa Iglesia de Antequera de Oaxaca erigió á su Obispo el Illmo. D. Alonso de Cuevas Dávalos," imp. en 1658.—"El nuevo sacerdote y pontífice Onías, resplandeciente en el templo como el sol." Impreso.

Don Juan Torres Castillo, alcalde mayor de Nejapan, escribió: "Relacion del alboroto que hubo en los pueblos de Nejapan, Istepexi y Villa-alta, y de la manera que se apaciguó;" imp. en 1662.

Don Cristóbal Manso, natural y regidor de Oaxaca, alcalde mayor de Tehuantepec, escribió: "Noticia y relacion cierta de los sucesos de la revolucion de indios de Tehuantepec, desde el 22 de Marzo de 1660 hasta el 4 de Julio de 1662," impreso.

Don Pedro Arjona, oaxaqueño, colegial de Santos en México desde 1637, abogado de la Real Audiencia, alcalde mayor de las cuatro Villas del Marqués, y regidor de su patria. Escribió: "Genealógico Atlante, Mercurial Augusto: ó festiva pompa con que la Ciudad de Antequera de Oaxaca celebró el feliz nacimiento del Príncipe Felipe Próspero," imp. en 1659.—"Angular mitológico que la Ciudad de Antequera de Oaxaca consagró al recien nacido Príncipe Cárlos José, heredero de la corona de España," impreso 1663.—Relacion en prosa y verso de las fiestas con que la provincia de Predicadores de Oaxaca celebró la Beatificacion de la Ven. Rosa de Lima," imp. 1670.

Francisco Navarrete, español de orígen, dominico de la provincia de Oaxaca, provincial en 1658, fué quien apaciguó el tumulto de Tehuantepec. Era muy sabio. Dió á la prensa, estando en Oaxaca, "Memorial de la devocion al Angel Custodio;"—en Roma, "Bulario de las cofradías del Santísimo Sacramento, del Santo Rosario y del inefable nombre de Jesus;"—y en España, *"De Sac. Scripturæ sensibus, regulis et controversiis."*

Pedro del Castillo, dominico, vicario de Huitzo y provincial de su Orden, publicó varios sermones y un libro intitulado: "La estrella de Occidente, Vida y Milagros de Santa Rosa de Lima," imp. en 1670.

Antonio Torres, natural de Teposcolula, dominico desde 1679, maestro de su Orden, catedrático de filosofía y teología, procurador de su provincia en España, vocal en el capítulo general celebrado en Bolonia en 1725 y padre de provincia nombrado por su general el Rmo. Ripoll. Mandó hacer á uno de los mejores escultores de Roma la imágen de la Vírgen del Rosario que se veneraba en su capilla en Santo Domingo. Murió en Madrid en 1728. Escribió: "Los dos labios de la Iglesia, Santo Domingo y San Francisco," imp. en 1695.—"Representacion por la Provincia de San Hipólito de Oaxaca sobre doctrinas y curatos," imp.—"Panegírico de Santo Tomás," imp. 1696.

El yanhuiteco Antonio Gonzalez, dominico, imprimió: "El Catecismo del P. Ripalda, con varios apéndices en idioma mixteca."

Dieron á la prensa sus sermones, D. Baltasar Gonzalez Olmedo, oaxaqueño y párroco de Tehuacan; Fr. Manuel Tovar, oaxaqueño, vicario de Nochistlan, en donde murió; D. Antonio Saldaña, poblano, doctor, secretario del Sr. Sariñana, magistral y arcediano de Oaxaca, rector del colegio de San Bartolo; y Fr. Gonzalo Piñero, poblano de orígen, y dominico de Oaxaca, en donde dejó inéditos diez ó doce tomos de buenos sermones.

10.—Antes de la mitad de ese siglo tenia la ciudad poco más de 2,000 vecinos, como lo dice Burgoa, [1] y se evidencia por el escaso número de nacimientos que no llegaban á 200 anuales, como se ve en los archivos parroquiales; más al fin del mismo siglo y principios del siguiente, la poblacion no contaba ménos de 6,000 almas. Los artesanos, como panaderos, carpinteros, albañiles, zapateros, sastres y sombrereros, habian sido agrupados en el pueblo de Jalatlaco. En la Trinidad se cultivaba la hortaliza en extensos solares. La ciudad era solamente habitada por los que

[1] Burgoa. Descripcion geográfica, fol. 127.

ejercian profesiones nobles; su aspecto, sin embargo, no era deleitable: las calles estaban formadas de tierra suelta, sin embaldosado, interrumpidas por barrancos, charcas y lodazales, sin otro alumbrado por la noche que algunas lámparas encendidas por la devocion ante tal cual imágen embutida en un nicho de piedra en la pared; las casas bajas, sin forma alguna arquitectónica, con pocas ventanas muy altas y en forma de troneras y con los techos cubiertos de negruzcas tejas de malísima visualidad. Entre todos estos mezquinos edificios se levantaban arrogantes los templos y los monasterios de ambos sexos. La catedral carecia aun del sagrario, de la casa parroquial y de la capilla de Guadalupe: las demás capillas tenian ventanas bajas de mal gusto y algunas cubiertas de teja: en el cuerpo principal del templo se daba sepultura á los fieles difuntos. El templo principal, por su hermosura y riqueza, era sin duda Santo Domingo. Del Cármen, solo habia una pequeña ermita conocida con el nombre de la Santa Veracruz. En el lugar de la ermita de San Sebastian, se habia edificado ya el suntuoso templo de la Soledad, al pié del monte Calvario ó de Jerusalem, como llamaban entónces al cerro de la Soledad. San Pablo habia sido reedificado. El templo del Cármen de abajo era fundacion de mulatos y ladinos y tenia el título de las "Lágrimas de San Pedro;" salia de allí una notable procesion el Miércoles Santo en la tarde, disfrutaba de algunos privilegios pontificios y fué la primera en que se celebraron tres misas el dia de finados por gracia especial de la silla apostólica. Guadalupe fué enriquecido por Cuevas Dávalos, que llevó de México la imágen de la Vírgen que se venera allí. Existian, además, San Francisco, la Merced, la Compañía, Santa Catalina, la Concepcion, San Juan de Dios y el templo de Coronacion.

La república se componia de alcalde mayor, dos alcaldes ordinarios, alguacil mayor, alférez real, depositario general, ocho regidores y tesorero de la Santa Cruzada. El corregidor gobernaba por sus tenientes á Tlaxiaco, Zachila, Ocotlan, Etla, etc.

11.—Lo que es hoy el Estado de Oaxaca estaba entónces dividido en diez y ocho Partidos gobernados por subdelegados.

El primero era el de Teotitlan del Valle, á que pertenecian Mitla y Tlacolula.

El segundo, Zimatlan. Era una de las mejores subdelegaciones, por extenderse mucho por las montañas, tocando aun las costas del Pacífico. La Real Cédula que se expedia á los alcaldes mayores de este Partido, tenia el título de Chichicapa, por haber sido este pueblo el primer asiento de las autoridades.

El tercero era Huitzo, cuya jurisdiccion se extendia al valle de Etla y parte de las sierras. Cuilapan, Santa Ana y el Marquesado pertenecian á los marqueses del Valle.

El cuarto era el de Tehuantepec, á que los españoles daban el nombre de Villa de Guadalcázar, cuya poblacion era entónces de dos mil vecinos.

Jalapa era villa propia del señorío del marqués del Valle, que la gobernaba por medio de un juez privativo con título de corregidor, cuya jurisdiccion se extendia tambien al territorio de las haciendas del mismo señorío, que se

---

[1] Quisiéramos dar la série completa de los corregidores de Oaxaca. En la imposibilidad de hacerlo, no creemos deber omitir, aparte de los que han sido mencionados en esta historia, los siguientes, de quienes solo se conocen los nombres. En 1628. D. Francisco Bravo de la Serna.—1630. D. Fernando Altamirano.—1631. D. Gonzalo Carbajal.—1671. D. José de la Serna Moran.—1672. D. Diego de Salazar Maldonado.—1678. D. Pedro de la Puebla.—1680. D. José de Inostrosa.—1683. D. Francisco Sanchez Aseñero.—1688. D. Alonso García Andrade.—1698. D. Pedro Núñez Villavicencio.

arrendaban por cinco ó nueve años por autoridad del mismo corregidor.

El quinto, Huamelula, de idioma chontal con buenos puertos en la mar del Sur.

El sexto, Nejapan, en que los indios rápidamente disminuyeron, quedando muy pocos ya en este tiempo. Un siglo despues, cuando se hizo la independencia, no habia en Nejapan sino siete indios, restos de una antigua numerosa poblacion. En sustitucion de éstos y para el trabajo de cinco ingenios que tenian los españoles, se introdujeron muchos negros esclavos, de que proceden sus actuales pobladores mulatos. Por tener este Partido mucha extension, se dividió en dos por los años de 1788, formándose con una parte de su territorio,

El sétimo, de los chontales, señalándose el pueblo de Santa María Ecatepec, residencia del subdelegado.

El octavo era el de Miahuatlan, uno de los más ricos entónces por el cultivo de la grana.

El noveno, Villa–alta, de que se desmembró despues

El décimo, que era la subdelegacion de Choapan.

El de Ixtepeji era propio del ducado de Atlixco, cuyo poseedor proveia el oficio de subdelegado y justicia mayor.

El undécimo, Teococuilco, á que estaban sujetos los pueblos de Teotzacualco y Teojomulco, llegando sus linderos á tocar los de Jicayan.

El duodécimo, San Pedro Teutila.

El décimotercero, Teotitlan del Camino, ó mejor Cuicatlan, pues con este título se expedia á los subdelegados la Cédula Real.

El décimocuarto era el de Jamiltepec, en el que abundaban ya los negros y mulatos. Se introdujeron en el Partido para el laboreo de las minas, que se abandonaron despues por la inconstancia de los metales, dándose, en consecuencia, libertad á los esclavos. Además, el mariscal de Castilla, que tenia su mayorazgo en buenas haciendas de este Partido, llevó muchos esclavos para el cuidado del ganado vacuno y yegüerizo que introdujo y fomentó, debiéndosele por lo mismo la buena raza de caballos que se conserva con aprecio allí. Muchos esclavos, en fin, huyendo del lado de sus señores, se refugiaban en Jamiltepec, en donde estaban al abrigo de las autoridades y gozaban de un clima ardiente, análogo al de su país natal. Tal es el orígen de la poblacion negra de la Costa chica.

El décimoquinto, Nochistlan; el décimosexto, Teposcolula; el décimosétimo, Huajuapan, y el décimoctavo, Justlahuac.

12.—Los dos mares pertenecian á Oaxaca en una buena extension de sus costas, y ambos, durante los últimos años de esta historia, estuvieron infestados de piratas. El famoso Lorencillo cruzaba el golfo en todos sentidos, verificando desembarques, ya en un punto, ya en otro, miéntras otra numerosa escuadra de corsarios, volteando por el estrecho de Magallanes, tan pronto amenazaba á Centro–América como se dejaba ver en Acapulco ó tomaba tierra en las costas de Colima y de Jalisco. En Octubre de 1685 se acercaron á Tehuantepec en tres de sus navíos y saltaron algunos á tierra; mas los tehuantepecanos se armaron en número de doscientos y persiguieron á los invasores, obligándolos á reembarcarse. [1] Casi al mismo tiempo, siete naves se dejaban ver en el puerto de Acapulco, miéntras el resto de la escuadra desembarcaba en Huatulco y quemaba al sorprendido é indefenso pueblo. [2] En Julio del si-

[1] Diarios de Robles.
[2] Rivera consigna la noticia en sus Diarios, refiriéndose al mes indicado, en estos términos: "El dia 27 de este mes se tuvo noticia de ha-

268

guiente año se vió amenazado el mismo puerto por tres naves enemigas, y en Setiembre de 87 saltaron otra vez en tierra de Tehuantepec, reembarcándose á los pocos dias.[1] Con estas noticias, los vireyes, alarmados, celebraron varias juntas para deliberar sobre los medios convenientes de defensa; mas ninguna medida eficaz se adoptó, quedando las costas de Oaxaca indefensas, y como están aún, abiertas á cualquier aventurero que quiera hollarlas y saquearlas.

ber quemado los piratas el puerto de Huatulco, en la provincia de Oaxaca."

1 Diarios de Robles.

CAPITULO XII

SUCESION DE OBISPOS.

1. Terremotos.—2. Litigios de los dominicos.—3. Illmo. Quiroz.—4. Illmo. Maldonado.—5. Terremotos.—6. Obras de arquitectura.—7. Personas notables.—8. Illmo. Calderon.—9. San Felipe Neri.—10. Illmo. Sr. Montaño.—11. Illmo. Sr. Gómez de Angulo.—12. Lizardi. Cabrera.—13. Sabios oaxaqueños.—14. Otros escritores.

1.—Aun vivia el Sr. Sariñana cuando aconteció un eclipse casi total de sol, pues se vieron las estrellas y cantaron los gallos como si fuese la media noche, el 23 de Agosto de 1690. Lo más notable de sus circunstancias fué el *chahuistli*, enfermedad de los trigos y aun de todas las plantas, que desde entónces quedó en el país causando grandes daños á las sementeras. Me abstengo de afirmar que el uno haya sido causa del otro acontecimiento; pero consigno la simultaneidad de los dos hechos históricos: el eclipse y el principio del *chahuistli*.

A los seis años exactamente, el 23 de Agosto de 1696, un horrible terremoto hizo grandes estragos en la ciudad, arruinando casi por completo á San Pablo, San Francisco, la Merced, Catedral, el convento de Santo Domingo y muchos otros edificios. Los vecinos desampararon sus casas y buscaron su seguridad en las plazas y en el campo. La mayor parte se reunió en el llano de Guadalupe, en el que pasaban la noche durmiendo bajo de tiendas. Sariñana los volvió á sus hogares, persuadiéndoles que no temblaria ya la tierra, como en verdad por entónces sucedió. En 1682 habia tenido tambien la tierra una sacudida espantosa que obligó á los oaxaqueños á buscar refugio en el llano de Guadalupe. [1] Algun tiempo despues, el 21 de Diciembre de 1702, tembló igualmente la tierra, derribando, entre otros edificios, la torre de la Merced. [2] La liberalidad piadosa de los fieles y la accion reparadora de los frailes, pronto restablecian lo que destruian los temblores: los dominicos pensionaban á las parroquias que les pertenecian para disponer de fondos suficientes: sin esto, aquellos templos y conventos fueran ya un monton de ruinas.

2.—Además de los crecidos gastos que demandaban estas obras de reconstruccion, los dominicos tuvieron que hacerlos cuantiosos en la prosecucion del antiguo litigio de las parroquias, y de otros nuevos que les fueron suscitando en este tiempo. Siendo rector del colegio seminario el canónigo doctoral Lic. D. José de Soto Loria, presentó al obispo demanda contra los frailes, por la cantidad de dos mil pesos, que el Sr. Monterroso habia impuesto en la ereccion de dicho instituto literario, como pension por las parroquias que administraban, y que no habiéndose pagado, montaban ya á veinte mil duros. El provincial de dominicos, Francisco de Reina, hizo fuertes alegatos, demostran-

---

1 En los diarios de Robles se lee esta nota correspondiente al año 1682: "En 19 de Marzo tembló horriblemente, duró como seis credos fué á las tres de la tarde; estos son los famosos temblores de Señor San José que causaron mucho daño en Oaxaca, por lo que lo pusieron patrono de ellos." Esta noticia no es del todo exacta, pues Alegre refiere al año de 1627 la eleccion de Señor San José por patrono, como se dirá despues.

2 Diarios de Robles, pág, 364, refiriéndose á carta del provincial de mercedarios que estaba allá entónces.

do que en virtud de sus privilegios subsistentes no estaban obligados á contribuir al seminario, en cuyo favor el Sr. Loria escribió segunda vez, exponiendo nuevas razones y rebatiendo las de los frailes. Creyeron éstos que les seria muy gravoso seguir un juicio regular por todos sus trámites, y que negociando en España tendrian acaso mejor éxito; por lo que nombraron procurador para ante el rey, al mismo provincial Reina.

No habia terminado esta cuestion, cuando se notificó á los frailes real provision con insercion de una cédula en que el rey, con arreglo á una bula de Paulo V, disponia que los conventos que no hubiesen sido erigidos con licencia del mismo rey, ó que no contasen con ocho religiosos residentes, no gozasen los privilegios de conventos ni sus prelados tuviesen voto ni sufragio en los capítulos. Habian perdido los dominicos las licencias de los reyes para la mayor parte de sus fundaciones, ni pudieron presentar otros títulos que las bulas y cédulas en que se declaraban los conventos que pertenecian á la provincia de San Hipólito al tiempo de su desmembracion de la de México; y no pudiendo sostener ocho religiosos en cada una de sus casas parroquiales, las convirtieron en vicarías, reduciendo á seis únicamente sus conventos.

A este primer golpe deberia seguir pronto el segundo. El P. Reina no hizo en España cosa alguna favorable á su provincia: deseaba vivir en la península, y aprovechando aquel viaje costeado por los frailes, buscó un lugar en el colegio de Santo Tomás de Sevilla y se quedó allí hasta su muerte, siendo lo notable que no era español sino oaxaqueño, hijo de Francisco Reina y de Ana Esquivel, vecinos de Antequera. Al saberlo se determinaron los frailes, para obviar dilaciones y gastos, á convenirse amigablemente con el cabildo eclesiástico que gobernaba en la sede vacante por muerte del Sr. Sariñana. Se hizo la escritura de transaccion el 19 de Febrero de 1698 ante el escribano real

Diego Benayas, pagando por el tiempo pasado seis mil pesos y obligándose los dominicos á entregar para el sostenimiento del seminario quinientos pesos cada seis meses. Por cédula expedida en Barcelona el 27 de Noviembre de 1701, aprobó el rey este contrato.

3.—Predominaba ya sin oposicion en Oaxaca el poder y la autoridad de los obispos, que deberian dejar á la posteridad monumentos que rivalizaran con los de los frailes. El templo de la Soledad, que despierta el recuerdo del Sr. Sariñana, habia sufrido considerablemente en el terremoto de 1696, desplomándose las bóvedas de uno de sus cruceros; mas se trabajaba con ventaja en su reparacion. Este último obispo, cuyo recuerdo es suave, murió el 10 de Noviembre de 1696, abrazado con los Santos Evangelios, libro que amó y leyó mucho toda la vida. La ciudad se vistió de luto, sirviendo de ocasion haberse publicado pocos dias ántes los lutos de la reina Doña María de Austria. Su cadáver fué sepultado con pompa, y en 1702 trasladado á la capilla de San Pedro con los de otros señores obispos, declamando esta vez sus funerales exequias el provincial de mercedarios, Fr. Baltasar de Alcocer Sariñana, sobrino del obispo. [1]

Le sucedió el Illmo. D. Fr. Manuel Plácido de Quiroz, monje de San Benito, quien tomó posesion de la silla episcopal el 9 de Diciembre de 1699. [2] Parece haber permanecido en México un año entero, pues Robles consigna en sus diarios la noticia de haber llegado de España en la flota que tomó puerto en Veracruz el 12 de Octubre de 1698. [3] Poco hay que decir de su gobierno, pues sus en-

---

1 Apéndice á las noticias de Sedano, pág. 185.

2 MS de Levanto, fol. 149.

3 Diarios del Lic. Antonio de Robles. Nota relativa al 16 de Octubre del año citado.

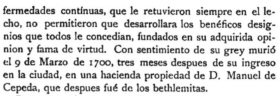

fermedades contínuas, que le retuvieron siempre en el lecho, no permitieron que desarrollara los benéficos designios que todos le concedian, fundados en su adquirida opinion y fama de virtud. Con sentimiento de su grey murió el 9 de Marzo de 1700, tres meses despues de su ingreso en la ciudad, en una hacienda propiedad de D. Manuel de Cepeda, que despues fué de los bethlemitas.

Se proveyó la vacante, nombrándose para suceder al anterior á un franciscano, español, que habia residido en Zacatecas como misionero apostólico, llamado Fr. Manuel Mimbela; pero no aceptó la mitra de Oaxaca, como ántes no habia consentido en ser obispo de Panamá, no resolviéndose á tomar sobre sí la carga pastoral sino hasta catorce años despues, al ser nombrado obispo de Guadalajara.[1]

4.—No presentó la misma resistencia D. Fr. Angel Maldonado, que gobernó la diócesis cerca de veintiseis años. Nació en Ocaña, el 27 de Julio de 1660. Manifestó talentos no vulgares en las aulas de la Universidad de Alcalá, en que recibió la borla de doctor en sagrada teología, á los veintitres años de edad. Enseñó allí mismo, en sustitucion, varias cátedras; desde 1691 desempeñó en propiedad la de filosofía, y poco despues la de teología en vísperas. En Castilla tomó el hábito de San Bernardo, llegando á ser en su religion maestro y lector aplaudido de varias ciencias. Tuvo fama en su patria de buen orador y de gran expedicion en el despacho de los negocios. A su firme adhesion al rey Felipe V, cuyos derechos defendió, debió ser promovido, el 3 de Agosto de 1699, á la mitra de Comayagua, en Honduras, de donde fué trasladado despues á la de Antequera por Inocencio XII. Se consa-

---

[1] Diccionario Universal de Historia y Geografía en el artículo Mimbela. Lorenzana. Séries de los señores obispos, etc.

274

gró en el colegio imperial de Madrid el 2 de Enero de 1701 y tomó posesion de su diócesis el 10 de Julio de 1702. [1]

No fué amante del esplendor ni del culto de sí mismo. En su palacio no habia alhaja de valor; para el servicio de su mesa tenia solo vajilla del barro más grosero; en el vestido aparecia como el más humilde religioso; murió con cama y sábanas prestadas. Se dice que era limosnero, y no hay duda que se interesaba por las necesidades de sus ovejas, especialmente por precaver las enfermedades que pudieran contraer, pues al Consejo de Indias dirigió doctísimos escritos demostrando los males que acarrea el palo del pulque, obteniendo cédula para hacer cesar su uso. Distinguió en sus atenciones á los niños: para el colegio seminario dictó constituciones convenientes, á las niñas del colegio recientemente fundado, dió igualmente sábias reglas de cristiana educacion.

Daba audiencia, sin diferencia, á toda clase de personas. En su trato y conversacion era singularmente amable: así se atrajo las simpatías de todos, logrando un ascendiente capaz de acabar, como lo hizo, con todas las disensiones públicas y privadas que surgieron en su tiempo. Desplegó gran actividad en el cumplimiento de sus deberes de obispo. Predicó más de ochocientos sermones, de los cuales publicó cuarenta y ocho en un tomo en folio intitulado: "Oraciones evangélicas." Dió á la prensa igualmente un "Directorio espiritual." [2] Confirió las Ordenes sagradas á más de seis mil personas y visitó dos veces toda su vasta diócesis.

Tanto amor tenia á su iglesia de Antequera, que por no abandonarla rehusó las mitras de Orihuela, en España, para la que fué electo el 4 de Junio de 1712, y la de Michoa-

---

1 Gacetas de México.—Gaceta del mes de Abril de 1728, pág. 29.
2 Gacetas de México, del mes de Febrero de 1722.

can á que fué promovido el 22 de Diciembre de 1722.[1] Y tanto deseaba fomentar su clero, que venciendo graves dificultades creó en el coro de su iglesia cuatro prebendas, dos de merced y dos de oposicion, y aumentó con veintisiete las parroquias que servia. El camino, sin embargo, por donde logró la posesion de estas parroquias que pertenecian á los dominicos, fué el trillado por los obispos anteriores, suscitando dificultades á los frailes y renovando los antiguos disturbios. Al hacer la visita de su diócesis, el año mismo de su llegada á Oaxaca, desde Cajonos, por donde la comenzó, encontró muchos abusos que extirpar, numerosas y arraigadas idolatrías, pueblos que merecian ser frecuentemente visitados por sus párrocos, y otros que podian sostener sacerdote residente de contínuo: para satisfacer estas necesidades, pretendió crear nuevas parroquias y conferirlas á sus clérigos. Se quejó al virey de que San Pedro el alto, Ayoquesco, Lachixio, San Mateo del Peñasco, carecian, sin razon, de sacerdote, miéntras otros pueblos de la Mixteca, del Valle y de Tehuantepec, estaban mal administrados, pidiendo autorizacion para obrar como lo exigian sus deberes pastorales. La Audiencia le aconsejó que tuviese una conciliacion con los dominicos para evitar enojosos procedimientos judiciales, y en efecto, se firmó por ambas partes contendientes una transaccion el 4 de Julio de 1704; mas habiéndose renovado posteriormente el litigio, considerando los frailes que aquellos largos pleitos enervaban la disciplina regular y empobrecian á la provincia, *para no acabarse de perder*, se resolvieron á desamparar siete parroquias ó conventos, celebrando nuevos convenios con el obispo, el año de 1712.[2]

No fué ménos disputada la determinacion de aumentar

---

[1] Gaceta de Abril de 1728.
[2] MS. de Levanto, fol. 149. Doc. inéd. de la Bibliot. de Santo Domingo.

el número de canongías. En la ereccion de la iglesia catedral se habian instituido diez canonicatos, proveyéndose al principio solo seis por la escasez de rentas de que á cada uno se señalaron 125 pesos anuales, que por entónces se juzgaron suficientes para la congrua sustentacion de los beneficiados. Con el tiempo, las rentas aumentaron en términos que cada canónigo percibia 3,000 pesos, sin que por eso se creyesen obligados á cumplir con la primera institucion. El Sr. Maldonado se dirigió al rey, exponiendo el estado de las rentas y la necesidad de nuevos canónigos para aumentar el esplendor del culto. Como lo pedia el obispo, se proveyó Real Cédula en 11 de Diciembre de 1718, nombrándose desde luego canónigo á D. Juan de Leiva Cantabrana, persona notable de Oaxaca, y al Br. D. Manuel Hidalgo. El cabildo resistió la ejecucion de esta cédula interponiendo apelacion que le fué concedida solo en cuanto al efecto devolutivo. Los canónigos antiguos dieron poder al doctoral y gastaron algunos caudales en la prosecucion del negocio; mas al fin quedaron vencidos y las sillas del coro quedaron ocupadas.

La causa principal de la resistencia era que se habia mandado por el rey no solo el aumento de canónigos sino el pago de 600 pesos anuales á cada uno de los párrocos del Sagrario, que hasta entónces no habian disfrutado mas de 120 pesos de honorario. Esto dió motivo á que por la prensa se publicasen de una y otra parte acres folletos, en que los curas y los canónigos se esforzaban por enaltecer su propia dignidad, reclamando para sí más crecidos honorarios. [1]

No fué igualmente feliz en otro negocio que promovió el mismo señor obispo con el mayor calor. D. Manuel Fernandez Fiallo, entre las obras de su insigne beneficencia, dotó treinta y tres huérfanas, concediendo el patronato de

---

[1] En el archivo del Sagrario de Oaxaca existen los documentos originales.

la obra pía al rector de la Compañía de Jesus, quien anualmente designaba las jóvenes favorecidas y les entregaba el caudal que acaso las hacia felices. Juzgando el Sr. Maldonado que el número de las huérfanas era excesivo y corta la distribucion, proyectó aplicar á otro intento los fondos de esta institucion: queria sostener con ellos la educacion de tres jóvenes peritos en los idiomas de la tierra, los que ya ordenados sacerdotes, recorriesen en fructuosas misiones los pueblos de la diócesis. Los jesuitas, á cuyo cargo estaba la obra pía, en plena congregacion celebrada en 1720, teniendo presente la cláusula relativa del testamento de Fiallo, se negaron al pensamiento del señor obispo, á quien mostraron un breve pontificio en que se le mandaba no innovar cosa alguna en la materia, manifestándole al mismo tiempo que obsequiarian con gusto su determinacion, siempre que, para ejecutarla, contase con el beneplácito del Papa.

El Illmo. Maldonado favoreció cuanto pudo el esplendor del culto. En el templo de la Soledad dotó tres grandes fiestas á San Agustin, San Benito y San Bernardo. Su principal obra fué, sin embargo, la reconstruccion de la catedral, que muy estropeada por el tiempo y los temblores, ofrecia ya el aspecto de una ruina. El venerable obispo carecia de fondos por haber disipado su caudal en pródigas limosnas; mas no podia sufrir que la primera iglesia de su diócesis viniese á tierra: en esta angustiosa situacion, llegó en su auxilio el dean de la catedral, Dr. D. Benito Crespo, que de la testamentaría de D. Juan Gómez Márquez, aplicó cuarenta mil pesos á esta fábrica.[1] Se comenzó, pues, la obra deshaciendo el antiguo templo, puesto que era necesario para darle más arrogantes formas. El trabajo duró largos años y se gastaron sumas respetables; pero el templo quedó grande y bello, lleno de luz por las muchas ventanas

---

[1] Gaceta de Dic. de 1728.

de la nave principal, y con dos capillas nuevas, la de Guadalupe y la del Santísimo Sacramento, destinada para iglesia parroquial.

5.—Entendia aún en esta obra cuando Oaxaca tuvo que sufrir los estragos de una peligrosísima aunque ya muy frecuente calamidad. El 10 de Marzo de 1727 un horrible terremoto sacudió la tierra con oscilaciones espantosas, derribando muchos edificios y quebrantando los demás en términos de quedar inhabitables. Continuaron ese dia y los siguientes repitiéndose los vaivenes, causando indecible pavor á la poblacion que se agitaba en contínuo sobresalto, pasando las noches bajo de tiendas ó en chozas de palma ó de zacate, por miedo de perecer en la caida de los edificios. El Colegio de la Compañía y las bóvedas del templo quedaron en tal quebranto, que fué necesario derribarlos para precaver desgracias en alguna nueva sacudida. Para aplacar la ira del cielo, se pensó en aquellas circunstancias llevar en procesion, á la capilla de Guadalupe que servia de catedral y hacer un solemne novenario, á la venerada Virgen de la Soledad. El 18 de Marzo, al verificarse la primera ceremonia, estando ya formada la procesion y al tiempo de salir de su templo la soberana imágen, sobrevino un nuevo terremoto más violento que los otros. Corrieron todos fuera de sí por el espanto, sin pensar más en el acto religioso. En esta turbacion, dos jesuitas, subiendo uno al púlpito y saliendo el otro al cementerio, animaron la confianza del concurso en la poderosa intercesion de la Madre de Dios, á cuyo favor se habian acogido, y en la proteccion de Señor San José, cuya fiesta celebraba la iglesia en el siguiente dia. A estas voces, como de un profundo letargo volvió en sí la muchedumbre, que ordenándose de nuevo, llevó en procesion á catedral á la venerada imágen. Despues del novenario, fué jurado solemnemente patrono de la ciudad contra tan terrible azote, el Santo Patriarca José, á cuya proteccion se debia que en tantas ruinas de edificios y en tan peligrosas hendeduras de otros, ninguno hubiese muerto.

6.—Los jesuitas tuvieron la fortuna de que, pasada la cruel calamidad, se reuniesen entre los principales republicanos 6,000 pesos para la reedificacion de su convento y templo. Debieron mucho tambien á la liberalidad del Dr. D. Juan Narciso Robles, canónigo entónces de Oaxaca y despues jesuita, que dió para esta obra 6,000 pesos. Otro oaxaqueño, D. Sebastian de San Juan Santa Cruz, reedificó y adornó la capilla de los Dolores, con expensas de más de 12,000 duros. [1]

Aquella fué una época de suntuosas fábricas de arquitectura. A medida que los terremotos demolian los edificios, los oaxaqueños se esforzaban por reconstruirlos y levantar otros nuevos. El mes de Junio de 1728 se dedicó el templo de Señor San José y se comenzó la construccion del monasterio anexo, que se destinaba para religiosas capuchinas, fundacion para que se habian pedido al rey las licencias necesarias. [2] El 21 de Noviembre del mismo año se dedicó el templo de San Pablo, parroquia de los mexicanos del Marquesado y convento de dominicos recoletos, desde que el piadoso Burgoa quiso poner allí los cimientos de la reforma dominicana, templo destruido por los últimos terremotos y reedificado con crecidas costas. [3] El 20 de Febrero del siguiente año de 1729, se dedicó la iglesia del Calvario, reedificada con ventaja, pues quedó con doble extension de la que tenia: el acontecimieuto fué celebrado con luminarias generales. Tambien fué celebrada con públicas

---

1 Alegre, Historia de la Compañía de Jesus en N. E. Lib. 10, tom. 3, pág. 226.

2 Gaceta de Noviembre de 1728.

3 Idem idem.

demostraciones de alegría la canonizacion de San Juan de la Cruz, á que contribuyó el corregidor D. Juan B. Fortuño: el templo del Cármen de abajo desplegó en esta ocasion gran lujo, pues pesaba más de trescientas arrobas la plata repartida en blandones, ramilletes, frontales, arañas, etc. El prior del Cármen de arriba, Fr. Domingo de los Angeles, para resguardo de su convento, acabó en este mes la fábrica de una tapia de mampostería, de vara y media de cimiento, una vara de ancho y seis varas de alto, la misma que existe en la actualidad. [1] La noche de Navidad de 1730 se inauguró la nueva catedral. [2] El 5 de Mayo de 1731 se estrenó la capilla del Rosario, tan suntuosa como el templo principal, [3] á expensas y solicitud de Fr. Dionisio Levanto, provincial de su Orden en Oaxaca. Duraron los trabajos de la fábrica siete años, y se dió á la capilla una extension de veinticinco varas de largo por trece de ancho y su correspondiente altura. En fin, el templo del Tercer Orden de San Francisco, contiguo al principal, se comenzó á edificar en 1733, dándosele una extension de cuarenta y cinco varas de largo con once varas de latitud; terminó el trabajo en Agosto del siguiente año y se dedicó la iglesia en los primeros dias de Enero de 1735. La custodia en que se colocó el Divino Sacramento el dia de la dedicacion, tenia de costo mil pesos.

No adelantaba ménos el ayuntamiento en obras de utilidad pública. En el mes de Noviembre de 1728 celebró el matrimonio de los príncipes de España y Portugal con fue-

---

1 Gaceta de Marzo de 1729.

2 Gaceta de Febrero de 1731.

3 La Gaceta de Julio de este año dice al hablar de la dedicacion de esta capilla, que en ella se ven ''insignes, hermosos, dorados retablos; salomónicas, estriadas, erguidas columnas; ayrosas, pulidas, galanas estatuas; exquisitas, ricas, admirables láminas; limpios, brillantes, crystalinos marcos; bien trazadas, lizas y bruñidas bóbedas; doctos, ingeniosos, adecuados motes; gravadas, preciosas, magestuosas lámparas, etc.'

gos de artificio, iluminacion general,en la ciudad, vítores y carros triunfales que se repitieron por quince dias consecutivos, y corridas de toros que duraron otras dos semanas; pero la principal muestra de su júbilo quisieron los munícipes que fuese la reedificacion de las casas de Cabildo, que adornaron con hermoso balconaje dorado. [1]

Fernandez Fiallo habia construido para beneficio comun, una fuente en la plaza del mercado; se sentia la necesidad de otra en el centro de la plaza principal, cuya fábrica emprendieron los munícipes con plausible celo. Construyeron de cantería, desde la caja de agua á la plaza, un acueducto de setecientas noventa y ocho varas de extension; en el centro de la plaza, sobre una base ochavada de trece varas de diámetro, levantaron de fino jaspe, de una vara de altura y de veinte de circunferencia, la pila ó vaso que recibia el agua de una granada de bronce dorado. [2] El costo pasó de 4,000 pesos, producto del impuesto sobre bebidas alcohólicas, concedido por el virey con este objeto. La mina de jaspe, de donde se extrajo la materia de la fuente, se hallaba en un monte vecino y á legua y media de la ciudad. El agua comenzó á correr en la fuente el 28 de Octubre de 1739, en el momento en que la imágen de la Vírgen de la Soledad pasaba conducida en procesion, de catedral á su suantario. [3]

La gran empresa del ayuntamiento, acometida con valor, proseguida con perseverancia y concluida felizmente por este tiempo, fué el solidísimo acueducto de cantería que corre por más de dos leguas desde el cerro de San Felipe hasta la caja de agua de la ciudad, salvando profundos barrancos y elevándose á veces á notable altura sobre robustos y atrevidos arcos. Se comenzó con 14,000 pesos

---

[1] Gaceta de Noviembre de 1728.
[2] Acaba de ser destruida para dar lugar á un jardin.
[3] Gaceta de Noviembre de 1739.

que el capitan D. Juan Gómez Márquez dejó para esta importante mejora; mas pronto se notó la insuficiencia de estos fondos, fijándose entónces la esperanza de todos en la generosidad del regidor D. Manuel de Landeta, encargado de la construccion de la atarjea y testamentario de Gómez Márquez, de cuyos bienes podia aplicar, segun se deseaba, otros 14,000 pesos á la misma obra. [1] El acueducto, sin embargo, no se terminó sino ocurriendo al favor del magnífico Sanchez y Pascuas que franqueó cuantos caudales fueron necesarios y á cuyos descendientes aún debe la ciudad algunas sumas por esta causa.

7.—Que Oaxaca prosperaba y que en la ciudad se iban acumulando fuertes capitales, lo demuestra la facilidad con que sus vecinos se desprendian de respetables cantidades, que empleadas siempre en beneficio público, son indicio de la moralidad del vecindario. Es verdad que frecuentemente el pueblo, ya con motivo de la canonizacion de algun santo, ya por la exaltacion de algun rey de España, por la inauguracion de algun templo nuevo ó con cualquier otro pretexto, prorumpia en manifestaciones de alegría, entregándose á festejos que se prolongaban por semanas y meses enteros; pero estas expansiones, tan necesarias á los pueblos como á los individuos, cuando son moderadas por la religion y el respeto á las autoridades, léjos de dar ocasion á criminales destemplanzas, favorecen la union y estrechan los lazos sociales.

El clero era muy numeroso. En el convento de San Agustin moraban diez y ocho religiosos que enseñaban artes y teología. En San Francisco vivian doce frailes, doce jesuitas en su colegio y cerca de doscientos dominicos en sus tres casas de la ciudad, sin contar los clérigos, en

---

1 Gaceta de México de Mayo de 1729.

cuyo estado ingresaron, en una sola promocion del Illmo. Sr. Calderon, noventa personas.[1]

Ilustraban la religion y las ciencias personas que Oaxaca sabia estimar y honrar. Los jesuitas contaban entre los suyos al sabio Tardá, dos veces rector de su colegio, y al "Santo Coronel," como le llamaban, conocido tambien por el "Padre de los cinco Señores," por su devocion ardiente á Jesus, María y José, Joaquin y Ana, sostenida con igual fervor en los veintidos años que residió en la ciudad. Predijo su muerte que aconteció el 9 de Marzo de 1720. El cabildo eclesiástico podia tambien estar justamente orgulloso con algunos de sus miembros. D. Benito Crespo, dean, era persona muy docta y de gran entereza: estuvo á la cabeza del litigio promovido contra el Sr. Maldonado, de que ya se habló, y que hubiera sostenido por mucho tiempo si no lo abandonan los demás canónigos. Era natural de Mérida de España. Del coro de Oaxaca pasó á la mitra de Durango, de donde fué trasladado á la de Puebla, en donde murió. No era ménos sabio el doctoral D. Narciso Robles, que pasó á México á la defensa del mismo pleito, como procurador del cabildo: renunció poco despues la silla de canónigo y vistió la sotana de jesuita.

Entre los clérigos se distinguió D. Antonio Vazquez Salgado, oaxaqueño, bachiller en Cánones y teología, rector del colegio de San Bartolomé y maestro de ceremonias; por su pobreza no se doctoró. Publicó en elegantes versos latinos la vida de Santo Tomás de Aquino y otra obra intitulada: "Observacion sagrada, cronológica é histórica de la Inclita, Imperial y Real Estirpe de Austria, destinada por Dios para defensa de la iglesia contra el poder otomano." Ofreció publicar en verso la vida de San Francisco Javier, y dejó manuscritos en la Biblioteca del colegio de San Bar-

---

[1] Pueden leerse estas noticias en las Gacetas de México.

tolomé ,la "Apología de los libros de Areopagita" y otros cinco opúsculos.

Para los naturalistas es digno de atencion otro suceso de ese tiempo. En Apoala, pueblo sujeto á la alcaldía mayor de Teposcolula, un cazador tuvo la fortuna de herir á una águila de dos cabezas. Al ruido de la explosion alzaron el vuelo tres aves semejantes á la herida. El cazador remitió aquella notable águila al virey marqués de Valero, quien á su vez la mandó regalar, ya disecada, al rey Felipe V. Fué colocada en el Escorial. Feijoo, que hizo sacar una copia de ella, advierte que las dos cabezas no eran como las que se pintan en los escudos, pues la una miraba á la otra.

El Illmo. Sr. Maldonado parece no haber sido indiferente á los indios, cuyos pueblos recorrió varias veces, limpiándolos de las idolatrías que pudieron descubrirse. Además, habiendo descubierto una rica mina en Zimatlan, el obispo se interesó vivamente con el virey para que no fuesen privados de las ventajas que les proporcionaba, como en efecto lo consiguió. De sesenta y ocho años de edad murió el 17 de Abril de 1728. Parece que en la sede vacante gobernó como vicario capitular, D. José Féliz Valverde, dean de aquella catedral despues del Sr. Crespo, español, notable por su saber: electo obispo de Caracas, se consagró en Puebla en 1730 y volvió á Oaxaca, en donde, colmado de honores, residió aún algunos años.

8.—El 21 de Noviembre de 1729 entró en la ciudad su obispo electo, D. Fr. Francisco de Santiago Calderon, siendo recibido por el ayuntamiento, el corregidor, el cabildo eclesiástico y lo más noble de la poblacion; en la noche de ese dia hubo iluminacion general y fuegos de artificio, costeados por los canónigos. Era religioso mercedario, lector de artes en Huete, y de teología en las universidades de Salamanca y Alcalá, rector y comendador de la

corte de Madrid, provincial de su Orden en Castilla, su elector general, teólogo de la nunciatura de España, visitador de los conventos de Asturias y Galicia, examinador sinodal de Toledo, del consejo real consultado ya en 1728 para el obispado de Guatemala, en primer lugar.[1] Nació en la villa de Torralvo, obispado de Cuenca, siendo su padre el corregidor de aquel lugar. Antes de consagrarse quiso conocer su diócesis, á cuya visita salió el 9 de Enero de 1730.

El 11 de Junio del mismo año, fué consagrado en su catedral por el dean, obispo de Caracas, D. Féliz Valverde, y el 18 hizo su entrada pública con gran aparato y solemnidad.

Su primera atencion en Oaxaca fué para su catedral, reconstruida por el Sr. Maldonado, pero desnuda aún de adornos. El Sr. Calderon mandó construir las dos torres que tiene, embelleciéndolas con el relox que sirve aún á la ciudad. Dió, además, al templo alfombras y ricas colgaduras, dotó una solemne fiesta en honor de Nuestra Señora de la Merced y mandó construir un costoso altar en honor de los Santos Reyes; por fin, consagró solemnemente su santa iglesia el 12 de Julio de 1733. No limitó á la catedral sus cuidados: el convento de capuchinas españolas de Señor San José adelantó notablemente en su fábrica con su impulso; en favor del colegio de niñas fincó seis mil pesos; distribuia limosnas abundantes por sí mismo, y á los que su mano benéfica no alcanzaba, socorria por medio de los curas á quienes remitia dinero y mantas para los enfermos. A los pretendientes de Ordenes sagradas impuso la obligacion de saber el canto llano; en las parroquias de indios mandó abrir escuelas en que se enseñase el español, á fin de hacer una la lengua para que la instruccion fuese general y fácil; en los pueblos descubrió aún muchos idólatras, á quienes persiguió y castigó con teson y eficacia. La justi-

[1] Gacetas de México.—Gaceta de Octubre de 1736.

cia entera y desinteresada fué la virtud que se propuso desarrollar en el gobierno de su iglesia.

9.—Tuvo un colaborador activo en los trabajos pastorales, en su provisor el Lic. D. Juan Saenz Leiva Cantabrana y Zorrilla, dean despues de la separacion del Illmo. Valverde, persona ilustre que despues de obtener cargos importantes en otros lugares, entró en el cabildo eclesiástico de Oaxaca, en que además gobernó el colegio de niñas educandas y el seminario conciliar, de que fué rector doce años. Era vicario general del obispado cuando llegaron de Roma las bulas expedidas por Clemente XII, que hacia tiempo se habian solicitado para la ereccion del Oratorio de San Felipe Neri, con los mismos privilegios de la Metrópoli del cristianismo; con el mismo objeto se recibió una cédula de Felipe V, por lo que Cantabrana comenzó la fábrica del templo, continuando despues la de la casa hasta su completa conclusion, disponiendo para este propósito de los caudales que ya estaban preparados, como de los muy cuantiosos de su propiedad. [1]

---

1 Un retrato suyo que existe en la sacristía de San Felipe tiene esta inscripcion: "El S. Lic. D. Juan Saenz de Leiva Cantabrana y Zorrilla, Colegial del Real y mas antiguo de S. Ildefonso, en la beca mas honoraria de S. Bernardo en Mexico, Examinador sinodal de los obispados de Michoacan y este de Antequera, Vicario in capite, Juez ecco. y Cura interino en el real de minas de Guanajuato, Canónigo, Tesorero, Chantre y actual dean de esta Sta. Iglesia de Oaxaca, y en el obispado Jues provisor, Vicario gral. y su Gobernador que fué, Comisario apostólico' de la Sta. Cruzada, Jues conservador de la provincia de S. Hipólito mártir del órden de Predicadores de esta Ciudad, Rector del colegio de Niñas y 24 años del Semo. de Sta. Cruz y de la Venerable Concordia de N. P. S. Felipe Neri, Su Bienechor, en cuyo gobierno, recibido el breve pontificio de Ntro. Smo. Padre Clemente 12 con la real Cédula de Ntro. Católico rey D. Felipe 5.° para la fundacion de este oratorio, comensó la fábrica de su iglesia, año de 1733 y fué siguiendo la de la casa hasta efectuar dicha fundacion.

Ya desde el tiempo del Sr. Sariñana se habia establecido la congregacion de la venerable concordia entre los sacerdotes; un poco más adelante, el Illmo. Maldonado trató de fundar el oratorio, preparándose desde entónces los fondos necesarios y solicitándose de Roma privilegios y gracias que se concedieron siendo ya obispo Calderon. No tuvieron, sin embargo, los felipenses forma de congregacion, sino hasta el año de 1750, siendo su primer prepósito el P. D. Guillermo Ignacio de Mier, que fué reelecto en seis trienios, hasta el 17 de Diciembre de 69 en que murió. Entre los demás sacerdotes fundadores se contaban D. Felipe Delgado y D. Remigio Briones, que alcanzó el presente siglo, falleciendo el 8 de Agosto de 1801, ambos muy respetados por su virtud.

El Sr. Calderon gobernó su iglesia seis años. En 1736, postrado en cama por efecto de una grave enfermedad, habiendo recibido los últimos sacramentos con demostraciones cristianas, protestando que jamás habia tenido intencion de perjudicar ni ofender á ninguno, así como de que estaba pronto á pedir perdon de rodillas á cualquiera que se juzgase lastimado por él, mandó que se cantase el credo, que él mismo entonó, y poco ántes que éste concluyese, murió en Aranjuez el 13 de Octubre. Su cuerpo fué trasladado á la ciudad, y en la capilla de Nuestra Señora de la Merced recibió sepultura.[1] Escribió: "Avisos pastorales á las almas del obispado de Oaxaca," impreso en 1731.—"Carta pastoral á los padres de familia, párrocos, predicadores y confesores y á todos los fieles del obispado de Oaxaca," impreso en 1733.

10.—En la sede vacante gobernaron el Lic. D. Nicolás Noriega, doctoral, y el Lic. D. Juan Lizardi.[2] Electo obis-

---

[1] Gaceta de Octubre de 1736.—Diccionario de Historia y Geografía, artículo Calderon.
[2] Gaceta de Noviembre de 36.

po el Dr. D. Tomás Montaño y Aaron, el 23 de Julio de 1737, Oaxaca manifestó su júbilo con las fiestas que tenia de costumbre; Montaño era mexicano, habia sido colegial de San Ildefonso y de Santos, prebendado y examinador sinodal de Michoacan, canónigo, tesorero, chantre, arcediano y dean de la metropolitana de su patria, en cuya universidad fué catedrático de filosofía y teología y rector tres veces. Se consagró el 21 de Setiembre de 1738, y el 17 de Diciembre del mismo año tomó en su nombre posesion del obispado, el canónigo Noriega. Fué muy solemne la entrada en la ciudad de este Illmo. obispo. En el Marquesado le dió el alcalde mayor, bajo una gran tienda ó pabellon adornado con flores, un banquete espléndido á que asistieron los dos cabildos y muchas personas notables. Frente á la puerta de San Cosme se pronunció un discurso alusivo á un arco triunfal discurrido sobre los principales sucesos de la historia de Aaron y levantado allí en honor del obispo. En la puerta de catedral se pronunció segundo discurso relativo á las empresas de Atlante, representadas en otro arco triunfal. El fin era glorificar los dos nombres, Montaño y Aaron, del Illmo. obispo. Aconteció esto el 21 de Diciembre; pero las fiestas continuaron por muchos dias, costeándose por el cabildo, el ayuntamiento y los curas, suntuosos convites y fuegos de artificio, y se representaron comedias "segun el estilo de Italia." [1]

Durante su gobierno, con su profunda humildad, sumo desinteres y amabilísimo trato, se ganó la voluntad de sus súbditos. [2] Para instruccion de su clero estableció las confe-

---

[1] Gaceta de Marzo de 1739.

[2] Así lo dice el Sr. Lorenzana; pero es probable que algun desacuerdo haya tenido con su clero, pues en la institucion del que le sucedió en la mitra, Sr. Gómez de Angulo, se expidieron de Roma varias bulas, de las cuales una dirigida al Metropolitano tiene por objeto encargarle fuese bien recibido en Oaxaca el obispo nuevamente electo; en otra marcada con el núm. X, Benedicto XIV encarga al clero de Oaxaca

rencias morales, que tenian lugar una vez cada semana en la capilla de Guadalupe, presididas por el mismo ilustrísimo prelado, quien señalaba de una para otra asamblea la cuestion y caso que habia de resolverse. El amor á las letras le movió á dotar con 6,000 pesos una beca en el colegio de San Ildefonso, para que un niño pobre y noble, que hubiese portado vestido de colegial en alguno de los establecimientos literarios de Antequera, pudiese continuar allí sus estudios mayores hasta recibir los grados. Dotó igualmente la solemne funcion religiosa con que los jesuitas daban gracias al Todopoderoso la última noche del año por los beneficios recibidos: despues de la expulsion de los religiosos de la Compañía, la fiesta continuó celebrándose en el templo de San Felipe Neri. Para adelantar la fábrica del convento de capuchinas españolas solicitó eficazmente limosnas. Con la más viva solicitud procuró que se abriesen las trojes de los hacendados, en beneficio de los pobres que padecian gran necesidad por falta de aguas, en el año de 1739, consiguiendo, en efecto, aliviarlos hasta que el cielo envió sus riegos el último dia de un solemne novenario dedicado á la imágen de la Soledad.[1] Dejó un recuerdo suyo en los *gigantes*, esculturas representativas de las varias razas humanas, á que se dió dicho nombre por sus grandes aunque proporcionadas formas y á que se hacia bailar en la procesion del *Corpus:* los hizo un buen escultor mexicano y comenzaron á servir en 1741: todavía bailan en las calles de Oaxaca.[2] El Sr. Montaño quiso dar constituciones á su cle-

preste al nuevo obispo la reverencia y obediencia debidas, amenazando, si lo contrario hacia, confirmar la sentencia que fulminase contra los rebeldes. En la bula dirigida al Sr. Gómez Angulo encarga el mismo Pontífice que sea regido el clero pacíficamente. Todo esto demuestra que alguna turbacion conmovió ántes á la diócesis. Las bulas originales están en poder del autor de este libro.

1 Gacetas de México.—Gaceta de Junio de 1739.
2 Antiguamente en España se hacia preceder la procesion de *Corpus*

ro; mas no contó con el tiempo suficiente para dictarlas. Tenia fama de excelente predicador. Visitó parte de su diócesis y murió el 28 de Octubre de 1742. Escribió: "Salutacion pastoral á los fieles de Oaxaca," imp. 1738. Antes de ser obispo habia dado á la prensa dos discursos.

11.—Poco ántes del fallecimiento de este prelado, tuvo lugar en Oaxaca, como en casi toda la nacion, aquella gran calamidad que asoló al país, causando sus principales estragos en los pueblos de indios: era una peste á que se dió el nombre de *Matlazahuatl* y que se creyó ser la fiebre amarilla que se experimenta en Acapulco y otros puertos. En Oaxaca fué notable que, en Teotitlan, Ayahulica, Hueyacocotlan y Nochistlan, aunque rodeados de pueblos apestados, no llegaron á contagiarse.[1]

Despues del Sr. Montaño fué obispo de Oaxaca el Illmo. D. Diego Felipe Gómez de Angulo, natural de las montañas de Burgos é hijo de padres nobles. Antes de ir á Oaxaca fué abogado de las Reales Audiencias de Guatemala y México, cura y provisor en la primera de estas ciudades y despues dean de la iglesia de Puebla y gobernador mucho tiempo de este obispado. Nombrado obispo de Oaxaca en 1745, luego que tomó posesion de su diócesis, comenzó á inquirir quiénes eran viudas, huérfanos ó pobres para

por la imágen de una sierpe horrible, representacion sin duda de la eterna humillacion del demonio ante Jesucristo presente en el Augusto Sacramento. A esa sierpe se daba el nombre de Tarasca, y tal vez en sustitucion de ella mandó hacer los *gigantes* el Illmo. Calderon. Desde el tiempo de la reforma la procesion de *Corpus* no sale por las calles; pero los gigantes no fueron suprimidos.

1 Cavo.—Historia de tres siglos. Ignoro qué pueblos sean Ayahulica, Huayacocotlan: tal vez el último sea Guaxolotitlan. Bustamante en sus notas al P. Cavo dice, (lib. 11, núm. 7,) que en 1812, habiendo invadido la fiebre los pueblos de Oaxaca y entre ellos Xoxo, no alcanzó la peste á la ciudad. El cólera morbus respetó tambien la Sierra y algunos puntos de la mixteca.

señalarles un semanario ó mensual socorro. Parece que cuanto buen pensamiento se ha llevado á cabo para bien de Oaxaca, ha sido concebido primero por algun religioso ú obispo. El Sr. Gómez Angulo, para que los negocios eclesiásticos no sufriesen tardanza en su despacho, promovió y dejó establecido que un correo semanario pusiese á Oaxaca en contacto con México: cualquiera comprende cuánta utilidad resultó de aquí al vecindario de la ciudad. Tan benéfica se juzgó en México aquella institucion, que algun tiempo despues, el 18 de Octubre de 1755, se mandó por bando correr las postas por Querétaro, Celaya, Guanajuato, San Miguel el Grande, Valladolid, Zacatecas, Guadalajara, Durango y Chihuahua, para que en la capital se recibiesen correos ordinarios con tanta puntualidad como de Oaxaca. Estableció el jubileo circular, dotó los sermones de los viérnes de cuaresma en catedral y favoreció con sus caudales á los jóvenes que pretendian entrar en religion. Visitaba con frecuencia el hospital de San Cosme, que reedificó, pues estaba en ruina, y allí personalmente consolaba á los enfermos, distribuyéndoles limosnas y saludables consejos. Su afabilidad, mansedumbre y demás virtudes lo hicieron verdaderamente recomendable y amado de sus súbditos, y más cuando lo veian emprender los trabajos más arduos, si eran conducentes á la utilidad pública. Falleció el 28 de Julio de 1752, á los ochenta y cuatro años de edad, y está sepultado en la iglesia catedral.

12.—Sensible es no tener datos suficientes para dar á conocer en sus pormenores la vida de ilustres oaxaqueños que dieron á su patria honra con su virtud y talentos. Ha sido aquella tierra en todos tiempos madre fecunda de grandes hombres: no habia llegado la época en que sobre las sienes de sus hijos brillasen las glorias militares; pero sabian mostrarse dignos de su siglo, descollando entre sus contemporáneos con extraordinarias ciencia y virtud.

Uno de los que se coronaron con el inmarcesible laurel de los que pasan sobre la tierra sin avergonzarse de una acción indigna, fué D. Antonio Lizardi. Era oaxaqueño: nació el 23 de Julio de 1694. De una inscripcion puesta al pié de su retrato en el colegio de San Ildefonso, se desprende que hizo sus primeros estudios en el Seminario de Santa Cruz de Oaxaca; que por oposicion obtuvo despues una beca en el Real de San Ildefonso; que en la carrera de las aulas descubrió singular ingenio, que unido á una infatigable aplicacion, le dió por fruto la comprension de ambos derechos y la perfecta inteligencia de los insignes teojuristas Molina, Sanchez y Castro Palao, cuyas doctrinas citaba textualmente en las consultas y conversaciones familiares. En la universidad sustentó un acto literario de cuarenta y ocho títulos, escogidos de mayor número que tenia prevenidos por su doctísimo maestro el Illmo. Dr. Cárlos Bermudez de Castro, á quien causó admiracion la erudita sabiduría de su discípulo. Era bachiller en Cánones cuando á la edad de veintidos años, renunciando á las esperanzas de un bello porvenir, vistió la sotana de jesuita el dia 18 de Diciembre de 1718. En los estudios teológicos que siguió en el seno de la Compañía, descubrió la misma penetracion que en la universidad lo habian hecho admirable. Padeció contínuas enfermedades á que agregaba duras penitencias, distinguiéndose entre los jesuitas por su rara abstraccion é inviolable silencio. Beristain dice que le llamaban *el segundo Gregorio López*, por la semejanza de su conducta con la de aquel admirable anacoreta de México. Falleció con fama de santidad el 28 de Junio de 1744, en Puebla. Dejó manuscrito un libro intitulado: "De variis ad utrumque jus attinentibus arduis controversiis." [1]

Por otro camino dió gloria á su patria el inmortal Miguel Cabrera. La tradicion cuenta que era indio de Tlalistac, aun-

---

1 Beristain, art. Lizardi.

que no faltarian razones para entender que la ciudad de Antequera haya sido su patria, y que más bien que á los zapotecas, perteneció á la clase de los españoles criollos. Ciertamente fué oaxaqueño, y muy jóven parece haber dado vuelo á su génio, pues habiendo permanecido pocos años en su patria, dejó en ella muchas y buenas pinturas. En la catedral se ve aún la coleccion de doce cuadros que representan á los apóstoles; en Teococuilco dejó tambien otro apostolado; en Analco hay, de su pincel, algunas pinturas, y muchas otras se ven en otros templos y en manos de personas particulares. Tenia veinticuatro años cuando se dirigió á México, sin duda buscando un campo más dilatado y proporcionado á sus talentos artísticos. [1]

"El primer don de Cabrera como artista, dice el Sr. Cosmes, [2] fué la fecundidad, que no ha tenido rival ni entre los creadores génios del Renacimiento. Formar la lista de sus obras, dice el Sr. Couto, seria cosa imposible, porque materialmente llenó de ellas el reino, y no solo las hay en todas las grandes poblaciones, sino que suele encontrárselas

[1] La tradicion cuenta la siguiente anécdota sobre el modo con que se abrió paso y halló proteccion en México. Simulando que ignoraba el arte de Apeles, pidió á un excelente pintor que por entónces tenia de encargo un cenáculo, que lo enseñase. Recibido como aprendiz, se empleó por algunos dias en moler colores. Concluido el cenáculo, el maestro pasó personalmente á dar aviso al Illmo. Sr. arzobispo D. José Manuel Rubio Salinas, á quien el cuadro debia pertenecer en lo sucesivo. El tiempo empleado por el pintor en ir de su casa al arzobispado, fué suficiente á Cabrera para desfigurar el hermoso cenáculo, haciendo empuñar á San Pedro un agudo puñal y mudando de un modo semejante la expresion y actitud de los otros apóstoles. Inútil es decir cuán sorprendido quedó el maestro al contemplar tan lastimosamente trasformado el cuadro que sin defecto habia salido de su inspirado pincel. Sospechó que Cabrera fuese el autor de aquel trastorno y lo denunció como culpable al señor arzobispo, quien descubriendo en los toques atrevidos pero maestros del aprendiz la obra del génio, se declaró su protector.

[2] Hombres ilustres mexicanos. Tom. 2, págs. 378 y sigs.

hasta en las pequeñas y aun en el campo. Esta fecundidad no provenia únicamente de lozanía de imaginacion, sino de una facilidad y soltura de ejecucion que hoy no podemos concebir." Algun otro ha dicho que si Cabrera sobresalia mucho en el dibujo, son más notables sus obras por la expresion que supo dar á las figuras femeniles, y principalmente por el colorido, tan fresco en la actualidad, cual si los cuadros hubieran sido recientemente pintados.

El viajero Beltrani juzga en estos términos á nuestro artista: "Algunas pinturas de Cabrera se llamaron maravillas americanas, y todas fueron de un mérito relevante. La vida de Santo Domingo pintada por él en el claustro de este nombre; la vida de San Ignacio y la historia del corazon del hombre degradado por el pecado mortal y regenerado por la religion y la virtud, en el claustro de la Profesa, ofrecen dos galerías que en nada ceden á las del claustro de Santa María la Nueva en Florencia y al camposanto de Pisa. Me aventuro tal vez demasiado diciendo que Cabrera, en estos dos claustros, vale lo que todos los artistas juntos que han pintado las dos galerías magníficas italianas. Cabrera tiene los contornos de Correggio, lo animado de Dominguillo y lo poético de Murillo. Sus episodios, como los Angeles, etc., tienen una beldad rara. En mi concepto, es un gran pintor. Fué, además, arquitecto y escultor en madera: en fin, el Miguel Angel de México."

Cabrera escribió un opúsculo que dedicó á su protector el Illmo. Salinas, intitulado "Maravilla americana, etc." El motivo fué haber convocado el abad y cabildo de la Colegiata de Guadalupe, el 30 de Abril de 1751, á los pintores más afamados de México, para que reconociesen el lienzo en que está pintada la santa imágen y opinaran si era ó no la pintura obra de la industria del hombre. Cabrera se empeña en demostrar que la venerada imágen no pertenece á ninguno de los géneros conocidos de pintura, ni puede juzgarse por lo mismo como obra del hombre. Miguel Cabre-

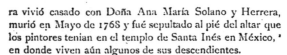

ra vivió casado con Doña Ana María Solano y Herrera, murió en Mayo de 1768 y fué sepultado al pié del altar que los pintores tenian en el templo de Santa Inés en México,[1] en donde viven aún algunos de sus descendientes.

13.—No eran solo estas personas ilustres las que, como astros aislados derramaban su luz sobre Oaxaca, pues abundaban allí entónces por donde quiera los sabios, distinguiéndose ya sobre los extranjeros los nativos del país. La provincia de San Hipólito, á pesar de su abatimiento, fecundaba excelentes inteligencias. Los provinciales Burguete y Heredia fueron personas doctas, dejando impresos el primero una carta pastoral á los prelados y religiosos de Puebla y México, de los que fué visitador, y el segundo un panegírico. Fr. José Orduño, lector de teología, regente de estudios en Santo Domingo y catedrático de moral en el seminario, escribió un libro intitulado "Ciencia y paciencia: calles por donde debe andar un prelado religioso," impreso en 1707; y el elogio fúnebre en las exequias del fundador de San Juan de Dios, D. Antonio Diaz Maceda. Fr. Fernando Bejarano era oaxaqueño, dominico, vicario de los mijes; dejó MS. un vocabulario y varios sermones en este idioma. Fr. Martin Jimenez fué tambien oaxaqueño y dominico: renunció los honores de su religion para evangelizar á los chochos, entre quienes murió. Escribió un panegírico de Santa Catalina de Sena. Fr. Juan Valsalobre, oaxaqueño y dominico, escribió doce tomos de sermones.—"Tratado moral sobre los casos reservados en el Concilio III. mexicano."—"Poesías latinas y castellanas para la pira de Luis I."—"Poesías en la exaltacion de Benedicto XIII." Fr. Agustin Quintana, oaxaqueño y dominico, vicario veintiocho años de los mijes, dió á la prensa: "Institucion cristiana, que contiene: el Arte de la len-

---

[1] Debemos estas noticias al Sr. Agreda.

gua mije, y los Tratados de la Sma. Trinidad, **Creacion del mundo y Redencion del género humano por Jesucristo,**" imp. en 1729. Fr. Alonso Camacho, oaxaqueño y dominico, habló con perfeccion el zapoteca, dejando inédito en ese idioma un "Tratado de los siete sacramentos," con un discurso que trataba de la palabra divina.

No se distinguian ménos los oaxaqueños que abrazaban el Instituto de Jesus. En 1723 murió el P. Ignacio Ordoñez, distinguido entre los jesuitas por su sabiduría: dejó impreso el elogio fúnebre del capitan Fernandez Fiallo, con el título de "Arte de enriquecer el cielo." El P. José Jimeno, oaxaqueño, jesuita, en 1718 enseñó humanidades y filosofía, y murió en 1765; escribió: "Arco triunfal erigido en la capital de Oaxaca, para recibir á su obispo el Illmo. D. J. Santiago Calderon," impreso en 1729.—Las biografías de los jesuitas Domingo de Quiroga y Manuel Alvarez Lara.—"Poesías várias sagradas y profanas," MS., y un panegírico de Nuestra Señora de Loreto. El P. Agustin Sierra, mexicano, catedrático de teología en el colegio de jesuitas de Oaxaca, escribió un "Certámen poético," MS.; murió en 1708.

En el clero secular comenzaban tambien á brillar algunos sacerdotes con la luz de la inteligencia. El Dr. D. Manuel José Fernandez Veitia Rubiños, clérigo, oaxaqueño, fué dos veces rector de la Real Universidad [1] D. Gerónimo Morales Cigala, oaxaqueño, colegial de Santa Cruz y despues catedrático de filosofía y teología en Ciudad Real, en donde residió algunos años como capellan del Illmo. Sr. Olivera, licenciado en teología por la Universidad de México, canónigo lectoral de Oaxaca y regente de estudios del seminario, llegó, en fin, á ser vicario capitular en la vacante del Sr. Calderon; dió á la prensa: cinco sermones.— Un librito intitulado "Escuela de amor divino,"—y un

---

[1] Gacetas de México de Noviembre de 1735 y 1736.

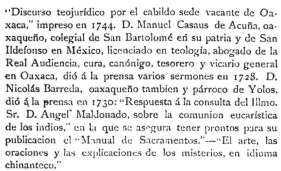

"Discurso teojurídico por el cabildo sede vacante de Oaxaca," impreso en 1744. D. Manuel Casaus de Acuña, oaxaqueño, colegial de San Bartolomé en su patria y de San Ildefonso en México, licenciado en teología, abogado de la Real Audiencia, cura, canónigo, tesorero y vicario general en Oaxaca, dió á la prensa varios sermones en 1728. D. Nicolás Barreda, oaxaqueño tambien y párroco de Yolos, dió á la prensa en 1730: "Respuesta á la consulta del Illmo. Sr. D. Angel Maldonado, sobre la comunion eucarística de los indios," en la que se asegura tener prontos para su publicacion el "Manual de Sacramentos."—"El arte, las oraciones y las explicaciones de los misterios, en idioma chinanteco."

Era tambien oaxaqueño el Illmo. D. Francisco Olivera, doctor canonista por la Universidad de México, canónigo doctoral de Guadalajara y vicario general de aquel obispado, desde 1712 obispo de Chiapa, en donde murió. Dotó en Guadalajara una huérfana y escribió: "Informe al Rey en su Consejo Supremo de Indias, sobre los adelantamientos hechos por los padres jesuitas en Californias," MS.

Don Patricio López, indio cacique zapoteca, fué muy erudito y curioso apreciador de las antigüedades de su patria. Tenia una copiosa biblioteca de que hace mencion Eguiara en su Biblioteca Mexicana. Escribió muchos libros. Beristain dice que solo conoció uno intitulado: "Triunfos aclamados contra bandoleros, ó hechos famosos y elogios justos del capitan D. Miguel Velazquez Lorea, Provincial de la Santa Hermandad de la N. E.," impreso en 1723.

Fué muy pronunciado el génio poético de otro oaxaqueño que ilustró las letras en este tiempo, D. Antonio Llerena Laso de la Vega, poseedor de un mayorazgo y descendiente de muy distinguida familia, como lo revela su enlace matrimonial celebrado con una hija de D. Toribio Cosío, marqués de Torre Campa, presidente de Guatemala y capitan general de Filipinas. En la ciudad de su orígen fué regidor y dos veces alcalde ordinario. El coronel de caballería D. Cárlos Salvador de Puertas, luego que tomó posesion del corregimiento de Antequera el 5 de Marzo de 1740, para resguardo de las costas del Sur levantó algunas tropas, que bien ordenadas por compañías, puso bajo la obediencia de Llerena, primer jefe militar que tuvo Oaxaca despues de la conquista. Sus varios empleos militares y políticos multiplicaban sus atenciones; mas en medio de ellas sabia encontrar tiempo para darse libremente á la literatura, especialmente al estudio de los poetas españoles y latinos, porque tenia tanto gusto, que en los últimos treinta años de su vida, no pasó dia sin leer ó escribir alguna composicion poética. En doscientas sesenta décimas escribió la vida de San Francisco de Asis. En España imprimió la vida de San Luis, obispo de Tolosa, escrita por él, tambien en verso, aunque la edicion no llevó su nombre. Se le debieron, además, las "Poesías é inscripciones latinas y castellanas del túmulo que se erigió en la catedral de Oaxaca en las honras de la reina Doña María Luisa de Saboya."—"Arco triunfal que se erigió en Oaxaca para el recibimiento de su obispo el Illmo. D. Diego Felipe de Angulo."—"Ciento cincuenta décimas dedicadas á Santa María Magdalena," segun dice Eguiara.

14.—Por último, hablaremos de tres escritores que merecieron bien de Oaxaca, aunque no fueron oriundos de ella. El uno es el franciscano Fr. Diego Gerónimo Sanchez de Castro, guardian de su convento en aquella ciudad, quien escribió en un grueso volúmen la "Vida de la Ven. M. Antonia de la Madre de Dios," fundadora del convento de la Soledad; libro que revela talento claro y exactos conocimientos en la ciencia dificil de los místicos, aunque adolece en la forma de los vicios de estilo propios de aquellos tiempos.

Los otros dos son los hermanos Levanto, sevillanos de

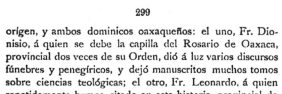

orígen, y ambos dominicos oaxaqueños: el uno, Fr. Dionisio, á quien se debe la capilla del Rosario de Oaxaca, provincial dos veces de su Orden, dió á luz varios discursos fúnebres y penegíricos, y dejó manuscritos muchos tomos sobre ciencias teológicas; el otro, Fr. Leonardo, á quien repetidamente hemos citado en esta historia, provincial de Oaxaca y despues de Puebla, fué más erudito y sabio que su hermano.

"Habíase publicado en España el año de 1724 una disertacion del maestro Fr. José Estéban Noriega, definidor general de los premostratenses y abad de San Norberto de Salamanca, en que se pretendió probar que Santo Domingo de Guzman no fué canónigo de Osma, sino regular del premostre en el monasterio de Santa María de la Vid. Al siguiente año salió á luz una apología del Dr. D. José López Arguleta, fraile del Orden de Santiago de la ciudad de Granada, en que se defendia que Santo Domingo fué canónigo regular de Udes; y esta apología fué seguida de una *Segunda parte*, por el mismo Arguleta, impresa en 1731. No debia esperarse por los que tienen por incultos á los españoles americanos, ni ménos por los que les suponen esclavos, una contestacion literaria á dichas dos pretensiones; pero nuestro Levanto escribió "Crísis americana sobre el canonicato reglar de Santo Domingo de Guzman," imp. en Madrid, 1741. Se divide esta obra en trece disertaciones, en las que con la más abundante y exquisita erudicion, con la más fina y nerviosa crítica y con el estilo más claro y correcto, refutó nuestro Fr. Leonardo á Noriega y Arguleta." [1] Escribió tambien "El patrimonio verdadero del mejor de los Guzmanes, Santo Domingo, herencia legítima de sus hijos espirituales, el Santísimo Rosario," imp. 1754. Para esta historia se ha tenido á la vista la que con un estilo

---

[1] Beristain. Pal. Levanto. La mayor parte de las noticias anteriores se han tomado tambien de su Bibliot. Hisp. Americ.

300

correcto y claro y con una crítica histórica delicada y juiciosa dejó manuscrita el mismo Levanto de su provincia de San Hipólito mártir. Dejó tambien manuscrita una "Historia de Oaxaca," que debe haberse perdido con otros muchos preciosos libros de la Biblioteca de Santo Domingo; y en fin, queda impresa una "Doctrina cristiana en zapoteco," en que promete dar á luz otra con las variantes del idioma segun se habla en distintos pueblos.

Algunos han creido que Oaxaca es un pueblo inculto y rudo, atrasado tres siglos en el camino de la civilizacion; los nombres citados en este capítulo y los que se escribirán más adelante los desengañarán. Es verdad que Oaxaca fácilmente olvida á sus hombres ilustres que brillan más y son mejor estimados fuera de su patria; [1] mas este, ni es defecto exclusivo de aquella ciudad, ni es título para que se le juzgue inculta.

---

1 Cede en honra de México la honra que sabe conceder á los hombres de mérito de todos los países.

CAPITULO XIII

ALGUNAS CAUSAS PREPARATORIAS DE LA GUERRA DE INDEPENDENCIA.

1. Agresiones á los dominicos.—2. El acueducto de San Felipe del Agua.—3. Illmo. Sr. Blanco.—4. Illmo. Sr. Alvarez.—5. Expulsion de los jesuitas.—6. Religiosos de la Compañía que residian entónces en Oaxaca.—7. El P. Calatayud.—8. El P. Canton.—9. Jesuitas oaxaqueños.—10. Reflexiones sobre este acontecimiento.—11. Los alcaldes mayores en lucha con el clero.—12. Reflexiones.—13. Ordenanza de intendentes.

1.—No siempre los siglos se forman á sí mismos. Con frecuencia los grandes acontecimientos, especialmente las revoluciones de los pueblos, se preparan con mucho tiempo de anticipacion. Los hechos que se van encadenando en el curso de muchos años, fecundan pensamientos que lentamente germinan en el seno de las familias, acabando por hacerse generales. La influencia de las ideas dominantes produce á su vez tendencias comunes que pugnan por abrirse paso entre las resistencias del pasado y que cuando vigorosamente han sido contenidas, estallan al fin en una revolucion. En el siglo XIX, la nacion mexicana debia emanciparse del señorío español: el siglo XVIII preparaba ese gran acontecimiento.

Oaxaca se habia sometido á la dominacion extranjera, por el convencimiento mejor que por la fuerza. Los antiguos oráculos con sus fatídicos vaticinios prepararon el camino al nuevo órden que habia de introducir la conquista; la palabra persuasiva de los misioneros afirmó las instituciones españolas. Se conservaba el órden social, por lo ménos en Oaxaca, por la conciencia del deber que habian inculcado los sacerdotes, principalmente dominicanos, que habian predicado el Evangelio en el país. Los pueblos que habian presenciado las virtudes de aquellos ilustres apóstoles del catolicismo, conservaban por la clase á que pertenecieron un respeto grande y una veneracion extraordinaria, á la que, y no á las leyes, por más sábias que hayan sido, se debió la sujecion de aquellos tiempos y la paz de tres siglos. Las diferencias que surgieron entre los dominicos y los obispos causaron sorpresa y admiracion en los pueblos y les hicieron ver que aquellos sacerdotes eran tambien hombres y que los agitaban las mismas pasiones que á los demás. El respeto y la veneracion no desaparecieron por entónces, pero se rebajaron considerablemente, de manera que si los dominicos vieron debilitado su poder, los obispos no pudieron gloriarse de una victoria que conseguian á costa del desprestigio de su propia autoridad. El nervio de la obediencia á las leyes y autoridades civiles, no podia ménos de aflojarse una vez enflaquecido el sentimiento religioso. Es verdad que no siempre los obispos obraban por impulso propio, sino que más bien cedian á los preceptos de la autoridad civil. Los reyes católicos no eran ya en este tiempo el más firme sosten de las comunidades regulares. Fernando VI y Cárlos III diferian notablemente en sus pensamientos de los que habian guiado la conducta de Felipe II y Cárlos V. Estos reyes, sobre el cimiento de la religion habian levantado en las Américas el suntuoso edicio de su dominacion; miéntras los primeros, inoculados en el veneno del cesarismo, revelaban en sus determinaciones pronunciadas tendencias á avasallar la Iglesia. Arrastrados por la corriente de un siglo poco cristiano, dictaron contra las Ordenes regulares existentes en América, medidas de violento despojo, con el pretexto, sin duda plausible, de su reforma, pero sin quitar la mira de la preponderancia del poder real. La autoridad civil queria mantenerse en pié sola, deshaciéndose del apoyo de los frailes; ni pensaba que sin aquel puntal la dominacion extranjera, no muchos años despues, habria de caer desmoronada á los golpes de la guerra de independencia.

Contribuian á la adopcion de tales medidas las representaciones de los vireyes y las multiplicadas quejas de los corregidores, que no siempre mantenian armonía perfecta con los curas, como veremos despues. Así es que en 4 de Octubre de 1749 se libró Cédula Real mandando sustituir con clérigos á los frailes en las parroquias, providencia que por entónces no se pudo llevar á efecto, "por el apoyo que los regulares hallaron en las Audiencias y ministros reales. Considerando esto, para que no sucediese lo mismo (en ocasion posterior) se dirigieron las órdenes privativamente á los vireyes y gobernadores de las provincias que ejercian el patronato real,[1] "prescribiéndoles que se ejecutoriasen sin estrépito ni escándalo, como en efecto se verificó en algunas parroquias del arzobispado. Se habian temido sérias resistencias de parte de los indios; mas habiéndose cobrado alguna confianza con este primer éxito, el 1º de Febrero de 1753 se despachó nueva Cédula Real en el mismo sentido de los anteriores mandamientos, remitiéndose á los obispos secretamente los despachos respectivos. Segun las instrucciones que se dieron á los vireyes, no deberian detenerse por el daño que sufrieran los indios por la ignorancia del idioma de los nuevos curas, ni por el respeto á las propiedades de los frailes á quienes podian despojar de sus templos, casas y rentas, siendo necesario, pues "la providencia de

---

[1] Oficio del conde de Revillagigedo sobre secularizacion de curatos. —Instrucciones que los vireyes dejaron á sus sucesores. Pág. 41.

separar á los regulares, debia subsistir en los términos prescritos." [1]

El sensible golpe de autoridad recayó sobre los dominicos de Oaxaca en el intermedio del gobierno del Sr. Angulo y de su sucesor el Sr. Blanco. Los dominicos habian cedido algunos años ántes siete parroquias, deseosos del bien de la paz y para no acabarse de arruinar en los contínuos litigios que sostenian. En efecto, cesó por entónces el estruendo; pero en el mes de Noviembre de 1753, sin antecedente alguno, el provisor y vicario general del obispado, acompañado del alcalde de primer voto y de los secretarios de ambos cabildos, notificó al provincial despacho del virey en que se mandaba que los dominicos entregasen al clero secular varias parroquias, entre las que se contaban Etla, Zimatlan, Talixtac, Tehuantepec, etc.: en órden á Cuilapan, se intimó á los frailes que no solo desamparasen la administracion de la parroquia y de los pueblos adjuntos, sino tambien que entregasen el convento con sus alhajas, rentas y censos por inventario. Los indios, que tenian costumbre de recibir los sacramentos y toda suerte de socorros de mano de los frailes, vieron con admiracion y disgusto esa remocion y despojo. En la ciudad no fué menor el desabrimiento que causó tan inesperada providencia: se reunieron los prelados locales de las Ordenes regulares y dirigieron al rey de España exposiciones [2] en favor de la provincia

1 Instruccion reservada que dió al marqués de las Amarillas el ministro de Indias, Arriaga.—Instrucciones de los vireyes á sus sucesores. Página 99.

2 Esta es la Exposicion de los prelados regulares. "El mes de Noviembre del año próximo pasado de 753 (á quien hizo memorable el sentimiento) llegó á esta nuestra Nobilísima Ciudad de Antequera un despacho de Vtro. Exmo. Virey de esta N. España, el cual, notificado por el Provisor y Vicario general de este Obispado, acompañado del Alcalde de primer voto y de los secretarios de ambos cabildos, mandó á los religiosos dominicos entregasen no solo la doctrina de Cuilapan con sus

perseguida, sin obtener resultado alguno, pues solo á cabo de tiempo recobraron los frailes la parroquia de Tehuantepec.

Con la remocion de los frailes coincidió la creacion de numerosos cuerpos militares, como si se presintiese la necesidad de la fuerza bruta para sostener un trono privado del apoyo moral de la religion. Es verdad que se hacia sentir fuertemente la necesidad de tropas, si no para mantener el órden en el país, á lo ménos para resguardar las costas, abiertas hasta entónces á las agresiones de extranjeros enemigos. Huatulco habia sido repetidas veces saqueado y aun tuvo el atrevimiento el almirante Ansson de dejarse ver con aspecto de amenaza ante el importante puerto de Acapulco.

pueblos adjuntos, sino tambien su combento con alhajas, rentas y censos por inventario: á cuya superior determinacion los Rs. Ps., oyendo (aun en confuso) el nombre de V. R. Mag., á quien tanto veneran, se mostraron tan obedientes y tan humildes para publicar mas su vasallage y edificar á los pueblos, y probar con las obras lo que continuamente predican con las palabras, que pusieron en egecucion lo que en virtud del dicho despacho se les mandaba, no solo sin señales de repugnancia, sino sin asomos de duda. Accion heroica y digna del admirable título de que esta provincia entre todas las de América goza, á quien por antonomacia llaman la Santa Provincia de Oaxaca, y aunque tan humildes y obedientes como vuestros leales vasallos, todavia sospechando que dicha providencia fué motivada de algunos siniestros informes denigrativos en gran manera de sus religiosos procederes, como claramente se infiere del contesto del mismo despacho (golpe que á sus superiores é individuos ha llegado á el alma) por tanto, para dar plena satisfaccion á V. R. Mag. mas por sanar de la herida tan sensible que por buscar su comodidad y conveniencia, nos han pedido á los Prelados de esta Ciudad declaremos nuestro sentir en este punto: á cuya peticion, condescendiendo, decimos: que desde el año 1525 que los Religiosos dominicos pasaron de la Europa á esta Ciudad, á poner los primeros fundamentos de la Cristiandad, y á establecer la obediencia á su soberano, han trabajado con tal cuidado y esmero, que por los ignorantes indios se viera en sus mysterios la cara del verdadero Dios; su mismo celo les hizo derechos los montes mas torcidos y les volvió caminos llanos las asperezas de las sierras, dando á entender con su modestia y religiosidad, que no hay caridad mayor que la del que expone su vida corporal por la espiritual de

306

Aun para la conservacion de la paz, á medida que la poblacion crecia, iba haciéndose más indispensable la presencia de una fuerza armada. En Enero de 1754, con motivo de haberse publicado bando en la ciudad prohibiendo el uso de la moneda antigua, medida que perjudicaba notablemente al comercio, muy activo por las granas, estalló entre la plebe un motin, cuyos desórdenes duraron dos dias, causando algunas muertes y muchas desgracias, teniendo á fortu-

aquellos pobres á quienes con la frecuencia de su predicacion evangélica ya trataban como amigos: verdad esta tan conocida y experimentada, que habiendo tocado muchas veces aquel V. R. O. de esta Dioc. D. Juan L. de Zárate, con la larga experiencia que de los religiosos tenia, le hiso cargo del cuidado de las almas de los indios de este obispado, oficio y beneficio que por no faltar á la obligacion en que la obediencia los tenia puestos, renunciaron: cuya renuncia fué para dicho V. obispo el mas duro golpe, tanto que le obligó á suplicar al R. P. M. Gral. de todo el Orden mandara á sus religiosos le ayudaran en el ministerio, para que entre muchos se repartiera la carga que uno solo no pedia soportar: lo que al punto egecutó dicho R. Gral. mandando é intimando á sus hijos los religiosos ayudasen como fieles operarios á su pastor en el cuidado de las almas: lo que egecutaron prontamente de tal manera, que en breve tiempo no solo se hicieron elocuentes en los idiomas bárbaros que se hablan en este Obispado. sino que celosos del adelantamiento de los indios escribieron libros para que los que han seguido en el ministerio pudieran ser ministros idóneos, trabajando para estos trabajos imponderables de que están llenas las historias de estos otros reinos: los que premió la Suma Bondad de Dios sacando á unos de esta Santa Provincia, para que en la mitra fueran ejemplares de Obispos, y dejando los cuerpos de otros incorruptos como hasta hoy se conservan varios en el convento grande de esta Ciudad, para que siempre los indios veneraran á sus primeros doctrineros: cuyo ejemplar han procurado imitar los religiosos que le siguieron; por lo que ahora viven y enseñan podemos asegurar á V. R. Mag. que ni el ministerio los ha sacado del monasterio, ni los pueblos los han sacado de la regular observancia de su religion, ni las distancias les impiden la obediencia á sus superiores, aun en la libertad que estos motivos les franquean: viven pobres en el vestido, ceñidos á la comun refeccion, humildes en las adversidades y contentos con cualquier trato; finalmente, celosos como ministros, y tan celosos ministros como observantes religiosos. Esto, Señor, experimenta esta Ciudad, la que en

na el corregidor haber escapado con vida. [1] Para calmar los ánimos fueron necesarias sérias providencias de la autoridad. Se levantaron, pues, algunos cuerpos de tropas que se procuraron disciplinar convenientemente, aunque por entónces no dieron utilidad y al fin fueron disueltas.

Mas estas medidas no estaban aisladas, ántes bien, se relacionaban estrechamente con otras que modificaban el modo de ser de la Nueva España. En la metrópoli se desplegaba una gran actividad organizadora y se maduraban ya en ese tiempo importantes proyectos militares, hacendarios, económicos, políticos y gubernativos, cuyo fin parecia ser la asimilacion de las sociedades americanas á los pueblos de Europa, sin que por eso los dominadores de los indios perdiesen las ventajas que les daban su poder y superioridad. Aquellas innovaciones deberian ser funestas á España; pero no lo advertian los que entónces empuñaban las rien-

---

sus aflicciones clama á los Religiosos dominicos. Esto vocean los viejos en su ancianidad, gritan los mosos en su juventud y claman los niños en su puerilidad: y por último, esto mismo, con la verdad de Ministros de Dios y Crisrianos decimos todos, declarando que todo informe á este contrario, se debe reputar por falso, y digno no solo del Real desprecio sino aun del de la gente popular. Por lo que pedimos á V. M. se digne de atender á la razon, mandandonos como á sus vasallos, para confesarnos mas beneficiados y por tanto mas obligados á pedir á Dios nos prospere la importante vida de V. M. en aumento de mayores reinos y señorios para llenar de triunfos el mundo. Antequera y Henero nueve de mil setecientos cincuenta y cuatro años.—A los Reales piés de Vtra. Magestad: Sus mas leales Vasallos y Capellanes.—*F. Bartolomé de Peralta*, Guardian de S. Francisco.—*F. Antonio de S. Juan Baptista*, Prior de los Carmelitas descalsos.—*F. Agustin Escamilla*, Prior de los Augustinos calzados.—*F. Manuel Gomez de Zevallos*, Comendador.—*Pedro de Castañeda*, Rector del Colegio de la Compañía de Jesus.—*F. Miguel Barroso*, Prior de S. Juan de Dios.—*F. Martin de Santa Ana*, Prefecto de Bethlem."—(La copia que poseo está certificada por los escribanos Aug. Thom. de Caños, Man. Francisco de Rueda y Joseph de Torralba).

[1] Diario de sucesos notables, escrito por D. José Manuel de Castro Santa-Anna.

das del gobierno, marchando desatentadamente en un camino desconocido y sembrado de peligros. [1]

2.—Oaxaca obedecia entretanto el impulso recibido en siglos anteriores. El ayuntamiento, á pesar de sus escasos fondos, habia concluido la gran obra del acueducto. Teniendo á cargo como obrero mayor su construccion el regidor D. Juan de Pascua y Obrien, por haberse agotado los caudales que le habian sido destinados, hubo de suplir de su peculio hasta la cantidad de $20,530, comprometiéndose el ayuntamiento á cubrir sucesivamente aquella deuda, hasta su completa extincion, con los productos de la sisa que el rey le habia concedido para sus obras públicas, por falta de propios. Aquel trabajo era indispensable, pues por falta de una buena atarjea, los vecinos de Oaxaca bebian agua poco pura, y carecian completamnnte de ella en los meses de Marzo, Abril y Mayo, sintiéndose tanto su necesidad que algunas comunidades, como la de los bethlemitas, abrieron para su uso particular buenas cisternas. Pascua logró con sus caudales y con su eficaz asistencia personal, que llegasen á la ciudad limpias y corrientes aguas, y el ayuntamiento cumplió fielmente el contrato durante la vida del obrero mayor; mas á su muerte intentó dar otro destino á los productos de la sisa. Los albaceas del finado Pascua llevaron á México sus quejas, y el virey Revillagigedo mandó se cumpliese fielmente lo estipulado, imponiendo á los infractores severas penas; mas ántes de que el comisario D. Juan José de la Vega notificase el despacho, los albaceas transaron con el ayuntamiento, cediendo de las existencias de sisa que les pertenecian, $ 2,000 para que se acabase de construir la alhóndiga que la ciudad habia puesto en obra. El virey aprobó estos convenios el 23 de Junio de 1755. [2]

---

[1] Con razon llamó miope al conde de Aranda un sabio mexicano.

[2] Testimonio de la licencia otorgada por el virey para que el ayunta-

3.—Tomó posesion el 4 de Noviembre de 1754 de la silla episcopal de Antequera el Sr. D. Buenaventura Blanco y Elguero, natural de Valladolid en España, colegial del mayor de San Ildefonso en Alcalá, canónigo doctoral en la catedral de Calahorra, visitador provisor y vicario general en aquel obispado, de donde fué promovido á la prelacía de la iglesia de Antequera. Llegó á Veracruz en el registro "Begoña," el 15 de Setiembre de 55. Fué recibido con honor en México el 8 del siguiente mes y lo consagró en Tacubaya el Illmo. Rubio, el 20 del mismo Octubre. A 6 de Noviembre, acompañado del Dr. Quintana, canónigo de Oaxaca, de un sobrino suyo que fungia de secretario y

---

miento hiciese la relacionada transaccion. El parecer que dió al virey el asesor Lic. D. Baltazar Rodriguez Medrano, es como sigue: "Exmo. Sor.—Se refiere por los Alvaceas del Regidor D. Juan de Pascua Obrien que por falta de propios Concedió Su Magestad á la Ciudad de Oaxaca el ramo de la Sisa para sus obras publicas, y que Pascua como Obrero mayor se dedicó á la solida targea y Arqueria con que consiguió la conduccion del Agua limpia y corriente de todo el año en beneficio del público á quien se escaseaba en Marzo, Abril y Mayo, y que para que no fuera tan diuturna la obra por ser corto ese ramo suplió veinte mil quinientos y treinta pesos y aplicó su eficas personal asistencia, y presentaron el, y despues sus Alvaceas sus cuentas al Ayuntamiento quien sin haber puesto reparo queria dar otro destino al ramo. Y por el Superior despacho de cuatro de Marzo de este año se sirvio V. E. de mandar se notificase á la Ciudad, y su mayordomo que en el referido supuesto exhibiesen incontinenti á los Alvaceas lo caido de dicho ramo desde la muerte de Pascua y les dejasen obrar hasta la concurrente cantidad, dando cuenta al Ayuntamiento cada año, de cuyo abono se pusiese razon bajo de la pena de docientos pesos y del interez á cada Regidor que impidiese."

"D. Juan José de Vega y Castro, que fué el Comisario lo hizo notario en doce de Abril al Ayuntamiento que acordó se hiciese consulta á V. E., y sin negar el destino del ramo, la construccion de la obra, el suplemento de Pascua, y la dacion de cuentas, ni su alcance suspendió con este acuerdo la ejecucion. Por lo que el Superior despacho de treinta de dicho se sirvio V. E. de mandar, que el Comisario á costa de los Capitulares procediese ejecutivamente á la ejecucion del antecedente, y

310

de numerosa familia, salió de México para su obispado, en donde fué recibido con arcos triunfales. Aquí se mostró de todos modos pastor vigilantísimo, trabajando con teson y constancia y valiéndose de cuantos medios eran ó parecian

les notificase no pusiesen embarazo, pena de quinientos pesos, la que contraviniendo les sacase y la remitiese."

"Sin haber presentado los Alvaceas ese último Superior despacho les trataron los Capitulares la compocicion que despues de mutuas propociciones bino á resolver en treinta de Mayo de comun consentimiento reducida principalmente á que de lo caido del ramo desde la muerte de Pascua se satisfagan á los propios dos mil cuatrocientos y ochenta pesos suplidos para la perfeccion de la Alhondiga, y que los Alvaceas darian un mil pesos del ramo para los gastos de la aprobacion de cuentas, y perpetuidad del ramo, y satisfarian cada año el rédito de un gravámen de tres mil pesos, y á que quedase á su favor lo caido, y que cayese del dicho ramo hasta la estincion del dévito."

"Y con los recados instructivos de este convenio ocurrió el Ayuntamiento por su consulta de treinta y uno de dicho pidiendo á la superioridad de V. E. se digne de conferirle licencia para el otorgamiento del instrumento. Y despues por esta última de ocho de este Junio ha representado que en el intermedio ha querido proceder el Comisario á pedimento de los Alvaceas á exigir la pena de los Capitulares quebrantando así el convenio, quizá con el pretesto de no haberse dado á los Alvaceas el testimonio de las Capitulaciones por defecto del Escribano ó de no habérseles entregado tan prontamente las voletas de lo caido, que ya se darian."

"Y porque la referida transacion es conveniente á la Ciudad que por ella evita el quebranto de la ejecucion, y dada cuenta á la Superioridad de V. E. quedó por el convenio suspendida dicha ejecucion, sin que los referidos pretestos sean bastantes para desvanecer el convenio, y de conceder á la Ciudad la licencia que pide para el instrumento correspondiente, y de mandar se le devuelvan para ello los recados de dicho tratado, y se le libre el despacho para que cumpliendo prontamente con los capítulos del ajuste, segun el consentimiento de los Alvaceas, sobresea el Comisario en la ezaccion, y devuelva prontamente las que hubiere exijido, y deje en corriente la practica de dicha transacion, sin innovar en ella, ni perturbarla."

"México á veinte y uno de Junio de mil setecientos cincuenta y cinco."

"Licenciado D. Balthasar Rodriguez Medrano."

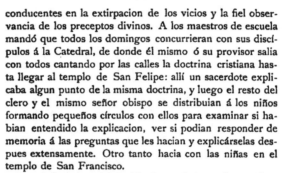

conducentes en la extirpacion de los vicios y la fiel observancia de los preceptos divinos. A los maestros de escuela mandó que todos los domingos concurrieran con sus discípulos á la Catedral, de donde él mismo ó su provisor salía con todos cantando por las calles la doctrina cristiana hasta llegar al templo de San Felipe: allí un sacerdote explicaba algun punto de la misma doctrina, y luego el resto del clero y el mismo señor obispo se distribuian á los niños formando pequeños círculos con ellos para examinar si habian entendido la explicacion, ver si podian responder de memoria á las preguntas que les hacian y explicárselas despues extensamente. Otro tanto hacia con las niñas en el templo de San Francisco.

Para instruccion del pueblo determinó que los predicadores no se divagasen con un estilo florido pero inútil al hacer elogios de los santos, sino que tejiesen sus panegíricos inculcando al mismo tiempo aquellas virtudes morales más aptas para enderezar y corregir las costumbres viciosas. Con el mismo fin de extirpar los hábitos pecaminosos que insensiblemente, con perjuicio de la moral, se generalizan en la sociedad, fomentaba aquellos sentimientos de arrepentimiento y contricion que inclinan al hombre á la práctica y cultivo de recomendables virtudes, promovia procesiones de penitencia, como era costumbre entónces, distribuyendo á los padres del oratorio en ellas, para que con fervorosas exhortaciones moviesen el ánimo de los fieles; y él mismo, con una corona de espinas en la cabeza, una soga al cuello, empuñando la imágen del Salvador y sin llevar otro vestido que una sotana, procuraba con su ejemplo predicar penitencia al pueblo. Alguna vez, no pudiendo ya concurrir por sus enfermedades á una de dichas procesiones, quiso permanecer hasta el fin de ella en oracion, puesto de rodillas en el presbiterio de su catedral. Acostumbraban entónces salir de Oaxaca con frecuencia hombres y mujeres para recorrer de paseo el pueblo de San

Juanito Chapultepec, y allí cometer vergonzosos delitos con no poca afrenta de la moral, deshonra de nobles familias y escándalo de todo el pueblo: el piadoso obispo se declaró contra aquel paseo, combatiéndolo con tal eficacia, que logró impedirlo y hacerlo olvidar.

No por esto se desentendia de la instruccion y reforma del clero. Mandó que se hiciesen informaciones secretas acerca de las costumbres y vida privada de los pretendientes de Ordenes sagradas como se practica hasta el dia, aparte del riguroso exámen de suficiencia *ad curam animarum* que precedia á la recepcion de Ordenes desde el subdiaconado. Estableció para los sacerdotes una academia semanaria de moral en el colegio de Santa Cruz, la que pasó despues al oratorio de San Felipe, agregando otra sobre las ceremonias de la misa. Segun el modo con que se conducia este obispo, se hubiera dicho que el celo de la gloria de Dios y del bien comun de sus súbditos le traia en perpétuo desvelo.

Sus obras de caridad fueron grandes. En el Hospital Real abrió á su costa nuevas enfermerías abastecidas de camas y de la ropa necesaria á los enfermos: puso allí una botica provista de todo lo necesario, gastando en ello 14,000 pesos. Era además muy liberal en distribuir limosnas, así privadamente á pobres vergonzantes, como en lo público á los pobres manifiestos. En algunas festividades de su especial devocion solicitaba un anciano, una mujer y un niño, pobres todos, para servirles personalmente la mesa en su palacio en honor de Jesus, María y José, á quienes amaba con ternura especial. En sus prodigalidades piadosas no olvidó los templos. Reparó el de Jalatlaco hasta ponerlo en uso; adelantó mucho la fábrica del Patrocinio; y al antiguo sagrario en que se ponia manifiesto el Santísimo en la catedral, su peso 425 marcos, lo deshizo, añadiendo otros 714 para formar uno nuevo de 1,139 marcos de peso y construccion más pulida, gastando en ello 15,000 pesos.

Por fin, extenuado por sus penitencias, postrado en cama en su última enfermedad, exhortando fervorosamente á los asistentes al servicio de Dios, puesta una corona en la cabeza y una soga en el cuello, recibió el sagrado viático con edificacion general, falleciendo el 11 de Mayo de 1764. Su cuerpo está sepultado en la capilla de San Pedro de la Santa Iglesia Catedral. [1]

4.—Le sucedió el Illmo. D. Miguel Anselmo Alvarez de Abreu y Valdés, natural de Tenerife, una de las Islas Canarias, é hijo del Inspector general de ellas, D. Santiago Alvarez de Abreu, del Consejo de Su Majestad, natural de Gibra–Leon en Andalucía y contador general de las reales tropas y Hacienda, y de Doña Francisca María de Valdés y Melendez, oriunda de las Montañas de Asturias en la Villa de Cangas de Teneo. El Illmo Alvarez fué doctor en Cánones por la Universidad de Sevilla, secretario del Illmo. arzobispo, Guerra, canónigo y dignidad prior en la iglesia catedral de Canarias, juez de la reverenda cámara apostólica, y del santo tribunal de Cruzada, juez examinador y visitador del mismo obispado, auxiliar del de Puebla de los Angeles y electo para la Mitra de Comayagua. Hizo su entrada pública en la Ciudad de Antequera y tomó posesion del gobierno eclesiástico el 26 de Diciembre de 1765. El P. Alegre, en su tercer tomo de Historia de la Compañía, dice que cuando se recibió la bula de Clemente XIII, *Apostólicum pascendi*, el Sr. Alvarez fué uno de los muchos obispos que de todo el mundo mostraron á Su Santidad, por medio de cartas, el singular amor que profesaban al Instituto de Jesus, dando las gracias al Pontífice Supremo por aquella confirmacion, y explayándose en elogios por los muchos servicios que á su diócesis prestaban los hijos de Loyola. Así lo hicieron tambien otros obispos de la na-

---

[1] Lorenzana. Séries de los señores obispos de Antequera.

cion mexicana. D. José Vidal de Mocteuzoma, de Chiapas, y D. Pedro Sanchez de Tagle, de Michoacan, corriendo impresas las cartas de todos y sus respectivas contestaciones en un pequeño libro. Sin embargo de este ilustre testimonio de estimacion que recibian los jesuitas, justo en verdad, pues habian merecido bien de los mexicanos, estaba próximo á caer sobre ellos el tremendo golpe que los haria desaparecer en un solo dia de todo nuestro suelo.

5.—Tiempo hacia que se conspiraba en Europa contra la Compañía de Jesus. Pompal fué el primero de sus enemigos que rompió las hostilidades, logrando que estos religiosos fuesen expulsados de los dominios de Portugal. No mucho despues consiguió Choiseul lo mismo del Reino cristianísimo. En España, entretanto, Campomanes se insinuaba pérfidamente en el ánimo de Cárlos III, deseoso de llegar al mismo objeto. Este rey, determinado ya por los consejos de su ministro á deshacerse de los jesuitas, libró sus órdenes á los vireyes y capitanes generales que regian en nombre suyo las Américas, órdenes que en México se mantuvieron secretas hasta el 25 de Junio de 1667. En la mañana de ese dia, los colegios que la Compañía ocupaba en la capital, fueron invadidos por la tropa y los comisionados regios que se apoderaron de sus libros, papeles, etc., conduciendo á poco á los sacerdotes para Veracruz y de allí á su destierro. Para que el golpe se diese simultáneamente en todas las provincias, el virey habia dirigido con oportunidad á sus subalternos las instrucciones necesarias en un pliego resguardado bajo tres cubiertas selladas. En la segunda se leia: "Pena de la vida, no abrireis este pliego hasta el 24 de Junio de 1767, á la caida de la tarde." La tercera contenia "Instrucciones sobre el modo de verificarse el contenido del último, en que se encontraba la Real Cédula siguiente: "Os revisto de toda mi autoridad y de todo mi real poder para que inmediatamente os dirijais á mano armada á las casas de los jesui-

315

tas, os apoderareis de todas sus personas y los remitireis como prisioneros en el término de 24 horas al puerto de Veracruz. Allí serán embarcados en buques destinados al efecto. En el momento mismo de la egecucion hareis se sellen los archivos de las casas y los papeles de los indibiduos, sin permitir á ninguno de ellos llevar consigo otra cosa que sus libros de reso y la ropa absolutamente necesaria para la travesia. Si despues del embarque quedase en ese distrito un solo jesuita, aunque fuese enfermo ó moribundo sereis castigado con pena de la vida.— *Yo el Rey.*"

El bando que se publicó en México para que el pueblo conociese la causa de aquella novedad, estaba concebido en estos términos: "Se hace saber á todos los habitantes de este imperio que el rey nuestro señor, por causas que reserva en su real ánimo, se ha dignado mandar se extrañen de las Indias á los religiosos de la Compañía, así sacerdotes como coadjutores ó legos, que hayan hecho la primera profesion, y á los novicios que quisieren seguirla; y que se ocupen todas sus temporalidades.

"Se previene á los habitantes de esta Nueva España, de que estando estrechamente obligados todos los vasallos, de cualquiera dignidad, clase ó condicion que sean, á respetar y obedecer las siempre justas resoluciones de su soberano, deben venerar, auxiliar y cumplir esta con la mayor exactitud y fidelidad.

"Su Magestad declara incursos en su real indignacion á los inobedientes ó remisos en coadyuvar á su cumplimiento; y se usará del último rigor y de ejecucion militar contra los que en público ó en secreto, hicieren con este motivo conversaciones, juntas, asambleas, corrillos ó discursos, de palabra ó por escrito, pues de una vez para lo venidero deben saber los súbditos del gran monarca que ocupa el trono de España, que nacieron para obedecer y callar, y no para discurrir y opinar en los graves asuntos del gobierno."

Perfectamente demostraron los mexicanos algunos años despues, en la prolongada y tenaz guerra de independencia, cómo era que solo habian nacido para obedecer y callar. Pocos actos de tan brutal despotismo ofrece la historia en sus páginas. En virtud de un tan inícuo decreto, seiscientos setenta y ocho religiosos fueron lanzados del país sin forma alguna de juicio, despojados de todos sus bienes, al extremo de no permitírseles llevar consigo sus vestidos, ni sus libros, y arrancándoselos con inaudita violencia del seno de un pueblo que sin duda los amaba. Dejaban aquellos padres en nuestro suelo magníficos templos, colegios, grandes hospitales, y sobre todo, la memoria de inenarrables trabajos y sacrificios pasmosos hechos en obsequio del bien comun: iban á país extraño, perseguidos por un déspota á quien los siglos futuros mirarian con desprecio por tan negra accion; mas llevaban consigo lo que nadie podia arrebatarles: la gratitud de los pueblos, su insigne piedad, su exquisita literatura y los privilegiados talentos con que muchos en sus inmortales obras merecerian una celebridad europea. El talento es una antorcha que inútilmente se procura eclipsar: brilla más cuando en las tinieblas se pretenden ocultar sus destellos. Así aconteció con los religiosos jesuitas cuando el bárbaro Cárlos III los condenó á un injustificable destierro.

6.—El decreto de proscripcion se notificó en el mismo dia y á la misma hora á los jesuitas que habitaban todos los colegios y casas de la nacion, por lo que es de creer que el mismo 25 de Junio hayan salido para Veracruz los que estaban entónces en Oaxaca. Sus nombres se encuentran en una obrita formada en Roma por D. Rafael de Zelis y publicada recientemente en México: pondré aquí estos nombres como se leen allí:

1º P. Nicolás Calatayud, Rector, Prefecto de salud y Estudios mayores y Procurador.

2º P. Pedro Castañeda, Consultor de casa, Prefecto de Dolores y Confesor de los N. N.

3º P. José Quintana, Maestro de Teología, Prefecto de Estudios menores y caso moral, y Confesor de los N. N.

4º P. Domingo Esparza, Maestro de Filosofía.

5º P. Juan Timbra, Maestro previniente de Filosofía.

6º P. Juan Malo, Misionero.

7º P. José Basilio Solar, Procurador de obras pías.

8º P. Rodrigo Brito, Maestro de Mínimos y Menores.

9º P. Esc. Pedro Canton, Maestro de Medianos y Mayores.

10º H. José Miranda, Maestro de escuela.

11º H. Felipe Galar, Manteista.

Del mismo libro tomamos los siguientes datos biográficos. El primero nació en Guadalajara, el 18 de Junio de 1711, entró en la religion el 1º de Julio de 1734 y murió en Veracruz ántes de embarcarse, el 15 de Noviembre de 1767, á los cincuenta y seis años de edad.

El segundo nació en México, el 22 de Abril de 1714. Ingresó en la religion el 1º de Febrero de 1732 y murió ántes de embarcarse, en Veracruz, el 1º de Setiembre de 67, teniendo cincuenta y tres años de edad.

El tercero era oaxaqueño. Nació el 23 de Febrero de 1713: entró en la religion el 13 de Enero de 32 y murió en Bolonia el 4 de Diciembre de 1771, teniendo cincuenta y ocho años de edad: era profeso de cuatro votos desde 15 de Agosto de 47 y se embarcó en la fragata marchanta "San Miguel," (á) "El Bizarro," el 19 de Noviembre de 67.

El cuarto nació el 18 de Febrero de 1732; entró de religioso el 2 de Octubre de 54; era profeso del cuarto voto desde 2 de Febrero de 70. Se embarcó en la fragata "Nancey" el 25 de Octubre de 67, y murió de setenta y tres años de edad el 18 de Setiembre de 1805, en Civitavechia.

El quinto nació en Córdoba el 3 de Abril de 1734, haciendo su ingreso en la religion el 25 de Febrero de 52. Al tiempo de la expulsion era sacerdote escolar, y falleció en Veracruz el 22 de Noviembre de 67, á los treinta y tres años de edad.

El sexto era natural de México: nació el 24 de Junio de 1738, tomando el hábito de jesuita en 56, á 18 de Marzo; era sacerdote escolar. Se embarcó en la fragata "Nancey" el 27 de Octubre de 67. Se secularizó ántes de la extincion de la Orden en Ferrara, muriendo en la Habana en 1805.

El sétimo nació en Guadalajara el 15 de Abril de 1729, entró en religion en Julio 30 de 45, era profeso de cuarto voto desde 15 de Agosto de 63. Se embarcó en la fragata "Juno" el 19 de Noviembre de 67 y murió en Bolonia el 14 de Agosto de 1805, teniendo setenta y ocho años de edad.

El octavo nació en Canarias el 1º de Mayo de 1738, entró en religion el 18 de Febrero de 58, sacerdote escolar. Se embarcó en el paquete "Nuestra Señora del Rosario de Torrentegui," el 25 de Octubre de 67, secularizándose en Ferrara ántes de la extincion por Clemente XIV, y falleció en Roma el 14 de Febrero de 1816, á los setenta y siete años de edad.

El noveno nació en Guadalajara el 19 de Febrero de 1745, entró en religion el 15 de Julio de 61. Era sacerdote escolar. Se embarcó en la fragata "Nancey" el 25 de Octubre de 67 y murió en México.

El décimo nació en Zaragoza el 25 de Noviembre de 1725, entró en religion en calidad de coadjutor temporal el 18 de Junio de 48. Se embarcó en la fragata "Nancey" el 25 de Octubre y murió en Castel S. Pedro el 5 de Febrero de 1770, de cuarenta y cuatro años de edad.

El último nació en Bilbao el 6 de Junio de 1719, entrando en religion en calidad de coadjutor temporal el 27 de Abril de 48. Antes de embarcarse, murió en Veracruz á los cincuenta y ocho años de edad, el 4 de Agosto de 67.

7.—De todos estos sugetos solo de dos hemos encontrado algunas más extensas noticias. Ya dijimos que el P. Calatayud era oriundo del Estado de Guadalajara, en el real de minas de San Sebastian. A los trece años comenzó sus estudios en el colegio de San Juan de la misma ciudad, bajo la direccion del hábil jesuita Ignacio Hidalgo. Sus deseos de pertenecer á la Compañía no pudieron cumplirse tan prontamente como él queria, teniendo que esperar bastante tiempo para ser admitido, y aun entónces hubo de dar buenas pruebas de su vocacion para ser promovido al sacerdocio. Durante sus estudios dió muestras de poseer talentos excelentes, y luego, al enseñar las ciencias que habia adquirido segun es costumbre en esa religion, dió señales de una piedad sólida, cuyos frutos fueron no solo la instruccion que adquirieron numerosos discípulos, sino la vida ejemplar que muchos de éstos hicieron siguiendo á su maestro; contándose entre ellos el jóven literato Ramon Cerda y el mártir de California Lorenzo Carranco. Sucesivamente fué operario de la Profesa en que á satisfaccion de todos desempeñó el púlpito y confesonario; catedrático en San Ildefonso de retórica y poesía, filosofía y teología; director de la Congregacion de la Anunciata de San Pedro y San Pablo; rector del colegio del Espíritu Santo de Puebla, y en fin, rector del colegio de Oaxaca.

Segun la doctrina católica, la diferencia de fortunas no es obra de la casualidad, sino efecto del gobierno sabio de la Providencia que á los ricos hace administradores de los bienes de la tierra para que los distribuyan entre los necesitados, segun su prudencia y discrecion. En su tiempo, y en la nacion mexicana, fué el P. Calatayud el ministro destinado por el cielo para ejecutar esta disposicion providencial: continuamente se le veia á las puertas de las casas de los ricos pidiendo los vestidos viejos, que llevaba como preciosos despojos para cubrir con ellos la desnudez de los pobres vergonzantes. El consuelo que éstos tenian no era menor que el de los mendigos en cuyo favor, así en Puebla como en otras poblaciones, consiguió que á ciertas horas del dia se distribuyesen alimentos en las casas particulares. Estas atenciones con los pobres no le hacian olvidar las de sus hermanos de religion, entre cuyos superiores corria la fama de que para desahogar una casa de deudas, reponer su fábrica y proveer á sus necesidades, el P. Nicolás era la Providencia: porque, en efecto, en los colegios de que fué rector siempre hubo abundancia, aunque fuesen los más escasos de rentas. Así, en el del Espíritu Santo, de Puebla, consiguió del Sr. obispo Alvarez de Abreu la reposicion de los departamentos de teólogos y filósofos, con gasto de más de 20,000 pesos. En el de Guatemala, muy escaso de fondos, se concilió tal veneracion por sus virtudes y trabajos apostólicos, que á él le debió el verse libre de la estrechez en que se hallaba. En este de Oaxaca, que por escasez se hallaba próximo á cerrarse, creó fondos que desgraciadamente cayeron en poder del fisco el dia de la expulsion. Calatayud fué acometido en Veracruz de calenturas intermitentes, de que murió, quedando su cadáver sepultado en la iglesia parroquial.

8.—El otro es el P. Canton. Hizo sus estudios, como Calatayud, en el colegio de San Juan. A los diez y seis años vistió la sotana de jesuita, y apénas tenia veintidos de edad cuando fué expulsado con el resto de sus compañeros. En Italia concluyó sus estudios, recibiendo de la Universidad de Bolonia el grado de doctor en teología. Abolida la Compañía de Jesus por Clemente XIV el año de 1773, Canton pasó á Roma donde fué ordenado sacerdote por San Alfonso María de Liguori, y aun quiso permanecer allí hasta el año de 1800 en que regresó á su patria. En 1816 fué uno de los fundadores de su Orden que se estableció de nuevo en México. El 15 de Agosto de este año hizo su profesion del cuarto voto, y poco despues, por muerte del padre provincial, quedó él de superior hasta el 22 de Enero de 21 en que otra vez fué destruida la Compañía por un decreto de las cortes. Murió en el Hospital de San Pedro de México, á la edad de ochenta y ocho años, el 16 de Octubre de 1833. Hicieron sus exequias los sacerdotes de la Congregacion de San Pedro, y honraron su sepulcro con sus lágrimas los niños á quienes habia dedicado, viviendo, sus principales cuidados.

Aunque no del número de los expulsos por haber muerto poco tiempo ántes, por ser oaxaqueño, haremos mencion de otro ilustre jesuita, Sebastian Sistiaga. Nació en Teposcolula, y se distinguió en su religion por el celo en la predicacion de la fé á los infieles. Vivió muchos años en California, cuya costa meridional reconoció hasta el grado 28, escribiendo una relacion de su viaje y descubrimientos, que con los planos de los principales puertos envió al virey. Escribió tambien la noticia del estado que guardaban las misiones y pueblos de aquella península.

9.—A la época del extrañamiento de los jesuitas, contaba la Orden con los oaxaqueños que á continuacion se expresan:

	Nació.	Entró en religion.		
1 Javier Castillo	1740	1757	sac. esc.	Estaba en el C. máx. de M?
2 Ildefonso Fernando..	1709	1732	prof.	Idem.
3 Adriano García	1718	1737	coad. t.	San Ildefonso de Puebla.
4 Mariano Gonzalez..	1703	1719	prof.	Colegio de Celaya.
5 Martin Irizar	1738	1758	prof.	Idem de Guanajuato.
6 Pedro Llanes	1717	1734	prof.	Idem de Celaya.
7 Antonio Lozano	1739	1756	prof.	Idem de Guanajuato.
8 Miguel Lozano	1744	1762	sac. esc.	Máx. de México.
9 José Mañau	1730	1749	prof.	Esp. S. de Puebla.
10 José Núñez.	1745	1766	sac. esc.	Col. de Tepozotlan.
11 Javier Pascua	1732	1754	sac. esc.	Sonora Babispe.
12 José Quintana	1713	1732	prof.	Col. de Oaxaca.
13 José Roldan	1705	1725	prof.	Sonora Asibechi.
14 Isidro Saavedra	1727	1749	prof.	Col. de Zacatecas.
15 Juan Zapata	1737	1765	sac. esc.	Col. de Tepozotlan.
16 Francisco Cevallos..	1704	1765	escol.	Idem idem.

El penúltimo era tlaxiaqueño. El P. Mañau se secularizó en Bolonia, en donde murió en 1779. El P. Ceballos habia sido colegial de San Bartolomé en su patria y catedrático de varias facultades; ya jesuita, rector del colegio de San Andrés en México y procurador de su Orden en Roma, confesor del virey, marqués de Cruillas y provincial desde 1763. Se distinguió por su amor á las letras: fué quien encomendó al P. Alegre la Historia de su provincia, citada repetidas veces en este libro, y la regencia de una Academia de literatura; exhortó á Clavijero á enseñar la filosofía moderna; representó al general de su Orden la necesidad de fundar cátedras de griego en San Ildefonso de Puebla y de matemáticas en San Pedro y San Pablo de México, y hubiera hecho adelantar mucho los buenos estudios, si la expulsion no lo lleva á Italia. En Bolonia fué notoria su piedad: era conocido generalmente por "el sacerdote que visita diariamente las iglesias, donde está descubierto el Santísimo Sacramento." Escribió muchos tratados que quedaron inéditos en la Biblioteca de la Universidad, entre ellos, uno muy docto y piadoso intitulado: "De Beatissima Dei Genitrice, inclyta Matre nostra." Escribió tambien la vida y virtudes del P. Fernando Consag, insigne jesuita, misionero de California, impreso en 1764. En Italia publicó la vida de Ceballos el P. Maneiro, jesuita veracruzano. [1]

El siguiente cuadro manifiesta los muertos, edad, lugar y año de su fallecimiento:

Nombres.	Edad.	Lugar.	Año.
Ildefonso Fernandez	62	Bolonia	1771
Adrian García	54	Idem	1773
Mariano Gonzalez	67	Idem	1773
Martin Irizar	53	Roma	1792
Pedro Llanes	67	Puebla	1785
Miguel Lozano	56	Bolonia	1800
José Mañan	48	Idem	1779
José Núñez	58	Padua	1803
Javier Pascua	36	Ixtlan	1768
José Roldan	65	Puerto de Santa María.	1770
Isidro Saavedra	45	Bolonia	1772
Juan Zapata	51	Idem	1798
Francisco Cevallos	65	Idem	1770

1 Beristain. Biblioteca Hispano Americana.

10.—Muy poco tiempo despues de la expulsion de los religiosos de la Compañía de Jesus, se reunieron en México los señores obispos de Nueva España, á fin de tratar en forma de Concilio sobre los medios de restituir á su antigua pureza las creencias religiosas y castigar las costumbres del pueblo extraviadas, segun se afirmaba, por la predicacion y laxa moral de aquella Orden religiosa. La convocacion fué hecha por el Illmo. Lorenzana y las sesiones se celebraron con la mayor solemnidad, dictándose varios reglamentos que no habiendo obtenido aprobacion de las cortes de Madrid y Roma, quedaron en el olvido. En órden al fin principal de la reunion, á pesar de las órdenes reales que se habian recibido segun se dice, y de las prevenciones de muchos, especialmente del señor arzobispo contra la expulsa órden, nada se hizo, pues nada se encontró reprochable en la doctrina y costumbres de aquellos padres. Se sabe que el Sr. Alvarez de Abreu estuvo presente en las sesiones; mas no debe haber sido muy activa la parte que tomó en perseguir á los jesuitas, pues nada se ha conservado en la memoria con relacion á él, sino el afecto que ántes de su expulsion les profesara. Sobre aranceles y haciendo presente el estado de las parroquias de Antequera, representaron á este Concilio D. Ignacio Izmendi y D. Leonardo Maldonado, párroco de Totolapan, cuyos manuscritos estaban entre las actas del mismo Concilio en el archivo arzobispal. El 10 de Octubre de 1771 se celebró la última sesion, y poco despues, segun el Sr. Alaman, se publicaron dos catecismos, uno para los párrocos y otro para los niños. El Sr. Alvarez falleció el 17 de Julio de 1774, sucediéndole el Sr. D. José Gregorio Alonso de Ortigosa, del Consejo de Su Majestad é inquisidor apostólico del Santo Tribunal en México. Hizo su entrada solemne en Oaxaca el 3 de Diciembre de 1774 y gobernó por cerca de veinte años la diócesis.

Con la expulsion de los jesuitas, Cárlos III habia descargado un terrible golpe no tanto contra la inofensiva Orden que perseguia, cuanto contra su misma autoridad basada en México sobre el inamovible hasta entónces y solidísimo fundamento de la religion. La conquista no fué tanto la obra del valor de los soldados, como resultado de la predicacion del Evangelio: las armas españolas pudieron tomar por la fuerza la capital de los aztecas, allanando sus edificios y derramando la sangre de casi todos sus héroes defensores; mas en torno de la gran Tenochtitlan quedaban dilatados reinos, y en las comarcas lejanas numerosísimas tribus de idólatras que ni se hubieran sometido tan presto ni hubieran perseverado sumisas por tres siglos á las autoridades dominantes, sin la influencia de los sacerdotes. Estos penetraron entre los infieles sin el estrépito de las espadas y caballos; con su ejemplar desprendimiento demostraron que muy diverso del oro era el interes que los movia; á fuerza de razonamientos y de abnegacion les persuadieron la necesidad de abrazar la fé católica y los redujeron á formar pueblos y vivir en sociedad; los evidentes sacrificios que hicieron en favor de los indios, les conciliaron la veneracion y el respeto de éstos, y en obsequio de los sacerdotes sus insignes bienhechores, se sometieron de grado al yugo de los españoles. Sin tener de su parte la palabra persuasiva del catolicismo, ¿acaso España hubiera asentado tan firme su dominacion entre nosotros? De ningun modo. La prueba es que en el Estado de Oaxaca, las armas conquistadoras nunca pudieron penetrar entre los mijes, limitándose los españoles á fundar en sus fronteras la colonia de Villa–alta, que como una muralla contuviese las irrupciones de aquellos fieros indios. Otro tanto pudiera decirse de los bárbaros que pueblan el Norte de la República: aquellas tribus que los jesuitas, franciscanos, etc., no tuvieron tiempo de reducir á vida civil y religiosa, permanecen hasta el dia indómitas, sin que poder alguno logre dominarlas.

La superioridad y predominio que los primeros sacerdotes adquirieron con sus virtudes sobre los indios, cedia en beneficio de los conquistadores á quienes obedecian los neófitos, no por temor, sino por conciencia y por deber. Recíprocamente la fuerza física de las autoridades que se iban estableciendo, sostenia el poder moral del sacerdocio. Es verdad que tal reciprocidad se interrumpia frecuentemente y que los miembros del clero tenian que sostener luchas tenaces y aun que emprender viajes multiplicados á Madrid para librarse ellos y librar á los nuevos cristianos de los abusos y desmanes de los españoles, que no respetaban propiedad ni honor y que para satisfacer su codicia desolaron pueblos enteros de Oaxaca; mas á pesar de todo, el clero logró mantener su ascendiente y á la vez cimentar la autoridad civil sobre fundamentos que á la mitad del siglo pasado se hubieran creido inamovibles. Hasta el tiempo á que hemos llegado en nuestra historia, los pueblos veian en los sacerdotes á los representantes de Dios sobre la tierra, contra quienes ningun fiel, por más caracterizado que fuese, se juzgaba que tuviera la temeridad de rebelarse; obedecian en las autoridades civiles la persona misma del católico monarca, defensor de la religion, el más adicto de los hijos de la Iglesia, incapaz de ofender á sus ministros con irregular mandato. Esta persuasion de los pueblos venia de las generaciones anteriores y tenia la sancion que dan los siglos. El decreto de expulsion de los jesuitas los desengañó, revelándoles que ni los sacerdotes eran invulnerables, ni los reyes de España obraban siempre con justificacion. O los jesuitas se habian hecho dignos del destierro, cometiendo algun gran crímen y entónces ni ellos ni el resto del clero merecian la profunda veneracion que se les tenia, ó eran inocentes y sus gratuitos perseguidores responsables de un atentado sin nombre, poco acreedores por lo mismo á una tan perfecta obediencia como la que á sus leyes era tributada.

Estas reflexiones y otras que se hacian entónces, agriaron los ánimos, predispusieron á los pueblos en contra de las autoridades constituidas y produjeron de pronto en los estrados y corrillos rumores y hablillas en menosprecio del clero y en descrédito del gobierno establecido. En vano fué que se pretendiera imponer bajo graves penas un tiránico silencio prescribiendo que nadie hablase en pro ni en contra en la materia; las sátiras, los cuentos ridículos, las fábulas extravagantes continuaron escurriendo de boca en boca y haciendo general el desprestigio de la autoridad. Diez años despues del grave acontecimiento, en 77, aún se alarmaba por esas hablillas el Sr. Ortigosa y hacia circular prescripciones sobre el asunto, valiéndose de las reales órdenes novísimas y de la autoridad de los Pontífices Pio VI y Clemente XIV para imponer de nuevo el silencio, con amenaza de encausar á los contraventores y entregarlos al brazo secular como reos de lesa majestad. Pero fué en vano, pues los rumores alcanzaron el siglo presente y aún no se acallan del todo en nuestros dias.

11.—Otro motivo de disgusto surgió tambien por ese tiempo, por causa de la avaricia de los alcaldes mayores. El dinero ha sido siempre el privilegiado objeto del amor de los españoles, lo que no puede decirse sin advertir que toda regla general tiene excepciones; y la América, en el tiempo de su dominacion, no puede negarse que abria de par en par las puertas á la satisfaccion de sus vehementes ansias. Aparte del comercio, medio tan fácil entónces de atesorar, puesto que lo tenian monopolizado y á placer fijaban el precio de sus géneros, y de las minas en que perdieron su existencia tantos indios, obligados á trabajos superiores á sus fuerzas, los destinos públicos les pertenecian exclusivamente, pues si bien en la capital de la nacion los criollos desempeñaban algunos cargos, como el Sr. Alaman se empeña en demostrar, en las provincias y principalmente en Oaxaca, se tenia especial cuidado de sofo-

car y dejar sepultado en las tinieblas á todo el que no viniese de ultramar. Ni para la Iglesia ni para el Estado, ni para nada importante y grande se reputaban útiles los meztizos, los indios, ni las otras castas que se tenian entónces bien clasificadas y perfectamente deslindadas. Al contrario, los europeos peninsulares, por el hecho solo de serlo, se juzgaban aptos para los más importantes puestos del Estado, que ocupaban en Oaxaca con perfecta plenitud. La ineptitud de los sugetos destinados no era la sola consecuencia ordinariamente seguida de esa eleccion, sino que ésta frecuentemente recaia en personas inhumanas, insensatamente altivas, crueles, y sobre todo, sedientas de riquezas que con inauditas extorsiones arrancaban real á real de los miserables indios: rehaciéndose así con exceso de los desembolsos que acaso hubieran hecho para obtener la preferencia en el encargo. De tal rapacidad dieron buena muestra por este tiempo los alcaldes mayores.

Ya desde 1762, para remediar sus abusos y latrocinios, el cura de Mitla, Lic. D. Manuel de Calvo, habia hecho á la Audiencia de México vivas representaciones, en cuya virtud se proveyó en real despacho de 22 de Noviembre de 65, de remedio oportuno á mal tan grave. No siendo bastante, hizo nueva demanda el Br. D. Mateo de Agüero, cura de San Ildefonso Villa-alta, en cuyo favor se despachó provision real hácia el año de 72, mandándose al alcalde mayor de aquella jurisdiccion, bajo pena de quinientos pesos, que no hiciera más de una visita en tiempo de su gobierno, sin llevar derechos ni imponer contribucion á los indios, devolviéndoles lo que hubiese exigido; que determinara en las causas leves de éstos sin formalidad de juicio, observando sobre conduccion de reos lo que la costumbre hubiese prescrito, sin innovar cosa alguna; que pagase los fletes y portes, etc.; que con los curas guardase la debida armonía, sin entrometerse en la jurisdiccion eclesiástica ni en la eleccion de fiscales que eran de competencia exclusiva de los párrocos, y prescribiéndose otras cosas que conducian al restablecimiento de la paz que, segun se veia, empezaba á turbarse.

No por esto los alcaldes mayores se dieron por vencidos, ántes bien, en el mismo año, el Br. D. Juan Antonio Mata, cura de Ayutla, perteneciente á la misma jurisdiccion de Villa-alta, tuvo que ocurrir á la Real Audiencia, reclamando contra los excesos del alcalde mayor que habia despojado indebidamente al fiscal de la iglesia y estorbado que desempeñaran su oficio dos maestros de escuela que habia enviado el Illmo. Sr. Ortigosa. Entre otros abusos que habian motivado esta queja, uno era que los cobradores de repartimientos, nombrados por el alcalde, además de pedir á los indios la cuota asignada, les exigian alimentos y dos reales diarios, persiguiendo á los resistentes hasta venderles sus miserables casillas, desterrarlos de sus pueblos y obligarlos á remontarse, haciendo imposible á los párrocos la administracion de sacramentos; al mismo tiempo que fomentaban la insubordinacion de los feligreses, insinuándoles pérfidamente que desobedeciesen á los curas y no les pagasen sus obvenciones y primicias, dando todo por resultado que se desatendiese en gran parte el cumplimiento de iglesia, y que la desmoralizacion se propagase entre los indios, que manifestaban ya deseos de volver á la vida salvaje. La Audiencia oyó la demanda, la creyó justa, y el 8 de Enero de 73 libró sus órdenes para impedir que el acusado alcalde continuara en tan punibles excesos.

Pero estas providencias parciales no podian contener un mal que se iba generalizando rápidamente. Muy poco despues medió un serio disgusto entre el cura de Justlahuaca y el alcalde mayor del Partido, por haber dado el primero sepultura á un hombre que habia muerto repentinamente y á quien el segundo hubo de desenterrar á los dos meses de sepultado, para identificar su persona. Esto procedia de la costumbre, poco laudable en verdad, que se habia establecido de introducir furtivamente en los cementerios y dejar allí abandonados los cadáveres de los que morian sin recibir los últimos sacramentos, en los cuales casos tomaba parte la autoridad civil, haciendo diligentes pesquisas sobre el nombre, antecedentes y circunstancias del que así habia fallecido. Para obviar disgustos é inconvenientes, el Sr. obispo Ortigosa, sabido el acontecimiento de Justlahuaca, mandó que ningun párroco procediese á la inhumacion de los cadáveres abandonados á las puertas de las iglesias, sin que préviamente hubiese cumplido con su deber la competente autoridad judicial.

Aun no habia pasado un año cuando tuvo que acudir á la Audiencia de México el cura de Huaxolotitlan, por abusos semejantes á los de Villa–alta cometidos por el respectivo alcalde mayor. Y como no solo este sacerdote era el deprimido por la autoridad civil, pues quejas iguales se formulaban en todas partes, los párrocos del obispado determinaron extender al del Sagrario de la ciudad, Lic. D. Antonio Justo Mimiaga y Elorza, con poder general para que en su nombre manifestase los perjuicios que estaban sufriendo los pueblos por efecto de tan irregular proceder en las autoridades seglares é hiciese juntamente valer los derechos vulnerados del clero. En efecto, con aprobacion del obispo se elevó un ocurso en este sentido á la Audiencia Real. El fiscal de la curia eclesiástica, al emitir su juicio en la materia, fundado en las constancias existentes en el archivo episcopal, afirma sin vacilar "que todos los alcaldes mayores del obispado de Oaxaca se encontraban en lucha con los párrocos y que no solo desmoralizaban y vejaban cruelmente á los indios, sino atropellaban la jurisdiccion eclesiástica," aun en causas del más alto carácter como eran las de mera espiritualidad, ni solo arrastraban á sus tribunales á los eclesiásticos sino que pedian cuentas de las cofradías, aniversarios, capellanías, exigian en el templo silla, sitial y cojin y que se les diera la paz en la misa como autoridades supremas, y en fin, que desarrollaban pretensiones tan altas como únicamente los monarcas habian alcanzado.

12.—No es fácil explicar una tan general desavenencia entre las autoridades civiles y el clero, ni puede ménos de causar admiracion que el gérmen de las leyes de reforma desarrollado hasta hace muy pocos años, hubiese germinado en aquel Estado desde hace un siglo. Acaso procediese esto de la misma naturaleza de las pasiones humanas, combinadas con las circunstancias especiales de nuestro país. Siendo muy dilatados los límites de esta nacion, por necesidad es débil la accion del gobierno, que no puede desplegar todo su nervio en los pueblos lejanos. Ahora los jefes políticos de los pueblos, lo mismo que entónces los subdelegados y los alcaldes mayores, son otros tantos sultanes con autoridad discrecional y omnímoda, seguros no solo de la impunidad, sino de que ni aun serán conocidos sus atentados. Acostumbrados á esta dominacion, natural es que resientan la oposicion de los curas á quienes no siempre alcanza su absoluto poder, y que, en consecuencia, procuren deshacerse de ellos y atropellarlos de todos modos.

El ocurso del Sr. Lic. Elorza fué bien acogido y despachado del modo más satisfactorio. Aun más; la Ordenanza de Intendentes que se publicó en ese tiempo, prohibió en el art. 12 que se hiciese repartimiento de indios por los subdelegados que sucedieron á los alcaldes mayores. Se dirigieron representaciones contra tal disposicion; mas el rey autorizó á sus vireyes para que las desatendiesen é impidiesen que los justicias vejasen y oprimiesen á los indios, como lo hacian sacando libres, á merced de ultrajes y azotes, doscientos y más mil pesos en algunos lugares, como Villa-alta, Zimatlan, el Marquesado y otras que eran muy pretendidas y compradas á subida costa. Por los enérgicos reclamos que el Sr. Ortigosa hizo contra tan punibles abusos, solo comparables con las vivísimas representaciones en

favor de los indios de Las Casas, era llamado por el conde de Revillagigedo "el San Pablo de sus dias." [1]

13.—Si se preludiaban ya en ese tiempo las leyes de reforma, tambien parece que la Providencia divina preparaba el camino de la independencia, no solo porque el pensamiento de sacudir el yugo de España, al calor de naturales principios fecundadores, germinaba desde antiquísima época en el ánimo de los mexicanos, tomando entónces más incremento con los escritos de la revolucion francesa que solian trasbordar las fronteras de México; ni solo porque al manifestar los reyes y demás gobernantes españoles tendencias de opresion á la Iglesia, de avidez por sus bienes y de odio á los institutos monásticos, herian el vivo sentimiento religioso del pueblo, sino principalmente porque los reyes mismos, sin saberlo, se esforzaban en dar á la Nueva España una organizacion autonómica, para explicarme así, y en ningun modo solidaria de la antigua metrópoli: los trabajos de los últimos vireyes habian logrado dar á México hacienda, policía y ejército propios, y hasta en el órden político la forma de gobierno iba poco á poco dejando de ser colonial. En la ordenanza de que venimos hablando dejaban á los vireyes tanta autoridad cuanta era indispensable para conservar unido el cuerpo de la nacion, y daban á los intendentes que sustituyeron á los antiguos corregidores, tanto poder como era necesario para formar á los futuros gobernadores de los Estados soberanos de una república confederada. Oaxaca, á quien tocó ser elevada al rango de intendencia, tuvo por último corregidor á D. Mariano José Valle Llano, alcalde mayor que habia sido de Teotitlan y caballero de Calatrava; fué nombrado primer intendente D. Antonio de Mora, persona muy recomendable en verdad y estimada en aquella ciudad.

[1] Bust.—Los tres siglos de México.

Fué igualmente nombrado teniente y asesor ordinario del intendente D. Ignacio Villaseñor, á quien deben las letras importantes servicios. A la intendencia quedaron sujetas las alcaldías mayores: 1º, de las cuatro villas pertenecientes al Marquesado del Valle; 2º, de Chichicapam y Zimatlan; 3º, de Ixtepeji, perteneciente al ducado de Atlixco; 4º, de Teposcolula, unida á la de Justlahuaca; 5º, de Teotitlan del Camino, con las agregadas de Cuicatlan y Papalotipac; 6º, de Ixcuintepec–Peñoles, con las de Teosacualco y Teococuilco; 7º, de Miahuatlan; 8º, de Nejapam; 9º, de Jicayan ó Jamiltepec; 10º, de Teotitlan del Valle ó Macuilsuchil, con las agregadas de Mitla y Tlacolula; 11º, de Yanhuitlan, con la agregada de Nochistlan; 12º, de Jalapa del Estado, perteneciente al Marquesado del Valle; 13º, de Tehuantepec; 14º, de Teutila, con la agregada de Chinantla; 15º, de Villa–alta, y 16º, de Huajuapan y Tonalá.

Antes de éstos, como ya lo indicamos, Oaxaca era corregimiento, comprendiendo en su jurisdiccion no solo la ciudad sino algunos otros pueblos cercanos, y el actual Estado se encontraba dividido en los partidos siguientes: · Teotitlan del Valle, Zimatlan, Huitzo, Tehuantepec, Jalapa, cuyo juez territorial tenia título de corregidor; Huamelula, Nejapa, Chontales, Miahuatlan, Villa–alta, Ixtepeji, Teococulco, Teutila, Teotitlan del Camino, Jicayan, Nochistlan, Teposcolula, Huajuapan y Justlahuaca.

Como en la citada ordenanza se mandaba que los curas formasen padrones exactos de sus feligresías, á fin de evitar con las noticias que así se adquiriesen los fraudes que en el pago de tributo pudiese haber, así para satisfacer esta exigencia de la ley como para el cumplimiento de iglesia, el Sr. Ortigosa los mandó formar exactísimos en toda su diócesis, resultando haber en la ciudad, aproximadamente, 14,000 habitantes.

Dieron honor á su patria con su saber varios oaxaqueños. D. Manuel Silva y Almogueira fué colegial de Santos, abo-

gado de la Real Audiencia, doctor de la Universidad de México y párroco despues de Ixtlan. D. Tadeo de Puerta Sanchez de Tagle, colegial de San Ildefonso, doctor en Cánones, opositor á la doctoral de Valladolid. D. Nicolás Montoya, oaxaqueño, oficial de las cajas reales en México, fué persona muy influente en la corte del rey de España. El Dr. D. Gerónimo Ignacio Hurtado y Torres, fué colegial de San Ildefonso y catedrático de filosofía en el colegio de Santa Cruz de Oaxaca. D. José Osorio, fué colegial de Santos, abogado de la Real Audiencia, y teniente general de corregidor en México. D. José Alejandro Miranda, abogado de la Real Audiencia, cura y juez eclesiástico de Mitla, canónigo doctoral y examinador sinodal del obispado, publicó un discurso latino en celebracion del cumpleaños de la reina de España, esposa de Fernando VI.

CAPITULO XIV

Causas preparatorias de la guerra de Independencia.—Estado en que se hallaba Oaxaca al fin del siglo XVIII.

1. Illmo. Sr. Ortigosa.—2. Capuchinas.—3. Santuario de Juquila.—4. La Perpétua.—5. El Colegio de Santa Cruz.—6. Exacciones.—7. Peste y terremotos. — 8. Fenómenos naturales.— 9. Servicio militar.— 10. El Illmo. Omaña.—11. Nuevas calamidades.—12. Poblacion.—13. Bienestar de los indios.—14. Comercio de granas.—15. Industria agricola y y minera.

1.—Uno de los mayores cuidados del Illmo. Sr. Ortigosa fué el arreglo de los matrimonios, que no se contraian con igual órden en toda la diócesis ni conforme á los sagrados Cánones. Desde tiempos anteriores, algunos obispos habian pretendido preparar en sus respectivos provisoratos no solo aquellos matrimonios que ofrecian dificultad en su arreglo, sino todos, sin excepcion, limitando á los párrocos las facultades que el Concilio Tridentino les concede y dando márgen á que se precipitaran en el amancebamiento los fieles que, habitando pueblos distantes de la sede episcopal, no podian emprender un largo viaje con el solo fin de verificar su enlace matrimonial. No era exclusivo de Oaxaca semejante extravío, pues algunos franciscanos doctrineros de otras diócesis levantaron reclamos contra él, y no mucho tiempo despues hicieron otro tanto los agustinos por medio de su procurador en Madrid y Roma. En vano, como lo pedian los regulares, se despacharon varios breves,

bulas pontificias y cédulas reales; los obispos encontraban siempre el medio de continuar aquella práctica. La razon en que se fundaban era, por una parte, la importancia del sacramento, que muchos indignamente profanaban, casándose dos y tres veces, engañando á los párrocos con testigos falsos; y por otra, las dificultades y tropiezos de las diligencias prévias sin la jurisdiccion contenciosa de que carecian los mismos párrocos. En vano fué que la Audiencia de México y el Consejo de Indias conociesen repetidas veces en causas de este género y fulminasen mandatos y apremiantes órdenes: un siglo persistieron los obispos en sus pensamientos, hasta que en Oaxaca hubo de ceder el Illmo. Ortigosa, ordenando los matrimonios conforme á lo dispuesto en el Concilio Tridentino.

Este obispo era muy perito en el conocimiento de las leyes civiles y celosísimo en procurar su exacto cumplimiento, sin olvidar por eso los altos deberes que le imponia su dignidad. Para promover la instruccion del clero lo sujetó á rigoroso exámen de moral y estableció de nuevo las conferencias, no solo en la ciudad sino tambien en los pueblos lejanos, señalando como centro para la reunion de sacerdotes, los lugares más poblados. Procuró corregir entre éstos algunas prácticas que afrentaban el sagrado ministerio, como la de fabricar y vender bebidas fermentadas. Clamó contra los que defraudaban á la Iglesia en el pago de diezmos y á la hacienda real con frecuentes contrabandos. Trabajó por extinguir las cofradías y hermandades erigidas sin autorizacion en algunos pueblos, y cuyos mayordomos consumian en un dia su hacienda, comiendo y embriagándose con todo el pueblo en celebridad de algun santo. Se empeñó en que todos sus súbditos cumpliesen con el precepto de la confesion anual. Formó aranceles probibiendo á sus párrocos el cobro de derechos excesivos. Procuró que fuesen reparados los templos derruidos ó deteriorados, y trabajó cuanto pudo por el esplendor del culto.

2.—Aun no se habia enfriado en los oaxaqueños el ardor por edificar. Concluido felizmente el convento anexo al templo de Señor San José, fué destinado, como se habia pensado, á las religiosas capuchinas, que fueron llevadas de Guatemala y tomaron posesion de su casa el 6 de Mayo de 1744.[1] Poco tiempo despues se pensó edificar nuevo templo dedicado á Nuestra Señora de los Angeles, y nuevo convento para religiosas capuchinas tambien, pero indias, pues en la otra casa solo podian ingresar españolas. Terminado el edificio material, fueron llevadas las fundadoras del convento de Corpus–Christi de México por el párroco de Zimatlan, D. José Ruiz, el 29 de Enero de 1782. Hasta la Villa de Guadalupe fueron acompañadas por el Illmo. arzobispo Núñez de Haro y la principal nobleza de esta capital. El 10 de Febrero bendijo su convento el dean D. Pedro Quintana, siendo padrino el alcalde de segundo voto D. Andrés Larrazábal, y el 24 del mismo mes tomaron posesion de su casa las monjas.[2] A los esfuerzos del Sr. Ortigosa se debió la costosa cañería que mandó construir para llevar el agua desde la caja al convento, y juntamente, como entónces se acostumbraba, para beneficio de los vecinos de la ciudad que la habitaban por ese lado.

Estas fábricas costosas demuestran no solo el fervor religioso de aquellos tiempos, sino tambien la abundancia de caudales y la riqueza de una ciudad empobrecida hoy notablemente. No solo se levantaban desde sus cimientos estos templos, sino que eran enriquecidos con vasos sagrados y

---

1 Fueron las fundadoras María Lucía, María Angela, María Rafaela, María Isabel, María Manuela y María Buenaventura. Notas á las Noticias de Sedano. Tom. 1, pág. 64.

2 Fueron las fundadoras María Teodora de San Agustin, María Clara de Santa Gertrudis, María Martina de la Luz, María Petra del Santísimo Sacramento, María Francisca Liberata de San Pedro de Alcántara y María Gertrudis de los Dolores.—Diarios de Gómez. Págs. 130 y sigs.

ornamentos de valor, sin desatender por esto á los demás. En honor de la imágen de la Soledad se hizo una corona de oro cuyo valor excedia de 10,000 pesos. [1] A la Colegiata de Guadalupe se regaló un cáliz de oro cuyo valor era de 1,400 pesos. [2]

3.—Hácia esta época tambien se comenzó á edificar el hermoso santuario de Juquila. La Santísima Vírgen, que ya se habia hecho conocer de un modo admirable en la pequeña estatua del pueblo de Amialtepec, segun ántes hemos indicado, sin duda alguna no habia plegado el magnífico brazo de su liberalidad, puesto que por ella se sentian beneficiados los oaxaqueños que de todas partes la buscaban con devocion creciente. Los curas del lugar, residiendo en Santa Catalina Juquila, no se resolvian sino con disgusto á tener en un pueblo sujeto y distante tan venerado objeto. Trataron, pues, de llevar á la cabecera la santa imágen. Los indios de Amialtepec lo resistieron. Los curas, en uso de su autoridad, llevaron á efecto la traslacion; mas á pocos dias desapareció la estatua, dejándose ver en Amialtepec el siguiente dia. Los curas hicieron valer su autoridad y trasladaron segunda vez la imágen, que como la primera ocasion, desapareció sin saberse el modo. Repitiéronse varias veces estas escenas, sin que las fuertes cerraduras, vigilantes guardianes y otras precauciones de los párrocos fuesen bastantes á impedir la fuga de la santa estatua al pueblo de Amialtepec, atribuyéndose por muchos á milagro lo que segun el sentir de otros era un hurto piadoso de los indios. Por fin, en tiempo del Sr. Maldonado y hácia 1719, en virtud de un decreto episcopal, quedó definitivamente colocada la santa Vírgen en Santa Catalina Ju-

---

[1] Diario de José Gómez. Pág. 148.
[2] Diario de Castro Santa-Anna. Pág, 162.

quila, siendo el cura que logró el intento el Lic. D. Manuel Cayetano Casaus de Acuña.

Allí se le edificó un templo de paja, al que anualmente acudia y acude gran multitud, sin que en el espacio de tres siglos se haya notado disminucion ó resfrio en la devocion de los fieles. El móvil de esta gran muchedumbre no es el comercio, y la prueba es que apénas ha pasado la misa el dia de la fiesta cuando el pueblo ha quedado ya casi vacío, tornándose la mayor parte de los concurrentes á sus hogares, sino el amor que profesan á la Madre de Dios. Para estar en su presencia el 8 del mes de Diciembre, salen con anticipacion sus devotos de pueblos distantes, formando cordones de peregrinos que se alcanzan unos á otros en los caminos. En el lugar se ven llegar cojos, ciegos, enfermos de todas clases llenos de fé y alentados por la segura confianza con que esperan el remedio de sus males. Durante las vísperas y la mañana del dia de la fiesta, no solamente en el templo sino tambien en la plaza, las calles, las ciento cincuenta casas de los vecinos y en los campos inmediatos al pueblo, se agitan treinta ó cuarenta mil y á veces mayor número de personas, de las cuales á lo sumo dos mil habrán tenido por resorte el deseo del lucro. Los unos lloran, los otros entonan alabanzas piadosas, éstos caminan de rodillas y aquellos se hieren y lastiman, haciendo penitencia de sus pecados. Los indios hablan á la Madre de Dios llamándola en su idioma, con expresiones tiernísimas, Señorita, Cielo, Hermosa, Nanita, Madre; le cuentan con ingenuidad y á voces sus infortunios y desgracias; y ponen en ejercicio todas sus fuerzas por abrirse paso entre la multitud apretada y alcanzar siquiera una flor del altar, ya que no puedan tocar á la misma imágen sagrada. Cuando ésta es movida para la procesion, la multitud se agita como si el suelo fuese sacudido por un terremoto: algunos se arrastran por el suelo con gran peligro en verdad, para servir siquiera un momento de escabel á las plantas de la Reina del cielo.

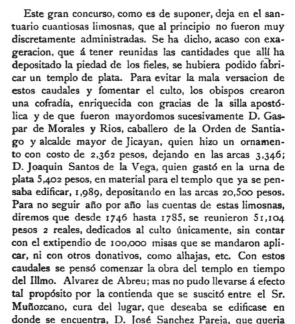

Este gran concurso, como es de suponer, deja en el santuario cuantiosas limosnas, que al principio no fueron muy discretamente administradas. Se ha dicho, acaso con exageracion, que á tener reunidas las cantidades que allí ha depositado la piedad de los fieles, se hubiera podido fabricar un templo de plata. Para evitar la mala versacion de estos caudales y fomentar el culto, los obispos crearon una cofradía, enriquecida con gracias de la silla apostólica y de que fueron mayordomos sucesivamente D. Gaspar de Morales y Rios, caballero de la Orden de Santiago y alcalde mayor de Jicayan, quien hizo un ornamento con costo de 2,362 pesos, dejando en las arcas 3,346; D. Joaquin Santos de la Vega, quien gastó en la urna de plata 5,402 pesos, en material para el templo que ya se pensaba edificar, 1,989, depositando en las arcas 20,500 pesos. Para no seguir año por año las cuentas de estas limosnas, diremos que desde 1746 hasta 1785, se reunieron 51,104 pesos 2 reales, dedicados al culto únicamente, sin contar con el extipendio de 100,000 misas que se mandaron aplicar, ni con otros donativos, como alhajas, etc. Con estos caudales se pensó comenzar la obra del templo en tiempo del Illmo. Alvarez de Abreu; mas no pudo llevarse á efecto tal propósito por la contienda que se suscitó entre el Sr. Muñozcano, cura del lugar, que deseaba se edificase en donde se encuentra, D. José Sanchez Pareja, que queria se fabricase en Juchatengo y otros que fomentaban pensamientos diversos. El Sr. Abreu se inclinaba al dictámen del Sr. Sanchez. Ortigosa resolvió la cuestion, inclinándose á la parte del cura. D. Bernardo Novas delineó el suntuoso templo con los tamaños que hoy tiene y cuyo costo pasó de 80,000 pesos. La gloria de haber comenzado esta obra á costa de grandes fatigas, es del Sr. Ortigosa. [1]

---

[1] Dió á la prensa en 1791 las "Memorias" sobre esta imágen, el Dr. D. Manuel Ruiz Cervantes. Beristain. Bibliot.

4.—Desde el tiempo del Sr. Sariñana se habia tratado de fundar una cárcel perpétua, para detener allí é instruir en la fé á los que la Inquisicion persiguiese por dogmatizadores. Acogiendo el rey favorablemente tal pensamiento, cedió de sus rentas tres mil pesos; el cura entónces de Jicayan, D. Antonio Grado, dió una casa de su propiedad, y el obispo, con el mayor calor, promovió la prosecucion de la obra hasta su término. El fin de todos era favorecer á los reos, proporcionándoles un local en que fuesen socorridos materialmente, al mismo tiempo que se procurase ilustrar su ignorancia con las lecciones de maestros aptos y caritativos; evitando sin embargo, con la reclusion, la propagacion y el contagio de sus errores. Con el mismo designio de aliviar la condicion de los reos se habian dictado reales órdenes y aun leyes recopiladas, prohibiendo que los alcaldes exigiesen costas á los indios cuando los juzgasen por embriaguez ú otros delitos. No creyéndose comprendidos los jueces eclesiásticos en talés leyes, y persiguiendo el santo oficio durante el pontificado del Sr Ortigosa á ciertos novadores, singularmente á un Raimundo Manuel, del pueblo de Cotsocon, partido de Villa-alta, parece que se le secuestraron sus bienes, repartiéndose en los conventos, por órden de aquel tribunal, los dogmatizadores, para ser instruidos en los misterios. Esta determinacion se llevó á mal por algunos vecinos cuyas quejas llegaron al rey, librándose en consecuencia reales órdenes en que se hacia un extrañamiento á los jueces eclesiásticos, porque no hacian extensivas á sus tribunales las disposiciones dictadas á los alcaldes. Se hacia notar además, que en el Conc. 3? mex, § 1, tít. 4, lib. 5, se prohibia proceder tan severa y cruelmente contra los indios. Por fin, se mandó que los reos de la fé en Antequera se encerrasen en la Perpétua y no se repartiesen en los conventos como se habia hecho.

5.—Extinguido el colegio de la Compañía de Jesus, quedaron impartiendo instruccion, en la escuela que sostenian en Guadalupe los padres betlemitas y en algunas otras de niños en los demás conventos. Los principales colegios para la juventud, eran el de Santo Domingo, á que concurrian numerosos alumnos, desempeñando las cátedras de gramática, filosofía y teología de Santo Tomás, catedráticos de fama por su saber; el Colegio Seminario, el de San Bartolomé y aun los de algunos conventos, como la Merced y San Agustin. El Seminario, protegido á porfía por los obispos, hacia sentir sus adelantos, resintiéndose tambien á veces del olvido en que quedaba por algunos años. Es verdad que la ciencia no se aprendia allí, sino con limitacion, ordenándose principalmente los conocimientos que se comunicaban al buen desempeño del ministerio eclesiástico y aun éstos se alcanzaban mezquina é imperfectamente, pero este mal era efecto del tiempo y se resentia de él toda la nacion. Sus maestros eran escogidos entre los más distinguidos por sus talentos y saber, y pudo contar como uno de ellos á D. José Moziño, que despues se hizo tan notable, prestando á las ciencias importantes servicios en México y Europa.

Deseando el Sr Ortigosa tomar parte en los adelantos de esta casa, fundó con doce mil pesos de su peculio cuatro becas de gracia, que se debian proveer en dos indios é igual número de españoles, con la obligacion precisa de unir á los conocimientos generales de filosofía y teología, el de algun idioma de los que se hablan en Oaxaca, señalándose especialmente el mije, chinanteco, cuicateco, amusgos ó chontal. Además, los beneficiados se comprometian solemnemente á recibir los sagrados Ordenes para ejercer la cura de almas en alguna parroquia del idioma que ellos poseyesen. El objeto, como se ve, era proveer á las necesidades religiosas y aun sociales de los indios, por cuyo bien solo los sacerdotes católicos pueden en verdad sacrificarse. Inaccesibles estos indios á las costumbres y usos de los blancos, metidos en sus ásperas serranías, privados de aquellas comodidades que facilita la civilizacion y aun de los alimentos indispensables para satisfacer las necesidades más comunes, acosados por el mosco y el calor sofocante en unas partes, por el frio insoportable y la permanente humedad y neblina en otras, por las víboras y las fieras en donde quiera, el jóven sacerdote que ha nacido en una ciudad, no puede resolverse á salir de su país natal; habitar toda la vida entre hombres incultos, miserables y groseros, afrontando sus inepcias, desconfianzas y caprichos; luchar con su ignorancia y con sus vicios, exponiendo para ello la vida, dia por dia, sin recompensa ni gloria, y en fin, morir entre ellos léjos de todo médico y de toda medicina que no sea el bebedizo ó el emplasto que suministran sus estólidos curanderos; el jóven sacerdote no puede, digo, resolverse á esto sin una abnegacion que tiene algo de sobrenatural. Ni debe causar extrañeza que algunos, en un aislamiento y destierro semejante, se abandonen á vicios que justamente reprueba la sociedad y la moral, pero que son muy de presumir en quien no sea un héroe de santidad y perfeccion cristiana. Por esta causa ha sido siempre difícil proveer de párrocos á estos lugares; ni es sorprendente que á costa de todo sacrificio quisiera el obispo procurarse sacerdotes idóneos para ese difícil ministerio: así es que, no satisfecho con aquellas cuatro becas, fundó otras dos en los mismos términos, disponiendo de 6,000 pesos que tenia procedentes de las parroquias, para lo que obtuvo préviamente el consentimiento de los respectivos párrocos.

Además, para beneficio no solo del mismo Seminario sino de los amantes en general de las letras, quiso enriquecer la biblioteca que se habia comenzado á formar desde la época del Illmo. Puerto, haciéndole donacion de muchos libros clásicos de su propiedad. Procuró, además, recoger os volúmenes perdidos, fulminando excomunion contra los

que no devolviesen los que poseyeren. A ejemplo del obispo, su secretario el Dr. D. Juan Domingo de S. Pelayo, donó á la biblioteca muy buenos libros, consiguiendo que hiciesen otro tanto los canónigos y los curas; el mismo doctor hizo á su costa los estantes, empastó los volúmenes y se tomó el trabajo de ordenarlos. Además, para que cuidase de la conservacion de los libros, se nombró un bibliotecario tan instruido, diligente y respetable como D. Pedro Ignacio Iturribarría, clérigo que con otros de su mismo nombre figuró bastante en ese tiempo. Desde entónces se impusieron los obispos que se sucedieron hasta hoy, el deber de hacer al Seminario donaciones de libros, contribuyendo todos con su parte á la formacion de la Biblioteca que es ahora del Estado.

6.—El dinero de que habia hecho uso el Sr. Ortigosa era el sobrante de las remisiones de los curas para cubrir el seis por ciento que se habia impuesto á todas las rentas eclesiásticas por el rey de España, y de que ya habian salido cerca de cuarenta mil pesos solo de Oaxaca. Antes se habian remitido ya otros tres ó cuatro mil pesos, voluntario donativo de algunos eclesiásticos. Verdaderamente acosados estaban entónces, no solo los sacerdotes, sino todos los oaxaqueños, como el resto de la nacion, por los innumerables préstamos, tributos, pensiones, donativos y exacciones de distintos nombres y clases, que servian para cubrir los cuantiosos gastos de la guerra que España sostuvo entónces con Inglaterra y Francia. El tributo ordinario era de dos pesos por año para los indios y de tres para los negros. Aparte de esta erogacion, frecuentemente recibian excitativas, así el obispo como el intendente, para que con la mayor eficacia promovieran la reunion de caudales por medio de donativos espontáneos. En una de estas ocasiones se señalaba la cuota de dos pesos para los indios, de cuatro á los españoles y de tres para las otras castas. En otra ocasion, despues de reunidas gruesas cantidades de las cuantiosas dávivas que habian hecho personas acomodadas, no satisfecho el virey, escribió al obispo Sr. Ortigosa indicándole que tambien podian contribuir los pobres con su parte, aunque solo fuera ésta de un peso, con tal de que brevemente se reuniese una suma crecida. El comercio, el ejército, los empleados civiles, los particulares y el pueblo todo, despues de satisfecha una contribucion, eran de nuevo estrechados á desembolsos que los más obsequiosos se comprometian á repetir anualmente. Así es que, en el decenio trascurrido desde 90 á 99, solo de donativos hubieron de salir de Oaxaca, ya con destino á España, ya para el sostenimiento de las tropas de México, otros 40,000 pesos. [1] Esto, unido á las obvenciones, diezmos y derechos de estola que los indios pagaban á los curas, y á las cantidades que inícuamente les arrancaban los subdelegados, constituia una verdadera calamidad, que pesaba sobre la clase más desvalida del pueblo, devorando prontamente su miserable fortuna. Además, ¿cuántas y cuán crecidas sumas no perecieron en el famoso banco de San Cárlos? Sesenta y tres pueblos del Estado, animados con la esperanza de facticias ganancias, enviaron 19,025 pesos. Tepeji de las Sedas exhibió 8,000, y así otros muchos, quedando todos privados de los fondos que habian tenido con fatigas y sudores inmensos.

Además, las autoridades civiles no se habian enmendado con el nuevo órden de cosas introducido por la Ordenanza de intendentes, ántes parece que continuaban repartiendo por fuerza entre los indios que les estaban sujetos los géneros en que comerciaban, á precios altísimos, cobrándolos con la autoridad y poder de su oficio. De otra manera, no se puede explicar cómo pudieran adquirirse á tanta costa destinos de muy mediana categoría, como la subdelegacion

[1] Veanse las Gacetas de este tiempo.

de Villa-alta, que segun refiere Bustamante, se remató en 40,000 pesos por Branciforte, á un tal Francisco Ruiz de Conejares, hácia el año de 1721.

7.—A este grave mal hay que reunir otros dos: la peste y los terremotos que afligieron entónces bastante á Oaxaca. La peste de viruelas hizo sentir sus estragos en el año de 79, siendo sus primeras víctimas abandonadas por sus deudos, segun la costumbre, en las puertas de San Francisco y otros templos. Se trató de formar un cementerio general, disponiendo para ello del antiguo templo, ya en ruina, del Señor de la Coronacion; mas no se llevó á efecto. En el cementerio de catedral se abrieron fosas profundas, y así en otras iglesias, para sepultar los cadáveres de innumerables séres humanos horriblemente deformados por esta asquerosa enfermedad. El Sr. Mayorga, para mostrar su agradecimiento á la ciudad por el magnífico recibimiento que le habia hecho cuando pasó, viniendo de Guatemala, para ir á tomar las riendas del vireinato de México, hizo cuanto estuvo en sus manos por aliviar la desgracia que pesaba sobre ella, destinando, entre otros auxilios, en favor de los apestados, los fondos de los registros de granas.

En 1784, sin duda como resultado de la perturbacion y desórden que se habian comenzado á notar en los elementos, especialmente de las extemporáneas y rigorosas heladas, se desarrolló una peste de dolores pleuréticos que perseveró dos años haciendo numerosas víctimas. Como léjos de ceder se exacerbaba esta dolencia con el tratamiento en uso, se buscó algun otro remedio que al fin se encontró en una hierba de la tierra. [1] El año de 86 se propagó por la Costa chica, comenzando en Ometepec, una extraña peste de que los acometidos morian instantánea-

---

[1] Conocida en Oaxaca con el nombre de hierba de la Calentura: Caballero, sabio dominico, la describe en las Gacetas de México.

mente, ignorándose sus causas, [1] y siendo lo más sensible que en los años siguientes no hubiese desaparecido del todo, pues aún periódicamente hace estragos en aquella comarca.

Los temblores fueron terribles el año de 87. El 28 de Marzo de este año, á las doce del dia, se sintió un espantoso movimiento que duró cerca de cinco minutos, repitiendo en la tarde y en la noche con sacudimientos varios. En Acapulco tambien se sintió. El mar se vió correr en retirada, y luego crecer y rebosar sobre el muelle, repitiéndose esto varias veces por espacio de veinticuatro horas, al mismo tiempo que la tierra se cernia con frecuentes terremotos. En la playa abierta salieron de caja las aguas del mar, derramándose con fuerza y arrastrando entre sus ondas gran cantidad de ganado, que pereció. Algunos costeños, como el mayordomo de la hacienda de D. Francisco Rivas, regidor de Oaxaca, pudieron salvar sus vidas encaramándose en los árboles hasta que se retiraron las aguas. Algunos pescadores, en la barra de Alotengo, á las once horas de ese dia, vieron con asombro que el mar se retiraba, dejando descubiertas, en más de una legua de extension, tierras de diversos colores, peñascos y árboles submarinos, y que retrocediendo luego con la velocidad con que se habia alejado, cubria con sus ondas los bosques de la playa, en que se internó más de dos leguas, dejando entre las ramas de los árboles, al volver á su caja, muchos y variados peces muertos; algunos de los pescadores perecieron, y otros pudieron salvarse muy estropeados. [2] Hasta el 3 de Abril se habian contado treinta y cinco terremotos en Ometepec. En Tehuantepec arruinó el mismo temblor la iglesia del barrio de San Sebastian, rompió los muros del templo principal y fué acompañado por espantosos rugidos

1 Vease la Gaceta de Agosto de 1786.
2 Carta del alcalde mayor de Igualapan. Gaceta de Mayo de 1787.

del mar, que arrojó á la playa peces y conchas de extraña figura. '

El 29 del mismo mes, por órden del Sr. Ortigosa se determinó sacar en procesion á la venerada imágen de Nuestra Señora de la Soledad para aplacar la ira del cielo. Efectivamente, la procesion salió; mas al pasar el sagrado bulto bajo el arco de la puerta del cementerio, se movió el suelo con extraordinario furor: el arco parecia desplomarse y la clave caer sobre la cabeza de la Santísima Vírgen: entónces se oyó un grito que arrojaba aquella multitud angustiada. La perturbacion de todos fué tal, que no pudo continuar la procesion, retirándose á su templo la santa estatua.

El siguiente dia, Viérnes de Dolores, 30 de Marzo, á las once de la noche, se sintió otro terremoto más fuerte que los precedentes. El Mártes Santo, 3 de Abril, á las nueve de la mañana, se sintió otro más fuerte aún que los anteriores: el movimiento fué tan grande, que las piedras saltaban del suelo, ni podian las gentes tenerse en pié. Las torres de San Francisco cayeron al suelo y la misma suerte corrieron otros muchos edificios, maltratados ya en extremo por las sacudidas de los anteriores dias. Las gentes abandonaron sus casas, dejándolas abiertas con todo cuanto poseian, y se retiraron á las plazas y al campo, durmiendo en chozas de zacate ó bajo de tiendas, permaneciendo así cuarenta dias que duraron los terremotos. El corregidor, que era D. José Mariano del Llano, sacó á los presos de la cárcel para que no perecieran bajo los escombros, dictando otras providencias muy acertadas en las circunstancias y de que la ciudad le quedó vivamente reconocida. '

---

1 Carta del teniente coronel D. Tomás de Mollinedo, alcalde mayor de Tehuantepec. Gaceta de México correspondiente á Mayo de ese año.

2 Estos terremotos se extendieron igualmente á Puebla y México. Veanse los Diarios de José Gómez, págs. 266 y sigs., y la continuacion de "Los tres siglos de México," por D. Cárlos Bustamante.

8.—Dos circunstancias se hicieron notables en estos terremotos, que fueron llamados de San Sixto: la una, que nadie se aprovechó del terror comun y del abandono en que quedaron por muchos dias los intereses de todos para cometer el más pequeño hurto: prueba de la moralidad de aquellos tiempos que aún se recuerda con tristeza por la generacion presente, que está muy léjos de aquellas buenas costumbres, cuya pérdida con razon se lamenta. La segunda cosa notable se encuentra consignada en la continuacion de la Historia de tres siglos, de Cavo, por Bustamante, á cuya autoridad me refiero en lo que valga al referir el hecho siguiente: En la casa de D. José Alonzo Romero, escribano de cabildo á la época de los temblores, se encontraba hospedado el cura de Yolos, D. José Arce. El 28 de Marzo, poco ántes del primer terremoto, llamó á cuantos habitaban la casa, y los sacó á la calle, anunciándoles el peligro á que en breve se iban á ver expuestos: el hecho confirmó el vaticinio. Este cura se fué á vivir á la plazuela del Cármen, como otros muchos, y allí era el comun oráculo, prediciendo con seguridad y exactitud la hora en que habia de temblar la tierra y si el temblor habia de ser fuerte ó suave. El mismo explicó el modo con que conocia esto, por cierto ruido interior que sentia en la cabeza y que tenia bastante regulado para no errar en sus vaticinios, sin pretender por lo mismo que lo tuviesen por adivino.

Estos terremotos fueron precedidos y seguidos de otros que no se pueden referir uno á uno por su excesivo número, tal que se llegó á decir que en todo el año de 87 apénas habia pasado dia sin algun sacudimiento, siendo preciso limitarse á dar noticia de los más estragosos, los que además se entretejieron con algunos fenómenos naturales dignos de recuerdo. En 1'5 de Diciembre de 1783 cubrió los campos de Teotitlan del Valle una gran nevada, muy extraña sin duda en aquellas latitudes. Fué acompañada de ruidos subterráneos y seguida de copiosísimos aguace-

ros que no fueron ménos dañosos á las sementeras que la tenaz seca de los meses anteriores.[1] Repentinamente se suspendian por muchos meses las lluvias y extemporáneamente sobrevenian con tal abundancia, que las calles se trasformaban en rios y las casas quedaban inundadas. Calores extraordinarios, heladas rigorosas, huracanes deshechos, descargas espantosas de piedra y tempestades acompañadas de prolongados ruidos subterráneos tenian de contínuo atemorizados los ánimos.[2]

El 23 de Mayo de 1793 se cubrieron los montes vecinos á la ciudad de una neblina espesa, de modo que no se veian: parecia una lluvia nutrida. El sol alumbraba con luz rojiza y opaca, como cuando se eclipsa por la interposicion de la luna. A las dos de la tarde cayó una llovizna delgada que poco despues se advirtió era ceniza de que se cubrieron las calles, cementerios y azoteas. El dia 24, los montes se mantuvieron con el mismo aspecto y la ciudad con iguales nublados, esperándose que, como el dia precedente, lloviese ceniza.[3] Se presumió con fundamento que tales cenizas hubiesen tenido su procedencia del volcan de Tuxtla que en los dias 22 y 23 del mismo mes las arrojó en grandes nubes que cayeron en su mayor parte sobre los campos vecinos. El 2 de Marzo del mismo año las habia vomitado tambien con muchos truenos y estragos de llamas, pero las cenizas habian seguido distinta direccion alcanzando grandes distancias.[4]

Se dieron algunos casos notables de longevidad. Un enano, de una vara de estatura, bien proporcionado, murió en el hospital de San Cosme, de noventa años de edad. En Coixtlahuac murió un indio de ciento cincuenta y seis años.

---

[1] Gaceta de México de 28 de Enero de 1794.
[2] Veanse en las Gacetas de México todas estas noticias.
[3] Gaceta de México de Mayo de 1783.
[4] Gaceta de México de Julio.

En la ciudad falleció una mujer, nieta de un soldado tambor de Hernan Cortés.

Comenzaron á llamar la atencion pública el árbol del Tule y los globos aereostáticos. El primero, medido cuidadosamente, dió de circunferencia, cerca del pié, cuarenta varas justas. Alguien llevó de Veracruz uno de los segundos. Al elevarse en Oaxaca produjo gran sensacion en el público, que se dió al placer de los globos todo el año de 85.

Entre tanto los terremotos continuaban repitiéndose con mucha frecuencia. En 1794, las lluvias se retardaron hasta que las rompió en Julio un fuerte sacudimiento. El que aconteció el 23 de Marzo de 95 fué tan fuerte, segun algunos, como el que habia desolado á Oaxaca en 87. Los fuertes edificios de Santo Domingo y el Cármen, que ningun daño habian recibido en éste, se quebrantaron en el de 95, que tambien rompió el templo de la Consolacion, ya lastimado por una descarga eléctrica.

Otros cuatro templos estaban en ruina por efecto de los temblores: el Patrocinio, la Defensa, el Sagrario y Coronacion. Se debió la reparacion del primero á las limosnas de un oaxaqueño; el segundo se destinaba ya por el obispo á camposanto, cuando los vecinos se determinaron á reconstruirlo con sus limosnas, como en efecto lo hicieron. En la compostura del Sagrario y Consolacion se gastaron crecidas sumas.

El templo de Nuestra Señora de la Merced, envejecido y deteriorado notablemente, fué renovado por la solicitud del comendador Fr. Isidro Escalera, visitador general que fué de su provincia, quien cubrió el templo con graciosas bóvedas, doró el principal retablo y lo adornó con excelentes esculturas, reconstruyendo igualmente el convento: no habia terminado del todo su obra, cuando la derribó el temblor de 87. Esta contrariedad no entibió el ánimo del comendador, que con nuevo esfuerzo comenzó la reedificacion de su templo: le daba la última mano, cuando un nuevo

terremoto, sobrevenido el año de 89, otra vez lo arrojó por tierra, por lo que tercera vez el infatigable Escalera emprendió aquella fábrica, coronándola en fin felizmente el año de 91.

9.—A estas calamidades enviadas por el cielo habia que agregar algunas otras penalidades preparadas por la mano de los hombres. España, que en épocas no lejanas brillaba en la cumbre del poder y de la gloria, ahora resbalaba en una pendiente cada vez más rápida: el que rige los destinos de las naciones la encontró culpable, y si no resolvió eliminarla de la tierra, sí le señaló un castigo terrible con que expiase sus pasadas faltas: empujada, pues, por su destino, caia de un barranco á otro, precipitándose en una gran ruina, y haciendo participar de sus penalidades y miserias á las colonias más lejanas. Enredada en las mallas de una política inepta, se comprometia cada dia más, envolviéndose en guerras, ya con Francia, ya con Inglaterra, funestas para ella y más aún para las provincias de ultramar. Ya hemos visto cómo los excesivos gastos de la metrópoli obligaban á los vireyes de México á multiplicar las gabelas empobreciendo á los pueblos, al mismo tiempo que el comercio se enervaba y se paralizaban los giros más importantes por las mismas causas, pues Oaxaca, cuya riqueza principal era la grana, veia con tristeza muchos miles de zurrones detenidos en Veracruz por falta de buques que los condujesen á su destino. Notemos ahora otro grave inconveniente que produjo la guerra y que fué causa de disgusto profundo y general.

Temiéndose una invasion en el suelo mexicano, se mandaron formar por la autoridad cuerpos de milicias provinciales, que disciplinadas estuviesen prontas á la defensa de la patria. A Oaxaca tocó dar tambien su contingente de sangre. Las tropas levantadas en tiempo del virey Mayorga se mandaron situar en Orizaba y en Tlaxcala, por temor de una agresion repentina de enemigos. El **marqués de Branciforte** [1] dice que encontró extinguidos los cuerpos de milicias provinciales, lo que no se debe entender de un modo absoluto, pues en Oaxaca se conservó entero un batallon desde Setiembre de 1784, al mando del coronel, caballero de Santiago, D. Juan Francisco Echarri, cuyas frecuentes ausencias suplian el sargento mayor D. **Luis Ortiz de Zárate**, D. **Pedro García Enriquez**, D. **José Quian** y D. **Faustino Manero**. El mismo virey le da cuatrocientas veintitres plazas y afirma que estaba bien disciplinado; concurrió á formar el canton de Orizaba, y luego, por mandato de Asansa, como el resto del ejército, volvió á la provincia de su orígen. Además, se formaron en varios pueblos de la mixteca compañías sueltas, y para la defensa de **las costas** se destinaron la cuarta y quinta division del Sur que constaban de mil cuatrocientos treinta hombres de infantería repartidos en Tehuantepec y Costa chica. [2] El regimiento de caballería provincial de Tehuantepec se confió al coronel D. **Miguel Bejarano**, [3] y las tropas de la Costa chica, para su organizacion, se encomendaron á D. **Pedro de Laguna**, cuyos proyectos nunca llegaron á plantearse; estas últimas fuerzas desempeñaron, sin embargo, un papel importante en la guerra de Independencia. [4] Posteriormente, de todos los cuerpos de milicias de la nacion, segun plan aprobado por el rey, se formaron diez brigadas, tocando á la de Oa-

---

1 En la instruccion á su sucesor, núm. 38, 43 y sigs.

2 Resúmen general de las fuerzas de Nueva España, formado por el marqués de Branciforte para instruccion de su sucesor.

3 Gaceta de Setiembre de 84.

4 Aunque comisionado, dice el virey Branciforte en la instruccion á su sucesor (núm. 59), el teniente coronel de artillería D. Pedro de Laguna para las revistas y reconocimientos de las compañías de la costa de Oaxaca, ha instruido un completo informe fundando nerviosamente sus proposiciones, no he podido tomar providencias, etc.

xaca, que era la sétima, por comandante, el teniente coronel D. Bernardino Bonavia.[1]

Para levantar estos cuerpos de milicias provinciales, de las listas de contribuyentes se sacaban por suerte los destinados al servicio; y como los indios estaban excluidos y los españoles eran destinados á la clase de oficiales, necesariamente recaia la suerte sobre los mestizos. Si se reflexiona, pues, que por dos siglos, casi no se habian visto soldados en Oaxaca; que la imaginacion impresionable de las mujeres que contaban á sus hijos ó hermanos en esa profesion, fácilmente se los representaba heridos en el campo de batalla, y que para hacer tamaño sacrificio no eran movidos por el amor á la patria, pues concebian que solo se trataba de sostener los intereses y acaso los caprichos de un rey desconocido, se comprenderá el horror con que miraban el servicio militar. Indescriptible era el espanto con que se preparaban á los nuevos sorteos destinados á reemplazar las vacantes de los que habian muerto en el acantonamiento de Orizaba y Tehuacan, pues en el seno de la familia se juzgaba que cada miembro de ella que ingresaba en la milicia era una víctima destinada seguramente á la muerte más cruel y desgraciada.

Ni dió el batallon oaxaqueño otra utilidad que la de representar en el llano de Guadalupe algunos simulacros de batallas y de hacer descargas de fusilería en las honras fúnebres y en las fiestas de coronacion de los monarcas de España. Los dias 13 y 14 de Octubre de 93 se celebraron en efecto las solemnes exequias de Cárlos III: la ciudad se vistió de luto, la catedral se decoró suntuosamente, y los poetas y oradores aprovecharon la ocasion para ostentar sus talentos; el duelo se recibió en la casa del Presidente de Guatemala. El 14 de Febrero del siguiente año fué proclamado Cárlos IV; se iluminó la ciudad, se quemaron fue-

[1] Inst. del virey Marquina á su sucesor, núm. 169.

gos artificiales, se arrojaron al pueblo platillos y monedas de plata y terminaron las fiestas con tres dias de bailes en las casas del ayuntamiento. [1] En Tehuantepec bailaron ocho dias y corrieron toros en honor de Cárlos IV.

10.—Entretanto el Illmo. Sr. Ortigosa se multiplicaba para atender y socorrer todas las necesidades. Tomaba parte por medio de los párrocos en los sorteos, haciendo reclamos oportunos y justos al gobierno y librando con su actividad del temido servicio militar á muchos de sus súbditos. Solicitaba con afan dinero para el sosten de la monarquía española, pero no olvidaba subvenir á las necesidades de los pobres. En limosnas y fundaciones piadosas, miéntras fué obispo, distribuyó 299,386 pesos 5 reales 3 granos, entrando en esta suma el depósito de la alhóndiga, ó más bien las cantidades destinadas al acopio de semillas de reserva que el obispo habia reunido con trabajo y de que dieron buena cuenta las revoluciones posteriores. Pero miéntras se mostraba magnifico en sus liberalidades, él mismo vivia y comia pobremente, remendando con sus manos y poniendo parches á sus vestidos. El Sr. Ortigosa fué sin duda un santo obispo, solícito sin cesar de los dificiles deberes del pastor de almas; mas él, temeroso de no cumplirlos, despues de ceñir quince años la mitra de Oaxaca, renunció esta dignidad el año de 1790. Continuó, sin embargo, administrando hasta Enero de 93, en que para mudar de aires y esperar el éxito de su dimision se dirigió á Tehuacan. El 31 de Enero de ese mismo año se declaró vacante la sede episcopal. Parece que el clero vivia de mala gana sujeto á las severas leyes del Sr. Ortigosa, pues no fué tan pronto éste en salir de la ciudad como aquel en hacer ostentacion de infringirlas, al extremo de ser el primer acto del cabildo eclesiástico la publicacion de un edicto en que se in-

[1] Gaceta de Marzo de 94.

culpaba al clero por semejante desórden. [1] Los teatros, los bailes y el juego eran la distraccion favorita del pueblo. Se notaba que no influian ya en las costumbres los antiguos ejemplares dominicos, ni estaban presentes los incansables jesuitas, pues los oaxaqueños, con el placer, comenzaban á apurar el tósigo de la inmoralidad.

El Sr. D. Gregorio Omaña, que sucedió á Ortigosa, se consagró en Tacubaya el 24 de Febrero y entró en Oaxaca el 6 de Mayo del mismo año: habia sido electo desde 1791. Se cuenta una anécdota, que consigno aquí por serle en extremo honrosa á su predecesor. A la llegada de Omaña, el Sr. Ortigosa recibió al nuevo obispo en su casa y en su mesa, presentándole un servicio humilde. Llamando la atencion del Sr. Omaña que la vajilla fuese de barro comun, se propuso obsequiar al huésped con una magnífica vajilla de plata de su propiedad. El Sr. Ortigosa aceptó la donacion, con estas palabras: "Vuestra Señoría tuvo muy feliz inspiracion; adivinó que no tenia ya dinero para socorrer á mis pobres." Y en efecto, la vajilla se vendió y el precio se repartió aquel mismo dia entre los pobres. Murió este santo obispo en 1796. En las honras fúnebres que le consagró su catedral de Antequera, pronunciaron su elogio los canónigos Villela y Vasconcelos. [2]

El Sr. Omaña no era ménos limosnero. Durante el corto período de su pontificado, repartió entre los necesitados, por mano de su mayordomo, la cantidad de 78,500 pesos, entrando en esta suma las pensiones que tenia la mitra, los censos, donativos al rey, etc. Era natural de Tianguistengo, y al ser electo para la mitra de Oaxaca, obtenia en la iglesia metropolitana la dignidad de arcediano. Era docto, de miras elevadas y de enérgico carácter, lo que segun parece le procuró algunos disgustos, principalmente de

---

1 El edicto se publicó en la Gaceta de 26 de Febrero.
2 Ambos discursos se imprimieron en Guatemala.

parte del cabildo que, componiéndose de españoles, no abrigaban, segun presumo, gran adhesion á su prelado por ser éste mexicano.

11.—La gran calamidad de ese tiempo era principalmente el gobierno que, con sus pedidos incesantes, no dejaba respirar al obispo, al clero ni al pueblo todo. Así, no debe extrañarse que el primer cuidado del Sr. Omaña al empuñar las riendas del gobierno, hubiese sido excitar á los curas y á todos sus subordinados á hacer un nuevo donativo para cubrir las necesidades de la guerra. El 6 de Mayo de 93 tomó posesion del obispado, y el 11 de Julio decia en una circular: "que además de contribuir los curas por su parte con la voluntaria contribucion que se estaba colectando, excitaran á sus vicarios, notarios, sacristanes, etc., á hacer lo mismo con prontitud y gustosamente." Miéntras el cabildo se suscribió con 2,000 pesos anuales, el mismo obispo lo hizo con 3,000 y escribió una carta instructiva y exhortatoria sobre la justicia de la guerra, estimulando al clero á los subsidios que se pedian. Remitidas á su destino las fuertes cantidades que se reunieron en esta ocasion, no por eso cesaron las demandas. El cabildo, gobernador en la muerte del Sr. Omaña, el vicario capitular en sede vacante y el obispo siguiente, Sr. Bergosa, continuaron estas mismas molestas tareas, pues la autoridad se servia principalmente de los obispos y del clero, por su eficaz influencia sobre el pueblo, para procurarse aquellos recursos. Estos donativos tenian lugar, sin perjuicio de las contribuciones ordinarias ni de otras providencias extraordinarias que se tocaban con buen éxito, como la de la consolidacion.

Entretanto, ni los temblores ni las viruelas se alejaban mucho tiempo de ese suelo. Esta enfermedad, que varias veces habia recorrido el territorio del Estado, llevando por donde quiera el horror y la muerte, hácia el año de 96

apareció en Tehuantepec, amenazando con sus estragos á toda la nacion. Al invadir el pueblo de Teotitlan del Valle, el intendente trató de impedir que adelantase el contagio, poniendo un cordon sanitario de tropa y mandando que se levantasen hospitales allí. Estas disposiciones produjeron un motin, pues ofendidos de ellas los indios, se levantaron en tumulto el 8 de Octubre, sacando á mano armada á sus enfermos y lleváandolos á sus casas. El desórden no pasó á más, por haber acudido oportunamente dos compañías de la ciudad, con que arrestados los principales cabecillas, todo quedó tranquilo. Sin dejar de hacer numerosas víctimas, amainó sin embargo algo su furia esta peste desde que se extendió la vacuna en la expedicion que con este fin hizo Balmis.

Por lo que hace á los terremotos, se dejó sentir uno en la ciudad la noche del 5 de Octubre de 1801, tan fuerte que arruinó varios edificios, entre ellos el convento nuevo de la Concepcion que ántes habia sido colegio de jesuitas: el hermoso cimborrio del templo, que era sólido y magnífico, vino al suelo. El Cármen de abajo tambien parece que arrojó á tierra su techumbre de madera. Se obstruyeron algunos caminos, se derrumbaron varios cerros, se abrieron no pocos manantiales y se mudó en varias partes la faz de los terrenos. Jamás se habia visto tan grande estrago. En la ciudad hubo siete muertos y ochenta heridos, que fueron llevados al Hospital Real. El convento de los jesuitas habia pasado por donacion del rey á las monjas concepcionistas, que habian sido trasladadas á él desde 12 de Abril de 1790, á la una de la madrugada: quedó inhabitable, siendo necesario volverlas esta vez á su primera casa, en donde permanecieron hasta que el Sr. Perez reparó el convento en época posterior. [1]

---

[1] Gacetas de México.—Bust. en la continuacion de los Tres siglos de México, pág. 233.

12.—La poblacion habia tenido durante el último siglo un movimiento favorable, propendiendo al aumento no obstante las frecuentes invasiones de la peste. La ciudad, que segun hemos visto se fundó con quinientas familias y que ya hácia el año de 1660 contaba con tres mil habitantes, á fines del siglo pasado, segun padrones muy exactos de ese tiempo que he tenido á la vista, contenia cerca de catorce mil habitantes. La poblacion fué creciendo en los años sucesivos, de modo que en 1808 ya se notaban en los padrones 17,599 almas. En el siguiente año se señalaba alguna baja, que no es fácil saber á qué se debió; pero en el de 1810 se repuso lo perdido y la poblacion era otra vez de 17,056. En la actualidad es difícil saber con exactitud el número de los habitantes, por las numerosas ocultaciones que se hacen cuando el gobierno intenta formar el censo, lo que no tenia lugar entónces por la moralidad de las costumbres, y porque los padrones se encomendaban á los curas que se creian ligados en conciencia á procurar la mayor exactitud. Haciendo un cálculo aproximado y considerando que cuando la poblacion no pasaba de 16,000 almas, los bautismos que se registraban en la parroquia no llegaban á 800, teniendo ahora éstos como término medio un número de 1,700, sin temor se puede asignar á la ciudad una poblacion de 30,000 almas.

Semejantes consideraciones pueden hacerse en órden á las poblaciones de todo el Estado. Poco despues de la conquista, por la opresion en que estaban y las vejaciones que sufrian, se disminuyeron en términos que Cuilapan, que ántes de la venida de los españoles contenia en su seno más de 15,000 familias, un siglo despues apénas numeraba pocos centenares de habitantes. El el siglo XVIII, al contrario, la poblacion fué creciendo y los miserables restos que habian quedado se multiplicaron tanto, que puede asegurarse haber en el estado 700,000 indios, sin contar con los negros y las castas, y á pesar de la diminucion notable que deben haber sufrido por las guerras y las pestes. Humboldt asigna al Estado á principios de este siglo 411,000, fundándose en datos y consideraciones muy seguras.

Esta poblacion estaba dividida en cuatro clases. Los españoles, escasos siempre en número por afluir á México la mayor parte de los que, para ocupar el destino á que venian señalados ó para buscar riquezas en las minas ó en el ejercicio del comercio, venian de la península. Los criollos y meztizos, que con los españoles ocupaban la ciudad y las poblaciones principales del Estado, especialmente en la mixteca, por el ejercicio del comercio á que se dedicaban de preferencia y que allí era muy activo.

Los indios, repartidos en numerosos pueblos y lugares del Estado, formaban, como en la actualidad, la clase más laboriosa y útil, así como la más miserable y desvalida. A su cargo estaba la labranza de las tierras, ya en clase de operarios en las haciendas de que los españoles eran propietarios, ya en las del comun de los pueblos y que anualmente se distribuian á los vecinos.

Por último, los negros agrupados en las costas de uno y otro mar por lo cálido del clima á que se acomodaron fácilmente. Algunos de ellos llevados á la cañada de Cuicatlan y á Sola, para el cultivo de la caña de azúcar en los ingenios que se establecieron, dieron orígen á los mulatos que abundan en esos rumbos.

13.—Los indios, además del maíz, cultivaban el trigo, el frijol y el pimiento, sin contar con otros ramos ménos importantes. La agricultura en general ha estado poco adelantada en Oaxaca. El maíz ha sido en todos tiempos la base de la alimentacion. Teniendo esto los indios, se cuidan poco de otras semillas que pueden concurrir al mejor gusto del paladar, pero no son necesarias á la vida. Cada indio tenia un pedazo de tierra que, sembrándolo oportunamente, recogia de él la semilla para comer en todo el año.

Del mismo maíz, ayudándose con los productos de la cria de algunos animales domésticos, sacaba el tributo y las contribuciones eclesiásticas, ninguna otra necesidad le apremiaba, y por lo mismo, no solo miraba con indiferencia el dinero sino que ni aun comprendia su importancia.

No ménos que los placeres de la mesa le eran desconocidos los del lujo y aun aquellas comodidades que parecen más ordinarias y comunes. Su vestido sencillísimo, era tejido por sus manos, su lecho una estera de paja, su casa una choza de zacate y aun los remedios con que se curaban en sus enfermedades los encontraban á mano en las hierbas del campo. Nada, pues, tenian que comprar, y así, el comercio les era casi inútil. Dos ó tres veces en la vida hacian gastos un poco más crecidos, al casarse y en las fiestas titulares de sus pueblos, cuando tenian el cargo de mayordomos del santo patron; pero aun en estos casos se veian socorridos con abundancia por las *guelaguesas*, es decir, por una contribucion voluntaria que estaba establecida en su favor por recíproco consentimiento, y á la que concurrian todos los parientes, amigos y conocidos. El indio, desde su infancia, gozaba de la más amplia libertad: crecia y se desarrollaba sin obstáculo, sin tener casi otra obligacion que la de aprender la doctrina cristiana, pues frecuentemente no se le obligaba aun á aprender á leer. Desde muy temprano recibia por esposa una doncella del mismo pueblo, escogida y buscada por sus padres. Trabajaban sin agitacion, por la falta de un vivo interes en adquirir; hasta sin cansancio, por el hábito de hacerlo diariamente. Sin las perturbaciones tempestuosas del corazon, sin otros placeres que aquellos que proporciona la contemplacion de la bella naturaleza, sin accidentes notables, su vida se prolongaba indefinidamente, hasta que, en fin, la muerte los sobrecogia sin sorpresa, sin miedo y sin cuidado. Si la felicidad es posible sobre la tierra, los indios eran felices á fines del siglo pasado. Algunos los han llamado bárbaros por estas

costumbres sóbrias y sencillas; mas si el bien que ha de traer la civilizacion es multiplicar las necesidades, fomentar los vicios y hacernos desgraciados, preferible seria la barbarie.

14.—El comercio consistia principalmente en el expendio de los efectos extranjeros que á precios muy subidos hacian los españoles en la ciudad y algunos pueblos principales. Habia un artículo que desde tiempo atrás habia tomado colosales proporciones: el de la grana. Este precioso animal, comparado con el oro por su valor y el aprecio que generalmente se hacia de él, si no es exclusivo de Oaxaca, en ningun otro país como en este prosperó tanto ni se multiplicó tan prodigiosamente. Antes de la conquista ya era objeto de la industria de los mixtecas, como lo revela el nombre mismo de Nochistlan. Muy al principio de la dominacion española, y siendo vireyes D. Martin Enriquez y D. Luis de Velasco, (hácia el año de 1592), se publicaron por estos gobernantes órdenes apropiadas al intento de evitar las falsificaciones y adulteraciones, frecuentes ya en esos tiempos. Muy poco más adelante tomó el comercio de la grana, y por lo mismo tambien su cultivo, un vuelo rápido, enriqueciendo á proporcion el país privilegiado en que abundaba de preferencia. A mediados del siglo pasado vivian en el seno de holgada comodidad y aun de la opulencia, numerosas familias con el producto de los miles de zurrones que despues de derramar en Oaxaca el bienestar, iban á dar vida al comercio y á la industria de otros países. Para que el lector forme juicio de los tesoros que proporcionó á Oaxaca este útil insecto, reproduciré á continuacion una tabla que ha sido publicada varias veces, contando por decenios para evitar prolijidad:

Desde 1758 á 1767 se registraron		336,555	(ú valor.	17.937;9o1 4
,,	1777	,,	392,342	..	27.122,510 4
,,	1787	,,	318,460½	,,	16.596,631 4
,,	1797	.,	180,060½	,,	8.533,875 1
,,	1807	,,	150,766½	.,	10.233,179 5
,,	1817	,.	135,550	..	11.611,268 4
			1.513,734½		92.035,366 6

Por este pequeño estado se ve que en cincuenta años entró en Oaxaca por el comercio de la grana, la enorme suma de noventa y dos millones treinta y cinco mil trescientos sesenta y seis pesos seis reales. Se advierte tambien que el decenio en que prosperó más fué en el que corrió de 1767 á 1777. Desde entónces fué decayendo poco á poco, primero por las guerras frecuentes que tubo que sostener España, ya con Inglaterra, ya con Francia, y que interrumpia por largo tiempo el comercio interoceánico; despues, por el estado de turbacion en que se puso España misma, cuando las tropas de Napoleon invadieron su territorio; más adelante por la guerra de independencia que estalló en México, poniendo en armas toda la nacion, y en fin, por la expulsion de los españoles, porque si bien los indios eran los que asemillaban el nopal y hacian que procreara y se multiplicara la grana, en manos únicamente de los europeos estaba el comercio que de ellas se hacia para el extranjero: así fué que salidos los españoles el año 28 y no contándose ya en el comercio con sus caudales cuantiosos, no habiendo demanda en la plaza de este precioso efecto, disminuyó muy notablemente su estimacion, y en consecuencia, se vió con indiferencia su antiguo esmerado cultivo.

Se debe tener presente al calcular los rendimientos de la grana, que las cantidades señaladas hasta aquí indican puramente su valor en la plaza de Oaxaca, pero que además de ellas habia que poner en movimiento otras sumas crecidas para el pago de fletes y contribuciones bastante fuertes. En Oaxaca el gobierno cobraba por cada arroba trece pesos un real. En Veracruz dejaba la misma arroba, y por títulos diferentes, ocho pesos y cinco reales. Si á estos desembolsos se agregan los que habia que hacer durante el trasporte y al gobierno español hasta su salida al extranjero, se formaba la cantidad de cuarenta y un pesos dos reales por arroba, que con los noventa pesos de su valor medio intrínseco, llegaba á la suma de ciento treinta pesos. Nos hemos detenido en este cálculo ligero, para que se forme idea del movimiento que se desplegaba entónces en el comercio de la grana y que ahora se ha reducido á proporciones muy mezquinas.

15.—No menor precio hubiera tenido el comercio de la seda, si á la industria y actividad de los mixtecas se hubiese dado la debida libertad. Desde el principio de la conquista se aficionaron al cultivo de la morera, de que formaron grandes bosques, como hemos visto. Los gusanos en manos de los indios se propagaron admirablemente, y las hermosas y brillantes telas que tejieron eran comunes en tiempo de la primera Audiencia y del primer virey.[1] Dos enemigos poderosos trabajaron para entorpecer y al fin ahogar del todo esta bella industria; el primero, fué la avaricia de los encomenderos, que á despecho de la justicia, pretendian aprovechar solos las utilidades, arrebatando á los indios el fruto de su actividad, por lo que éstos prefirieron destruir las plantaciones de morera y matar los gusanos. El segundo enemigo fué el gobierno y las leyes que la prohibieron en las Américas, monopolizándola en favor de alguna provincia de la península. A pesar de to-

[1] La seda de mixteca y el exquisito tafetan que se hacian en el país, eran entónces artículos comunes de comercio, dice Zamacois en su Historia de México, tom. 4, pág. 569.

do, en Tehuantepec pudo sobrevivir la industria y fabricarse muy buenas telas que hasta el dia se ven. Aun en la ciudad, por 1785, Catalina Vinuesa pudo llevar á la perfeccion esta industria, que no prosperó en sus manos por falta del necesario fomento.

Tampoco ha prosperado la seda en los sesenta años que tiene México de emancipada, porque lo han estorbado nuestras guerras civiles, y porque este corto tiempo no ha sido bastante sino para comenzar la cria de los gusanos que producen la seda, como en efecto se ha comenzado con buen éxito. El que sepa cuán lento es el movimiento de los pueblos y cuán despacio adelantan las naciones, no extrañará que los oaxaqueños no hayan llegado con un solo paso á la cumbre de la perfeccion en todo género.

El añil puede ser tan útil á la riqueza y prosperidad del Estado, como lo fué la grana, siempre que se logre remover los obstáculos que se oponen al adelanto de esta industria. La planta que produce el añil y crece silvestre y en abundancia en la tierra caliente, no se habia cultivado sino hasta mediados del siglo pasado en que se hicieron los primeros ensayos: el añil, flor que se obtuvo, fué de excelente calidad y aun superior al que se elaboraba en Guatemala, y que constituia uno de los principales manantiales de riqueza en aquella, entónces, capitanía general. Animados con los buenos resultados que desde luego se obtuvieron y con la esperanza bastante fundada de una ganancia crecida, le consagraron en los años sucesivos algunos empresarios sus caudales y su inteligencia, y en efecto, el año de 1812 pudieron venderse en los mercados de Puebla y México, cerca de 82,000 arrobas, que importaron 82,000 pesos.[1] Más adelante llegaron con su auxilio á formarse algunas fortunas regulares, y no há mucho tiempo que se intentó extender el cultivo de esta planta por el rumbo de

---

[1] Bustamante. Cuadro histórico, tom. 3, pág. 40.

la Costa chica, aunque sin éxito. La dificultad principal que se ha pulsado, es la indolencia característica de los habitantes de las costas. La planta crece y se desarrolla tanto como puede desearlo el empresario; mas siendo necesario para elaborar el añil una laboriosidad á que se resisten las perezosas costumbres de los negros, los trabajos se hacen mal y fuera de tiempo, los costos son subidos y los resultados mezquinos, viniendo así á estrellarse los mejores cálculos contra la tenaz resistencia al trabajo de los más bien pagados operarios.

El algodon de la costa del Norte comenzó á exportarse á Europa desde los tiempos de la conquista española, extrayéndose tambien considerables cantidades para la Sierra, cuyos indios tejian á mano innumerables mantas para uso propio, para el pago de tributos y para el comercio de la ciudad: á principios del siglo mantenia un activo comercio de sus tejidos, que se vendian á buen precio: los *huepiles* de Teutila eran muy estimados en Veracruz. El de la costa del Sur, en rama, abastecia el comercio de los valles y las mixtecas, é hilado, servia para los telares de la ciudad y para las colchas y otros tejidos de mucho aprecio y consumo: se sostenian de hilar y tejer cerca de diez mil personas. Debe haberse comenzado á exportar para Europa á mediados del siglo XVIII, pues al fin del mismo siglo este comercio era activo. Se ha sostenido á respetable altura, y parece estar llamado á ser uno de los elementos de riqueza y prosperidad del país.

La industria minera no prosperó mucho en Oaxaca durante el gobierno colonial. Por 1704, los indios descubrieron en terrenos de la jurisdiccion de Zimatlan, una rica veta de oro, que trabajaron en beneficio propio, debiéndose á las representaciones del Illmo. Sr. Maldonado que no les hubiesen arrebatado su posesion los españoles. En el cerro de San Agustin Etla, D. Mariano José Monroy del Castillo, trabajó una veta de plata de vara de ancho y de buena ley; mas necesitando dos de sus labores de ademe por hallarse venteadas, careciendo el propietario de caudales, la mina fué desamparada. [1] En Solaga, jurisdiccion de Villa-alta, habia sido trabajada en remotos tiempos una rica mina, desamparada por haberse tropezado con dos pozos, manantiales de hidrógeno que no hubo medio de cegar. Tan funesto era el gas que salia de aquellos pozos, que al respirarlos, caian muertos los pájaros que en su vuelo pasaban por las bocas de la mina. Fué llamada por esta causa la *Hedionda*, y corria la fama de que un sacerdote la habia maldecido: acaso haya sido la misma que *desencantó* un jesuita. Se habian practicado inútilmente grandes socavones, abriendo catorce boquetes en la montaña, gastándose considerables sumas para purificar aquella atmósfera infecta, sin obtener resultado satisfactorio. En Febrero de 1791, D. Cárlos Weinold, aleman, por comision de D. Diego Villasante, por medio de un aparato y abriendo opuestas bocas á la montaña, logró establecer una corriente de aire puro en el interior de la mina, que pudo ya trabajarse sin peligro.

Por lo que hace á la ciudad, casi no habia variado de aspecto en el espacio de doscientos años. Fué el primer intendente D. Antonio Mora quien procuró que los vecinos emparejasen el piso de las calles y embaldosasen las de más tránsito. [2] En el rio Atoyac, desde 1764 habia intentado un corregidor, el teniente coronel D. Tomás de la Serrada, construir un puente para librar de peligros á los que para el comercio de la ciudad tenian necesidad de vadearlo en tiempo de sus grandes avenidas. Se gastaron cuantiosas sumas [3] en levantar catorce sólidas pilastras ó estribos, que comprendian en una extension de más de

1 Gaceta de Enero de 92.
2 Gaceta de Enero de 1790.
3 Así lo dice la Gaceta de 6 de Agosto de 1793.

cien varas la anchura del rio, y que fueron útiles por algun tiempo, pues por medio de gruesas vigas atravesadas de pilar á pilar, los traficantes podian pasar uno á uno; mas habiendo ladeado el rio su corriente, quedó inútil el angostísimo puente. D. Antonio Mora quiso volver á su antiguo cauce la corriente del rio, por medio de una fuerte estacada, como lo consiguió, aunque solo por algunos meses, pues las avenidas del rio arrastraron el dique, y el puente volvió á quedar inútil.

CAPITULO XV

CONTINUACION DEL ANTERIOR.—PRINCIPIOS DE LA GUERRA DE INDEPENDENCIA.

1. Comercio.—2. Moralidad pública.—3. Las artes y las letras.—4. Terremotos.—5. Actividad del Illmo. Bergosa.—6. Principios de la guerra de Independencia.—7. López y Armenta. Tinoco y Palacios.—8. Primera campaña de París.—9. Hostilidades en los "Coyotes" y en "Tixtla."—10. Insurreccion de Valdés.—11. Victoria de Trujano y derrota de D. Miguel Bravo.—12. Derrota de París.—13. Aprestos de guerra en la Mixteca.—14. Sitio de Yanhuitlan.—15. Sitio de Huajuapan.

1.—Poco ántes de que acabase el siglo XVIII, la provincia dominicana de San Hipólito mártir, de Oaxaca, brilló aún con luz viva como la bujía que resplandece más cuando está próxima á extinguirse. El pueblo de Oaxaca conserva con veneracion, despues de un siglo, el recuerdo de las virtudes eminentes y ejemplar santidad de Fr. Vicente López. Por falta de datos seguros no se pueden dar pormenores de su vida, sabiéndose solamente que rehusó llevar sobre sí la responsabilidad de las prelacías, pues electo vicario provincial de su Orden el 17 de Setiembre de 1792, renunció inmediatamente el cargo, que recayó por nueva eleccion en Fr. Manuel Gorvea.[1] Fué tambien notable la santa vida de Fr. Ignacio Hurtado, magistral de Oaxaca, quien renunciando las dignidades eclesiásticas y

---

[1] Gaceta de 16 de Octubre de 92.

las esperanzas de un lisonjero porvenir, tomó el hábito de dominico, el año de 1775, y vivió escondido en la religion hasta el 20 de Setiembre de 92 en que murió, celebrándose sus funerales con gran pompa y concurso. Figuraban como sabios de fama los maestros Antonio Pavon; Mariano Armijo, catedrático de moral en el Seminario, expurgador y revisor de libros; Manuel Gorvea, regente de estudios de su convento; José María Aparicio, pariente cercano de otro dominico de la misma fama y nombre; Ignacio Moar, historiador de su provincia; Pablo Ory, Domingo Fernandez y especialmente José García Caballero, provincial dos veces de su Orden y asistente real en las oposiciones de la catedral de Oaxaca.

A este religioso hizo distinguido entre los sabios, su dedicacion á las ciencias naturales. En las Gacetas de México publicó, con general aceptacion, importantes y curiosos estudios sobre las virtudes de las plantas y sobre algunos fenómenos naturales observados por él: aun escribió un libro en que trataba de las plantas de Oaxaca, considerándolas en sus relaciones con la botánica, la patología y la agronomía. Esta obra existia inédita en la Biblioteca de Santo Domingo, y es sensible que haya desaparecido. Este religioso, invitado por el sabio mexicano D. José Antonio Alzate, se propuso investigar si Oaxaca producia el ámbar amarillo, tan estimado en Europa y México como rico pero exclusivo producto de la Arabia. Sabido es que antiguamente se creia que fuera este un mineral, y que el Dr. Hernandez así lo calificó hablando del aposo lani ó ámbar de cuentas que halló entre los indios. Sabido es tambien que en Prusia se encontraban bajo de tierra depósitos abundantes de ámbar endurecido, del que se hacia un comercio activo en toda Europa. Pues bien, este religioso Caballero investigó que hácia Tehuantepec, por Petapa y en toda la tierra caliente, crecen ciertos corpulentos árboles conocidos con el nombre de Cuapinoles, los cuales por sus ramas y tronco destilan un humor blanco que despues toma, segun él afirma, el color y la consistencia del sucino. Las raíces arrojan el mismo licor, que depositado á poca profundidad dentro de la tierra, con el trascurso del tiempo se endurece. Acaso así se haya formado el ámbar de Prusia y Arabia. De la tierra lo extraian los indios para venderlo en Tehuantepec y en Oaxaca como incienso, y algunas pequeñas cantidades se remitian á España como verdadero karabe. El Sr. Alzate pudo conseguir que se lo remitiesen en estado de liquidez y preparó con él excelentes barnices. En fin, segun presumia Caballero, la goma del Cuapinole es verdadero ámbar, y pudo utilizarla el comercio cuando se servian de ella únicamente en las boticas.

Lo mismo pudiera decirse de otros muchos artículos de escasa ó ninguna explotacion entónces, como el excelente café, que de poco tiempo acá comienza á salir de Oaxaca y á venderse con aprecio en México; de la purga de Jalapa, de que por temporadas, en el siglo presente y en el pasado, se han hecho extracciones considerables; de la sangre de drago, de que hay grandes bosques en la tierra caliente y de que no parece se haya aprovechado sino uno ú otro; de las pieles de que hay mediano comercio y cuyo curtido adelanta sensiblemente en Oaxaca; de la caña de azúcar que se desarrolla magnífica y de la que se extrae la panocha y azúcar con que se surte el Estado, comenzando apénas ahora á hacerse pequeñas remisiones fuera de él; del caracol, que da un finísimo y muy firme color de púrpura que se aprovecha para teñir las colchas; de la perla, que abunda en Puerto Escondido y que no se busca por falta de barcos para exportarlo; del cacao superior llamado ladino, y de otros muchísimos que fuera cansado enumerar.

Por lo que hace al comercio interior, se hacia con actividad, de maíz, trigo comun y otro especial conocido con el nombre de *pelon*, y que crece con abundancia en las mixtecas; frijol, garbanzo, chilhuacle y chile de todos géneros; pescado, pulque, lacre negro, etc. Las delicadas figuras de camelote eran muy estimadas y las vasijas de barro de Asompa no ménos por su finura y utilidad.

2.—La moralidad pública era generalmente buena, sin embargo de que algo iba dejando que desear. Las autoridades eran respetadas y obedecidas, no solo por temor de la pena, pues muy pocos eran los que por sus crímenes se hacian acreedores á ella, sino por la conciencia del deber y la conviccion de que era forzoso hacerlo así en bien del individuo y de la sociedad toda. Las riñas eran bastante frecuentes para producir en un año ciento veintinueve heridos que eran curados en el Hospital Real. En toda suerte de luchas han desplegado siempre los oaxaqueños mucho valor personal; pero los homicidios, como ya se ha dicho en otro lugar, hacian época por la sensacion que causaban en el público. Los tumultos en los pueblos no eran tan escasos como se hubiera querido; mas en compensacion, fácilmente se disipaban con solo la presencia de alguna autoridad, sin necesidad de la fuerza armada ó con el trascurso de pocas horas, bastantes ordinariamente para sosegar las iras populares, terribles en su primer arrebato.

Los robos en cuadrilla eran tambien poco frecuentes, pudiéndose afirmar que para los viajeros que se dirigian á México, esta plaga comenzaba desde Tehuacan para adelante, siendo completamente segura aquella parte del camino que média entre Oaxaca y el mismo Tehuacan. Habia, sin embargo, algunos lugares más ó ménos frecuentados por los amantes de lo ajeno. Las cumbres de Tanga y Cuagimoloyas, se hicieron famosas por los robos á mano armada que allí se perpetraban.

El camino que va de la ciudad para el pueblo de Ixtlan, era tambien cruzado en todos sentidos por malhechores que se resguardaban al abrigo de las cañadas y quiebras de aquellos cerros. Uno de los foragidos, acaso el más valiente y activo, arrepentido de sus maldades, quiso no solamente abandonar la profesion azarosa del bandido, si- no prestar algun servicio á la seguridad pública con su va- lor y el conocimiento práctico del terreno, que poseia. En efecto, levantó una casa en el lugar más peligroso á que dió su nombre, pues hasta la fecha es llamado el paraje de "Parada," y desde allí, en union de otros compañeros, recorria sin cesar los caminos, cuidando á los pasajeros y purgando el lugar de malvados.

El lugar más frecuentado de malhechores ha sido siem- pre la cuesta de Ocotlan, á causa de la feria ó *tianguis* que semanariamente tiene lugar en ese pueblo los viérnes, y que es muy concurrido por los habitantes de los pueblos circunvecinos. Apostados los ladrones entre la maleza del campo, acometian por lo regular á las carretas que por la lentitud de los bueyes que las tiraban no podian huir á tiem- po y ponerse en salvo, teniéndose que lamentar, á causa de estos choques, no solo la pérdida de intereses á veces considerables, sino heridas y muertes crueles. A los comer- ciantes que frecuentaban el camino de la cañada de Cuica- tlan, era muy peligrosa la cuesta de San Juan del Rey, lu- gar boscoso y cortado por profundas cañadas en que se ocul- taban numerosas cuadrillas de bandoleros. Los asaltos se repetian á menudo y los malhechores quedaban impunes, pues no era fácil seguirlos en los grandes dobleces de la montaña que les ofrecia el más seguro abrigo. Un valiente hombre, Francisco Calderon, comisario de la Acordada, le- vantó su casa en la cuesta peligrosa, la purgó de bandidos y le dió su nombre. [1]

Si los asaltos eran poco numerosos, la embriaguez tam- poco estaba tan desarrollada como en nuestros dias. Las leyes tenian prohibida la fábrica del aguardiente de caña

---

[1] Es todavía conocida con el nombre de Cuesta de Calderon.

y de maguey, por lo que los mezcaleros, para colocar sus alambiques, buscaban las cañadas más escondidas y apartadas, como lo hacen hasta el dia, obligados por la fuerza de la costumbre. Por otra parte, el Sr. obispo Ortigosa, con infatigable celo apostólico, habia procurado la extirpacion de este funesto vicio, logrando en gran parte su deseo.

3.—El órden, la abundancia y la paz, aun derramaban sus bienes en aquel suelo. En las señoras relucia la modestia, y en los hombres el amor al trabajo, consagrándose cada cual á su profesion, sin envidia, sin confusion, sin disgusto. Las artes mecánicas, así como estaban, eran suficientes para satisfacer las necesidades públicas, sin que la civilizacion hubiera llegado todavía á poner en desequilibrio á la sociedad. Las artes liberales no tenian progreso alguno. La escultura habia retrocedido á su orígen, y puede decirse que se encontraba en el mismo estado de los tiempos de la conquista. La pintura estaba muy léjos de hallarse á la altura en que la habia colocado Cabrera y los autores de los magníficos cuadros del primer siglo de la conquista. Dos pintores eran los más distinguidos: Santaella, cuyas pinturas eran demasiado medianas, y el maestro Venancio, más delicado, pero que no trabajaba sino en la cárcel en que iba á expiar su frecuente y casi contínua embriaguez. La música casi estaba reducida á los templos. No se conocian las músicas militares, por la sencilla razon de que no se conocian las guerras ni los combates. Esa música estrepitosa que arrroja sus ecos á largas distancias, que, se diria, es la voz de tumultuosas, enérgicas y desordenadas pasiones, no resonó en las calles de Oaxaca sino en tiempos muy posteriores, cuando la sangre de los hermanos comenzó á verterse abundante en las luchas intestinas: aun las milicias escasas que habia entónces, marchaban al vibrar de instrumentos de cuerda. La música de las iglesias era magnífica: las notas cadenciosas, solemnes, del canto llano, retumbaban bajo las bóvedas majestuosas de los templos, levantando el espíritu y ennobleciendo el corazon, sin exaltar las pasiones. Aquel canto alternado en dos coros que se oia todos los dias en la catedral é iglesias de regulares, imponia respeto y veneracion á los fieles, sin que en las grandes solemnidades el canto de órgano, como le llaman, dejase de derramar con profusion sus abundantes, complicadas y dulcísimas armonías.

La instruccion habia sufrido algun quebranto desde la expulsion de los jesuitas. La primaria se impartia en las numerosas escuelas sostenidas por el clero. La secundaria se comunicaba á la juventud en los colegios de regulares y principalmente en el Seminario, en que se refundió el de San Bartolomé desde la consolidacion, por haber quedado éste sin fondos suficientes para sostenerse. Las ciencias abstractas eran cultivadas con esmero; se disputaba con calor sobre los principios del saber humano, y se procuraba su desarrollo lógico, sin entrar por eso en aplicaciones prácticas; se estudiaba con empeño la filosofía escolástica; pero aquellos conocimientos basados en la experiencia ó adquiridos en la observacion de la naturaleza, apénas se alcanzaban en Oaxaca á principios del siglo.

En el mando político se conservaba aún en los primeros años del siglo el Sr. Mora y Peisal, que, como se dijo, fué su primer intendente y que estableció la caja desde 1790 con los primeros ministros, que fueron D. Diego Espeso Núñez y D. Francisco Antonio Villaraza. Este tenia el proyecto, y aun lo propuso á la corte, de estancar la grana, lo que hubiera sido fatal para Oaxaca.

4.—El gobierno eclesiástico era desempeñado, desde el 11 de Octubre de 1799 en que murió en México el Sr. Gregorio José Omaña, por el Sr. tesorero del cabildo eclesiástico D. José Antonio Ibañez de Corbera, sacerdote fastuoso y lleno de títulos y honores, de que hacia gala, pero sin malicia ni falsedad en el corazon. Desde el año de 96 se habia separado de Oaxaca el Illmo. obispo, restituyéndose á su patria en que habia sido respetado por su saber y en que continuó recibiendo pruebas de sincero afecto hasta el fin de su vida. Honraron sus funerales cuantas personas notables habia en México y fué sepultado en San Sebastian, templo de religiosas carmelitas.[1] En Oaxaca tambien se le dedicaron suntuosas honras fúnebres, cuya descripcion se dió á la prensa. Le sucedió el Sr. Bergosa, que se consagró en Puebla el 4 de Abril de 1802. El acontecimiento más notable que se registra en estos años es el terremoto que sacudió á Oaxaca el 5 de Octubre de 1801, de que ya se ha hecho mencion. Entre las ruinas que causó, debe contarse la del templo de San Agustin, que fué inutilizado para el servicio religioso por algunos años, pues hasta el 14 de Agosto de 1804, se bendijo de nuevo solemnemente. Se derrumbaron, como se ha dicho, varios cerros, se obstruyeron los caminos, se abrieron en diferentes lugares no pocos manantiales y se cambió en algunos la faz de los terrenos. El temblor aconteció á la media noche y le siguió inmediatamente un aguacero tan copioso, que impuso miedo á los habitantes de la ciudad.

Para no tocar ya más este punto, diremos que fueron notables los acontecidos en 1825, de que se conserva escasa memoria; el de 9 de Marzo de 1845, que fué espantoso y que se conoce con el nombre de Santa Francisca, y los más fuertes aún, de 11 de Mayo de 1870 y 27 de Abril de 1872, que derribó la cúpula del templo de Consolacion, sepultando bajo sus ruinas á una mujer. En el de 1870 se observaron algunos fenómenos extraordinarios: en Piñas, sin duda por las exhalaciones que produjo la tierra removida violentamente y de que se cargó la atmósfera, se vieron brillar dos soles en el cielo al dia siguiente, y

[1] Gaceta de Nov. de 99 y Feb. de 1801.

en Miahuatlan, por cuya direccion fueron más sensibles los estragos, se observó que en cierta área bastante dilatada de terreno, no se podian poner los piés por hallarse recalentada la tierra con el fuego central del globo. Se creyó entónces que tal vez algun volcan submarino era el agente poderoso de aquellos terremotos, y así se lo habia presumido ya el baron de Humboldt, por la mucha piedra pómez que flota en las olas de la costa del Pacífico.

5.—Aparte de esta terrible plaga, ningun otro acontecimiento notable se registra en los diez primeros años de este siglo. Sin embargo, las autoridades, así la política como la eclesiástica, constituidas entónces, estaban destinadas á pasar por una dura prueba. Su inteligencia y su rectitud difícilmente podrian tenerse firmes en medio de las agitaciones políticas y religiosas, que pronto deberian sacudir todo el Estado. El obispo principalmente, que por su diligencia y actividad verdaderamente apostólica, hubiera merecido un elevado puesto en la historia, á tocarle gobernar en tiempos normales, desmereció extraordinariamente en el concepto público por la conducta que observó en la revolucion de la Independencia. El Sr. Alaman confiesa en él aquella prodigiosa actividad, si bien afirma que era de escasa inteligencia; y aunque era grande el amor que profesaba el Sr. Bergosa á sus ovejas, superaba en mucho, sin embargo, el afecto que conservaba á la patria que lo vió nacer. Así fué que, en el ejercicio de sus funciones episcopales, trabajó sin descanso, visitando toda ó casi toda su vasta diócesis; pero sus miradas estaban entretanto fijas siempre en los acontecimientos de la península. Nada era más vigilantemente celado por él que la observancia de las órdenes reales. Si procuraba con el más eficaz empeño la vacunacion de los niños indígenas, ó que éstos se uniformasen en el idioma hablando solo el castellano; si dictaba disposiciones acertadas para que los párrocos supiesen ejecutar oportunamente la operacion cesarea ó

para que los fieles no defraudasen el diezmo que á la Iglesia se debe de justicia; si reglamentaba con equidad los aranceles é impedia que las mujeres fuesen extorsionadas por el pago de obvenciones; si trataba de las sucesiones por testamento ó abintestato; si queria que no desapareciesen los vestigios de la historia antigua del país ó que la agricultura diese muestras de vida en todos los pueblos favoreciendo las nuevas plantaciones que se hiciesen, principalmente de olivos y cacaos; si promovia, en fin, con ahinco indecible el establecimiento de cementerios fuera de poblado á fin de evitar en lo posible la infeccion y disminuir la mortalidad entre los fieles, todo lo hacia para dar escrupuloso y aun sobreabundante cumplimiento á las órdenes que le llegaban de Madrid. El matrimonio del príncipe de Asturias fué un gran acontecimiento que el Sr. Bergosa juzgó "muy conducente á la exaltacion de nuestra santa fé," y digno de celebrarse en todas las parroquias con toda la pompa de los templos. Apénas puede formarse idea del interes con que promovió que todos los curas y sus feligreses se suscribiesen á un Semanario de agricultura que se publicaba en Madrid, por la recomendacion que la corte española le hizo de él. Pero en lo que desplegó una increible actividad fué en procurar toda suerte de recursos pecuniarios para auxiliar á la península. Las cortes, apremiadas por las dificiles circunstancias de la época, pedian sin cesar al virey, y éste contaba en la diócesis de Oaxaca con un agente diligentísimo en su ilustrísimo señor obispo. Por eso en tiempo de Godoy y con motivo de la consolidacion, desaparecieron tantos capitales. Las circulares se sucedian unas á otras sin intermision, en demanda de dinero prestado para el rey. En una de éstas autorizaba como obispo á los curas para que dispusiesen, á este objeto, de todo capital, propio, de las hermandades y cofradías, consagrado á Dios, á las ánimas, al culto, ó á cualquiera objeto piadoso, pues en ninguna parte estaria más seguro con sus réditos al 6%

que en las cajas reales. Estas recibieron, en efecto, grandes sumas, de las que, ni de sus réditos volvieron á ver un centavo sus dueños. Así fué como Oaxaca comenzó á ver desmembrarse los cuantiosos caudales piadosos, que mejor se podrian llamar públicos, que durante tres siglos habia acumulado la fé y la caridad de nuestros antepasados, y con los que se atendian con exceso las necesidades del pobre, del huérfano y del enfermo: así fué, digo, como empezó el despilfarro de esos caudales que, agotados ó destruidos completamente en el trascurso de los años secesivos por la mayor de todas las inepcias, ha dejado á Oaxaca en el estado de miseria en que se encuentra.

6.—Entretanto, acontecimientos de grave trascendencia se iban preparando en el interior de la nacion. Las desgracias de España ponian en conmocion á la ciudad de México, resintiéndose siempre Oaxaca de tan lejanos sucesos. El delirio con que en México se hizo la jura de Fernando VII, produjo tambien en Oaxaca un desusado entusiasmo, distinguiéndose entre todos, como era de esperarse, el Sr. obispo Bergosa, que corrió, como él mismo dice en una de sus circulares, á prestar obediencia *al deseado monarca, al amado de su corazon.* Por el contrario, la llegada del general frances D'Alvimar, emisario, segun se dijo, del emperador Napoleon, cogido en Tejas por el gobierno español, causó un gran miedo á las autoridades política y religiosa de la ciudad, que pusieron en juego bandos y circulares para impedir que se escurriese en Oaxaca algun espía de la Francia, y sin ser sentido, cual si fuese duende, sedujese á los habitantes del país y cuando ménos se pensase se alzara con todo el Estado. No sé si excita la hilaridad ó causa disgusto conocer las incertidumbres, los temores ó las locas alegrías, verdaderas y fingidas, á que se entregaban en ese tiempo sin tener fundamento alguno.

Pero algo más grave que todo esto era lo que se preparaba ciertamente. Sabido es que cuando los franceses invadieron la península española, pensaron algunos mexicanos hacer la Independencia de México, sin efusion de sangre; que el proyecto de éstos, á cuya cabeza estaban los Lics. Azcárate y Verdad, quedó sin éxito por la resistencia de la Audiencia y violentas medidas que adoptó en esta ocasion, aprisionando y destituyendo al virey Iturrigaray, que se docilitaba á los designios de los mexicanos, para sustituirlo con el anciano Garibay, instrumento que á su placer manejaban los oidores; que conocida por los mexicanos la imposibilidad de dar cima á sus intentos pacíficamente, comenzaron á conspirar en secreto, pensando levantarse armados y rechazar por la fuerza á sus dominadores; que uno de estos centros de conjurados fué descubierto en Valladolid, siendo aprehendidos y castigados por el gobierno los sugetos que allí se reunian, y que otro círculo en que entraban como principales conjurados Allende, Aldama, el corregidor de Querétaro Dominguez, y el cura de Dolores, fué denunciado igualmente al virey, que tomó prontas y enérgicas medidas para sofocar la revolucion en su misma cuna. Sabido es tambien, que al ser denunciada la conspiracion de Querétaro á las autoridades, el cura de Dolores, D. Miguel Hidalgo y Costilla, sin haber madurado bastante su proyecto, obligado por las graves circunstancias del momento, prematuramente dió el grito de Independencia el 15 de Setiembre de 1810, levantando á los indios en masas numerosísimas, aunque indisciplinadas, con las que pudo vencer en Guanajuato, Valladolid y el Monte de las Cruces; pero que á su vez, vencido en Aculco y en el puente Calderon, expió con su sangre el delito de haber procurado atrevidamente la independencia de su patria.

La noticia de estos acontecimientos produjo viva sensacion en la nacion, elevándose de todas partes representaciones y ardientes protestas de fidelidad á la metrópoli, de obediencia á sus reyes y de odio y execracion á los autores de aquel movimiento de insurreccion. El Ayuntamiento de Oaxaca obedeció la ley del tiempo, y elevó su protesta, sin duda de buena fé, pero con una moderacion relativa laudable, ofreciendo sus personas y las de todos los oaxaqueños "para conservar ilesa la religion de sus padres, y la dominacion del más amado de los reyes, su idolatrado monarca el señor Fernando VII, para sostener los derechos de su dinastía, impedir que se rompan los vínculos que unen á la Nueva con la Antigua España, y extinguir el espíritu de rivalidad contrario en cualquiera época á la causa pública." Confesaba que sus propios eran pequeños y escasas sus rentas: todas las ponia, sin embargo, en manos del virey, á fin de precaver la impiedad, seduccion y escándalosas divisiones de los pueblos. [1] En este documento se vierten algunas frases duras contra Hidalgo, nunca comparables, sin embargo, con las en extremo injuriosas que le prodigaba el Illmo. obispo Bergosa. En todas las parroquias de Oaxaca existen aún sus numerosas circulares, en que se ven combinados del modo más raro el calor de la pasion y la debilidad del raciocinio, notándose por todas partes la falta de lógica y la ausencia de la moderacion propia de un obispo. Contra los insurgentes se ensañaba fieramente en sus sermones y escritos; no encontraba palabras bastante rigurosas con que calificar á Hidalgo: blandamente lo llamaba "el proto–apoderado de Satanás y del infierno." Bergosa tenia un digno cooperador en el obispo de Rosen, auxiliar de Oaxaca, que en sus escritos llamaba á Hidalgo "ex–sacerdote, ex–cristiano, ex–hombre, capataz de salteadores y asesinos," etc.

---

[1] Firman este documento: José María Laso.—José de Régules Villasante.—Mateo Alonso Mancilla.—Pedro Estrella.—Manuel de Anievas. —Miguel Aluon.—Lic. Juan María Ibañez de Corbera.—José Alvarez. —Puede verse íntegro el documento en la "Biblioteca del Sistema Postal." Tom. 2, pág. 207.

7.—Entre las medidas que habia adoptado para conseguir su objeto, una fué enviar comisionados á diversos lugares para promover la insurreccion en todas las provincias. A la de Oaxaca fueron enviados dos jóvenes que se apellidaban el uno López y el otro Armenta, los cuales, para no despertar sospechas contra sí, al marchar á su destino se fingieron mercaderes de yesca, artículo de activo comercio entónces y que abunda mucho en Oaxaca. Bustamante dice [1] que desde la cuesta de San Juan del Rey los acompañaba el guarda-caminos F. Calderon, cooperador ya de sus designios. A pesar de sus precauciones, al entrar en la ciudad se sospechó cuáles eran éstos, y fueron aprehendidos. Para proceder en juicio no habia otro fundamento que simples presunciones, pues ninguna confesion, ningun documento militaba contra ellos. Habian sufrido el exámen y el frecuente interrogatorio de distintas personas; mas se habian conducido en sus respuestas con bastante cautela y discrecion; y se hubieran salvado, no obstante las adversas prevenciones, si no hubiesen sido descubiertos por un abuso de confianza del intendente D. José María Laso Nacarino, veracruzano, con quien privadamente tuvieron por conveniente declararse. Fueron condenados á la pena capital, y sus cabezas colocadas en el lugar en que fueron aprehendidos.

El gérmen de la revolucion no quedó ahogado con aquella ejecucion, pues no mucho despues de esto, se denunció á las autoridades una conjuracion en que entraban el diácono Ordoñez y otros varios eclesiásticos que fueron reducidos á prision, cebándose la venganza de los españoles en otros dos jóvenes, Tinoco y Palacios, que fueron decapitados en las canteras y colocadas sus cabezas en las orillas del camino. [2] Con este motivo, el Sr. D. Fr. Ramon

---

[1] Cuadro histórico, tom. 1, pág. 356.
[2] Alaman. Historia de México, t. 2.

Casaus, religioso dominico de México, que desde 1804 estaba en Oaxaca en calidad de obispo auxiliar (era in partibus de Rosen), dió á la prensa unas poesías, tristes lamentaciones de la funesta suerte que estaba reservada á los oaxaqueños que tuviesen la audacia de querer sacudir el yugo de los españoles; ya ántes se habia dado á conocer del público, cuando el virey Venegas invitó á todos los sabios á escribir contra la revolucion, dando á luz su "Anti-Hidalgo," que D. Cárlos Bustamante califica de diatriba cruel y la mayor que pudiera escribirse contra el hombre más depravado. Acontecia esto por fines de 1811.

8.—Como se ve, quedaron sin efecto los esfuerzos de los comisionados que Hidalgo mandó á promover en Oaxaca la revolucion. No fué así con el que habia sido destinado al Estado de Guerrero. El cura de Carácuaro, D. José María Morelos, en poco tiempo y sin contar con ningun recurso, habia puesto en armas á casi toda la costa del Sur de la nacion. Para oponer á éste alguna resistencia, no pudiendo el virey disponer de pronto de las buenas tropas que comandaban Calleja y Cruz, pues estaban demasiado ocupadas en el interior, se ocurrió á la brigada de Oaxaca, dando el mando de las compañías de la costa á D. Francisco Páris, comandante de la quinta division. De la ciudad salieron los oficiales que se pusieron al frente de estas milicias, casi todos comerciantes acaudalados, entre ellos los Magros, que no tenian tintura alguna de la guerra.

Por primera vez los oaxaqueños, despues de largos siglos de paz, iban á experimentar los azares de la guerra. El enemigo á quien combatian era poderoso, el formidable Morelos, que á las tropas regulares de España, fogueadas en las luchas contra Napoleon, hizo temblar y aun venció más de una vez. Lástima que no hubieran peleado por la Independencia ó que sus jefes no hubieran sido bastante expertos, pues entónces se habrian cubierto de gloria, ya que siempre el soldado oaxaqueño ha manifestado una serenidad y un valor á toda prueba en el peligro. Las primeras disposiciones de Páris fueron acertadas y felices. En el arroyo "Moledor" puso en dispersion completa á una seccion de las fuerzas de Morelos, al mando de D. Rafael Valdovinos, y uniéndose con el comandante de la sexta division de la costa, D. José Sanchez Pareja, determinó asaltar á Morelos en el Ahuacatillo, salvando así el castillo de Acapulco amenazado próximamente por los independientes. Morelos, comprendiendo sin duda el designio de los enemigos, se retiró del Ahuacatillo, situándose el mismo en otro punto llamado el Veladero, miéntras uno de sus tenientes, Avila, se adelantaba al encuentro de Páris, esperándole en el paso real de la Sabana. Páris, por su parte, no se descuidó en tomar las más activas providencias. Tenia á sus órdenes más de mil hombres,[1] con dos piezas de artillería que se le habian remitido de Acapulco por la playa del Marqués. Dividió estas fuerzas en tres secciones: la del centro, que mandaba él mismo, la derecha, al mando de Sanchez Pareja, que se dirigió al Ahuacatillo, encontrándolo abandonado, como ya se ha dicho; y la de la izquierda, á las órdenes de D. Francisco Rionda. Una columna mandada por D. Juan Antonio Caldelas, valiente jefe de la Costa chica, ocupó un platanar que flanqueaba la posicion de Avila; y otra al mando de Cosío, saliendo de Acapulco, debería batir un destacamento de treinta hombres insurgentes que defendian el paso de las Cruces. Avila, fortificado en las casas de la Sabana, á la cabeza de seiscientos surianos, esperó á pié firme á sus contrarios. La batalla fué reñida: los esfuerzos que hizo Páris para desalojar á los independientes fueron vigorosos, y sus ataques

---

[1] Bustamante dice que eran mil quinientos hombres. Cuadro Histórico, tom. 2, pág. 7.

repetidos; mas por fin, despues de muchas horas de com·
bate, tuvo que retirarse, dejando en el campo muchos
muertos y armas. La artillería de los realistas, inutilizada
desde los primeros tiros, no hizo estrago alguno en los insurgentes. Se dió esta batalla el 8 de Diciembre de 1810.
Páris, despues de la derrota, se situó con una parte de la
fuerza que pudo recoger, en "Tres palos," en espera de un
obús de á doce que se le debería remitir de Acapulco; Sanchez Pareja ocupó con otras pocas tropas el punto de los
Coahuilotes, y el resto regresó para Acapulco.

Morelos, animado con esta victoria, quiso tomar la iniciativa y atacar los restos del ejército de Páris. Para el
efecto, se procuró inteligencias con un capitan, D. Mariano
Tabares, que militaba en el ejército realista, lo mismo que
con otro, D. Márcos Landin, adquiriendo además algunos
datos sobre la situacion y estado de las fuerzas enemigas,
por medio de un italiano, D. Juan Pau, que se pasó á sus
filas. Páris tenia en "Tres palos" seiscientos hombres, restos del anterior ejército, más trescientos que recientemente le habian sido enviados de Oaxaca y de Jamiltepec. Las
fuerzas de Morelos no pasaban de seiscientos soldados co-
mandados por el mismo D. Juan Avila, vencedor de la Sabana. La batalla se dió como la tenia premeditada Morelos, quedando al cabo de dos horas de fuego, dueño Avila
del campo, con la pérdida insignificante de cinco hombres,
recogiéndose como fruto de la victoria seiscientos fusiles,
cinco cañones, cincuenta y dos cajones de parque y muchos víveres.

Páris, despues de esta derrota, se dirigió á los Cuahilo-
tes en busca de Sanchez Pareja; mas no encontrando á éste allí, intentó fortificarse en San Márcos: no considerán-
dose aún allí seguro, se retiró hasta Cuautepec. La dispersion habia sido completa. Esta batalla tuvo lugar el 4 de
Enero de 1811.

9.—París, vencido en todas estas ocasiones, no por eso desfallecia, ántes bien, recibidos nuevos refuerzos de Oaxaca y de la Costa chica y unido con D. Nicolás Cosío, que habia sido nombrado comandante de las fuerzas del Sur, se encontró pronto en aptitud de emprender sus operaciones sobre Morelos y los insurgentes. Se dirigió, pues, á la Sabana por el mismo camino de la hacienda de San Márcos, y el 29 de Marzo se situó en el paraje de los Coyotes. En este campo fué atacado por Galeana, oficial valiente de Morelos, el 4 de Abril. Despues de un ligero combate, los insurgentes se retiraron, sin duda para atraer á los realistas á una fuerte posicion inmediata que ocupaban. Inútiles fueron los esfuerzos que hizo París y Cosío para desalojar de ella á las tropas de Morelos, aun dando cargas á la bayoneta con el mayor empeño: al fin hubieron de retirarse al punto de las Cruces. Los dias 30 de Abril y 1º de Mayo volvieron á chocar ambas fuerzas contendientes, con mayores elementos, sin que obtuvieran ventaja alguna los realistas al mando de Fuentes, que habia sustituido á Cosío por órden del virey. [1] En esta campaña los realistas se condujeron con entereza y dieron vigorosos ataques, militando en sus filas no solo costeños, sino tehuantepeques y mixtecos de Tamasulapan y Huajuapan. El oficial más distinguido era sin duda Caldelas.

Como se ve, Morelos combatia contra un enemigo que se reproducia, y que destruido repetidas veces, aparecia de nuevo con fuerzas dobles, por los auxilios que sin cesar estaba recibiendo de Oaxaca. Fuentes, en aquella ocasion, tuvo que abandonar sus posiciones para seguir á Morelos que emprendia el camino de Chilpancingo. Cerca de este punto, en Tixtla, el 15 de Agosto, sufrió una nueva y más cruel derrota, acometido por las tropas de Morelos y Galeana, y tres dias despues, el mismo Fuentes, con los

---

[1] Gacetas números 47 y 59 de 1811.

dispersos que habia podido recoger y nuevos refuerzos de Oaxaca, á la sola presencia de Morelos, huyó despavorido, dejando abandonados dos cañones y gran cantidad de pertrechos de guerra.

10. — El gobierno, como se advierte desde luego, se mostraba muy activo en Oaxaca, levantando numerosos cuerpos de tropas que si bien daban bastante trabajo á Morelos, juntamente aumentaban sus recursos y sus glorias, haciendo cada dia más célebre su nombre. Y miéntras estos soldados, acaso contra sus convicciones, iban á pelear en las abrasadas tierras de la costa, en Oaxaca mismo se preparaban acontecimientos de importancia. La Costa chica, desde el principio de la revolucion, se habia manifestado adicta al gobierno establecido, á diferencia de la Costa grande, bajo el cual nombre se conocia la mayor parte de lo que hoy forma el Estado de Guerrero, en el cual habian prevalecido las ideas que los insurrectos propagaban; aquella adhesion no era tanta, sin embargo, que á principios de Noviembre del año 11 no se pusiesen en movimiento los indios de Jamiltepec, Pinotepa y otros inmediatos, acaudillados por un D. Antonio Valdés, vecino de Tlataltepec, proclamando la Independencia y comenzando por dar muerte á D. Juan Manuel Egusquiera y otros diez españoles. Valdés llegó á reunir ochocientas armas y muchos hombres, siendo su intento reunirse con Morelos; mas cambiando de parecer, prefirió encerrarse en el cerro de Chacahua, de formacion volcánica, cuajado de azufre y en que habia de carecer de todo lo necesario. A la novedad ocurrieron aceleradamente D. Juan José Caldelas, que permanecia en los Cortijos desde la derrota de la Sabana; D. Luis Ortiz de Zárate, teniente coronel de Oaxaca, llevando de esta ciudad un destacamento del regimiento de Castilla, llegado recientemente de Campeche, y los curas de los pueblos inmediatos, que auxiliaron eficazmente, con especialidad un

Ortiz de Zárate, D. José Cleto Verdejo, párroco de Tututepec, y Fr. José Herrera, vicario de Jamiltepec. Este sacerdote reunió y puso en este pueblo doscientos hombres sobre las armas, y el párroco del mismo lugar, D. Tomás de la Serrada, se queja en comunicacion al comandante Ortiz de Zárate de que estuvo á punto de perecer á manos de Valdés á causa de que cumpliendo con sus deberes, estaba "expeliendo del templo del Señor á los iniquos y declarándolos públicamente excomulgados." Caldelas, con los negros que desde entónces se declararon enemigos de los indios, derrotó á Valdes en los "Hornos de cal," y poco despues se apoderó del cerro de Chacahua en que Valdés se habia fortificado, dispersando su gente por completo (19 de Noviembre de 1811). Para vencerlo hubiera bastado dejarlo en aquel cerro árido perseguido sin cesar por las tempestades. Se hicieron algunas prisiones, se quemaron muchas de las casas de los indios, á quienes obligaron á entregar á sus principales cabecillas, los que fueron remitidos á Oaxaca y castigados. Además, el subdelegado de Jamiltepec, D. Manuel Fernandez del Campo, tomó providencias enérgicas para recoger las armas y obligar á los inquietos á pedir indulto. [1]

1 La noticia de las dos victorias de Caldelas está consignada en las siguientes comunicaciones:—"El dia 11 del que rige salí del Cortijo con destino de destruir la insurreccion de esta provincia por órden del comandante D. Francisco Páris, y el 12 como á las dos de la tarde, á distancia de dos leguas de este pueblo, se me presentó el enemigo en número como de 500 hombres, y el atacarlos y derrotarlos fué obra de pocos momentos; y entrando el dia siguiente en el pueblo lo encontré solo por que todos fugaron á reunirse al de Huasolotitlan, y á poco rato de mi entrada se presentó D. Francisco Estevez, capitan de voluntarios, á manifestarme que los propios rebeldes teniéndole en prision le dieron libertad para que viniese á impetrar el perdon por todos aquellos cabecillas reunidos en dicho pueblo que ofrecian rendir las armas con tal que se les perdonase la vida; y estando yo decidido á admitirle la rendicion, llegó un parte de un vecino fiel, que avisaba haberse fugado todos los

11.—No léjos de estos pueblos se libró poco despues una reñida batalla entre Páris y las fuerzas de Morelos. Este general, despues de las victorias de Tixtla y de Chilapa, se dirigió á Tlapa, á la cabeza de un ejército que ya se habia hecho respetable. En este pueblo, que no le ofreció la más pequeña resistencia, pues al aproximarse, su guarnicion huyó hácia Oaxaca, encontró á D. Valerio Trujano que le prestó despues servicios importantes. Parece que éste era natural de Tepecuacuilco y que durante algun tiempo ejerció la profesion de arriero. Afecto á la Independencia, reu-

cabecillas con todas las armas y porcion de gentes, divulgando que iban á reunirse con Morelos: que de un modo ó de otro ya manifiestan bastante el terror que les ha infundido la derrota que padecieron, y así por esto, como porque segun noticias que he adquirido, se mantiene fiel el pueblo de Tututepec y su partido, he resuelto despachar á V. este extraordinario para que con estos conocimientos dirija V. sus operaciones.—Yo me mantengo aquí ordenando la seguridad pública con disposicion de avansar hasta Xamiltepec, si el movimiento del enemigo no llama la atencion á otra parte.—Dios guarde á V. muchos años. Pinotepa del Rey 14 de Noviembre de 1811 á las doce de la noche.—*Juan Antonio Caldelas.*—Sr. Teniente Coronel D. Luis Ortiz de Zárate."

"Gloria al Dios de los ejércitos.—A las doce del dia me apoderé del punto de Chacahua que ocupaban los insurgentes y cabecillas Valdés y Chavarría, con todos los intereses que en el habia, tres cañones de palo y demas municiones; libres de haber perecido sobre los barriles de pólvora con mecha en mano, que efectivamente tenian.—La accion ha estado muy reñida, la hora muy cruda, el fuego muy vivo; pero nada fué obstáculo para estos valerosos soldados. Por nuestra parte hemos tenido cuatro heridos, uno de gravedad y los restantes levemente. Ignoro los muertos y heridos, pues aun la tropa sigue en su alcance, pero deben ser muchos. A nuestra vista celebramos estas glorias, y por cuanto no hay lugar para mas, solo pido las mulas que fueron cargadas ayer para que conduzcan el botin que se ha tomado, pero que indispensablemente vengan á dormir al camino, quando no puedan llegar aquí.—Se necesita de un médico y ungüentos para curar mis enfermos que son acreedores á toda atencion.—Dios guarde á V. muchos años. Chacahua 19 de Noviembre de 1811 á la una de la tarde.—*Juan Antonio Caldelas.*—Sr. Subdelegado de Xicayan." (Gaceta 146 de 1811).

nió una pequeña partida con la que se apoderó de cien fusiles que de Veracruz enviaba á Oaxaca D. José Mariano Almanza. Este fué su primer hecho notable. En Tlapa se presentó á Morelos ofreciendo sus servicios y recibiendo desde luego la comision de ocupar Silacayoapam, en donde habia un destacamento de tropas reales. Trujano, fácilmente se apoderó de aquel lugar. Poco despues, Morelos ordenó á D. Miguel Bravo que se dirigiese á Oaxaca á la cabeza de cuatrocientos soldados, á los que debian unirse las tropas de Avila y de Trujano. Bravo fué, en efecto, á su destino, pero siguiendo el camino más largo, pues tomó el rumbo de la Costa chica en que por entónces se verificaba el movimiento de insurreccion que queda referido. En el curso de su marcha, y ya cerca de Ometepec, encontró al comandante Páris. Hallándose á la vista los dos campos, el P. D. José Antonio Talavera, mariscal de campo de los insurgentes, indiscretamente se acercó al ejército de Páris: fué hecho prisionero y remitido á la ciudad. Dos dias despues de este acontecimiento, el 29 de Enero de 1812, Bravo atacó á sus enemigos por dos puntos: la accion fué reñida y los insurgentes hicieron proezas notables de valor, singularmente en la defensa de un cañon situado en lugar ventajoso y en que combatió cada parte con igual entereza, dándose cargas á la bayoneta. Al fin, Bravo fué batido, dejando prisionero al capitan D. José Perfecto García y otros dos oficiales que fueron pasados por las armas.[1]

12.—Despues de esta victoria, importante puesto que desbarató por entónces los planes de insurreccion relativos á Oaxaca, Páris se dirigió á Ayutla, en donde asentó su campo. Desde allí mandó, por el mes de Abril, una parte de la cuarta compañía de su division á Chilapa, cuya poblacion, inclinada á los realistas y excitada por el gigante Mar-

[1] Vease el parte detallado en la Gaceta núm. 183. Tom. 3.

tin Salmeron, decidido entónces por el gobierno español, hizo un movimiento en favor de ellos, dando por resultado la ocupacion de la plaza por las tropas de Páris. El subdelegado D. Francisco Moctezuma que Morelos habia dejado mandando, y otros varios empleados, fueron remitidos en cuerda para Ayutla y en su lugar fué puesto D. Manuel del Cerro en calidad de comandante, ordenando Páris que las tropas de que disponia fuesen reforzadas por el capitan D. José María Añorve. Poco tiempo permanecieron allí esas tropas, dando la vuelta á Ayutla á la salida de Morelos de Cuautla, por juzgar Páris que en su retirada este general deberia pasar necesariamente por aquel pueblo. Se proponia alcanzar allí victoria peleando contra un puñado de soldados, vencidos ya una vez, cansados y acaso desarmados; mas se engañó, pues Galeana lo batió completamente en Citlala, destrozando las tropas de Añorve y Cerro y recogiendo gran cantidad de armas y prisioneros. Páris entónces se dirigió á Tlapa con el intento de tomarlo; mas distraido por otras atenciones poderosas para que le llamaron á Oaxaca, tuvo que abandonar su empresa por dos veces. [1]

13.—Entretanto, D. Miguel Bravo y Trujano, vencidos en Ometepec, pudieron reunir á sus fuerzas, que estaban muy léjos de haber sido destruidas completamente, muchos negros de la costa con los que emprendieron en órden el camino de la Mixteca. Esta se encontraba en estado de insurreccion completa. Trujano, comisionado por Morelos, como hemos visto, para hacer allí un movimiento en favor de la Independencia, habia procurado cumplir su encargo apoderándose de Silacayoapam y enviando á distintos pueblos agentes con el mismo fin. No tardaron éstos en levantar numerosas partidas que recorrian las mixtecas poniendo en

1 Gaceta núm. 178. Tom. 3.

gran turbacion al gobierno de Oaxaca. Para reprimir, pues, aquellos movimientos, se trabajó activamente en la ciudad en levantar fuerzas considerables que se pusieron á las órdenes de D. José María Régules Villasante, español, natural de Santander y entónces vecino de Nochistlan, hombre destituido de todo conocimiento y experiencia militar, pero activo y cruel en grado superlativo. A éste se unieron D. Gabriel Esperon y D. Juan de la Vega, con los labradores de sus haciendas, que habian armado, y una compañía de artesanos de Oaxaca.

Como era de esperarse, uno de los más diligentes y celosos en favor de la causa de España, era el Illmo. Sr. Bergosa. Desde el 23 de Noviembre del año anterior se habia sabido su promocion al arzobispado de México por la muerte del Illmo. Sr. Lizana, noticia que se celebró en la capital de la nacion con repique general de campanas. El Sr. Bergosa habia sido ya inquisidor en esa ciudad y se tenia el concepto de ser un hombre probo. Su eleccion se atribuyó á su amistad con D. Ciriaco Carbajal, que habia sido oidor de México y gozaba de bastante influencia en la regencia de España establecida en Cádiz. Preparábase desde entónces el electo para emprender su viaje y ocupar la nueva silla; mas la ciudad se encontraba en esos momentos atribulada por la insurreccion de la Costa chica; el ayuntamiento le suplicó permaneciese aún algun tiempo en ella, por ser necesarios su presencia é influjo en aquellas circunstancias, y él mismo creyó oportuno no apresurar su marcha. Aquella determinacion no fué inútil, en efecto, para la defensa de Oaxaca, pues no solamente contribuyó con su dinero, así él como el cabildo eclesiástico á los gastos de la guerra, no solo levantó el espíritu público con sus sermones y pastorales, sino que se propuso formar un cuerpo de eclesiásticos, religiosos y colegiales, á que dieron por burla el nombre de "Mermelada," por estar los soldados vestidos de lienzo de color morado.

Prevenido, pues, así el gobierno de Oaxaca con fuerzas suficientes para rechazar una invasion, desde luego puso á las órdenes de Régules cuatrocientos infantes y cien caballos, con los que éste se situó en Yanhuitlan, convento de mampostería bastante fuerte y á propósito, por su ventajosa posicion, para resistir un largo asedio. Notaremos de paso que á esta ocupacion, seguida de otras muchas, así en la guerra de Independencia como en guerras civiles posteriores, se debe la relajacion de la disciplina regular entre los frailes, pues el roce de éstos con los soldados no podia ménos de abrir anchas brechas en las buenas costumbres y moralidad de los religiosos. Otras miras completamente diferentes se llevaron al edificar estos suntuosos conventos, asilo de las bellas artes, y nunca para que sirvieran de fortalezas, como se ha dicho sin fundamento por algunos escritores, entre los cuales se cuenta el muy apreciable D. Lúcas Alaman. En el curso de esta historia hemos podido ver cuál fué el orígen de este de que tratamos ahora, y con solo leer cualquier libro de los religiosos de aquella época, podrá convencerse de que jamás se hubiera puesto mano á ninguna de estas grandes obras de arquitectura, si sus fundadores hubieran previsto que más adelante habian de servir como baluartes para derramar desde allí la sangre de los mexicanos, cuya conservacion fué el objeto de los trabajos de aquellos santos frailes de los tiempos de la conquista.

14.—De todos modos, Régules comprendió que Yanhuitlan era una excelente plaza militar y se apoderó de ella y del convento, estableciendo allí su campo. Su primer hecho de armas fué mandar fusilar al gobernador y alcalde del pueblo, porque segun dijo, intentaban pasarse á las filas de los insurgentes. Estos no tardaron en presentarse en número considerable, con tres cañones, tiroteando á las fuerzas de Régules en las inmediaciones de la poblacion y

tomándole una avanzada de un oficial y veinticinco soldados, que no pudo defender. Este hecho obligó á los realistas á concentrarse en el recinto atrincherado del cementerio; mas haciendo despues una salida vigorosa, pusieron en fuga á los insurgentes, tomándoles sus tres cañones, y setenta prisioneros. Segun el parte de Régules, murieron en la accion cuarenta insurgentes, que algunos dicen que fueron prisioneros fusilados.

A esta victoria, que tuvo lugar en Enero de 1812, pudo Régules agregar otra poco despues, no ménos importante, el 26 de Febrero, dispersando las tropas que en San Juan Teposcolula, en número de quinientos honderos y trescientos caballos, mandaba D. Nicolás Bobadilla, y quitándoles una culebrina y dos cañones colocados en una altura. Los prisioneros [1] que hizo esta vez fueron tambien fusilados, y quemados los acopios de víveres, así como las casas en que se habian depositado.

Por este tiempo, D. Miguel Bravo y Trujano, de regreso del fracaso de la Costa chica, entraban de nuevo en la Mixteca, y uniéndose con D. Nicolás Bravo y el P. Mendoza, formaban un cuerpo de cuatro mil hombres y nueve cañones, con que intentaron un nuevo ataque á Yanhuitlan. Los insurgentes, en esta ocasion, estaban decididos. En el pueblo inmediato de San Bartolo se juramentaron para vencer ó morir: con este compromiso llegaron á Yanhuitlan, ocuparon con denuedo los suburbios, penetraron por las calles, colocaron nueve cañones convenientemente, dirigieron sus fuegos al convento y se acercaban á él cada vez más, aunque siempre combatiendo. Para comunicarse unos con otros emplearon una compañía de zapadores á que dieron

---

[1] El parte de Régules dice, que en el campo quedaron cincuenta muertos insurgentes, y que se hicieron veintiun prisioneros, más diez y siete que se extrajeron de las casas de Teposcolula por sospechas. Gaceta núm. 95, del t. 3.

el nombre de "tuseros," por el género de trabajo á que los dedicaron de horadar los edificios, semejante al de las tusas que socavan y taladran la tierra en los campos. Continuados fueron los ataques en los dias 11, 12, 13 y 14 de Marzo, y aunque Régules, en una salida, quitó un cañon y desde cinco casas fortificadas, impedia con un contínuo tiroteo que se acercaran al recinto atrincherado del cementerio de la parroquia, al que estaba reducido con su tropa y los vecinos del lugar, los insurgentes, desde las alturas inmediatas en que tenian parte de su artillería, hacian en ellos grave daño. Además, habian cortado toda comunicacion á los sitiados: tenian, pues, aquellos en su favor todas las probabilidades de la victoria. Repentinamente, sin embargo, el dia 15 á la madrugada suspendieron sus fuegos, y á las cinco de la mañana emprendieron su retirada en buen órden, llevándose su artillería y pertrechos, sin que Régules se atreviese á seguir el alcance. Este movimiento fué causado por la órden que los Bravos recibieron de auxiliar á Morelos atacado entónces en Cuautla. Siguieron, en efecto, tanto D. Nicolás como D. Miguel, el camino de esta poblacion, en donde combatieron bizarramente, miéntras que Trujano seguia sus excursiones en las mixtecas. Entre los realistas se distinguieron D. Gabriel Esperon, D. Juan de la Vega y un sacerdote, Aldeco, que con algunos dominicos hacia oficios de capellan y de soldado. El virey recompensó á los defensores de Yanhuitlan con una medalla orlada con este mote: "Defensa distinguida de Yanhuitlan." [1]

15.—El primer cuidado de Trujano cuando quedó solo con el mando de las varias partidas de las mixtecas de Oaxaca, fué ocupar la villa de Huajuapan, plaza que le pareció importante por su situacion en el centro de una

[1] Gaceta número 212, t. 3.

rica provincia, entre los límites de dos muy importantes obispados, abundante de recursos y muy defendible, como lo probó poco tiempo despues. Supo allí que D. Manuel Guendulain, dueño de una muy productiva hacienda que hasta hoy lleva su nombre, habia formado una division con los negros de su trapiche, con los que marchaba á combatirlo. Trujano salió secretamente á su encuentro, lo encontró en un desfiladero y lo dejó muerto en el campo con muchos de sus negros, recogiendo por fruto de su victoria las armas de sus enemigos. Este hecho, así como los precedentes que dejamos referidos, y sobre todo, el levantamiento de las mixtecas que se debia casi exclusivamente á sus esfuerzos, habian dado celebridad á Trujano, que amenazaba no solo preponderar sobre el gobierno, sino dominar con sus guerrillas todo Oaxaca. Juzgó por lo mismo el comandante de esta ciudad, Bonavia, que deberia destruirlo á toda costa, y para conseguirlo, trató de reunir un grueso cuerpo de tropas: señaló por jefe de este ejército á Régules, que tambien habia adquirido nombradía con las ventajas obtenidas en Yanhuitlan; mandó que á las órdenes de éste se pusiesen Caldelas con doscientos negros de la costa, el batallon de la Mermelada formado por el Sr. Bergosa y comandado por el Dr. D. José de San Martin, canónigo lectoral de Oaxaca, el batallon de artesanos, los cuerpos levantados por Esperon y los soldados que ántes habian estado á las inmediatas órdenes del mismo Régules, es decir, una parte de los batallones de infantería de Oaxaca y de Campeche. El canónigo San Martin no iba con gusto en esta expedicion, habiéndose comprometido á acaudillar el ridículo batallon de la Mermelada, como único medio de evitar la persecucion que le preparaba el Sr. Bergosa por las simpatías que habia manifestado por la Independencia. Las fuerzas todas, en número considerable, se reunieron en Yanhuitlan, llevando consigo catorce cañones y considerable cantidad de municiones y pertrechos. Antes de partir Régules en busca de Trujano, mandó cortar las orejas á veintitantos indios, á quienes hizo poner debajo de la horca, dejándolos expuestos al sol durante todo el dia. Poco ántes habia ya hecho ahorcar á un gran número, acaso de inocentes, recogidos de las inmediaciones del pueblo, lo que demuestra su carácter sanguinario y feroz.

Las tropas de Trujano y sus elementos de guerra eran ciertamente muy inferiores á las de su contrario, ni podia racionalmente prometerse un éxito feliz presentando batalla en campo abierto, por lo que juzgó más prudente encerrarse en Huajuapan, aprovechando los recursos abundantes que esta villa podia proporcionarle. En ella se presentó Régules el 5 de Abril: como era este dia domingo y habian concurrido muchos de los pueblos inmediatos, quedaron todos dentro del sitio que luego se estableció, aumentándose así accidentalmente los soldados de Trujano. La defensa que hizo éste de aquella plaza es lo que constituye su gloria principal en su carrera militar: para hacerla, en efecto, no contaba sino con medios muy insuficientes: sin cañones, sin balas, sin víveres, con pólvora muy escasa y soldados bisoños del todo, ó muy poco experimentados en la guerra, nada podia esperar que no fuese su ruina, al parecer indefectible: con aquellos escasos elementos, supo, sin embargo, vencer y abrir á Morelos las puertas de Oaxaca.

Los sitiadores se colocaron al derredor de la poblacion. Caldelas se situó con sus cuatrocientos costeños en una loma dominante al norte de Huajuapan, conocida con el nombre de "el Calvario;" el resto de las fuerzas se distribuyó en todas direcciones: se abrieron, además, en torno de la villa, zanjas protegidas por artillería colocada convenientemente: en fin, en breves dias terminó la circunvalacion, quedando toda comunicacion cortada para los sitiados. Estos, por su parte, no se descuidaban, supliendo con

su industria y actividad lo que más les hacia falta. Para su resguardo levantaron débiles parapetos que defendieron con muy malos cañones fundidos en la misma plaza y que tenian la figura de canales de azotea. En lugar de balas y metralla se sirvieron de las piedras redondeadas de un arroyo inmediato. En las inmediaciones de Huajuapan se acostumbraban hacer matanzas de cabras, cuya carne y sebo se remitia á Puebla para su venta. Trujano encontró en la colecturía de diezmos gran cantidad de esta carne, así como tambien de semillas y panela, de todo lo que se aprovechó, guardando estos víveres con gran cuidado y haciendo por su mano la distribucion de las raciones, para que nadie llegase á penetrar el secreto de su falta ó escasez y tomase de aquí motivo para el desaliento. Lo mismo acontecia con la pólvora, que escaseaba en gran manera, pero que nadie lo sabia, porque solo Trujano tenia la llave de los almacenes.

Saber guardar secreto es uno de los más importantes medios de vencer en la guerra; y si Trujano tenia esta relevante cualidad de los grandes soldados, no le faltaba la otra no ménos recomendable y útil, de penetrar los designios del enemigo. En la série de operaciones de este sitio, Régules se maravillaba de encontrarse prevenido por Trujano en aquellas disposiciones que parecian más secretas y mejor calculadas: de modo que determinaba, por ejemplo, dar un albazo á las dos de la mañana por tal punto; en él hallaba á los insurgentes dispuestos á recibirlo convenientemente. El medio de que se servia Trujano para esto, era un indio de Noyóó, que de noche pasaba sin ser sentido al campo realista, y ocultándose detrás de la tienda del comandante español, oia las disposiciones que éste, despues de la cena, dictaba á sus ayudantes. Para acreditar este indio sus relaciones, presentaba á Trujano pimientos ó alguna otra cosa que pillaba de la cocina de Régules.

A pesar de todo, la posicion de Trujano era en extremo

desventajosa; y si aquel estado de cosas se prolongara por mucho tiempo, sin embargo de su valor é industria, tendria que sucumbir sin remedio. El tiroteo era diario y algunos dias contínuo. Los asaltos fueron frecuentes y vigorosos: en el espacio de ciento once dias que duró el sitio, tuvo que resistir quince de aquellas enérgicas embestidas; y si es verdad que en todas fueron rechazados los españoles, no por eso mejoraba la situacion de los insurgentes, estando próximo el momento en que el hambre dejase sentir entre ellos sus horribles estragos. En tal angustia, Trujano logró que llegara un correo al P. Sanchez, que estaba en Tehuacan con tropas de independientes, y éste dispuso auxiliarlo uniéndose al intento con el cura Tapia: ambos se pusieron en marcha con nueve cañones y número suficiente de soldados. Antes de llegar á la plaza, en Chilapilla, el 17 de Mayo, Caldelas, que habia hecho á sus negros ocultarse en un palmar, por el lado del Calvario, los atacó de sorpresa, desbaratándolos tan completamente, que Sanchez y Tapia con dificultad escaparon á uña de caballo, dejando en poder del enemigo los cañones y víveres que llevaban.

Destruida aquella esperanza, los sitiados quedaron en igual ó peor estado que ántes: el cerco era más estrecho y los asaltos continuaban con el mismo vigor, logrando un dia Régules penetrar en el pueblo, por la colecturía de diezmos, horadando las paredes de varias casas. Estas horadaciones eran motivo de sangrientas luchas, pues frecuentemente en ellas se encontraban sitiados y sitiadores y combatian cuerpo á cuerpo desesperadamente. En uno de los asaltos murió el padre agustino Fr. Manuel Ocaranza, que seguia el partido independiente, y en otro el dominico Soto, que dirigia un cañon en el campo realista, á quien acertó á dar un balazo el indio de Noyóó, de quien hemos hablado, y que era conocido por diestro cazador.

Destituido Trujano de todo socorro, pensó todavía defen-

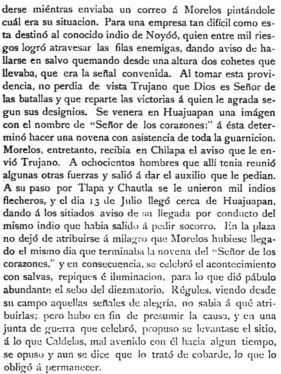

derse miéntras enviaba un correo á Morelos pintándole cuál era su situacion. Para una empresa tan difícil como esta destinó al conocido indio de Noyóó, quien entre mil riesgos logró atravesar las filas enemigas, dando aviso de hallarse en salvo quemando desde una altura dos cohetes que llevaba, que era la señal convenida. Al tomar esta providencia, no perdia de vista Trujano que Dios es Señor de las batallas y que reparte las victorias á quien le agrada segun sus designios. Se venera en Huajuapan una imágen con el nombre de "Señor de los corazones:" á ésta determinó hacer una novena con asistencia de toda la guarnicion. Morelos, entretanto, recibia en Chilapa el aviso que le envió Trujano. A ochocientos hombres que allí tenia reunió algunas otras fuerzas y salió á dar el auxilio que le pedian. A su paso por Tlapa y Chautla se le unieron mil indios flecheros, y el dia 13 de Julio llegó cerca de Huajuapan, dando á los sitiados aviso de su llegada por conducto del mismo indio que habia salido á pedir socorro. En la plaza no dejó de atribuirse á milagro que Morelos hubiese llegado el mismo dia que terminaba la novena del "Señor de los corazones," y en consecuencia, se celebró el acontecimiento con salvas, repiques é iluminacion, para lo que dió pábulo abundante el sebo del diezmatorio. Régules, viendo desde su campo aquellas señales de alegría, no sabia á qué atribuirlas; pero hubo en fin de presumir la causa, y en una junta de guerra que celebró, propuso se levantase el sitio, á lo que Caldelas, mal avenido con él hacia algun tiempo, se opuso y aun se dice que lo trató de cobarde, lo que lo obligó á permanecer.

Morelos destacó á D. Miguel Bravo para que con la gente, que se habia reunido otra vez, de Sanchez y Tapia, tomase uno de los costados de la poblacion, lo que no tuvo efecto por haber sido Bravo desbaratado por Caldelas, perdiendo sus cañones y poniéndose en fuga con los suyos. Mas habiendo atacado el cuerpo principal de Morelos el campo realista en la tarde del mismo dia 13, al mismo tiempo que Trujano hacia una vigorosa salida, los españoles, cogidos entre dos fuegos, quedaron destrozados del todo. Se dice que Caldelas, viendo el desórden de los sitiadores, lleno de ira, con pistola en mano se dirigia á matar á Régules, diciendo que lo habia comprometido y abandonado: fué muerto á lanzadas, gritando hasta en su último aliento "¡Viva España!" Era español valiente y fué sentido aun por Morelos, que estimaba el valor hasta en sus enemigos. D. Gabriel Esperon huyó á uña de caballo. Al hacer otro tanto Régules, dió con la cabeza contra la rama de un árbol, y cayó en tierra arrojando sangre por las narices: un dragon, en la grupa de su caballería, lo condujo á Yanhuitlan. Hasta esta poblacion siguió Trujano el alcance á los vencidos, no dando cuartel á nadie. Huajuapan quedó hecha un harnero: las paredes rotas por los estragos de las balas y los trabajos de zapa de los "tuseros." Morelos se hizo allí de la artillería enemiga, de más de mil fusiles y de gran cantidad de parque. Bustamante asegura que de los realistas se enterraron cuatrocientos cadáveres y que pasaron de trescientos los prisioneros que se remitieron al presidio de Zacatula, sin contar con los que se unieron á las filas independientes.

En Yanhuitlan tomó el mando de los dispersos que allí fueron reuniéndose, el canónigo San Martin; mas como la tropa, sobrecogida de terror, esperando á cada momento ser acometida por los insurgentes, huia en pelotones, en consejo de guerra, á que asistió Régules, se determinó desamparar el punto, retirándose á Oaxaca. Para conducir sesenta heridos sirvieron cien presos que estaban en la cárcel y que fueron otra vez encarcelados en Oaxaca no obstante habérseles ofrecido la libertad en recompensa de aquel trabajo, que no podia dejar de ser muy voluntario en aquellas circunstancias.

Morelos aumentó sus fuerzas con las que estaban en

Huajuapan, de las que formó un batallon con el nombre de "San Lorenzo," porque habia recibido el fuego por todos lados, teniendo entónces á sus órdenes 3,600 hombres. En órden á Trujano, poco tenemos que agregar despues del sitio de Huajuapan. Hizo muchas instancias á Morelos para que desde luego, y aprovechando el desórden en que habian entrado sus enemigos, se dirigiese con todas sus fuerzas sobre la plaza de Oaxaca, lo que acaso hubiera sido una acertada providencia; y no habiendo conseguido sus deseos con Morelos, fué á Tehuacan fungiendo ya de coronel, grado que se le habia dado en recompensa de la defensa de la villa. Estando en Tehuacan, recibió comision de su general para expedicionar en demanda de víveres por el rumbo de Puebla. Como las fuerzas que se pusieron á sus órdenes no eran sus antiguos decididos soldados, sino ciento cincuenta hombres del padre Sanchez en quienes no tenia confianza, Trujano presumió un mal éxito en la empresa; sin embargo, obedeció. El dia 4 de Octubre, sin parapetos, fosos ni otra defensa alguna, á la cabeza de cuatrocientos hombres se hallaba en el Rancho de la Vírgen, cerca de Tepeaca: en este pueblo se hallaba, con doble fuerza, D. Saturnino Samaniego, del ejército realista. La proximidad de dos tropas enemigas hacia inminente un combate, y en efecto, el 5 á las dos de la mañana, Samaniego invadió el campo de Trujano llevando consigo trescientos infantes de Marina, el batallon de Guanajuato, lanceros de San Luis y un cañon que enfiló la puerta de la casa. Se combatió reciamente todo el dia, sin declararse la victoria por niuguna parte. En la noche los realistas prendieron fuego á las casas coronadas por las tropas de Trujano, por lo que éste determinó salir abriéndose paso entre las filas enemigas, como lo consiguió; más habiendo sabido que su hijo quedaba entre las llamas del incendio, regresó, sacrificando su vida en aras del amor paterno. Samaniego sacó de esta accion dos balazos en una pierna, En auxilio de una y otra parte llegaron nuevas fuerzas fuera de tiempo y cuando ya la batalla estaba decidida. [1] Al lado de Trujano murió combatiendo bizarramente Gil, amigo suyo y compañero inseparable, y á los dos se dió sepultura en Tehuacan, por Morelos.

Páris, entretanto, continuaba en la Costa chica trabajando en favor de la causa real. Despues de la derrota que sus tropas sufrieron en Chilapa, se habia retirado á Ayutla con las familias que quisieron seguirlo, ordenando que el teniente D. Antonio Reguera, con ciento cincuenta dragones, le cuidase la espalda. Desde allí hizo algunas tentativas para apoderarse de Tixtla, aunque sin éxito, y poco más adelante, no creyéndose seguro en aquel lugar, y sabiendo además que D. Victoriano Maldonado, con la gente que tenia en el cerro Metlastono, aprovechando la ausencia de Caldelas ocupado en el sitio de Huajuapan, se dirigia á Ometepec, juzgó prudente volver á la Costa chica, en la que fué útil en efecto, pues en el mes de Octubre una fraccion de sus fuerzas, á las órdenes de Rionda, derrotó al mismo Maldonado, quitándole su artillería, en la cuesta de Santa Rosa.

1 Gaceta núm. 301, tom. 3.

CAPITULO XVI

LA INSURRECCION EN OAXACA.

1. Marcha de Morelos para Oaxaca.—2. Asalto de la ciudad.—3. Ejecuciones de muerte.—4. Organizacion del gobierno.—5. Victorias de los Bravos en Costa chica.—6. Sale Morelos de Oaxaca.—7. Los guatemaltecos invaden el territorio de Oaxaca.—8. Combates parciales entre insurgentes y realistas.—9. Asamblea en que se trata de la reunion de un congreso nacional.—10. Illmo. Bergosa.—11. Los realistas se reaniman.—12. D. Ramon Rayon.—13. Desórdenes de dos canónigos.—14. Progreso de las armas realistas.—15. Entran los realistas en Oaxaca.

1.—Morelos permaneció poco tiempo en Tehuacan, no sin algun provecho: hizo personalmente ó por sus tenientes algunas salidas útiles; sobre todo aumentó y organizó sus tropas y luego tomó la resolucion de atacar á Oaxaca, lo que puso en ejecucion con tanto secreto que solo Sesma,[1] nombrado intendente del ejército, llegó á saber el fin de la jornada. El dia 10 de Noviembre, llevando consigo algunos víveres que el mismo Sesma á su costa tenia acopiados, emprendió la marcha con 5,000 hombres y cuarenta piezas de artillería de todos calibres, haciendo dudosa con astucia

---

[1] Así lo dice Bustamante en su Cuadro histórico; sin embargo, los vecinos realistas de Tehuacan presumieron el designio de Morelos y dieron aviso al virey, como puede verse en la Gaceta núm. 220. Tom. 3.

la direccion que tomaba, pues unos creian que iba á la costa del Sur y otros que á otra parte, y en una carta, fecha 17 del mismo mes, que Morelos escribia desde Cuicatlan á Sanchez, que habia quedado en Tehuacan, le dice que el mucho calor y la falta de víveres le harian presto volver para ir á Puebla. En esta expedicion le acompañaron sus más valientes y hábiles capitanes: á Matamoros nombró su segundo por no saber escribir Galeana. La marcha fué penosa, pues los rios Salado, de Vueltas y otros estaban crecidos y eran muy ásperas las montañas que tuvieron que atravesar. Además, no llevando suficiente provision de víveres, el hambre se dejó sentir desde Cuicatlan, habiendo espirado en la cuesta de Calderon cinco hombres por efecto de ella. No fué poca ventaja que el gobierno hubiese olvidado fortificar las gargantas de Quiotepec, Rio Blanco, etc., pues muy angustiado se hubiera visto á encontrar alguna oposicion armada, teniendo sin esto en múchos lugares que llevar á brazo su artillería. En Cuicatlan habia alguna fuerza de realistas avanzada; mas se retiró á la vista de los insurgentes. [1] En las cumbres de San Juan del Rey el ejército contempló con gozo el bello aspecto del valle de Etla con sus sembrados, sus rios y sus pueblos. Allí, además, se le presentaron muchos indios llevando graciosamente provisiones que fueron muy oportunas. En el mismo pueblo de San Juan del Rey y en Etla se detuvo Morelos dando descanso á la tropa.

En Oaxaca temian aquella marcha de Morelos y aun extrañaban que no hubiese sido ántes. Para recibirlo convenientemente se habia formado un ejército de más de dos mil hombres, compuesto de los españoles armados de la ciudad y sus inmediaciones, de los dispersos de Huajuapan y del cuerpo de eclesiásticos formado por el Sr. Bergosa. Un catalan entendido habia fundido treinta y seis piezas de

[1] Carta de Morelos, en la Gaceta núm. 324.

artillería de varios calibres, granadas y otros proyectiles. De Guatemala se habian hecho llevar municiones abundantes. Se fortificó el cerro de la Soledad que domina la ciudad y enfila el camino real, y en las calles se levantaron, bajo un plan bien dispuesto y aprobado por el gobierno, cuarenta y dos parapetos, dejando cuatro puertas de entrada con profundos fosos y puentes levadizos. Costó el atrincheramiento, segun afirma D. Cárlos Bustamante, 83,000 pesos.[1] Saravia desconfiaba, sin embargo, de estos elementos de resistencia, y no cesaba de escribir al virey exponiendo el apuro en que estaba y pidiéndole auxilios.[2] Hubo un incidente que debió tambien desalentar á los defensores de la ciudad. El Sr. obispo Bergosa, que habia detenido su viaje á México para estimular con su presencia los esfuerzos de los realistas, y que, en efecto, habia levantado un batallon de eclesiásticos, cooperando tambien al mismo fin con sus exhortaciones y pastorales, ahora, al saber que Morelos se acercaba, se puso en salvo, pasándose al convento de Santo Domingo y saliendo de allí con su familia y caudales para Tehuantepec, con el designio de pasar de allí á Tabasco y por Veracruz á México, como lo verificó. El Sr. Casaus, no ménos entusiasta realista, siguió en su fuga al obispo diocesano. La ciudad toda habia entrado en terror, abriéndose los conventos para recibir á las señoras que allí se juzgaban seguras, así como los tesoros de los comerciantes, que fueron depositados allí.

---

[1] Cuadro histórico. Tom. 2, pág. 208.
[2] Se valió de mil arbitrios para que sus comunicaciones pasaran entre los insurgentes, y las dictaba en términos que éstos no pudieran entenderlas. En un papelito, de su letra todo él, decia á Llano: "El dador de ésta va á saber de la salud de Frasquito (sin duda porque el virey se llamaba Francisco), pues Micaela se halla apurada y necesita sus auxilios.—*Gonzalez.*"—El comandante de Tepeaca, Rivas, contestó:—"Frasquito está bueno y Micaela será bien auxiliada, pues va un buen facultativo.—*Rivas.*"

2.—El primer choque entre las fuerzas beligerantes se verificó el 24 de Noviembre cerca de la hacienda de Viguera, sosteniendo Régules con doscientos caballos á los realistas, y D. Eugenio Montaño y el valiente capitan Larios á los insurgentes. Los primeros tuvieron dos muertos, y despues de un ligero combate, se retiraron á la ciudad. En ésta estuvo la guarnicion en vela toda la noche, y la poblacion sobrecogida de terror por ser aquella la primera guerra que veian. El intendente Izquierdo, como presidente de la Junta de Seguridad, dió órden para que fuesen fusilados trescientos prisioneros, órden que no se llevó á cabo. Morelos intimó el 25 por la mañana la rendicion de la plaza, señalando para la contestacion el término de tres horas. Se dice que los pliegos no fueron recibidos á tiempo por Gonzalez Saravia, por lo que la respuesta se esperó inútilmente. Pasado el plazo señalado por el cura Morelos, dió éste la órden á las tropas que estaban aún en Etla "A acuartelarse á Oaxaca." Sus fuerzas se dividieron en seis secciones: dos fueron destinadas á cortar la retirada por el camino que va á Tehuantepec, [1] otra á la custodia de los bagajes; una á las órdenes de D. Ramon Sesma, recibió la órden de atacar el fortin de la Soledad; otra al mando de Matamoros y Galeana, debia entrar en la ciudad por el camino del Marquesado; Morelos quedó con el último con las reservas para acudir á donde fuese más necesario; D. Manuel Terán estaba encargado de la artillería.

En la ciudad se celebraba ese dia, segun costumbre, la fiesta de Santa Catalina en el templo de San Juan de Dios, con asistencia del cabildo eclesiástico. Estábase cantando la misa cuando se supo la aproximacion de Morelos. El pánico se apoderó de todos, y no bien se hubo mal terminado aquella, cuando los clérigos que pertenecian á la Mermela·

---

[1] Una de estas secciones, que deberia rodear por Jochimilco, estaba á las órdenes de Montaño.

da corrieron á ocupar sus puestos y lo mismo los colegiales del Seminario, que desnudándose en la calle del trage talar que portaban, desde ella arrojaron por los balcones al interior de la casa que habitaban, los mantos y las becas, no teniendo tiempo que perder, para empuñar el fusil. La toma de la plaza fué obra de un momento. Montaño y Lares, tomando por la falda del cerro de la Soledad y pasando por Jochimilco, fueron á tomar con sus caballerías el camino de Tehuantepec, entrando en la ciudad por la Merced, en que no encontraron resistencia. Sesma, con el batallon de San Lorenzo, marchó contra el cerro de la Soledad. Terán, que lo acompañaba mandando la artillería, asestando con acierto sus tiros contra el tinglado del fortin, que era malo, al segundo cañonazo lo echó por tierra, al mismo tiempo que la infantería, cubriendo la zanja que se tenia abierta al derredor y que por su mala disposicion sirvió mejor á los asaltantes. rompiendo un vivo fuego sobre los defensores del punto, los ponia en dispersion huyendo el primero Régules, que era comandante del punto, á esconderse en el Cármen. En la calle de la Soledad habia un parapeto resguardado por un foso lleno de agua, sobre el que daba paso un puente levadizo. En el momento del ataque, el coronel Bonavia, que estaba en aquel punto, huyó acobardado: quedó mandándolo un sargento que se llamaba Azotlan, quien dejó caer el puente para que se salvaran los fugitivos del próximo cerro del fortin que habian tomado aquella direccion. Terán, aprovechando la oportunidad, con los suyos se mezcló en la turba de los que huian, se apoderó del puente; sobre éste puso un cañon para que no pudiera ser levantado, y con el primer tiro barrió la calle recta y penetró por ella: en la calle de San Felipe se le presentó Saravia con la caballería formada de europeos residentes en la ciudad, los que á los primeros tiros huyeron en pelotones, dejando solo al comandante, que tuvo que esconderse en una casa. Al mismo tiempo que esto pasaba en las calles de San Felipe y la Soledad, las demás trincheras caian en poder de Matamoros y Galeana, que se dirigian rectamente á los conventos del Cármen y Santo Domingo. En éste penetró Galeana haciendo trescientos prisioneros y tomando tres cañones. En el Cármen, los religiosos españoles que allí estaban, desde las bóvedas hicieron fuego hasta última hora, principalmente un Fr. Félix, capitan de la milicia eclesiástica levantada por el Sr. Bergosa; mas al fin todos cayeron bajo las armas de Matamoros. Terán fué el que halló más vigorosa resistencia, pues aun en la plaza, de que ya se habia hecho dueño, tuvo que dispersar algunos grupos que le hacian fuego detrás de las columnas de los portales.

El combate habia comenzado á las diez de la mañana: á las doce habia terminado, y á esa misma hora, las casas y tiendas de los españoles eran entradas á saco por las tropas victoriosas. Indecible es lo que entónces se perdió: los ricos almacenes quedaron vacíos: los opulentos españoles comerciantes fueron reducidos á la miseria, á la vez que algunos miserables, repentinamente enriquecieron con los despojos de los otros. Se distinguió entre otros un pobre tejedor que los sábados llevaba sus paños en el hombro, como los demás de su oficio, para venderlos al mercado, y que desde esa época cambió de posicion social, distinguiéndose su familia hasta la actualidad como una de las más bien acomodadas de Oaxaca. Las pipas de vino y de aguardiente catalan se derramaban en las calles. Vestidos de seda, ricas telas y alhajas de valor se remataban á cualquiera por vilísimo precio. Muchos se vistieron los uniformes de los oficiales y empleados vencidos, sobre los harapos que dejaban en parte descubiertos, excitando en las calles la hilaridad con los desfiguros que presentaban á la vista. A las manos de una negra esclava vino á dar el manto y la capa de rica tela de una imágen de Señora Santa Ana, con lo que ella se vestia de gala los dias de fiesta para ir al tem-

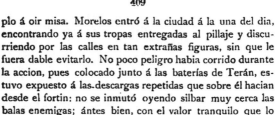

plo á oir misa. Morelos entró á la ciudad á la una del dia, encontrando ya á sus tropas entregadas al pillaje y discurriendo por las calles en tan extrañas figuras, sin que le fuera dable evitarlo. No poco peligro habia corrido durante la accion, pues colocado junto á las baterías de Terán, estuvo expuesto á las descargas repetidas que sobre él hacian desde el fortin: no se inmutó oyendo silbar muy cerca las balas enemigas; ántes bien, con el valor tranquilo que lo distinguia, continuó allí mismo el almuerzo que habia comenzado.

3.—Una de sus primeras providencias despues de tomada la plaza, fué mandar que los tesoros de los españoles, objeto de la avidez de las turbas desordenadas, y de que no se libraron aun los que se habian depositado en los conventos, fuesen recogidos como despojos de la victoria para el sustento de su ejército y gastos de la guerra. Hallándose á la mesa en la casa de un español llamado Gutierrez en que se hospedó, le presentaron á Régules, que habia sido hallado en el convento del Cármen escondido entre unos ataudes. Allí mismo fué encontrado, por Matamoros, otro de los oficiales realistas, Fuentes: se habia vestido de fraile; mas como el hábito era largo y además no se ajustaba bien al cuerpo, fué reconocido fácilmente, y él mismo, para salvar su vida, denunció á Régules. Gonzalez Saravia habia quedado escondido en una casa, como se ha dicho; mas habiendo querido huir, en la noche del 29 fué á llamar á la puerta del convento de Belem, y no habiéndole querido abrir los religiosos, emprendió el camino sin auxilio de cabalgadura alguna. El cansancio le obligó al siguiente dia á servirse del jumento de algun indio que casualmente iba por el mismo camino. Como el humilde animal no hacia consonancia con el trage del ginete, fué reconocido por una de las partidas de observacion y conducido á la ciudad. Morelos dice que fué reconocido porque huia disfrazado con una sábana. Bonavia y Aristi, subdelegado de Villa-alta, fueron cogidos en Tlacochahuaya, hallándose el primero herido. La misma suerte sufrieron poco más de doscientos españoles que con sus caudales habian tomado la fuga. Por todos estos se interesaron el canónigo Moreno, que en Valladolid habia sido maestro de gramática del mismo Morelos, algunas otras personas del clero y las familias de los presos. Morelos, en efecto, concedió la vida á los más, destinando treinta al presidio de Zacatula y dejando en libertad el resto; mas á Saravia, Aristi, Bonavia y Régules, mandó pasar por las armas en los lugares mismos en que habian sido fusilados López y Armenta. Igual suerte corrió un jóven criado de Saravia por haber roto ó incendiado uno de los bandos de Morelos puesto en una esquina. Esta muerte, así como la de Saravia, fueron sentidas y generalmente reprobadas, pues ninguna mala accion se recordaba de un caballero completo á quien de Guatemala su mala estrella trajo á morir á Oaxaca. Habia solicitado de Morelos ser tratado con las consideraciones debidas á su clase, y porque le dejaran embarcarse para España ofreció una fuerte cantidad: ambas cosas le fueron rehusadas. Al contestar al auditor nombrado por Morelos en el interrogatorio de la causa que se le formó, manifestó indignacion llamando á Morelos y á los suyos bandidos y ofreciéndoles el indulto, lo que apresuró su muerte. La ejecucion se verificó el 2 de Diciembre á las cinco de la tarde, en las canteras, sobre un tablado vestido de luto. Bonavia fué fusilado en la plaza de San Juan de Dios, en que lo habian sido Palacios y Tinoco. Los cadáveres de éstos fueron exhumados y quitadas de los lugares de ignominia en que estaban las cabezas de López y Armenta, celebrándose en la catedral por el cabildo eclesiástico, en honor de los cuatro, solemnes honras fúnebres á que asistió Morelos como primer doliente, paseándose los cadáveres un una rica caja en derredor de la plaza.

4.—En la misma catedral se celebró otra funcion religiosa en accion de gracias por el triunfo de los independientes, predicando en ella el P. Herrera. En Belem hizo Morelos celebrar otra funcion dedicada á Nuestra Señora de Guadalupe, en la que predicó el canónigo San Martin, comandante que habia sido del cuerpo de eclesiásticos. Como recuerdo de ese tiempo quedaba una fuente en la Alameda de Guadalupe que Morelos mandó construir entónces. En fin, se celebró la fiesta de la jura de la Junta de Zitácuaro, levantándose dos arcos de triunfo con emblemas y poesías que los explicaban, asistiendo á ella Morelos con el trage de capitan general. En las prisiones estaban aún el P. Talavera, cogido en la Costa chica, D. Cárlos Enriquez del Castillo, el subdiácono Ordoño y otros muchos que, como era natural, fueron puestos en libertad. Castillo, al abrazar á su esposa, la dejó sorprendida con el cambio que en su fisonomía habia producido la prision: parecia un vestiglo. Matamoros presentó al pueblo á los padres Talavera y Ordoño, y aun los paseó por las calles en el estado en que los encontró en la prision, que era tal, que inspiraba compasion.

Despues de esto, Morelos se consagró á la administracion pública, en cuyo despacho no descansaba de dia ni de noche. Bajo la direccion del Dr. Herrera estableció un periodico, "El Correo del Sur," cuya redaccion estuvo despues á cargo de D. Cárlos Bustamante, llegado por esos dias del Interior. Para la comunicacion regular con Rayon estableció un correo que cada quince dias salia para Tlalpujahua, pasando por Chilpancingo. Entre otras diposiciones, declaró la grana sujeta al diezmo, considerándola como fruto de la agricultura más bien que de la industria. Para arreglar el gobierno civil, estableció el ayuntamiento, compuesto de criollos, haciéndolos elegir popularmente y obligándolos al servicio sin excusa ninguna: nombró presidente de éste á D. Manuel Nicolás Bustamante. El juramento que hicieron sus miembros en las primeras sesiones, fué de "defender el misterio de la Purísima Concepcion y la religion católica, y reconocer, respetar y obedecer á S. M. la Suprema Junta de América, en representacion del augusto soberano, el Sr. Fernando VII (Q. D. G)." Nombró tambien una comision de policía con el nombre de Junta de proteccion, y estableció una caja nacional para custodiar los caudales públicos, nombrando para su manejo personas de reconocida integridad. El empleo de intendente lo confirió á D. José María Murguía, sugeto de conocida capacidad que manifestó en las cortes de España siendo diputado por los años de 1820 y 21, y en algunas obras que publicó de estadística de Oaxaca. En el palacio episcopal determinó que D. Manuel Terán estableciese una maestranza, en la que, en efecto, se compuso todo el armamento y se arregló la artillería, fundiendo de nuevo la que pareció defectuosa. Matamoros, á su vez, en las casas consistoriales, hoy palacio del gobierno, trabajó activamente en vestir y dar buen armamento á sus tropas. Morelos levantó en Oaxaca dos cuerpos: un batallon de infantería y un regimiento de caballería, que denominó de "los Valles," que fueron disciplinados por D. Jacinto Fernandez Varela, y para que hubiese el órden necesario en el pago de los sueldos, nombró intendente del ejército á D. Antonio Sesma. Estos dos cuerpos fueron inútiles entónces, pues aun no se habia desarrollado en los oaxaqueños el espíritu marcial de que han dado sobradas pruebas despues. Para comandante militar de Oaxaca fué nombrado D. Benito Rocha, y de asesor del mismo Morelos hacia el Lic. D. José Sotero Castañeda.

Oaxaca era entónces una ciudad opulenta, y Morelos encontró en su seno abundantísimos recursos. D. Vicente Guerrero, entónces teniente coronel, comisionado para recoger de las ensenadas de la costa del sur de la ciudad los efectos que hubiesen desembarcado de Acapulco, limpió, como dice Morelos en una carta á Rayon, los bajos de Tehuantepec, Puerto Escondido y Santa Cruz, llevando á la ciudad todo el cacao y tabaco que encontró. El P. García Cano fué á Tehuantepec en demanda del Sr. Bergosa, que huia buscando un puerto en que ponerse fuera del alcance de los insurgentes: creia aprehenderlo en esta villa, en que se habia detenido por enfermedad, y García Cano habia recibido órden de tratarlo con todas las consideraciones de su dignidad; mas el obispo pudo ponerse á tiempo en salvo y llegar á México. En Tonalá, dice Bustamante, que enterró algun dinero que despues fué exhumado por álguien que tuvo noticia oportuna del depósito. El viaje de Cano no fué inútil, pues recogió gran cantidad de grana que los españoles habian podido sacar con otros efectos que dejaron esparcidos por el camino, siendo todo conducido á la ciudad. Además, los caudales y vajilla que se habian depositado en los conventos, y fueron recogidos por Morelos, hacian una respetable suma. En fin, no pocos ricos comerciantes tuvieron que hacer fuertes desembolsos para cubrir las cantidades que les exigió el general victorioso: entre éstos se distinguió un europeo de apellido Inguanzo, que habitaba una casa de la calle del antiguo correo. Habia llegado de la península española, sin un cuarto; mas la proteccion de sus compatriotas y más que esto su propia laboriosidad, lo hicieron pronto adelantar en bienes de fortuna, hasta ponerse al nivel de los más acaudalados de su clase: el uso, sin embargo, que hacia de aquellas riquezas era mezquino: avaro en todo el rigor de la palabra, comia miserablemente y se vestia como un pobre, se conducia con rigorosa economía en los gastos domésticos y jamás daba á un pobre medio real: así, suprimiendo los gastos más indispensables y trabajando sin descanso por aumentar cada dia más su capital, habia llegado á la opulencia. En tal estado se encontraba cuando llegó Morelos, quien habiendo tenido noticia de su avaricia extraordinaria, determinó castigarlo privándolo de aquel su tesoro amado, con tantas fatigas adquirido. En efecto, todos los que vivian en esa época recuerdan, y bastante sabido es aún ahora en la ciudad, que los insurgentes sacaron de la casa del español cuanto poseia, sirviéndose de palas para llenar de duros las carretas y llevarlas á Morelos. Se dice que con doce reales que se le dejaron por piedad, viviendo con la misma economía, volvió á formar un fuerte capital. El nombre de este europeo llegó á ser proverbial, denotándose por lo comun con el apelativo "Inguanzo," á un hombre ruin y avaro. Algunos atribuyen á Morelos tres millones de pesos como fruto de su victoria; y si esta suma es excesiva como otros creen, es cierto por lo ménos que las cantidades recogidas bastaron para las atenciones de la tropa y para las dilapidaciones de los jefes, y todavía en el año 14 se encontraban en la tesorería más de 800 zurrones de grana y 130 arrobas de plata de vajilla.

5.—Morelos era diligente y no acostumbraba dormir sobre el mullido laurel de sus triunfos. Sus primeras atenciones fueron para la ciudad; mas luego quiso tener bajo su dominio el territorio todo de Oaxaca, sin perder por eso de vista los intereses de la nacion entera que queria hacer independiente. A Villa–alta mandó á D. Ramon Sesma, y á las demás poblaciones importantes otros sugetos igualmente aptos y capaces. Para la Costa chica envió á D. Víctor y D. Miguel Bravo, que se habian distinguido en la toma de la ciudad. Se movian por aquel rumbo las antiguas tropas realistas al mando de Páris, Rionda, Añorve y Cerro, bien secundados por Reguera y por un mulato llamado Armengol, á quienes era necesario destruir por completo. Los dos Bravos marcharon unidos hasta Juquila; mas habiendo encontrado aquí algunas fuerzas enemigas, juzgaron conveniente dividirse, situándose D. Miguel en el cerro de Huachichilco y D. Víctor en otro inmediato. Acometido el último por los realistas, despues de cuatro horas de un fuego vivo, auxiliado oportunamente por su hermano, los puso en dispersion, tomándoles un cañon y haciéndoles algunos muertos. Obtenida esta ventaja, determinaron atacar á Armengol, que se habia fortificado en la cumbre del "Tlacuahe:" ántes de llegar á este punto tuvo lugar un choque entre ambas fuerzas enemigas, en el punto llamado "el Portezuelo," por haber avanzado las de Armengol en combinacion con las de Rionda: con hábiles movimientos lograron los Bravos segunda vez dispersar á los realistas, siguiéndoles el alcance hasta el pueblo de Zacatepec, en que Rionda les habia preparado una emboscada. En la costa crece en los terrenos incultos el zacate muy alto y espeso, de manera que es muy fácil ocultar dentro de él un ejército entero. Emboscadas, pues, las fuerzas de Rionda, al acercarse los Bravos los sorprendieron haciendo una salida repentina y atacándolos vigorosamente. Los Bravos no desmintieron en esta ocasion la bizarría de que habian dado muestras en toda esta campaña. Se defendieron heróicamente, y ya que no se apoderaron del campo enemigo, tampoco se puede decir que la fortuna les volvió la espalda, pues á las cinco de la tarde, despues de combatir todo el dia, se retiraron con sus tropas enteras aún y en estado de seguir con energía la lucha. Ante todo, les pareció que deberian pasar el Rioverde que corre por allí caudaloso y estaba en ese tiempo crecido. Lo intentaron, en efecto, por el paso que llaman de la "Reina;" mas viendo que los realistas los esperaban en la orilla opuesta con buenas trincheras y algunas bocas de fuego, desistieron del propósito y se encaminaron al paso de la "Teja:" estaba tambien este lugar bien custodiado por Rionda; mas siendo indispensable vadear el rio por alguna parte, intentaron forzar este paso, trabándose al efecto un combate reñido. En lo más empeñado de él recibió Rionda un aviso falso de que los insurgentes, atravesando el rio por el paso de "Minillacua," marchaban á toda prisa para batirlo por la retaguardia: desamparó entónces sus trincheras de la Teja, y los Bravos pasaron sin obstáculo, llegando el siguiente dia 11 de Febrero de 1813, á las cinco de la mañana, á Jamiltepec. Con esta marcha que hicieron los independientes de noche, alumbrados por la luna, dejaron sin efecto la combinacion del comandante español, que habia mandado á D. Manuel Perez con una partida ligera á impedirles el paso, miéntras que D. Mariano Gonzalez, comandante de Santa Cruz, les atacaba vigorosamente la retaguardia en el rio del Limon, si bien se atribuyó este resultado á D. José Sosopeña, segundo de Gonzalez, que no se movió oportunamente con las fuerzas de su mando. Así, la Costa chica, quedó pacificada y sujeta al gobierno de Morelos, aunque aquellos negros fueron siempre muy adictos á los españoles, como lo manifestaron poco despues. En Jamiltepec se reunió á los Bravos el P. Talavera, que habia seguido el camino de la Mixteca, sin más tropiezo en su marcha que un fuerte grupo de realistas, de las divisiones de la costa, que al mando de D. José Aleman, D. Juan Diego Bejarano, D. Antonio de Reguera, D. Bernardo Collantes y otros, resistieron tenazmente á los insurgentes y fueron finalmente dispersados. Los Bravos siguieron desde allí tranquilamente el camino de Chilapa, segun las órdenes que habian recibido de Morelos. Deshechas del todo las divisiones de la Costa chica, sus jefes se dispersaron, caminando los unos á México, miéntras Páris y Reguera se encerraron en el castillo de Acapulco, en donde murió Páris el 15 de Abril de 1813. A fuerza de instancias consiguió Reguera permiso para proseguir por sí solo la guerra, saliendo de Acapulco en una canoa, tomando tierra á nado, en union de D. Luis Palanco, cerca de la Palizada, y preparando, en efecto, con su actividad, una pronta reaccion contra Morelos.

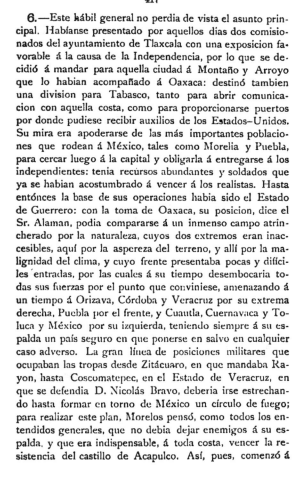

6.—Este hábil general no perdia de vista el asunto principal. Habíanse presentado por aquellos dias dos comisionados del ayuntamiento de Tlaxcala con una exposicion favorable á la causa de la Independencia, por lo que se decidió á mandar para aquella ciudad á Montaño y Arroyo que lo habian acompañado á Oaxaca: destinó tambien una division para Tabasco, tanto para abrir comunicacion con aquella costa, como para proporcionarse puertos por donde pudiese recibir auxilios de los Estados-Unidos. Su mira era apoderarse de las más importantes poblaciones que rodean á México, tales como Morelia y Puebla, para cercar luego á la capital y obligarla á entregarse á los independientes: tenia recursos abundantes y soldados que ya se habian acostumbrado á vencer á los realistas. Hasta entónces la base de sus operaciones habia sido el Estado de Guerrero: con la toma de Oaxaca, su posicion, dice el Sr. Alaman, podia compararse á un inmenso campo atrincherado por la naturaleza, cuyos dos extremos eran inaccesibles, aquí por la aspereza del terreno, y allí por la malignidad del clima, y cuyo frente presentaba pocas y difíciles entradas, por las cuales á su tiempo desembocaria todas sus fuerzas por el punto que conviniese, amenazando á un tiempo á Orizava, Córdoba y Veracruz por su extrema derecha, Puebla por el frente, y Cuautla, Cuernavaca y Toluca y México por su izquierda, teniendo siempre á su espalda un país seguro en que ponerse en salvo en cualquier caso adverso. La gran línea de posiciones militares que ocupaban las tropas desde Zitácuaro, en que mandaba Rayon, hasta Coscomatepec, en el Estado de Veracruz, en que se defendia D. Nicolás Bravo, deberia irse estrechando hasta formar en torno de México un círculo de fuego; para realizar este plan, Morelos pensó, como todos los entendidos generales, que no debia dejar enemigos á su espalda, y que era indispensable, á toda costa, vencer la resistencia del castillo de Acapulco. Así, pues, comenzó á acumular fuerzas por allá, y para esto á D. Miguel y á D. Víctor Bravo dió órden de que marchasen para ese rumbo. El mismo, tomando las medidas oportunas y dejando en el mando de Oaxaca, con mil hombres, á D. Benito Rocha, salió, llevando el resto de las fuerzas con igual destino, el 9 de Enero de 1813.

El órden que siguieron en la marcha fué el siguiente. El dia 5, salió de Oaxaca la division de Matamoros. El 6, la de D. Hermenegildo Galeana. El 7, la que comandaba en persona Morelos. El 9, debe haber salido el mismo Morelos, pues en esta fecha comienza el diario que nos sirve de guía su secretario Rosains. Este dia llegó Morelos á la hacienda de Aleman. El 10, acamparon las tropas en Huitzo. El 11, con mucha dificultad, se condujo la artillería á las Sedas. El 12, con no menor trabajo, se pudo llegar á una venta del rio de San Antonio. El 13, la jornada fué de tres leguas hasta Huauclilla. El 14, á Nochistlan, que Morelos determinó estuviese sujeto al subdelgado de Teposcolula, habiéndolo estado ántes á la ciudad. El 15, á Yanhuitlan, en donde permaneció ocho dias. Allí quedó Matamoros con las tropas de su mando. El 23, á Teposcolula, pasando por San Juanico, casi destruido por los realistas. El 24, á Tlaxiaco, en donde estuvieron las tropas un dia. El 26, á Chicahuaxtla por Juquila. El 27, á la hacienda ó trapiche de San Vicente, padeciendo grandes trabajos para bajar la artillería en aquella pedregosa y difícil cuesta. El 28, á Putla, principio de la Costa chica. El 2 de Marzo se encumbró la cuesta de Santa Rosa, y luego, bajando por la falda opuesta de la montaña, el ejército acampó en el rio de "las desgracias," nombre que le dieron los españoles por las que padecieron en el ataque de los insurgentes mandados por Talavera, segun dice Bustamante. Morelos lo llamó el rio de "la Fortuna." Los oaxaqueños que llevaba en su tropa se le habian desertado ya al llegar á este punto. El 3, á Zacatepec; cerca de aquel pueblo estaba un buen

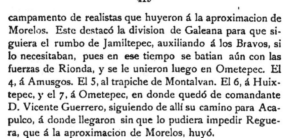

campamento de realistas que huyeron á la aproximacion de Morelos. Este destacó la division de Galeana para que siguiera el rumbo de Jamiltepec, auxiliando á los Bravos, si lo necesitaban, pues en ese tiempo se batian aún con las fuerzas de Rionda, y se le unieron luego en Ometepec. El 4, á Amusgos. El 5, al trapiche de Montalvan. El 6, á Huixtepec, y el 7, á Ometepec, en donde quedó de comandante D. Vicente Guerrero, siguiendo de allí su camino para Acapulco, á donde llegaron sin que lo pudiera impedir Reguera, que á la aproximacion de Morelos, huyó.

7.—No obstante la partida de Morelos, el territorio de Oaxaca quedó sujeto durante todo el año á los insurgentes, sin que la paz se perturbase por la invasion de los guatemaltecos. El capitan general de aquella república, entónces aún provincia de España, D. José de Bustamante y Guerra, informado de la suerte que habian corrido en Oaxaca los europeos, especialmente Gonzalez Saravia, cuya muerte queria vengar, organizó una expedicion de setecientos hombres, bisoños en el arte de combatir, poniéndolos á las órdenes de D. Manuel Dambrini, jefe del todo inexperto. Los españoles prófugos de Oaxaca, y especialmente el arzobispo Fr. Ramon Casaus, auxiliar que habia sido del Sr. Bergosa, lo persuadian que ninguna dificultad encontrarian los guatemaltecos en su empresa. Estas indicaciones, unidas á la presuncion propia del carácter arrogante de Dambrini, lo hicieron marchar al frente de sus tropas con una confianza ciega de alcanzar una muy fácil victoria y sin las precauciones y desconfianzas del que tiene que combatir á un enemigo vigoroso. El 25 de Febrero atacó en Niltepec á una corta reunion de insurgentes mandada por D. Manuel Suarez, á quien hizo prisionero, en union del padre dominico Carranza, y de otros varios, de los que hizo fusilar á veinticinco. Cuando Rocha supo la invasion que hacian aquellas tropas del territorio

de su mando, llamó á Matamoros de Yanhuitlan y le hizo
mover en direccion á Tehuantepec con el regimiento del
Cármen y los dragones de San Luis, San Pedro y San Ignacio. El 19 de Abril avistaron estas fuerzas á las de Dambrini, que cerca de Tonalá habian tomado posiciones en
unos peñascos inaccesibles, cruzándose desde luego algunos tiros entre unos y otros. El siguiente dia continuaron
las hostilidades sin ventaja sensible, hasta que empeñando
Matamoros con los soldados de San Luis un más vivo fuego, dió órden á D. Juan Rodriguez, capitan valiente, que
emprendiese al mismo tiempo un movimiento, encaramándose por los peñascos con los granaderos del Cármen para
flanquear la izquierda de los enemigos. Este plan tuvo todo
su efecto, de modo que cuando los negros de Omoa, vestidos con chaquetas coloradas, volvieron sobre sí, se encontraron rodeados de los insurgentes: se pusieron luego en desordenada fuga, dejando abandonadas sus armas, municiones
y porcion de efectos de comercio que conducian para Oaxaca. Entre las cosas tomadas á Dambrini, se encontraba
un crucifijo que se colocó en el templo de los Príncipes,
con gran pompa, y una imágen de la Purísima que fué do·
nada al templo de San José. Matamoros persiguió á Dambrini hasta cerca de Guatemala, regresando despues para hacer su entrada triunfal en Oaxaca. El viérnes 28
de Mayo por la tarde la verificó, saliéndole á recibir el
ayuntamiento hasta el pueblo de Santa María del Tule, y
cantándose en la catedral un solemne *Te-Deum*. En premio
de su victoria recibió Matamoros el empleo de teniente
general. Poco despues se bendijeron las banderas del regimiento provincial de las mixtecas, siendo padrinos el P.
Matamoros y D. Cárlos María Bustamante. Durante su
permanencia en la ciudad, procuró Matamoros aumentar
sus tropas, vestirlas y disciplinarlas. En los molinos de Lla-
guno estableció uno de pólvora bajo la direccion de Santiago Cock, norte-americano, y tomó algunas otras pro-

videncias conducentes á mejorar el estado de sus tropas. El 16 de Agosto salieron otra vez las tropas de aquel general para la Mixteca.

8.—No fué este el único combate que sostuvieron en este año los independientes. Un Domingo Ortega, realista, al frente de trescientos hombres, invadió el pueblo de Acatlan en que habia un destacamento de insurgentes, de los cuales fueron cogidos cuatro soldados que salian en observacion del enemigo y luego fueron pasados por las armas. Igual suerte corrieron otras trescientas diez personas inermes que se recogieron entre el pueblo. Además, las fuerzas de los españoles robaron las casas del vecindario y los paramentos sagrados, que vendieron despues por fuerza al cura del lugar. Estaba cerca de allí D. Vicente Guerrero, á quien Morelos habia dejado en observacion en Cuautepec; mas léjos de poder prestar socorro al pueblo de Acatlan, él mismo se vió atacado fuertemeute en sus posiciones por D. Luis Polanco y Reguera, que desde la Palizada habia logrado verificar una reaccion realista en la Costa chica.

Don Antonio Reguera, en union de D. Luis Antonio Polanco, se habia dirigido del castillo de Acapulco á la Costa chica por agua, tomando tierra á nado el 6 de Mayo, en medio de mil peligros, por estar los insurgentes en la Palizada. Reunió á algunos de sus antiguos soldados y con ellos atacó á Guerrero en Cuautepec. Vencido, recibió del enemigo proposiciones de indulto á que contestó con desprecio. Careciendo de municiones, hizo llegar una canoa pidiéndolas al gobernador de Acapulco. El alférez D. Juan N. Tico no las pudo desembarcar, aun auxiliado por el bergantin "Lucero," siendo necesario nuevo viaje y el esfuerzo de D. Miguel Añorve para ponerlas en manos de Reguera. Con este auxilio, ciento cincuenta armas de fuego y cuatrocientos hombres que tenia ya bajo sus órdenes, se determinó á dar nueva acometida á Guerrero en Cuautepec. Despues de seis horas de fuego vivo, en una vigorosa salida de los insurgentes, los soldados de Reguera fueron dispersados. Este combate tuvo lugar el 1º de Julio, y Reguera, despues de su derrota, se retiró á "Cruz grande," en donde estableció su campo.

Casi al mismo tiempo, el intendente D. Antonio Sesma, para hacer un reconocimiento, salió de Oaxaca con trescientos hombres, rumbo á la costa, y habiéndose encontrado en San Pedro Mixtepec al mulato Armengol con fuerzas considerables, tuvo lugar un choque en el cual sacó la peor parte el intendente. Sabido esto por Rocha, destacó desde Oaxaca á D. Manuel y D. Juan Terán para ir en auxilio de los vencidos. Hasta el trapiche de Santa Ana llegaron éstos sin novedad; mas allí fueron detenidos por el doble obstáculo del rio de Juchatengo, crecido entónces (á fines de Agosto), y de los enemigos situados en la ribera opuesta. Difícil y larga hubiera sido la campaña si las tropas de Armengol no se hubieran movido de su ventajoso puesto; mas viendo que los Teranes no se atrevian á tomar la iniciativa, salvaron ellos el rio, y el 20 de Agosto se acercaron á Santa Ana, colocándose en el rancho de los "Sabinos." En la noche de ese dia, en medio de un aguacero deshecho y escondiéndose entre el zacate, se acercaron hasta donde Terán habia colocado sus más avanzados centinelas, rodeando á éste en todos sentidos y aguardando así á que llegase la luz del dia. A las seis de la mañana del 21 empezó el combate. Las tropas de Armengol desalojaron á los insurgentes de una pequeña eminencia que domina el trapiche y avanzaron con denuedo hácia éste, hasta que fueron detenidos por las descargas de los granaderos de Orizava, al mando del teniente coronel D. Bernardo Portas, y por el fuego del cañon que gobernaba el cabo del arma, Ignacio Sanchez. Algun pequeño desórden que se introdujo en los asaltantes fué oportunamente aprovechado por los insurgentes, que dieron una carga á la bayoneta, llevando al frente al coronel D. José Montes de Oca, dispersándolos en el acto. Las tropas del rey, al mismo tiempo que avanzaban por la loma, se dejaron ver á espaldas del edificio de la hacienda en que los batió D. José Garza, y por el camino principal en que dió una carga á la bayoneta D. Mariano Lazcano. Batidos por todas partes los realistas, huyeron perseguidos de cerca durante tres leguas por Lazcano, Ulloa, Calleja y D. Antonio Coto, que aún los desalojaron de otras tres lomas en que pretendieron hacerse fuertes.

Todavía hicieron alguna resistencia los realistas en Juchatengo, sufriendo, como era de esperarse, nueva derrota, despues de la cual los Teranes siguieron su marcha hasta Tututepec, en que entraron el 25 de Setiembre. El resultado de esta campaña fué la pacificacion de la costa.

Poco ántes habian tenido los insurgentes un suceso adverso. D. Juan Bautista Miota, con una seccion de "Fieles del Potosí," atacó el 20 de Agosto al regimiento de San Lorenzo, bien armado y disciplinado por su coronel D. Ramon Sesma, á quien Morelos habia mandado situarse en observacion en Huajuapan y que no se halló en la accion que tuvo lugar en Piaxtla: el teniente coronel Ojeda, que allí mandaba, fué muerto, así como tambien un padre franciscano que hacia de capellan. Poco más adelante, Matamoros tuvo que salir tambien de Yanhuitlan para llevar, por órden de Rocha, parque y socorro de gente á D. Nicolás Bravo, que se hallaba sitiado en Coscomatepec, internándose en el Sur despues de prestar este socorro, que llegó tarde á su destino, y de dar un brillante ataque á un convoy que se dirigia á México. En fin, para cerrar los hechos militares de este fecundo año, el 5 de Noviembre los negros de Ometepec se declararon contra los insurgentes y llamaron á Reguera, que entró allí el 10, reuniendo trescientos hombres, ochenta armas, tomando algun dinero y municiones y organizando compañías de milicias con que se creyó en estado de amenazar á la ciudad. [1]

9.—En ésta, la opinion habia sufrido un cambio respecto de los insurgentes. La conducta moderada y generalmente racional de Morelos, lo habian hecho estimable, así como á sus soldados, á los oaxaqueños; mas no tardaron éstos mucho en comenzar á resentir los efectos de una guerra sin cuartel, como entónces se hacia, y tanto más sensibles se hacian aquellos, cuanto que aquella guerra fratricida era la primera que se veia en Oaxaca, despues de largos siglos de paz inalterable. Las agi-

---

1 Este es el parte de Reguera: "Exmo. Sr.—El dia 5 del que finaliza sacudió el pueblo de Ometepec el infame yugo de los insurgentes. Con aviso que tuve en la misma fecha, violenté cuanto pude mi marcha para auxiliarlo, como lo verifiqué, entrando el dia 10; y sus habitantes mostraron tal regocijo y complacencia, que no tengo otras expresiones con que manifestarlo á V. E. sino decirle que hasta el último soldado de la valiente division que tengo el honor de mandar, fué obsequiado por aquellos nobles y generosos vecinos. Se reunieron inmediatamente á mi mando 300 hombres con 80 armas de fuego que estaban de guarnicion en dicho pueblo, como igualmente los oficiales nombrados por él, que son bastante acreedores, por su nacimiento, conducta y patriotismo á que V. E. si lo tuviere á bien los confirme en sus empleos.

"Cuento á mis órdenes 1,200 hombres con 400 armas de fuego, fuerza suficiente para cualquiera expedicion que se me presente; pero me hacen falta municiones, por cuya causa con arto dolor mio y sentimiento del pueblo de Ometepec, me he trasladado á este punto, trayéndome á todas sus fieles familias; y si en la estancia de Cortijos y Guaxinicuilapa no se hallase un cabecilla causando los mayores perjuicios esta fuera la hora que yo marcharia sobre Oaxaca, pues tengo noticias que en Xamiltepec y Tututepec hay gran repuesto de municiones y con esta ayuda seria segura la victoria.

"Me ha parecido conveniente conservar en sus empleos á los capitanes de estas compañías: á los subalternos proponerlos á V. E. segun sus antigüedades y méritos de campaña, sin embargo de hayarse algunos ausentes y á varios paisanos fieles conforme á sus circunstancias, sin dexar de participarle que se hallan agregados en esta division el capitan D. Jo-

425

taciones y temores consiguientes al estado de las cosas
públicas, hacian que todos suspirasen por el órden antiguo
y la paz que por tanto tiempo disfrutaran. A esto debe
agregarse que las tropas solian cometer algunos desórdenes: Alaman asegura que éstos eran tantos, que siendo ya
insoportables á la poblacion, muchos vecinos escribieron al
virey, pidiéndole el pronto envío de fuerzas que se rehicie-
ran de la ciudad; la verdad es que en ésta habia entónces
muchos españoles que no deberian soportar con agrado la
dominacion de los insurgentes, á los cuales se debe suponer autores de las cartas al virey, agregándose á los europeos algunos otros, movidos por interes personal ó por
motivos de religion, pues á no pocos deben haber infatua-
do las pastorales del Sr. Bergosa. Si los desórdenes de la
tropa insurrecta y sus atentados contra personas indefensas,
hubieran sido tan grandes y notables, se recordaran hoy,

sé Aleman por no haber podido reunir su compañía y el subteniente retirado D. José Mesa á pesar de sus enfermedades.

"Incluyo á V. E. un estado del dinero y efectos quitados á los enemigos en Ometepec, manifestandole que tengo 700 pesos de plata del
cuño de los infames y no encuentro otro arbitrio para que circulen, sino
que V. E. me permita resellarlos provisionalmente, salvando así por la
suma escasez que tenemos los inconvenientes de que V. E. en lo pronto me auxilie.

"Seguiré segun me lo permitan las pocas municiones con que me hallo, presentándome en Ometepec para consuelo de sus fieles habitantes
y terror de los enemigos; y si consigo algun azufre en lo que estoy trabajando, seguiré hasta lo último á estos indignos.

"Dios guarde á V. E. muchos años. Campo real de Cruz grande Noviembre 30 de 1813.—*José Antonio Reguera.*"

EFECTOS Y REALES EXTRAIDOS DEL PUEBLO DE OMETEPEC.

En reales del cuño mexicano, 3,500 ps.—Idem del de insurgentes, en
plata, 700 ps.—Idem de cobre, 8 as. 15 lbs.—90 tercios de petate.—Acero, 5.—Tabaco, 72.

(Gaceta núm. 512, tom. 5, corresp. al 15 de Enero de 1814.)

como se recuerdan por el vecindario los de otras épocas distintas, lo que no se verifica, como es público y sabido. No por eso se ha de negar alguna que otra arbitrariedad indispensable en tiempo de revolucion. Tal fué la que se cometió aprisionando, por órden de D. Benito Rocha, porcion de españoles que fueron remitidos al presidio de Zacatula, sin formacion de causa, por sospechas que se concibieron de conspirar en secreto contra los insurrectos. Mas es demostracion clara de que el gobierno entónces existente era muy racional, el que estos mismos presos hayan sido mandados regresar á sus hogares por una simple insinuacion de la irregularidad del procedimiento, hecha por el Lic. D. Cárlos Bustamante.

Este señor, que habia llegado de México, como se ha dicho, encargándose del periódico intitulado "El Correo del Sur," acaso más bien que útil, fué perjudicial á la revolucion. Lleno de ardientes deseos por el triunfo de la causa de la Independencia, su mayor conato por aquellos dias era dar órden y unidad de accion á las partidas de insurgentes que combatian aisladamente: para esto se propuso la reunion de un congreso, inoportuno del todo en aquellas circunstancias, pues no deberia hacer otra cosa que embarazar la marcha de Morelos, que tal vez con solo su génio hubiera triunfado de los españoles. Escribió á Morelos exponiéndole su designio, y aprobado, se procedió en Oaxaca á la eleccion de diputados. El 31 de Mayo, á solicitud de Bustamante hecha al gobernador de la ciudad, habia verificado una junta en la catedral de todas las autoridades civiles, militares y eclesiásticas, con el objeto de representar al Sr. Morelos la necesidad de la reunion de un congreso, y el 5 de Agosto se volvieron á reunir en el mismo local las mismas corporaciones, juntamente con los electores de Partido para hacer ya la eleccion. Presidió esta asamblea Matamoros y fueron electos diputados, en primer lugar, D. José María Murguía; en segun-

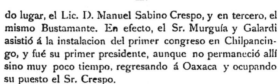

do lugar, el Lic. D. Manuel Sabino Crespo, y en tercero, el mismo Bustamante. En efecto, el Sr. Murguía y Galardi asistió á la instalacion del primer congreso en Chilpancingo, y fué su primer presidente, aunque no permaneció allí sino muy poco tiempo, regresando á Oaxaca y ocupando su puesto el Sr. Crespo.

Antes de esto, el 17 de Marzo se habia celebrado en el templo de la Soledad, con asistencia de las autoridades, el triunfo de los insurgentes auxiliados por los norte-americanos en Nacadochez, siguiendo al solemne *Te-Deum* que se cantó y al repique general de campanas, paseos, iluminaciones y otros regocijos públicos, siendo tanto el calor de los insurrectos y su pasion por sacudir el dominio español, que el redactor de "El Correo del Sur" llegó á decir en esta ocasion que "cuando el generoso anglo-americano, amante y protecctor de la Independencia, no viniese á auxiliar de buena fé nuestros esfuerzos, sino que con desprecio de su constitucion fundamental y'atropellando otros derechos aun más inviolables, tuviese las miras tan pérfidas como vanas de sojuzgarnos, celebrariamos sin embargo nuestra suerte, una vez que nos contásemos libres de la crueldad inaudita del despotismo español."

10.—Entretanto el Sr. Bergosa, despues de una larga peregrinacion, que él calificaba de apostólica, por Tehuantepec y Tabasco, pudo llegar á Veracruz, y unido á las tropas de Olazábal, jefe realista que conducia la correspondencia de Europa para México, salió de aquel puerto el 11 de Febrero de este año de 1813. En Puebla se detuvo algunos dias para hablar al Sr. D. Ignacio Gonzalez del Campillo, obispo de aquella diócesis, muy adicto á la causa de la metrópoli, y con quien le unia una estrecha y antigua amistad: le contó con sus pormenores la entrada de Morelos en Oaxaca, que ignoraba aquel prelado, y los demás triunfos de los independientes, y estas noticias, cayendo sobre un sugeto abatido por las enfermedades, apresuraron su muerte, segun asegura D. Cárlos Bustamante. El Sr. Bergosa lo habia consagrado en Tehuacan el 2 de Setiembre de 1804, con la magnificencia propia de aquellos tiempos de prosperidad, y él mismo fué quien le administró los santos sacramentos y le rezó las oraciones de los agonizantes cuando en sus brazos murió el 26 de Febrero. Desempeñados estos nobles oficios de amistad y religion, el Sr. Bergosa siguió su camino hácia México, á donde llegó el 13 de Marzo. Los cabildos eclesiástico y secular lo recibieron en la parroquia de la Soledad de Santa Cruz, desde donde lo acompañaron al palacio real á hacer la visita de costumbre al virey: cuando ésta terminó, se trasladó á su propio palacio, en que lo felicitaron las autoridades y personas de distincion, y en seguida, segun el ceremonial establecido, estuvo á visitarlo el virey.

Desde México, el Sr. Bergosa continuó trabajando con infatigable celo, no solo en la metrópoli sino tambien en la jurisdiccion de su antigua diócesis, á la que mandaba circulares y órdenes con bastante frecuencia, todo en defensa de su patria. Con el gobierno de aquella iglesia permaneció hasta la llegada á Madrid de Fernando VII. La eleccion del Sr. Bergosa para aquella mitra habia sido hecha por la Regencia, durante la ausencia del monarca de España: con sola esta eleccion, el Sr. Bergosa se determinó á ocupar la silla metropolitana, sin haber recibido aún el palio y las bulas. Muy pocos eran, sin embargo, los que dudaban de su legitimidad (entre los cuales se contaba Morelos, como él mismo lo manifestó en su causa respecto de Abad y Queipo, electo de un modo semejante). El rey, sin embargo, pensó de un modo diferente: fundado en que las regalías eran privilegios personales, tuvo por nulos los nombramientos hechos en su ausencia en virtud del patronato, y en consecuencia, dió órden al Sr. Bergosa de volver á su iglesia de Oaxaca; en obsequio de la verdad, es necesario decir que este prelado recibió el desaire con ejemplar resignacion, entregando el gobierno de la mitra al cabildo el 8 de Abril de 1815, y retirándose al colegio de carmelitas de San Angel; algun tiempo despues, regresó á la capital por lo inseguro de aquel punto; mas á Oaxaca ya no volvió. Durante su residencia en la capital de la nacion, y en su calidad de obispo, desempeñó algunas funciones notables y dignas de memoria: él fué quien consagró á su sucesor en la silla metropolitana, ciñendo las sienes del Sr. Fonte con la mitra que estaba destinada á las suyas, y él tambien fué quien degradó á Morelos, cuando este héroe de la Independencia, por auto solemne de la Inquisicion, fué destinado á esta pena. El 16 de Octubre del mismo año de 1815 salió, en compañía del virey Calleja, para Veracruz, á donde llegó el 15 de Diciembre, embarcándose poco despues. En la península ocupó la silla episcopal de Tarragona, quedando en consecuencia vacante la diócesis de Oaxaca.

11.—La posicion de Oaxaca era muy importante para la insurreccion, y á toda costa debieran haberla conservado en su poder las tropas independientes: país rico, les proporcionaba toda suerte de elementos para subsistir, robustecerse y salir cuando fuese oportuno en direccion á Puebla y México y combatir victoriosamente al enemigo, contando para la retirada, en un caso adverso, con el abrigo seguro que les ofrecia la misma provincia de Oaxaca. Las mixtecas estaban armadas, y bien dirigidas, podian oponer notable resistencia á una invasion de tropas españolas, y por otra parte, la cordillera que rodea los valles por todas partes, ofrecia multitud de puntos muy defendibles, y aun inexpugnables, que por lo ménos detendrian al enemigo considerable tiempo. Morelos así lo comprendió, y escribiendo á Rayon en 21 de Enero de 1813, no dudaba decirle: "Tenemos en Oaxaca una provincia que vale por un reino, custodiada de mares por Oriente y Poniente, y por montañas por el Sur, en la raya de Guatemala, y por el Norte en las mixtecas." Nada, por otra parte, contribuia más á la seguridad interior que la pacífica pero sincera adhesion de los oaxaqueños á la causa de la insurreccion. Miéntras Morelos permaneció en la ciudad, esta adhesion fué cumplida y podia asegurarse que el partido realista estaba destruido; pero á la salida de Morelos, los pocos partidarios que restaban del antiguo órden, se reanimaron é insensiblemente fueron cobrando vida y movimiento. Entre éstos se hacian notables y descollaban en primera línea los canónigos Moreno y Bazo, maestro de gramática que habia sido de Morelos y Vasconcelos: el último se habia manifestado siempre bastante adverso á la insurreccion, y aun se creia que lo hacia por complacer al obispo Bergosa, que tan severo se mostró con ella; mas un incidente trivial reveló que obraba con sinceridad: habiendo dicho que los insurgentes eran herejes, un clérigo sinodando, Vasconcelos, que era examinador, lo impugnó con vigor, demostrando que este era un error, que los insurgentes obraban mal, pero no eran herejes, no obstante que al decirlo así, pugnaba con las persuasiones del obispo. Morelos supo desde Chilpancingo la actitud que tomaban los dos canónigos, y tanto para prevenir con su prision el mal que pudieran hacer, como para alejar de sí al mexicano Velasco, canónigo que habia sido de Guadalupe, á quien miraba con desprecio, lo comisionó para prenderlos y hacerlos salir de la ciudad. Velasco, en efecto, llegó en compañía del mariscal de campo, D. Juan Pablo de Anaya, y desempeñó su comision obligando á Moreno y Vasconcelos á retirarse, el uno á México y el otro á Puebla; pero léjos con esto de remediarse el mal, se agravó, pues los dos canónigos dieron al virey pormenores seguros y circunstanciados del estado del país, y por su medio se pudo establecer una correspondencia directa con los descontentos, sirviendo para este intento principal-

mente los curas Senando, de Teotitlan del Camino, y Mejía, de Zimatlan y Tamasulapan.

12.—Si estos hechos revelan que los adictos al gobierno colonial iban adquiriendo brío, por su parte el partido independiente se debilitaba cada dia más. Al marchar Morelos para Michoacan, dió órden á Rocha para que se situara en observacion en Tehuacan. Rocha permaneció en la ciudad; pero la comision de Morelos fué desempeñada cumplidamente por Terán hasta el arribo de Rayon, que repitió el mandato de Morelos, por lo que Rocha fué á Tehuacan, llevando consigo algunas fuerzas y dejando en la ciudad con el mando, al brigadier D. Juan Moctezuma, cura de Songolica, hombre notable por su elocuencia, con la que pudo brillar en el púlpito, pero poco apto para el ejercicio de las armas; entregado á la disipacion, dejó disolverse el regimiento de caballería que habia organizado D. Cárlos Bustamante, y descuidándolo todo, se limitaba á hacer frecuentes discursos á los soldados y al pueblo, terminándolos siempre con la aclamacion: "¡Viva Nuestra Señora de Guadalupe!" Por su parte, Velasco, que concluida su comision habia permanecido en Oaxaca, no se descuidaba en disfrutar, en compañía de Ordoño, todos los placeres de una vida licenciosa, y tanto él como Anaya y Moctezuma tenian su escolta, haciéndose tratar con la pompa de generales. Estos desórdenes, que causaron mucho escándalo en la ciudad, en aquel tiempo muy morigerada, unidos á los inconvenientes de la circulacion de la moneda de cobre establecida por los insurgentes, hicieron llegar á su más alto punto el disgusto de todas las clases de la sociedad. Aun así, el órden público establecido hubiera podido seguir su curso sin notable alteracion, ni se hubiera buscado el remedio del malestar general en una reaccion en favor de España, si la victoria hubiera seguido sonriendo á los independientes; mas por esos mismos dias circuló la noticia de los desastres sufridos por las tropas de Morelos en Valladolid y Puruaran, y esto, como es palpable, vino á dar nuevo aliento y esfuerzo á los unos, miéntras abatia y acobardaba á los otros.

Para colmar la desventura de los insurgentes en Oaxaca, vino entónces á ponerse al frente de sus destinos un hombre poco á propósito para levantar su espíritu. D. Ramon Rayon, que despues de la muerte de Hidalgo se habia atribuido un poder omnímodo sobre todos los que acaudillaban partidas insurrectas, hubo de someterse al fin al congreso reunido en Chilpancingo, aunque con grandes dificultades, de mala gana y gracias á la inmensa preponderancia que Morelos habia adquirido con sus victorias; pero apénas se tuvo noticia de la pérdida de Valladolid y de la aproximacion del enemigo á Chilpancingo, Rayon, segun dice Rosains, "se presentó de botas, mandó liar sus equipajes y protestó que ninguna fuerza humana lo contendria para volver á su mando." En tal conflicto, el congreso resolvió, como medio más prudente, destinarlo á Oaxaca, donde sin conexiones ni aduladores pudiese dar ménos vuelo á sus miras ambiciosas. Solo el Sr. Morelos dijo en Coyuca: "valia más que volviese donde lo conocen que á donde vaya á seducir á los soldados que yo he creado y perder en un dia el fruto de mis fatigas."

Asegura Bustamante haber promovido, en union de Crespo, para asegurar su existencia, la traslacion á Oaxaca del congreso establecido en Chilpancingo, á lo que se resistieron los diputados, en su mayor parte miembros de la Junta de Zitácuaro, y á quienes "atraian para el interior, de un modo irresistible, sus relaciones de amistad y familia." Para quitar, pues, á Rayon la tentacion de regresar á Tlalpujahua, procuró el Dr. Herrera que fuese nombrado capitan general de Oaxaca, como lo consiguió, en efecto, del congreso; pero el mismo Bustamante confiesa que al convenir en ese nombramiento, cometió "un enorme disparate." [1] En consecuencia, pues, de su nombramiento, Rayon se puso en marcha el 18 de Enero de 1814, llevando en su compañía al canónigo San Martin, nombrado vicario general del ejército, y una pequeña escolta con que atravesó la Mixteca, llegando el 29 á Huajuapan, en donde lo recibió Terán (D. Manuel), que por órden de Morelos estaba situado en aquel punto para observar los movimientos del enemigo. Terán dudaba reconocer á Rayon, por no habérsele comunicado regularmente su nombramiento; mas dependiendo de Rocha, por órden de éste lo hizo, y desde luego recibió de Rayon la comision de formar un cuerpo de infantería que cubriese la frontera de la provincia.

Para hacerse de recursos con que sostener estas tropas y las demás que deberian estar á sus inmediatas órdenes, Rayon comisionó á San Martin, quien de la ciudad deberia remitirle armas y municiones y sesenta zurrones de grana de los que aun permanecian allí. Parece que el pensamiento de Rayon fué sacar de la provincia todos los recursos posibles, reuniendo en la frontera que colinda con Puebla un cuerpo respetable de tropa para resistir allí al enemigo, por lo que dió órden á D. Bernardo Portas, que mandaba en la Costa chica, que se le uniese con sus fuerzas y á Moctezuma que remitiese de la ciudad todos los soldados que no fuesen estrictamente necesarios para la conservacion del órden. Aquí se procuró poner una maestranza: á D. Marcial de Leiva, administrador de las haciendas de las dos mixtecas, se dió órden para recoger los bienes de las fincas y seguirlas fomentando; á D. Pedro Elías Bean se le encargó que activara y perfeccionara la fabricacion del salitre. San Martin procuró recoger y componer todas las armas que hubo á las manos: un capitan Gonzalez se comprometió á fabricar fusiles, y para ello recibió al-

1 Cuadro Histórico, tom. 3, carta 1.ª, págs. 6 y 7.

gun dinero de Moctezuma; mas no habiéndolo verificado, se mandó que cubriese las cantidades percibidas trabajando en alguna otra cosa: á D. Luis Alconedo se encomendó la formacion de un cuño para tlacos ó moneda de cobre, y para que no faltase éste, se mandaron trasladar tres cañones que estaban en Cuicatlan y que deberian convertirse en octavos. Con el mismo fin se mandó á D. José Mariano Hidalgo que remitiese el cobre que Arroyo habia dejado en Tecamachalco. Se ordenó la recoleccion de sebo, carne de matanza y mulas de Tlapa, algodones ó el valor de los que se hubiesen vendido procedentes de la costa á cargo del cura de Ometepec, D. José Domingo Pascua, y seis mil pesos ó lo más que hubiese en las cajas de Oaxaca.

13.—Estas atenciones no distraian á Rayon para ocuparse de asuntos de muy distinta naturaleza. Se concedió licencia al diácono D. Ignacio Morales para que fuese á ordenarse á México, y se negó á D. Gerónimo Carballido, que pretendia lo mismo, así como al provincial de Puebla, que solicitaba pasar á su convento. Se mandó que Rocha dejase libres á los curas Hermosa para que fuesen á la ciudad. A peticion del cabildo se mandó hacer efectivo el pago del diezmo, muy disminuido entónces por la guerra, librándose las órdenes convenientes al intendente Murguía, á Moctezuma y á San Martin, á quien tambien se mandaron pasar las actuaciones que Velasco seguia contra algunos clérigos por infidencia, es decir, por poco afectos al gobierno de los insurgentes. Este señor seguia su vida licenciosa y desordenada, uniéndose á sus desarreglos el cura Moctezuma y el diácono Ordoño, que por nombramiento de Velasco se habia apoderado del curato de Ejutla, sin que fuerzas humanas lo pudiesen sacar de allí, por lo que los cabildos eclesiástico y secular hubieron de escribir á Rayon, representando los escándalos que estos clérigos daban y los daños que estaban causando á la moral del pueblo, y pidiéndole los apartase de la ciudad. Rayon dió órden á San Martin para que procediese á prender á Velasco, así como tambien á Ordoño. San Martin dispuso ejecutar la prision en la misma casa de juego á que Velasco concurria todas las noches, y para ello pidió tropa al comandante Moctezuma, quien la dió, pero al mismo tiempo pasó aviso á su amigo de lo que pasaba, con lo que Velasco pudo prevenirse, llevando consigo su escolta y la de Anaya y apostándola en las ventanas de la casa para defenderla. Cuando San Martin se presentó, pues, á caballo para cumplir su encargo, los soldados de Velasco rompieron un nutrido fuego sobre él, á que contestaron debidamente los de San Martin, colocados en la acera de enfrente de la casa. Peleaban allí un canónigo contra otro, y la contienda duró hasta que el comandante Montes de Oca, habiendo entrado, sable en mano, se hizo de la persona de Velasco. Miéntras lo llevaban preso al convento de Santo Domingo, un desconocido, con el sable desenvainado, se arrojó sobre el canónigo San Martin: este señor, quitándose el golpe, llamó á voces á un hombre de confianza que lo acompañaba, que tenia por apellido "España:" el asesino, tomando de aquí ocasion para salvarse, corrió gritando: "Ahí están los gachupines." Al oir estas voces, la tropa de Santo Domingo se puso en defensa sacando la artillería, y la ciudad toda se conmovió, poniéndose en un desórden indecible. El asesino cayó muerto de un balazo, cerca de la puerta de Santo Domingo. San Martin mandó que Velasco fuese llevado preso á Huajuapan y puesto en manos de Rayon; pero en el camino se evadió con el oficial que lo escoltaba, y poco despues se indultó con los realistas, publicando un manifiesto en que denigraba en extremo á los insurrectos. Tambien Ordoño fué aprehendido y la causa que se le instruyó fué remitida á Rayon.

Como se ve, habia bastante actividad en Huajuapan y Rayon demostraba talentos administrativos, de manera que si hubiera sido colocado al frente de una oficina, por un gobierno establecido y organizado sostenido por numerosa tropa, los negocios de su encargo hubieran sido despachados con celeridad y acierto, y teniendo en sus manos los hilos todos del gobierno, los resortes de la nacion se hubieran movido con armonía y precision; mas en el estado en que las cosas se hallaban, su presencia fué funesta á Oaxaca: bajo su influencia, los ánimos y los pareceres se pusieron en oposicion unos con otros, y las diferencias que surgieron entónces entre los insurgentes era preciso que debilitasen su fuerza. No solo estaban en pugna Velasco y San Martin y éste con el comandante Moctezuma, lo que era natural por la amistad que sostenia el último con Velasco, sino tambien el mismo Moctezuma con Rocha, por ciertas comunicaciones del primero, que ofendieron al segundo hasta el grado de pedir que su conducta fuese depurada en un juicio, desavenencia que Rayon procuró sosegar con buenas palabras; pero el mismo Rayon tuvo que resentir bastantes disgustos por la competencia que se estableció entre él y Rosains, á causa del nombramiento que de uno y otro hizo el congreso para ejercer igual autoridad en un departamento idéntico, á lo ménos segun lo que aparecia. Además, á varios eclesiásticos se les estaba formando causa por infidencia y otros motivos, entre los que se contaban el religioso dominico Fr. Cayetano Perez, el clérigo D. Casimiro Guevara, el cura Hermosa y otro compañero, que si bien justificaron su inocencia, estuvieron algun tiempo detenidos en Tehuacan y luego tuvieron que presentarse en Huajuapan, secuestrándose sus bienes, pasando sucesivamente la administracion de éstos, así como el conocimiento de las causas de Velasco, á San Martin y de San Martin á Sabino Crespo; aconteciendo lo mismo con otras personas, como Sanchez Pareja, á quien al fin se mandaron restituir sus bienes y libertad; otros dos, Murguía, capitan rerirado, y Varela, comandante; un español, Padruns, que estaba enfermo en Itundúgia y otros. La Junta de seguridad y confianza pública, bajo la presidencia del Lic. D. Manuel Bustamante, habia comenzado y proseguido estos procesos, basándolos en delaciones ó correspondencias interceptadas; es verdad que ningun fallo de muerte pronunció; pero bastante penosa es la expectativa de una sentencia que podria ser de muerte. Alguna vez, extendiendo sus miras á todo el clero de Oaxaca y desconfiando de todos, Rocha se acercó al gobernador de la mitra y le expresó que en donde quiera que observase un corrillo de dos ó tres eclesiásticos, lo mandaria deshacer á balazos. Esto, como debe suponerse, causaba desagrado general á la poblacion.

14.—Ni los pueblos de los indios se conservaban tan pacíficos como en el año anterior. En Teutila hubo algun movimiento que causó bastante alarma al subdelegado D. Ignacio Mariano Medina, quien no cesaba de pedir prontos auxilios para pacificar aquel lugar, ya por medio del cura Moctezuma, del coronel Rocha ó de Portas que le sucedió en el mando de Tehuacan: Rayon lo entretuvo con buenas palabras y ofrecimientos, asegurando que á la llegada del teniente coronel D. Cecilio Rios, en vista de su informe se proveería, lo que no llegó á verificarse, pues aunque se libraron órdenes á los jefes de algunas partidas de insurgentes de las que recorrian la provincia de Veracruz, para que por Vallereal acudiesen al punto disputado, no fueron obedecidas y las cosas quedaron así hasta que ocuparon á Oaxaca las tropas reales. Aún más: el comandante de Alvarado y Tlacotalpan, en la costa de Sotavento, con tropas veteranas y patriotas de Cosamaloapan, al mando de D. Miguel Esquino, intentó dispersar una reunion de insurgentes situada en "Pajaritos," en términos de la Estanzuela, y no habiéndolos encontrado allí, los siguió en su fuga tomándoles, el 11 de Diciembre, cuarenta y dos prisioneros, dos cajas de guerra y algunas armas y caballos. Un mes ántes habia preparado una sorpresa á Tuxtepec, en que se habian hecho fuertes cosa de trescientos insurgentes. Guiadas las tropas reales, al mando de D. Pedro Vallecillo, por un indio, alcalde de Jacatepec, Narciso Diego, llegaron á las seis de la mañana del 11 de Noviembre á la entrada de Tuxtepec que mira al camino de Ojitlan. Las barcas necesarias para el paso del rio no estaban prestas en esa hora, lo que costó la vida al gobernador de Chiltepec y dió tiempo de prepararse á los insurgentes, quienes despues de perder dos cañones y cosa de ochenta muertos, entre los que se contaba el comandante de Chinantla, D. Vicente Cruz, se hicieron aún fuertes en un bosque, resistiendo un vivo fuego entre el rio Tonto y el camino de Ojitlan, pudiendo, en fin, escapar por las bocas de aquel rio y ponerse en salvo en los pueblos de la Sierra. [1]

Pero Topete no quedó satisfecho con aquella victoria, sino que en persecucion de Pedro Flores, principal cabecilla de los insurgentes de aquella costa, envió á la Sierra veinte hombres del regimiento de Zamora y veinte de los voluntarios de Tesechoacan, al mando del subteniente D. Juan Murillo. Estas tropas fueron bien recibidas por los pueblos, distinguiéndose en sus agasajos los párrocos de Comaltepec, Betaza y Zoochila. En Villa-alta cayeron de sorpresa, y ayudados por los vecinos del lugar, se apoderaron de Flores, del subdelegado Pascua y de otros diez ó doce insurgentes que pretendian hacer alguna resistencia. [2] Flores, como era de espererse, fué pasado por las

En Teposcolula se cobraba una contribucion de real y medio los casados y un real los solteros: como Rayon, sabedor de lo que pasaba, hiciese un enérgico reclamo á los armas.

[1] Gaceta núm. 539, tom. 5.
[2] Idem núm. 556, del tom 5º

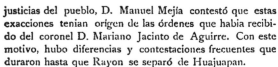

justicias del pueblo, D. Manuel Mejía contestó que estas exacciones tenian origen de las órdenes que habia recibido del coronel D. Mariano Jacinto de Aguirre. Con este motivo, hubo diferencias y contestaciones frecuentes que duraron hasta que Rayon se separó de Huajuapan.

En la costa del Sur, las dificultades que se suscitaban tenian carácter más serio. D. Antonio Reguera, que protegido por el descuido y la confianza imprudente de los insurrectos, desde su campo de Cruz Grande habia ido aumentando soldados y recursos, el 25 de Febrero de 1814 se levantó con sus tropas, las dividió en tres secciones, mandó asaltar con la primera, al mando de D. Miguel Añorve, el punto de Asoyú, dictó sus órdenes para que D. José Aleman acometiese con la segunda la fuerte posicion de Juchitan, y él mismo, con la tercera, se dirigió á donde la mayor necesidad reclamase su presencia. El 1º de Marzo el intento estaba conseguido. Los insurgentes de Chichihualco dispararon su cañon una sola vez y se dispersaron en seguida, dejándolo abandonado con la bandera y algunas lanzas.¹ Al siguiente dia, Reguera se dirigió á Ometepec, en que no encontró resistencia por haberse puesto á sus órdenes, con toda la estancia de Cuaxinicuilapan, el comandante insurgente D. Juan Diego Bejarano.

Acontecia esto al mismo tiempo que Agustin Arrázola, (á) el "Zapotillo," con el pueblo de Tututepec hacia un movimiento reaccionario, y ayudado por el párroco de Jamiltepec, Fr. José Herrera, sorprendia en el último pueblo una pequeña tropa de insurrectos, apoderándose de cincuenta armas de fuego y cuatro cajones de pólvora. Pudieron fácilmente obtener esta victoria los realistas, porque Rayon habia llamado para Tehuacan á D. Bernardo Portas, dejando sin defensa aquel importante departamento. No fué, sin embargo, general el movimiento, pues Huaxo-

---

1 Parte de Reguera de 10 de Marzo, en la Gaceta 544, tom. 5º

lotitlan y Pinotepa del Rey permanecieron fieles á la causa de la Independencia, y reunidos los de uno y otro pueblo dieron una sorpresa á Herrera y Arrázola en Jamiltepec, tomándoles veintiseis prisioneros. La noticia de este descalabro obligó á Reguera á enviar violentamente en auxilio de la plaza doscientos infantes al mando de Aleman y cien caballos á las órdenes de Ticó. Los insurgentes se dirigieron hácia Amusgos: en una cuesta distante doce leguas de Zacatepec, dispersaron una avanzada realista mandada por el "Zapotillo," y libraron una accion más reñida con Ticó y Herrera, quienes se gloriaron de haber obtenido la victoria, aunque sin justicia. Rayon habia dispuesto que el capitan Mentado se situase en la cuesta de Santa Rosa para evitar el desbordamiento de los realistas costeños en la Mixteca, al mismo tiempo que de la ciudad salian Montes de Oca y D. Jacinto Varela para contenerlos en Juqy ila. Como esto acontecia en los últimos dias de la domin ·ion de los insurgentes en Oaxaca, pronto dieron estos capitanes la vuelta á la ciudad por mandato de Moctezuma.

En la frontera que mira á Puebla tuvo lugar, al principio del año, algun acontecimiento próspero. Rocha, el 25 de Enero, se batió con fuerzas realistas en la cañada de Ixtapa, auxiliándolo en la accion cuarenta caballos de Luna, logrando derrotar á los realistas en número de setecientos, haciéndoles diez y siete muertos, entre los cuales se encontró D. Justo Berdejo, y seis prisioneros, cuatro españoles y dos mexicanos. Los españoles fueron conducidos á Huajuapan, procediéndose á la formacion de causa por D. Manuel Terán. Y como por entónces Matamoros habia sucumbido á manos de los españoles. Rayon, sediento de represalias, los mandó ejecutar despues que se dispusieron cristianamente. Entre éstos se hallaba un teniente de columna, llamado Ablanedo.

15.—Hallándose, pues, los ánimos divididos, los pueblos disgustados y la fuerza armada considerablemente disminuida, careciendo casi por completo la insurreccion de elementos de defensa, el virey Calleja, que sabia tal estado de cosas por las relaciones que sostenia en Oaxaca, no teniendo, por otra parte, nada que temer de Morelos, que habia sido vencido, ni de las partidas de las demás provincias que habian sido dispersadas y aun eran activamente perseguidas, determinó mandar un ejército que recobrase la provincia de Oaxaca. En Tepeaca habia reunidas algunas tropas y éstas fueron señaladas para la proyectada expedicion, poniéndose al mando del general del ejército del Sur, brigadier D. Ramon Diaz de Ortega; mas como éste fuese detenido por algun estorbo accidental, marchó á su cabeza D. Melchor Alvarez, coronel del batallon de Saboya, quedando á las órdenes de éste dos mil hombres de todas armas, sin contar con otra seccion de reserva bajo las órdenes del coronel del batallon de Castilla, D. Francisco Hévia, compuesta de su mismo batallon, ciento cincuenta dragones de México y un cañon de á cuatro. Ortega habia dirigido una proclama á sus soldados, diciéndoles que iban á entrar en una provincia fiel al rey, cuyos habitantes deberian ser tratados como amigos, amenazando castigar con rigor cualquier exceso contra la disciplina.

Alvarez, segun las instrucciones que se le dieron, tomó el camino de la Mixteca, amenazando caer sobre Huajuapan, por lo que Rayon abandonó esta poblacion, retirándose para Tehuacan, lo que ya estaba previsto por el gobierno. Alvarez, pues, pudo seguir su marcha para Oaxaca sin encontrar resistencia, pues aunque Rocha, por instancias del teniente coronel D. Jacinto Varela, construyó dos reductos con fuegos cruzados, camino cubierto y en órden militar en la cañada de San Antonio, no se utilizaron, y en la ciudad ninguna señal se daba que pudiese inspirar temor á las tropas del virey; creyó sin embargo, conveniente intimar á la plaza que se rindiese. La intimacion estaba concebida en estos términos, que copio de la Historia de Alaman:

"Las armas invencibles del soberano mas amado de todos los habidos en Europa Fernando VII rey de ambas Españas, marchan á mis órdenes para la reconquista de esa provincia: no he tenido la menor oposicion á mi entrada: vuestros facciosos compañeros, como Rayon y otros, han huido aun antes de presentarse á nuestra vista: marchan fugitivos y errantes por los montes, entierran la artillería que ha caido en manos de una seccion que envié á perseguirlos. Vuestro nominado generalísimo ha sido batido y derrotado como vos no ignorais, en todas cuantas acciones ha tenido (huyendo sin amparo) con las tropas de S. M. Ningun recurso os queda mas que, el entregaros á discrecion; mas si tenaces en vuestro ridículo capricho tratais de defenderos, vivid persuadidos que mis tropas son aguerridas, que sereis sumergidos: quizá cuando imploreis el perdon será tarde. La menor gota de sangre que se derrame en esa ciudad de mis tropas, correrán por ella arroyos vuestros: el menor insulto á cualquier habitante lo castigaré con el último suplicio. Estais amenazados por todos los puntos: no lo ignorais: pensad con reflexion lo que haceis. Aguarda vuestra contestacion, teniendo el honor de saludaros.—El general en gefe, gobernador intendente de la provincia de Oaxaca."

Difícil era contestar á esta intimacion, pues ninguna fuerza de los insurgentes quedaba en la ciudad, que con anticipacion habian salido. D. Luis Ortiz de Zárate, anciano militar, sargento mayor que habia sido de las milicias levantadas en Oaxaca, muy afecto á los españoles, contestó invitando á Alvarez á apresurar su entrada.

Alvarez dirigió otras dos comunicaciones, una al ayuntamiento, llamando á los regidores padres de la patria, previniéndoles la conservacion de la tranquilidad y hacién-

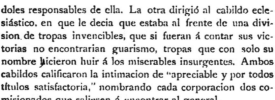

doles responsables de ella. La otra dirigió al cabildo eclesiástico, en que le decia que estaba al frente de una division de tropas invencibles, que si fueran á contar sus victorias no encontrarian guarismo, tropas que con solo su nombre hicieron huir á los miserables insurgentes. Ambos cabildos calificaron la intimacion de "apreciable y por todos títulos satisfactoria," nombrando cada corporacion dos comisionados que saliesen á encontrar al general.

La entrada tuvo lugar el 29 de Marzo, y fué tal el aplauso con que fué recibido, que el mismo Alvarez asegura que no se habria hecho más con el soberano. Rebosaba, continúa, la alegría en el semblante de todos: todo fué vivas, aclamaciones, ramos, flores, perfumes y voces no interrumpidas de ¡viva el rey! ¡viva España! ¡viva nuestra amada patria! ¡vivan nuestros libertadores! ¡mueran los insurgentes! Los dos cabildos [1] recibieron á Alvarez y sus tropas en el puente de la Soledad, en donde algunas señoras vestidas de blanco, ciñeron las sienes del comandante realista con una corona, miéntras otras distribuian á los soldados vasos de aguardiente. Las señoras oaxaqueñas, tan modestas siempre y tan ajenas por su carácter y costumbres, y principalmente por el noble pudor que las ha distinguido, de semejantes provocaciones, se desmintieron á sí mismas en esta ocasion. Las mujeres valen más cuanto ménos lo conocen, y si alguna vez juzgan que sus caricias sean la recompensa del soldado, por lo mismo que las prodigan á la tropa se envilecen á sí mismas, pues no se trataba en el caso de que hablamos de hijas ó esposas que palpitantes de amor recibiesen en sus brazos al padre ó al marido largo tiempo ausentes, sino de soldados desconocidos que sostenian con las armas una causa política, tal vez contraria á los verdaderos intereses nacionales. Inútil es decir

---

[1] Los canónigos iban vestidos con capas pluviales. Bustamante. Cuadro Histórico, tom. 3.

que hubo salvas, repiques y concurso numeroso del pueblo á la entrada de las tropas de Saboya.

El canónigo Velasco pidió su indulto, presentándose á Alvarez aun ántes que éste hubiese llegado á la ciudad, y para más merecerlo, publicó el 8 de Abril un manifiesto en que pintaba á los insurgentes, y en especial á Rayon, con los colores más negros. El canónigo San Martin, siguió al principio á los insurgentes; mas en una hacienda cerca de Tlalistac, se quedó oculto, regresando luego á la ciudad y saliendo con el cabildo á recibir al comandante español; pidió ser indultado y lo fué en efecto, aunque siempre se le impuso una multa y prision por algun tiempo. Tambien se indultó D. Manuel Bustamante, presidente que habia sido de la Junta de seguridad. Murguía, que se habia retirado del congreso de Chilpancingo muy poco despues de instalado, presidia el ayuntamiento y continuaba desempeñando el empleo de intendente, para el cual habia sido nombrado por Morelos: con este carácter presentó, ante un gran concurso, el baston de mando al comandante, el cual le contestó, devolviéndolo, "que estaba en buenas manos y á satisfaccion del gobierno de México." El mayor elogio que se puede hacer de este excelente personaje, es que, colocado entre dos bandos que se odiaban á muerte, no se hubiese él mismo hecho odioso, y que desempeñando importantes cargos, ya con el gobierno, ya con los insurrectos, no fuese perseguido por aquel ni por éstos. Pocas personas deben haberse hallado en situacion igualmente delicada y difícil, y más pocas aún las que hayan logrado salvarla con el éxito plausible del Sr. Murguía y Galardi.

CAPITULO XVII

FIN DE LA GUERRA DE INDEPENDENCIA.

1. Decadencia de Oaxaca.—2. Rayon se aleja de Oaxaca.—3. Por qué se perdió Oaxaca.—4. Justicia de la insurreccion.—5. La Costa chica.—6. Las Mixtecas.—7. Diferencias entre Guerrero y Sesma.—8. Combates en las fronteras.—9. Teotitlan del Camino.—10. Sierra del Norte y Costa de Sotavento.—11. Rendicion de Terán.—12. Son disueltas las demás partidas realistas.—13. El canónigo San Martin.—14. Estado en que Oaxaca quedó.—15. Campaña de Leon en la Mixteca.—16. Asalto de la Villa de Etla.—17. Triunfan los independientes en Oaxaca.

1.—Segun el informe escrito por Murguía y remitido por Alvarez al virey, la provincia de Oaxaca, floreciente ántes, presentaba un estado de verdadera decadencia á la entrada de las tropas reales, no tanto por efecto de medidas vejatorias del gobierno caido, que no solo no habia aumentado contribucion alguna, sino que aun las existentes y ordinarias cobraba con rebajas considerables, como habia sucedido con las alcabalas, y que no se habia excedido demasiado pidiendo á la poblacion donativos, si se exceptúa el del totopo y algun otro en verdad no muy gravoso, como de la ausencia de los españoles fugitivos, casi todos comerciantes, de la falta de comunicaciones con Veracruz, lo que hacia que se careciese de fierro, acero, papel y otros artículos de consumo preciso, de la extraccion para el ejército de mulas y caballos dedicados á la labranza y de la circulacion de la moneda de cobre. Alvarez prohibió el uso de esta moneda, pidió al virey un convoy con los artículos de comercio que faltaban, hizo remocion general de los empleos que obtenian los insurgentes, restableciendo á los desposeidos por éstos, varió el ayuntamiento, y el 12 de Abril hizo jurar la constitucion política española, mandó poner en posesion de sus haciendas y bienes á los que habian sido despojados, y recoger la artillería y municiones que en varias partes estaban esparcidas ú ocultas.

Dambrini se presentó por este tiempo hácia el rumbo de Tehuantepec, fusilando á los que se le habian manifestado desafectos en su primera venida y vengándose en ellos del descalabro sufrido en Tonalá. Traia cien negros de Omoa, que Alvarez hizo conducir á Oaxaca para formar una guardia de su persona: era este comandante vano y ostentoso y se hacia tratar en Oaxaca como pudiera un gran señor, haciendo en proporcion sus oficiales otro tanto, sin que dejasen de ofrecer al público el mismo espectáculo de disolucion en las costumbres ni de causar los mismos escándalos que habia dado Velasco y los suyos. Aquellos soldados que habian tomado la ciudad sin disparar un tiro y que se entregaban al juego sin recato, se permitian injuriar á los oaxaqueños, que ningun mal les habian hecho: las provocaciones eran permitidas, y aun con insolentes cántigas insultaban á los que tenian afecto por su país.

No eran estos los únicos excesos que se tenian que lamentar: los vicios de los insurrectos causaron general repugnancia, al grado de hacerse intolerables Velasco y los suyos á la templanza y regulares costumbres de la ciudad: se deseaba vivamente un cambio para quitar de la vista aquel odioso objeto: los realistas fueron llamados con instancia, y apénas pusieron los piés en la ciudad, desplegaron vicios iguales y aun superiores. El género de vida que los oaxaqueños habian cultivado por tres siglos deberia tener un término, y éste estaba próximo á llegar, segun parecia, en el año de 14. Antiguamente, cada padre de familia, al calor de su hogar, daba lecciones de la más pura moral, seguro de que sus palabras no solo eran escuchadas con placer, recogidas por la familia con esmero y guardadas con veneracion religiosa, sino de que ellas harian la felicidad que es posible en la tierra de los objetos más queridos, sin obstáculo ni oposicion, sin que en el seno de la amistad, cuyo lazo era la inocencia; sin que en los estrados, en que presidia la virtud; sin que en las reuniones públicas que dirigia la religion y el respeto mútuo; sin que en las calles ni en los templos nadie se atreviese á corromper aquellas santas lecciones, ni ménos á burlar y escarnecer la solicitud paterna. Cada cual estaba en segura posesion de lo que le pertenecia, y nadie temia el extravío y la perversion de un hijo, la seduccion de una doncella pudorosa ni la violacion injusta del lecho de la esposa. Este era el edificio magnífico que á fuerza de fatiga habian fabricado los religiosos y los miembros del clero secular en el espacio de tres siglos; pero este edificio deberia caer desplomado, minado por sus cimientos, y en los años de 13 y 14 se sintieron los primeros golpes del pico, manejado muchas veces por los mismos clérigos y los mismos religiosos. Hoy la piedad es burlada, la fé escarnecida, las costumbres viciadas al grado de que no pueda decirse que haya carácter ni costumbres públicas. La inocencia no existe. La mitad de Oaxaca está en acecho de la otra mitad para corromperla y perderla. El aire está infecto y el contagio se ha hecho general, pero las primeras simientes de la planta que envenenó el ambiente se arrojaron en ese tiempo. Era justo el ceño con que los oaxaqueños veian los vicios que entónces comenzaban á desarrollarse; pero no eran solo estos excesos los que tenian que lamentar: á la presuncion reunia Alvarez la crueldad, y derramaba friamente la sangre, acaso sin la conviccion de hacerlo equitativa y justificadamente. Al alférez Aguilera, del batallon de milicias mandado levantar por Morelos, mandó fusilar el 22 de Abril, por haberse encontrado ocultas en su casa las banderas de su cuerpo. Pasó tambien por las armas á unos indios que recogió y remitió un español llamado Terrón, cura de Pápalo, y que no sabian ni hablar. De los insurgentes que salieron de Oaxaca, al encaminarse por la Sierra para unirse en Songolica con Rayon, fueron cogidos en Michihuitan el coronel Mellado, veinte soldados, dos frailes y algunos particulares, y todos fueron fusilados. Estas prisiones habian sido ejecutadas en una sorpresa que á los fugitivos dió Topete, pues no se habia limitado este comandante á enviar parte de sus tropas por Villa-alta, sino que él mismo, con ciento cincuenta hombres, se habia internado en las ásperas sierras de Teutila. En este pueblo supo que en San Juanico habia una reunion de insurgentes cuyo encuentro quiso evitar retrocediendo hácia Jalapa. Acontecia esto á principios de Mayo. Pocos dias despues, el 23 del mismo mes, se dirigió á Masaticopa, en donde supo por un prisionero que á poca distancia estaba Rios con una partida de insurgentes: quiso batirla el mismo dia, pero éstos se pusieron en salvo, dejando en poder de Topete algunos prisioneros y treinta armas de fuego. [1]

2.—Rayon, por su parte, ninguna oposicion habia hecho á las fuerzas del gobierno. Desde Huajuapan habia librado órdenes á varias partidas, así de las que guarnecian á Oaxaca, como de las que recorrian los territorios de Puebla y Veracruz, para que se le reuniesen ó siquiera para que mortificasen en su marcha á los realistas; mas no habiendo sido estas órdenes obedecidas, tomó la resolucion de dirigirse á Zacatlan, pueblo qne con sus contornos estaba dominado por Osorno y otros jefes insurgentes. No queriendo, sin embargo, carecer de los recursos que aún le proporcionaba

[1] Parte de Topete, firmado en Pápalo el 25 de Mayo. Gaceta núm. 616. Tom. 5.

la rica provincia, mandó al coronel D. José (Chepito) Herrera que no dejase que un solo medio real de las colectas de diezmos que se hacian en las mixtecas, fuese á la ciudad, remitiendo todas las cantidades de esta procedencia á Songolica, en donde pensaba recibirlas. A Rocha y Moctezuma ordenó que extrajesen las granas y cuantos intereses hubiese aún existentes en Oaxaca, señalándoles la misma direccion de Songolica; y para que en su marcha no sufriese quebranto alguno el convoy, mandó al capitan Barrales que custodiase los puntos de Huautla; al capitan Buen-brazo que se situase en Ayotla; al coronel D. Pedro Farfan de los Godos que permaneciese en Cuicatlan; al coronel Bárcena que dirigiese una parte de la carga para Teotitlan, escondiendo el resto en algunas barrancas hasta que hubiese oportunidad de rehacerse de ella, y él mismo salió para Tehuacan, en donde permanecia Portas, dejando á Huajuapan luego que á esta poblacion se aproximó Hévia, cuya division tenia encargo de batirlo ó entretenerlo miéntras para Oaxaca marchaba Alvarez. El 16 de Marzo emprendió su marcha, llevando consigo el cuerpo de infantería organizado por Terán, el regimiento de Orizava y lo poco que quedaba del regimiento de Nuestra Señora de la Luz. El dia 17 estuvieron estas fuerzas y las de Hévia bastante próximas para que se pudiera temer una sorpresa; pero el siguiente dia, miéntras la division siguió su marcha, retrocedió Terán con diez dragones para estar al tanto de los movimientos del enemigo. El 21, pudo llegar Rayon á Tehuacan, sin novedad notable, recibiéndole el párroco, el prior del Cármen y otros vecinos. Portas mandó servir en su obsequio una mesa decente. Los enemigos, sin embargo, no le perdian de vista, y á poco llegaron algunas partidas de realistas á Copiapo, miéntras otros se situaban en Chapulco; y como no tenia Rayon el intento de sostenerse en aquella poblacion, á pocos dias, y prévio reconocimiento del camino, hecho por Terán, emprendió de nuevo su marcha para Teotitlan del Camino, á donde llegó el 29, habiéndose reunido poco ántes en la hacienda de Tilapa con D. Cárlos Bustamante y otros emigrados de Oaxaca. Hévia, entretanto, penetró en Tehuacan, y no esperando dar alcance á las tropas insurgentes, se preparaba á dirigirse á Puebla con otras atenciones; mas oportunamente se le presentaron D. Simon Chavez, que habia sido lego betlemita y que hacia de cirujano de Rayon, y un cadete de lanceros de Veracruz, que estaba prisionero y se habia fugado, el primero pidiendo el indulto y el segundo para reunirse á las tropas reales; y habiendo sabido por ambos que Rayon estaba en Teotitlan reuniendo zurrones de grana y otros efectos valiosos llevados de Oaxaca, salió el 1º de Abril, y en Coscatlan encontró una partida de grana conducida por el capitan Buen-brazo, de que se apoderó sin resistencia, tomando además cinco prisioneros. Rayon, que ignoraba estos acontecimientos, se puso en marcha en ese mismo dia para Coscatlan. Poco ántes de llegar supo que el pueblo estaba ocupado por los realistas, por lo que haciendo regresar la carga se adelantó él mismo á practicar un reconocimiento del enemigo. Al siguiente dia se extrajeron de Teotitlan todas las existencias, repartiéndose entre la tropa lo que no pudo ser trasportado, como barriles de vino y aguardiente, y dos baúles de ropa fueron depositados en una casa particular. Sucesivamente fué la tropa desfilando en retirada, pues no pensaba Rayon dar funcion de armas alguna sino poner en salvo los intereses: quedaba aún en el pueblo una pequeña partida de soldados insurgentes al mando de un jefe frances, D. Santiago Roc, cuando se presentó Hévia con los suyos cubriendo todas las salidas. Roc, dando una vigorosa acometida con el puñado de soldados que le seguia, se abrió paso entre los enemigos, libertándose con su valor de una muerte segura. En seguida se internó en una cañada cercana y tomó en las alturas las mejores posiciones militares posibles, pues calculó que el enemigo le habia de seguir. En efecto, á poco se presentó una respetable seccion del batallon de Hévia, llevando á su frente al mayor D. José Santa Marina, que emprendió sobre la marcha el ataque. Roc se sostuvo con bizarría; mas siendo el enemigo muy superior, hubo de replegarse á otro punto defendido por D. Juan Pablo Anaya: contuvo aún algun tiempo á los asaltantes; al fin tuvo que abandonar tambien este punto, perdiendo algunas municiones, algunas cargas de grana y quince prisioneros, que fueron inmediatamente fusilados. Rayon, entretanto, con el resto de la fuerza, desde una altura veia cómo eran batidos aquellos valientes, sin hacer movimiento alguno en su socorro, retirándose, cuando terminó el combate, al pueblo de San Gerónimo, en que durmió. Al siguiente dia 3 de Abril llegó Rayon á los curatos de Huehuetlan y Huautla, en donde permaneció algunos dias asistiendo pacíficamente á las ceremonias de la Semana Santa, pues Hévia se retiraba ya para Puebla; pero Roc no quiso permanecer más tiempo con él y desertó en la noche, llevando consigo al teniente coronel Lazcano y diez y siete hombres más. En la cañada de Cuicatlan permanecieron aún Rocha y Moctezuma, protegiendo la salida de las granas, de que Bárcena extrajo una buena parte de la barranca de Cacahuapa, en que habia quedado oculta, lográndose al fin que la carga, con poca pérdida, llegase á Zoquitlan. En este pueblo se reunió tambien á Rayon el coronel Rocha con su cuerpo de San Ignacio, y poco más adelante el presbítero Crespo, que habia logrado escapar del alcance de Murillo en Chiquihuitlan. Como ya se ha dicho, el intento de Rayon era pasar con el cargamento á reunirse con Osorno en el pueblo de Zacatlan; mas no pudiéndolo hacer por las villas defendidas por tropas reales, tuvo que regresar por Coscatlan para seguir luego el camino de Tehuacan, pudiendo, miéntras verificaba su paso, realizar sus granas que compró en reales el capitan D. José María Gonzalez, y teniendo que sufrir la desercion de Terán, que con sus dos hermanos y algunos otros se le separaron en el pueblo de Tecamachalco y tomaron el camino de la Mixteca de Oaxaca.

3.—Quedaron, pues, en las mixtecas, Herrera, Sesma y D. Manuel Terán. Ocupada la capital y la mayor parte de la provincia, se puede decir que la insurreccion habia acabado en esta época en Oaxaca, no volviendo á promoverse con eficacia la independencia en su seno, hasta que en Iguala resonó el glorioso grito dado por el inmortal Iturbide. El Lic. D. Juan N. Rosains, en un manifiesto que publicó por ese tiempo, intitulado "Justa repulsa," inculpa á Rayon por la pérdida de tan rica provincia, formulando el cargo en los términos siguientes: "¿Por qué se perdió Oaxaca sin un tiro?" Rayon contesta en el "Informe á la Suprema Junta, etc.." del modo siguiente: "Para absolver este cargo, dice, pudiera responder que porque no me acomodan los tiros como los que S. E. (Rosains), ha empleado en Chilpancingo, Huatusco, San Hipólito, etc.; pero contestaré directamente. El verdadero motivo de haberse perdido aquella provincia fué, el haberse quedado sin tropas ni armas y que habiéndoseme dado la comision á fines de Enero en Chilpancingo, salí de allí con solos diez hombres y llegué á Huajuapan el siguiente mes de Febrero, en donde hice alto, sin atreverme á continuar la marcha, por saber que se preparaba la expedicion enemiga que llegó á este punto el 14 de Marzo. No se defendió Oaxaca, porque como llevo dicho, despues de haberse puesto el mayor empeño en desarmarla, quedaron sériamente notificadas las rateras partidas de los Sres. Bravos, de no obedecer otras órdenes que las del Sr. Morelos, como con encogimiento contestó el brigadier D. Miguel cuando le oficié para que se me reuniera, cuyo documento, con algunos otros de no menos entidad, paran en mi poder, segun tengo indicado á V. M. en mis contestaciones anteriores. Se perdió Oaxaca, porque residiendo allí el mariscal Anaya, el canónigo y mariscal Velasco y otros dignos émulos de Rosains, persuadieron y aun instaron al intendente, tribunales y oficinas que no debia obedecerse al congreso, á mí ni á otro alguno que no fuese el Sr. Morelos, con lo cual carecia de los auxilios que podia franquear para su defensa aquella desgraciada capital. No se defendió Oaxaca, porque despechados sus habitantes con los robos, estupros, violencias, obscenidades y picardías de cuatro infames aduladores, no solo ofrecieron la cantidad de sesenta mil pesos para costear la expedicion, sino que tuvieron la osadía de retirar á pedradas á los que habian quedado cuando se acercó el enemigo. Por último, no se defendió Oaxaca, porque estaban perdidos y en poder de los contrarios, Villa-alta, la costa de Tehuantepec, los pueblos de Chilapa, Tlapa, etc., y por otras muchas cosas que reservo para mejor ocasion, contentándome con decir, que Rosains jamás probará que he declarado guerra al Sr. Morelos, y lo único que se averiguará es que conmigo no tienen lugar los bandidos, voluptuosos, los impíos y personas de esta calaña."

Las apreciaciones contenidas en estas líneas son exactas, debiéndose agregar únicamente que si Oaxaca se perdió fué debido principalmente al desacierto de haber sido elegido Rayon para dirigir los destinos de una provincia en que no tenia simpatías, ni relaciones, ni aptitud bastante para hacerse en pocos dias de la situacion y organizar una fuerza suficiente para resistir victoriosamente al enemigo. No fué este el único desacierto del congreso de Chilpancingo, á cuya reunion en aquellas circunstancias, completamente inoportuna, acaso se haya debido, no tanto el descalabro de Valladolid, como los infortunios posteriores de Morelos y la inaccion y oscuridad á que se vió reducido durante algunos años: es seguro que este general, sin la dependencia del congreso, se habria rehecho prontamente, como lo hizo despues del sitio de Cuautla, y tal vez ni Oa-

454

xaca se hubiera perdido ni se hubiera **retardado tanto la** independencia de toda la nacion.

4.—Los indultados no pudieron permanecer en paz en la ciudad. Al canónigo San Martin se le mandó devolviese á la clavería de la catedral mil y trescientos **pesos que de** ella habia recibido para ir á Chilpancingo de órden de Mo- relos, y que fijase su residencia en Puebla, de donde se eva- dió vestido de arriero y fué á unirse con Osorno en Zaca- tlan, y de allí pasó despues á las provincias del Interior á promover con más ardimiento la revolucion. A Murguía se le ordenó se presentase en México á contestar los cargos que resultaban contra él, siendo además declarado indigno de obtener empleo alguno, hasta que en Madrid se le absolvió. El cabildo eclesiástico, que en general se habia manifestado adicto á la causa de los españoles, tuvo necesidad de in- demnizarse en Madrid con mucha demora y gastos que sufragaron los capitulares, contribuyendo cada uno á pro- rata con cuatrocientos pesos, siendo el motivo de la perse- cucion la ejecucion de aquellos actos indispensables para el gobierno de la mitra, en que habia intervenido durante la ausencia del obispo y ocupacion de la ciudad por el cura Morelos. Esta persecucion al cabildo eclesiástico produjo en el canónigo Vasconcelos, muy adicto ántes á la causa real, la conviccion de que un reino tan importante como el que se llamaba entónces la Nueva España, no podia continuar dependiendo, sin graves inconvenientes, de una metrópoli lejana, y de que la necesidad y la conveniencia exigian que tuviese un gobierno propio, aunque no por es- to dejaba de aborrecer la revolucion por el modo con que se hacia y los desórdenes que causaba.

Antes de pasar adelante debemos consignar una refle- xion que es propia de este lugar. Es claro como la luz del medio dia que la independencia de México es justa y con- veniente, y que legítimamente la procuraban los mexi-

canos al principio de este siglo. Si alguna razon se habria de dar en comprobacion de que era esta una justificada y noble causa, bastaria decir que ningun deber tenia la nacion de estar sujeta á España: ¿quién le habria impuesto semejante obligacion? ¿No gozó ántes de propia autonomía? ¿No la perdió únicamente obligada por la fuerza? ¿La conquista dió á Hernan Cortés la propiedad de México? ¿Era suya esta nacion para que pudiera trasladar el dominio de ella en el rey de España? ¿No soportó México á su pesar la prolongada sujecion á la metrópoli? ¿No podia recobrar lo que era suyo, lo que jamás la fuerza debió haberle arrebatado, cuando estuviese en aptitud de hacerlo? ¿Qué autoridad divina ó humana le habia impuesto el deber de estar perpétuamente unida á España? Si pues era justo procurar la independencia de la nacion, ¿por qué se declamó tanto contra ella en aquellos tiempos? No nos referimos á los originarios de la península, que por interes personal era forzoso que procurasen mantener la dominacion de los suyos sobre la raza indígena: ¿por qué en nombre de la conciencia y de la religion se condenó la revolucion? ¿Era acaso, como decia Vasconcelos, por el modo con que se hacia? Pero, ¿de qué otro modo era posible? ¿Presumia alguno que los españoles hubieran dejado pacíficamente la dominacion de México, por la sola conciencia, sin que nadie les hiciese fuerza para ello, obligados únicamente por el peso de la razon? ¿Se podria hacer la independencia sin derramamiento de sangre? ¿Se podria no matar á los españoles en la guerra cuando éstos hacian una guerra sin cuartel sacrificando á cuantos insurgentes caian en sus manos? ¿Por qué, pues, en nombre de la religion se anatematizó una revolucion justa en sus principios y necesaria en el modo en que se practicaba? El fallo de la Historia no puede ser dudoso. Si se quisiese investigar la verdadera causa de aquellas declamaciones, se encontraria que no es ni puede ser otra que debilidad de algunos, que los obliga á conservarse inviolablemente adictos á la autoridad establecida de hecho, por más opresora y por más ilegítima que sea, sirviendo al que odian y sosteniendo al que quisieran remover, con grandes sacrificios, acaso aún de la conciencia y de la vida. Así lo confesó por lo ménos el gobernador de la mitra de Oaxaca, Ibañez de Corbera, al entrar en la ciudad los españoles, asegurando en una circular que si habia tenido algunas complacencias con Morelos, "el odiado Rocha" y los insurgentes, era porque lo habia dominado por completo el "miedo." Claro es que los elogios de que colmaba entónces á Alvarez y á los españoles, eran igualmente el neto resultado del miedo que lo dominaba.

5.—Ya hemos dicho que en la Costa chica se habia verificado una reaccion en sentido realista, y aunque momentáneamente pudo ser contenida por Cabada, que en Huaxolotitlan tuvo un pequeño triunfo, las tropas españolas se rehicieron prontamente, presentándose de nuevo con fuerzas superiores, de modo que Aleman pudo ocupar el pueblo de Huaxolotitlan, y Cabada, perseguido de cerca por Reguera, tuvo que huir para Amusgos, en donde, despues de librar con él un combate, los realistas se gloriaban de haberlo desbaratado completamente, permaneciendo, sin embargo, los insurgentes fortificados en el cerro de Santa Rosa, adelantando sus tropas avanzadas hasta Amusgos y Zacatepec. Para dispersarlos, Reguera se dirigió á ellos desde Jamiltepec, llevando consigo fuerzas suficientes. El 10 de Abril los encontró en una fuerte posicion frente á Monte Alban; mas no le hicieron resistencia, retirándose al cerro de Santa Rosa, de manera que Reguera pudo pasar libremente por Amusgos y Zacatepec. Reguera no juzgó prudente llegar á Santa Rosa y se volvió por entónces á Jamiltepec, sin otro fruto que haber pasado por las armas á unos correos que llevaban pliegos de los insurgentes á Pinotepa y Huaxolotitlan; pero habiendo reunido mayores fuerzas, el

21 del mismo mes salió con cuatrocientos ochenta hombres en busca de los insurgentes, que acaudillados por Adame, Cabada, Mentado y Morales, se habian fortificado en la cuesta de Amusgos. Reguera sentó al principio su campo en Cacahuatepec, provocando al enemigo á salir de sus trincheras; mas no logrando su intento, se vió obligado á tomar la iniciativa. Despues de varios encuentros preparatorios, el 25 se resolvió á dar un asalto vigoroso. Arrázola llevó el peso del combate por el frente, miéntras Ticó flanqueaba al enemigo, y D. Francisco Santa María, con cuarenta caballos, se disponia á cortar la retirada; Reguera quedó con la reserva. Los realistas derrotaron á los insurgentes, haciéndoles ciento ochenta y cinco muertos, entre quienes estaban Morales y Mentado, y tomándoles tres cañones y sesenta fusiles. Arrázola y Santa María siguieron á los vencidos hasta el pueblo de Zacatepec.[1] Galeana, que tambien se presentó por ese tiempo en Cacahuatepec, no dió ninguna funcion de armas; reunió alguna gente, y unido á Montes de Oca, marchó á la Costa grande, en donde tenia buenas simpatías y esperaba reanimar con buen éxito la revolucion.

Juan del Cármen, activo cooperador de Guerrero, y Guerrero mismo, se acercaban tambien muchas veces en sus correrías militares á las fronteras de Oaxaca cercanas á la costa; mas ni permanecian en ellas mucho tiempo, ni manifestaban interes por librar aquella comarca de la dominacion realista, retirándose violentamente á la aproximacion de Reguera ó de Rionda que, con sus tropas, habia sido encargado de pacificar el departamento de Técpan. Así, uno y otro pudo prestar importantes auxilios, no ya á la Costa chica, que permanecia de todo quieta, sino á lo que es hoy el Estado de Guerrero, en que los caudillos de la revolucion fueron sucesivamente sucumbiendo.

[1] Partes de Reguera, en la Gaceta núm. 567. Tom. 5.

Durante el período de la guerra, los habitantes de la Costa chica de Oaxaca tuvieron que sufrir no solo el espectáculo de las batallas y el azar de las derrotas, sino las venganzas de los vencedores y la feroz crueldad de algunos bárbaros soldados, que hacian consistir su valor en la efusion de sangre, sin distinguir si era ésta la de un temible enemigo ó la de una indefensa mujer. Frente al templo de Ometepec habia un árbol que sirvió á innumerables víctimas de patíbulo: atados á él mandó fusilar Reguera á cuantos insurgentes caian en sus manos. El "Zapotillo" tenia los instintos de un tigre. D. José Aleman (Chepito Aleman), se hizo inolvidable, pues aún se recuerdan en la costa los atentados de sus tropas. Pinotepa del Rey y Huaxolotitlan habian manifestado tendencias pronunciadas á la Independencia; Tututepec y Jamiltepec defendian con calor los intereses de la antigua España; unos y otros partidarios vivian esparcidos en sus cortijos y rancherías de los bajos de Chicometepec, separados únicamente por un rio fácil de vadear: de repente los de un bando acometian en masa las casas de los otros, que sorprendidos se ponian en fuga, dejando abandonados á los ancianos y las mujeres que sin piedad eran despedazadas; los niños de pecho recibian la muerte entre las ollas de atole ó de agua hirviente del hogar, eran arrojados á lo alto y recibidos en su caida con la punta de la espada, que los atravesaba de parte á parte, ó tomados por los piés y arrojados con fuerza contra los muros de la casa ó los peñascos del campo, en que dejaban estrellada la masa cerebral. Tales actos de barbarie se permitian indistintamente unos y otros, sin que tales indescriptibles escenas de horror, repetidas muchas veces entre aquellos desgraciados habitantes, contribuyesen en lo más pequeño á mejorar la causa que cada partido defendia. Los realistas prevalecieron, primero por haber abandonado los insurgentes á Oaxaca, y despues, por la actividad, no por el valor de D. Antonio Reguera, que en pocas funciones de armas se halló presente, limitándose á dirigir las correrías de sus tenientes: en recompensa recibió del virey el título de comandante *accidental* de la comarca. Aleman se embarcó, deseoso de volver á ver su patria, pero en la travesía pereció, tal vez víctima de algun naufragio, pues la honrada familia que dejó en la costa, ninguna noticia volvió á tener de él.

6.—En las mixtecas, despues de la separacion de Rayon de Huajuapan, habia quedado con la comision de promover la revolucion el coronel Chepito Herrera, que con pocas fuerzas ocupaba á Tlaxiaco, y desde allí ponia en efervescencia á los demás pueblos. Para deshacer este centro de revolucion, Alvarez destinó al rumbo de las mixtecas al teniente coronel D. Manuel Obeso, que caminó á su destino llevando algunas compañías del batallon de Saboya y de dragones de San Cárlos. Con estas fuerzas, el 24 de Abril entró en Tlaxiaco, préviamente desocupado por Herrera, que tomó posiciones en el cerro del Coyote. Obeso lo desalojó tambien con facilidad de este punto el mismo dia, tomándole setenta armas de fuego, un cañon y trece prisioneros, que fueron luego fusilados. Se recomienda en el parte de este hecho de armas al dominico Fr. Bernardo Fernandez, quien, con el machete en la mano, cargó sobre el enemigo al frente de la tropa, presentando semejante accion como un modelo digno de imitarse por los demás individuos de su clase.[1] Los dispersos en el cerro del Coyote, se reunieron en otro cerro al oriente de Tla-

---

[1] "Recomiendo á V. S., dice el parte, muy en particular al M. R. P. Fr. Bernardo Fernandez, religioso dominico, quien no tan solamente no nos ha abandonado en toda nuestra marcha, sino que en el dia del ataque, con su machete en la mano, avanzaba al enemigo delante de la tropa, y lo hizo sobre el cañon; es digno de publicarlo para que sirva de estímulo á los demás de su clase." (Gaceta núm. 570, tom. 5).

xiaco, de poca altura, pero de difícil y áspera subida. Obeso, aumentadas sus fuerzas con alguna tropa del batallon de Lobera y los patriotas que se habian organizado en Teposcolula, determinó atacarlos tambien en estas posiciones. Tan seguro estaba de su triunfo, que mandó á la caballería tenderse en la llanura para evitar que los insurgentes, en su fuga, de que no dudaba, tomasen el camino de la Magdalena. El ataque se emprendió por la tropa, dividida en cuatro columnas, al redoble del tambor: los insurgentes esperaron con serenidad que las tropas enemigas empezaran á vencer la altura, y luego que las vieron en lugar á propósito, hicieron rodar sobre ellas piedras grandes preparadas al intento, haciendo poco fuego por carecer de armas y de municiones. A poco, los realistas comenzaron á tener sensibles pérdidas: imposible parecia á los españoles no posesionarse de aquella colina en que hallaban tan inesperada resistencia; pero la derrota fué inevitable, y el desórden en que huyeron completo, no pudiendo reunirse otra vez hasta el pueblo de Teposcolula. Tuvieron los realistas allí diez y nueve muertos y doscientos diez heridos. Dicen que por esta derrota dieron los españoles á este cerro el nombre de "Cerro encantado."

La accion se dió el 29 de Abril y fué dirigida por D. Ramon Sesma, que acababa de entrar en la Mixteca, comisionado por Rosains para promover la revolucion: como Herrera habia recibido la misma comision de parte de Rayon, es fácil entender el antagonismo que resultó entre ambos jefes, así como era perceptible la superioridad que el uno, victorioso en el "Cerro encantado," tenia sobre el otro, derrotado en el Coyote. Sesma prendió á Herrera y lo remitió á Rosains: en el camino se encontró éste con Terán, que habiéndose apartado de Rayon se dirigia á la Mixteca, á lo que debió su libertad, pues Terán persuadió á los que le conducian preso, que se exponian á un grave riesgo atravesando en escaso número un país cruzado por

partidas de realistas, que era mejor que se uniesen todas para la defensa de la comun causa, pues así serian más fuertes. Terán y Herrera volvieron, en efecto, á Silacayoapan, en donde juntamente con Sesma se previnieron para el ataque que esperaban, fortificándose en las alturas, fundiendo cañones, haciendo balas de las flautas del órgano de la iglesia y proveyéndose de los demás pertrechos indispensables. Justamente temian ser atacados, pues, en efecto, Alvarez, sabedor del desastre del "Cerro encantado," se proponia tomar venganza competente, poniéndose, para hacerlo, él mismo á la cabeza de una division conpuesta de los batallones de Saboya, Lobera, Guanajuato, Dragones de México y San Cárlos, y milicias de Teposcolula, robustecida con seis piezas de artillería de menor calibre, una de á ocho y un obús. Con esta division, el 27 de Julio Alvarez se situó en una loma contigua á la iglesia, al oriente de la poblacion, paralela á la que habian fortificado los insurgentes. Comenzaron el ataque los realistas flojamente, batiendo sin éxito los atrincheramientos enemigos y estableciendo sus baterías para formar un sitio que duró algun tiempo y que terminó de un modo desfavorable para Alvarez, por la siguiente causa. Habiendo el comandante ordenado al mayor Travesi que asaltara una batería enemiga, no solo no logró éste su intento sino que hubo de replegarse á su campo, algo estropeado, por lo que Alvarez determinó dar un asalto más formal, avanzando en la noche dos piezas de corto calibre y haciendo marchar á la tropa á la voz de "Avanza." A la hora señalada se rompieron los fuegos y se dió el grito de la consigna; mas los asaltantes no pudieron avanzar un solo paso, por lo que al dia siguiente los insurgentes desde su campamento los burlaban. No solo consiguieron esta ventaja los insurrectos, sino que animado con ella D. Manuel Terán, en la noche de ese mismo dia hizo una salida vigorosa con otros sesenta hombres decididos, apoderándose de dos cañones colocados á la mitad del cerro y custodiados por el capitan Perez, con cien hombres de Lobera y Guanajuato. Alvarez no queria creer la noticia que le llevó uno de los dispersos, y para cerciorarse mandó á su ayudante, García, con órden de fusilar al soldado, si no era cierto lo que aseguraba. Pero hubo de convencerse no solo por el informe del ayudante, sino porque al dia siguiente los insurgentes hicieron uso de las piezas contra él. Rosains, por esta accion, propuso á Terán para coronel, dándole un escudo de honor con el lema: "Alvarez y Samaniego cedieron á mi valor," todo lo que fué aprobado por Morelos y el congreso de Apatzingan. El resultado final fué que Alvarez levantase el sitio con no poco desaire, marchando primero para Huajuapan y luego para Teposcolula, en donde se fortificó, lo mismo que en Yanhuitlan y Tlaxiaco.

7.—Algun tiempo despues se presentó Guerrero en Silacayoapan con igual comision, recibida de Morelos, que Herrera y Sesma. Temiendo el último que con la presencia de Guerrero se introdujese la division y desórden en sus tropas, determinó alejarlo, y al efecto, mandó que se presentase en Tehuacan á Rosains, dándole, para que lo acompañasen, cincuenta hombres montados pero desarmados, y á quienes Rosains habia de proveer de armas. Lo hizo preceder por un D. Francisco Leal que llevaba carta para Rosains; pero en el rio de Tacachi alcanzó Guerrero á Leal, y hablando sobre las circunstancias extrañas de la comision de ambos, se resolvieron á abrir las cartas que conducian uno y otro: en ellas, Sesma recomendaba á Rosains no diese mando alguno á Guerrero, y que para tenerlo á la vista, lo nombrase comandante de su escolta. Con el conocimiento de tales recomendaciones, Guerrero no continuó su viaje, y siguiendo las orillas del Tacachi, fué á acampar en el cerro de Papalotla, sin reconocer á Sesma ni á Rosains.

Este hecho vino á hacer difícil la situación de los insurgentes, porque sí bien los realistas no estaban en aptitud de tomar contra ellos la iniciativa, limitándose á sostener algunos puntos fortificados, siendo los principales Teposcolula, en que se acantonaron las tropas de Lobera al mando de D. Manuel Obeso, y Huajuapan, en que Samaniego se defendia con pocos hombres, que no podian salir de la poblacion porque las partidas de enemigos que llegaban hasta los suburbios les habian quitado los caballos, los insurgentes, divididos entre sí, tampoco podian acometer con ventaja á los realistas. Las desavenencias entre Guerrero y Sesma habian llegado á tal extremo, que las fuerzas respectivas de uno y otro se batian al encontrarse. Para reconciliarlos, si fuese posible, y reuniendo las tropas de ambos apoderarse de Huajuapan, Rosains, que se habia establecido en Tehuacan, se dirigió á Silacayoapan acompañado del canónigo Velasco, quien burlándose de la buena fé del realista Zarzosa, se habia evadido de Jalapa uniéndose otra vez al partido de los insurgentes. Desde Silacayoapan Rosains invitó á Guerrero para atacar á Samaniego en Huajuapan, á cuyo fin la gente del mismo Rosains se habia adelantado ya hasta Petlalzingo; pero Guerrero, desconfiando de Rosains, no accedió á esa propuesta. Aquel, entónces, para inspirar confianza á éste, se adelantó con solos seis hombres, y en estado de tener que ser llevado en hombros por hallarse enfermo, hasta el pueblo de Tlamajalcingo, en cuyas inmediaciones Guerrero se habia fortificado; mas éste no quiso prestarse á conferencia alguna, no obstante haber subido el canónigo Velasco al cerro que ocupaba; ántes bien, en la noche, el coronel Chepito Herrera, que estaba con Guerrero, bajó á decir á uno de los soldados de Rosains, que si no se retiraban corrian muy grave riesgo. En efecto, se retiró éste con los suyos; mas pronto volvió con la division que mandaba Sesma y algunos dragones que lo habian acompañado desde Tehuacan, resuelto á castigar á Guerrero. Ya en Tlamajalcingo, no habiendo cedido el coronel suriano á cuatro intimaciones que le hizo Rosains por medio del cura del lugar, cortó el agua, tomó posiciones militares y se apercibió para el combate, y cuando los fuegos iban ya á romperse, Guerrero le pidió que se acercase, como lo hizo, con solos dos soldados: el mismo Guerrero salió de sus atrincheramientos, y habiéndole reclamado Rosains que se presentaba con la espada desnuda, la arrojó, y reconociéndole por su jefe, admitió en su campo á toda la gente de Rosains.

Continuó, pues, Guerrero en la parte de la Mixteca que se roza inmediatamente con Puebla y con el Sur; Sesma en la Mixteca de Oaxaca y Rosains en Tehuacan. Correa permanecia en el cerro de Santa Rosa, dominando en Putla y pueblos inmediatos, y aun se mantenia el "Cerro encantado" en poder de los insurgentes. En Oaxaca, Alvarez mandaba con la arrogancia de un bajá, produciendo su conducta un descontento general, de que no pocas quejas recibió el virey, no removiéndolo sin embargo por la escasez, segun decia, de personas aptas á quienes poder confiar el mando de la provincia. D. Manuel Obeso en Teposcolula y Yanhuitlan, extorsionaba á los pueblos con pensiones para mantener la tropa, segun decia, y Samaniego comerciaba en la Mixteca en los convoyes, enriqueciéndose á costa de la prolongacion de la guerra. Entre las tropas de uno y otro bando habia frecuentes choques á que principalmente daban ocasion los convoyes que pasaban de Puebla y Oaxaca respectivamente. El éxito de los combates innumerables que se libraron fué ya favorable ó ya adverso á los insurgentes y realistas, sin dar á unos definitivamente la preponderancia sobre los otros, lo que hizo que la guerra se prolongase por mucho tiempo, con perjuicio de los pueblos pacíficos.

8.—El más serio de los encuentros entre ambos partidos, en 1814, tuvo por teatro á Tlapa. Los insurgentes de Silacayoapan, que se habian sabido defender con entereza de Alvarez, determinaron dejar su actitud pasiva y batir las partidas realistas apostadas en los pueblos inmediatos. Reunidas las fuerzas de Sesma, Adame, Victoriano, Mentado y Juan del Cármen al mando de Terán, se dejaron ver el 9 de Setiembre, en número crecido, en el cerro de San Antonio, que domina la plaza de Tlapa, defendida entónces por el capitan D. José Vicente Robles y ciento setenta hombres de Lobera, milicias de Puebla y dragones de Izúcar. Sin pérdida de tiempo, los insurgentes, á las ocho de la mañana del mismo dia, comenzaron el ataque de la plaza con tal intrepidez y brío, que salvando á nado los fosos y llegando al pié de las trincheras, tomaban con las manos los fusiles que hacian fuego desde las troneras y pugnaban por quitarlos á los enemigos: el alférez D. Pedro Pantoja tuvo que hacer un supremo esfuerzo de valor para evitar que el templo fuese escalado y tomado por los asaltantes. Con igual denuedo se combatió en los siguientes dias 10 y 11 de Setiembre, llegando á penetrar en uno de ellos los insurgentes en el recinto fortificado, en que se combatió á la bayoneta. El 11, despues de un nuevo asalto, Terán se retiró hácia Silacayoapan, lo que se debió al socorro de ciento cuarenta hombres mandados por Reina, que á los realistas enviaba Armijo. [1]

El 9 del siguiente mes fué tomado el "Cerro encantado" por el sargento mayor de Lobera, D. José Urbano. En él habia levantado el inglés Guillermo Danlit una mediana fortificacion, encerrando entre trincheras un campo de cien varas de largo por cincuenta de ancho y se esperaban próximamente cañones para su mejor defensa. Urbano intentó apoderarse del cerro por sorpresa, caminando de noche

[1] Veanse las Gacetas 634 y 639 del tom. 5.

desde Teposcolula; mas habiéndose extraviado, cambió de pensamiento, mandando que D. Felipe Lili, con parte de sus tropas, cayese sobre Tlaxiaco, miéntras él mismo hostilizaba el cerro fortificado. Llegó, en efecto, á la cumbre del cerrito sin gran dificultad, puesto que lo habian abandonado la noche precedente sus defensores, sabedores por un indio de Titzá de que se acercaba un cuerpo considerable de enemigos: mandó destruir los atrincheramientos, y observando desde aquella altura que al caer Lili sobre Tlaxiaco, huian los vecinos en todas direcciones, mandó tocar paso de ataque, á cuya señal las caballerías, dando alcance á los fugitivos, dejaron tendidos en el campo veintisiete cadáveres. Tanta indignacion causó este hecho á los vecinos de Tlaxiaco, que durante la noche, miéntras la tropa de Lobera permanecia acuartelada en el cementerio, estuvieron haciéndole fuego en todas direcciones.

Tan espléndida como esta fué la victoria que reportó Urbano dos dias despues. Habiendo salido de Tlaxiaco el 10, ocultando su marcha con evoluciones tácticas, llegó á la Magdalena, en que durmió esa noche. El 11 mandó tomar por asalto la casa del capitan insurgente Nicolás Vazquez, que estaba vacía; y él, con el grueso de la tropa, entró en Chalcatongo "donde solo halló al señor cura y las casas sin mueble alguno," [1] recogiendo como despojos del enemigo seis tercios de cebada y treinta quesos. A pesar de la estrategia del capitan español, los vecinos de Chalcatongo habian conocido cuál era el punto objetivo de su marcha, y se habian puesto en salvo con sus hijos y mujeres.

No mucho despues, el 29 de Enero de 1815, tuvieron otro débil choque el comandante inglés y las tropas de Lobera en la cuesta del Rosario. El fuego duró tres horas,

---

[1] Parte del comandante de Lobera, en la Gaceta 658. Tom 5.

dispersándose al fin los insurgentes con pérdida de un cañon y un prisionero que fué pasado por las armas. [1]

Guerrero, á principios del año de 1815, animado con algunas ventajas que habia tenido de las partidas realistas, no solo comisionó á Juan del Cármen, negro costeño de valor extraordinario, para que pusiese de nuevo en convulsion á la Costa chica, sino que él mismo, en combinacion con Sesma, se propuso dar un golpe al pueblo de Acatlan, en que se mantenian con escasa fuerza los Flon, capitanes valerosos del partido español. Juan del Cármen obtuvo algun éxito en la Costa chica, recogiendo armas y atrayéndose varios de los jefes adictos al gobierno, tales como Panuncio Bruno, Zurita, y el mismo Agustin Arrázola (Zapotillo), que tan decidido se habia mostrado por la causa real peleando con Reguera. Guerrero, por su parte, no tuvo la misma fortuna en su intento de apoderarse de Acatlan. Silacayoapan era un centro de actividad en donde se reunian los insurgentes en ocasiones de importancia. De allí partieron Sesma y Guerrero cayendo sobre Acatlan tan de repente, que apénas tuvieron los Flon tiempo de ponerse sobre las armas. En la primera acometida, los insurgentes tomaron los caballos de los realistas, penetraron en el cementerio, prendieron fuego á las puertas del templo, entraron por éste, y con ardor increible se arrojaban por una escalera de caracol para subir al coro á que estaban reducidos los sitiados. No tuvieron desde luego victoria cumplida, porque el comandante de la plaza, D. Antonio Flon,

---

[1] En verdad, desde Teposcolula se llevaron á cabo numerosas expediciones, saliendo partidas de cincuenta y cien hombres para aprehender un solo insurgente y á veces para combatir ejércitos imaginarios. Los partes pomposos de esos hechos de armas, que se leen en las Gacetas, causarian hilaridad, si aquellas correrías no hubieran terminado regularmente con el fusilamiento de algunos infelices. (Veanse las Gacetas números 714, tomo 6; 849, tomo 7; 850, tomo 7).

manifestó un valor incontrastable. Sostuvieron, sin embargo, el cerco del templo, y en los dias siguientes, 29 y 30 de Junio, repitieron sus ataques con igual entereza, reduciendo á los sitiados á tal extremidad, que comian una sola galleta por dia, bebian agua de un pozo en que flotaban cadáveres en putrefaccion, carecian de pólvora y llegaron á entrar en pláticas para rendirse. Sesma levantó el sitio por el inesperado auxilio que á la plaza llegó, desde Huajuapan, el 1º de Julio. [1]

Los Flon, libertados de una derrota que parecia inevitable, se fueron con Samaniego á Huajuapan, y Guerrero pudo dedicar su atencion á Tlapa, plaza de que juzgaba de la mayor importancia apoderarse. La atacó, en efecto, y la puso en el mayor apuro y aun logró derrotar á Armijo que llegaba con auxilio; pero otra vez Samaniego, caminando desde Huajuapan, con celeridad, aunque molestado en su marcha por la caballería de Sesma, que se habia apostado en Tamasola y que le siguió picando sin cesar su retaguardia, obligó á Guerrero á levantar el sitio llegando á tiempo que la guarnicion no podia sostenerse por más de tres dias por falta de víveres. Samaniego regresó en seguida á la demarcacion de su mando. [2]

9.—Aconteció esto el 1º de Noviembre, casi al mismo tiempo que el virey determinaba que se tomase por asalto el Cerro colorado. Habia sido éste fortificado por Rosains, quien, como hemos dicho, se habia establecido en Tehuacan dominando en sus inmediaciones, hasta que por defeccion de sus tropas hubo de ceder á la mala fortuna, indultándose y retirándose á Puebla. Con el mando de la fuerza quedó D. Manuel Terán, oficial inteligente y activo á quien no era fácil vencer. La comision de atacar á Terán en sus

---

1 Gaceta núm. 780. Tomo 6.
2 Idem núm. 833, idem.

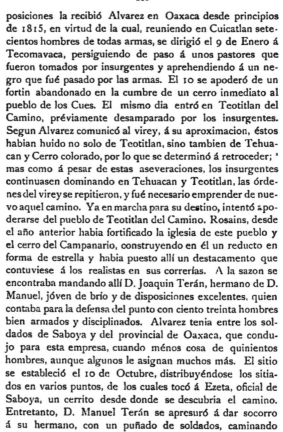

posiciones la recibió Alvarez en Oaxaca desde principios de 1815, en virtud de la cual, reuniendo en Cuicatlan setecientos hombres de todas armas, se dirigió el 9 de Enero á Tecomavaca, persiguiendo de paso á unos pastores que fueron tomados por insurgentes y aprehendiendo á un negro que fué pasado por las armas. El 10 se apoderó de un fortin abandonado en la cumbre de un cerro inmediato al pueblo de los Cues. El mismo dia entró en Teotitlan del Camino, préviamente desamparado por los insurgentes. Segun Alvarez comunicó al virey, á su aproximacion, éstos habian huido no solo de Teotitlan, sino tambien de Tehuacan y Cerro colorado, por lo que se determinó á retroceder;[1] mas como á pesar de estas aseveraciones, los insurgentes continuasen dominando en Tehuacan y Teotitlan, las órdenes del virey se repitieron, y fué necesario emprender de nuevo aquel camino. Ya en marcha para su destino, intentó apoderarse del pueblo de Teotitlan del Camino. Rosains, desde el año anterior habia fortificado la iglesia de este pueblo y el cerro del Campanario, construyendo en él un reducto en forma de estrella y habia puesto allí un destacamento que contuviese á los realistas en sus correrías. A la sazon se encontraba mandando allí D. Joaquin Terán, hermano de D. Manuel, jóven de brío y de disposiciones excelentes, quien contaba para la defensa del punto con ciento treinta hombres bien armados y disciplinados. Alvarez tenia entre los soldados de Saboya y del provincial de Oaxaca, que condujo para esta empresa, cuando ménos cosa de quinientos hombres, aunque algunos le asignan muchos más. El sitio se estableció el 10 de Octubre, distribuyéndose los sitiados en varios puntos, de los cuales tocó á Ezeta, oficial de Saboya, un cerrito desde donde se descubria el camino. Entretanto, D. Manuel Terán se apresuró á dar socorro á su hermano, con un puñado de soldados, caminando

[1] Vease la Gaceta número 712. Tomo 6.

él mismo á pié para alentarlos y acelerar su paso. Ezeta, desde la eminencia en que estaba, el dia 12 vió llegar á D. Manuel Terán, y acobardado, sin dar aviso á Alvarez, huyó con su piquete, poniéndose en seguro en la sierra de Huehuetlan. Así, D. Manuel pudo sorprender á Alvarez, y batiéndolo en detall, apoderarse de un cañon y poner á sus tropas en completo desórden, pues cada soldado corrió por su camino. El capitan Aldao, con más presencia de ánimo que los demás, pudo reunir cosa de doscientos infantes de Oaxaca y restablecer el sitio quitando á Terán el cañon perdido; con todo, Alvarez, mandó la retirada en el mismo dia, que se hizo á San Juan de los Cues y luego al trapiche de Ayotla y de allí hasta Oaxaca, quedando solo una parte de la division de Alvarez en Yanhuitlan.

El 18 de este mismo mes, Sesma se apoderó del pueblo de Santiago Yolomecatl, defendido por treinta hombres de Saboya, de los cuales murieron once en el combate con el teniente de San Cárlos, D. Antonio Mesa. Tal dis gusto causaron estos desastres al virey, que no solo reprendió á Alvarez, que se habia atrevido á pedir distintivos para sus soldados, imputándole la derrota por haber dividido su fuerza en pequeñas partidas y mandándole que las concentrase en la ciudad, sino que al general del ejército del Sur, Moreno Daoiz, autorizó para que, si lo creia necesario, removiese á Alvarez del mando, pues habia poca esperanza de restablecer por sus manos lo que en ellas se habia perdido.

Como no es nuestro ánimo seguir á Terán en todas las vicisitudes políticas y militares de su vida, sino únicamente decir lo que se relaciona con la historia de Oaxaca, así como callamos sus disensiones con Rosains, omitiremos hablar de la revolucion que promovió para disolver el congreso trasladado á Tehuacan. Terán habia fortificado el cerro de Santa Gertrudis para cuya defensa señaló al mayor D. Francisco Miranda, hombre de valor y conocimientos. A principios de 1816, el comandante de Huajuapan, Samaniego, intentó atacar aquel punto, de lo que desistió, hallándolo más bien resguardado de lo que creia. Terán habia mandado un refuerzo á las órdenes de su hermano D. Juan, el que llevaba por segundo á D. Evaristo Fiallo, quien á su paso por Tepejillo, por hacerse de partido con la tropa, le permitió cometer toda clase de desórdenes, sin que D. Juan pudiese evitarlo. Terán, que conocia cuánto importaba castigar estas faltas de disciplina, hizo proceder contra su hermano y contra Fiallo, encargando la formacion de la causa al brigadier D. Francisco Vazquez Aldana, oficial instruido que comenzó poniendo en prision á los dos jefes. Pronto se conoció que D. Juan no era culpable y la causa se siguió contra Fiallo. Este, para librarse, formó una conspiracion, la que descubierta, dió por resultado que Fiallo fuese pasado por las armas.

Una conducta que Samaniego logró conducir hasta Acatlan, fué atacada por Terán en la cañada de los Naranjos, y no obstante ocupar las mulas, que no bajaban de mil cuatrocientas, un gran espacio, consiguieron pasar los realistas. [1] En otro encuentro que tuvo el mismo Samaniego con las tropas de Guerrero á las orillas del rio mixteco, figuró por primera vez D. Antonio de Leon, con el carácter de teniente de los patriotas de Huajuapan, quien haciendo prisionero á su primo Loyola, lo condujo á Huajuapan con otros, siendo todos pasados por las armas. Otra vez, á principios de 1816, Sesma y Guerrero disputaron reciamente el convoy á Samaniego en la misma cañada de los Naranjos, sacando la peor parte en el combate. Sesma y Guerrero eran activos, pero poco afortunados, y Samaniego no carecia de dotes de un buen jefe militar.

[1] Gaceta núm. 868, tom. 6.

10.—La empresa de mayor importancia que acometió Terán por este tiempo, fué el viaje que emprendió á la costa del Norte para tomar por sorpresa el puerto de Goatzacoalcos, segun se proponia. Habia dado 6,000 pesos á D. Juan Galvan para que comprase armas en los Estados-Unidos, y tenia, además, contratados con D. Guillermo Davis Robinson, cuatro mil fusiles á 20 pesos cada uno. El armamento deberia desembarcar en Goatzacoalcos, punto escogido por el mismo Terán como el más á propósito para que las armas no cayesen en poder de los realistas. El teniente de navío D. Juan Topete, habia perseguido en aquellas comarcas, con actividad y fortuna, á los insurgentes, internándose por los ramales de la Sierra, unas veces hácia Villa-alta y otras hácia Teutila. Habia podido, sin embargo, escapar de su alcance el cabecilla Pioquinto, quien con algunos de los suyos cayó de repente, el 16 de Diciembre de 1814, sobre el pueblo de Ixcatlan, posesionándose en los primeros momentos de la plaza y dando muerte al comandante D. José Guerrero; mas habiendo reunido el cura D. Antonio Aldeco algunos realistas, arrojándose sobre los invasores, los obligó á salir del pueblo, dejando algunas casas incendiadas. [1] Poco despues, D. Manuel Moscoso intentó sorprender en Casalapa á Pioquinto; mas no lo consiguió por haberse puesto con oportunidad éste en salvo con los suyos. [2] Los insurgentes de la costa de Sotavento contaban en sus adversidades con una retirada segura en las agrias sierras del norte de Oaxaca. No debe parecer, pues, sorprendente que despues de repetidas derrotas apareciesen de nuevo amenazadores como si hubiesen brotado de las montañas. A principios de Agosto intentaron caer sobre Ixcatlan; mas habiendo salido á su encuentro el capitan D. Manuel Moscoso, desaparecieron sin saberse la

1 Gaceta núm. 693, tom. 6.
2 Idem núm. 709, idem.

dirección que habían tomado. Siguió, sin embargo, Moscoso el camino de Teutila hasta situarse el 15 en Huautla, que encontró desierto. El 16 se le presentaron algunos indios del pueblo, satisfaciéndolo con buenas palabras por su fuga. El 19. á las dos y media de la mañana, fué sorprendido por el fuego vivo de los insurgentes que lo acometían con intrepidez, llegando á colocarse á tiro de pistola. Duró el ataque una hora, dirigido por el fraile dominico D. Cárlos Franco, quien no pudiendo vencer á los realistas, se retiró con sus heridos, ocultando su marcha, de modo que no pudo ser perseguido.[1]

Entre los realistas, se distinguió el cura de Ixcatlan, D. Antonio Aldeco. Poco ántes, se había hecho recomendable al virey por sus inclinaciones guerreras, el cura de Jalapa, D. Juan Perez Guzman, que con solas dos armas de fuego hizo frente á un grupo de insurgentes, mandados por Platero y Barcelos, estorbándoles el paso del rio Santo Domingo y mereciendo por este hecho un escudo de distinción en el brazo izquierdo, con este lema: "Valor y fidelidad acreditada en el paso del rio de Santo Domingo."[2]

Así, pues, con la actividad de Topete y el eficaz auxilio de algunos curas, se puede decir que toda aquella tierra estaba limpia de insurgentes. Sin embargo, Terán, el 17 de Junio de 1816, salió de Tehuacan con dos compañías de cazadores del batallón de Hidalgo, la fuerza que estaba en Teotitlan, veinticinco dragones, dos cañones de á cuatro, uno de á dos y diez y ocho artilleros, haciendo en todo cuatrocientos hombres divididos en dos trozos, el primero al mando de Terán, y el segundo al de D. Juan Rodriguez, acompañándole tambien el canónigo Velasco, D. Guillermo Robinson y el Dr. D. Juan Robinson. La marcha fué penosísima, como podrá comprenderlo el que haya ca-

---

[1] Gaceta núm. 848, tom. 7.
[2] Idem núm. 775, tom. 6.

minado por esas quebradas serranías, sembradas de precipicios y cubiertas de bosques, por donde aun casi no se habia abierto ninguna senda: alguna vez la tropa de Terán, extraviadas las cargas, tuvo que sustentarse con raíces de palma. En Ojitlan, el 1º de Agosto, batió á las partidas de la tropa de Campeche que se habian reunido allí. El 7 del mismo mes llegó á Tuxtepec, en donde permaneció hasta el 25, por haberse enfermado de calenturas mucha parte de su gente, construyendo para defenderse un fortin al lado de la iglesia. El 30 llegó á Mixtan, cuyos habitantes huyeron, no presentándose mas que un hombre que les proporcionó carne seca y los llevó á la orilla del rio de Huaspala, desde donde descubrieron en la ribera opuesta grandes barracones construidos por los comerciantes de Oaxaca para depósito de los efectos que introducian por aquella vía. Llámase aquel lugar "Playa Vicente." Terán, desde la orilla izquierda en que se hallaba acampado, hizo un reconocimiento, y no descubriendo fuerza enemiga de consideracion, se propuso pasar el rio. Miéntras hacia los preparativos indispensables, fué interceptado un correo que el comandante de "Playa Vicente" enviaba al de Oaxaca, dándole parte de los movimientos de Terán. Por él se supo con seguridad qué número de tropa resguardaba aquel punto. El 8 de Setiembre verificó el paso Terán en una pequeña canoa, con dos remeros que hallaron casualmente. En dos balsas se acomodaba la artillería con su dotacion de artilleros, y entretanto la canoa hizo otros dos ó tres viajes, pasando algunos oficiales y soldados, todos los que al saltar en la ribera opuesta del rio, no esperando tener que combatir se esparcian por las huertas y rancherías inmediatas. Bedoya, uno de los oficiales, examinaba los atrincheramientos levantados por los realistas, y Terán, descubriendo en los barracones abundante provision de comestibles, vino y otros licores, tomaba providencias para que la tropa, estimulada por las privaciones de los dias anteriores y por la presencia de tan rica presa, no se entregase á los desórdenes que eran de esperarse, cuando repentinamente se vió avanzar un grueso cuerpo de realistas dividido en dos columnas, mandadas por D. Pedro Garrido y haciendo un fuego vivísimo sobre los insurgentes. Estos, apénas tuvieron tiempo de reunirse y de contener el ímpetu de aquella imprevista acometida, sostenidos por el fuego de fusilería que oportunamente rompieron los soldados de la otra banda del rio y por el de uno de los cañones acomodados en la balsa. Terán trató de repasar el rio con los suyos, y ya se habian acomodado en la canoa los que cupieron, cuando un soldado de los que deberian esperar el segundo viaje, sobrecogido de miedo, se arrojó á nado, y apoyándose con las manos en el borde de la canoa, que era pequeña y estaba cargada, la volcó. La corriente del rio, que era rápida, arrastró al P. Fr. Miguel Ruiz, dieguino español, que fungia de capellan de la division, al teniente coronel Ordoño y algunos soldados. Terán fué cogido por la ropa por el Dr. Robinson, quien lo pudo sacar, aunque privado de sentido, á la orilla ocupada por el enemigo, hasta que en el segundo viaje de la canoa lo pudo trasladar. Los oficiales Illescas y Guerra pudieron asirse de un tronco y salir á la orilla; pero del canónigo Velasco nadie volvió á tener noticia. El capitan Perez y el teniente Ribeiros se salvaron á nado. D. Guillermo Robinson, que se hallaba en una huerta refrescándose con unas piñas, á la llegada de los realistas se ocultó entre la maleza; pero desfallecido de hambre y pudiendo apénas sostenerse, al cabo de cinco dias se presentó al capitan Ortega pidiendo indulto. Otros varios fueron cogidos por los realistas.

Al dia siguiente intentó Terán pasar el rio en balsas; pero las lluvias de la sierra de Villa-alta lo habian hecho crecer extraordinariamente, desbordarse é inundar el terreno vecino; además, estaban escasos de víveres y solo tenian muy escasa pólvora; por todo lo que, en consejo de guerra, se resolvió la retirada. El 10 acampó la fuerza en un paraje ventajoso en el centro de un bosque; mas apénas habia llegado á este sitio, cuando se recibió el aviso de que Topete, comandante de Tlacotalpan, con la tropa de su mando, se hallaba á legua y media de distancia. Angustiosa era la posicion de Terán: á sus costados corrian dos caudalosos rios que no era fácil vadear; á retaguardia tenia la tropa que lo habia batido en "Playa Vicente," y al frente una division que se decia constaba de ochocientos hombres de infantería y caballería. Terán, sin perder el ánimo, se preparó, formando trincheras provisionales con los aparejos de las mulas de carga y los equipajes, y para dar algun alimento á sus soldados, mandó matar el más gordo de sus caballos. Al siguiente dia, Topete, seguro del triunfo, atacó vigorosamente los atrincheramientos de Terán, que no ménos vigorosamente se defendió, haciendo retroceder á los asaltantes con pérdida de varios oficiales de valor, entre ellos Facio, del Fijo de Veracruz, y cosa de ochenta soldados muertos y diez y siete prisioneros, cinco cajas de municiones y noventa fusiles. Los vencedores siguieron á Topete hasta el rio de Tuxtepec, en cuyas riberas aún se apoderaron de una trinchera que se habia levantado provisionalmente para defensa. Así pudo Terán, con ménos angustia, continuar su retirada por Ojitlan y Jalapilla, en donde supo el 17 que estaba cerca, con tropa de Oaxaca, D. Patricio López, comandante del batallon provincial de Tehuantepec, por lo que, y para evitar el ser atacado por la retaguardia, al proseguir su marcha, hizo cortar un puente de bejuco.

El movimiento de López era el resultado de una combinacion de Alvarez, que lo habia mandado situarse en la sierra de Teutila y maniobrar sobre la retaguardia de Terán, al mismo tiempo que al teniente de Saboya, D. Antonio Núñez Castro, que con ciento treinta caballos cubria el camino de Oaxaca á Tehuacan, daba órden de que se moviese sobre este punto. Alvarez habia sido informado de los designios de Terán por el vicario de Coxcatlan, D. Salvador Rodriguez, indio de orígen, que por esto fué reducido á prision y juzgado, aunque sin recibir ninguna otra pena. En consecuencia, pues, de las órdenes recibidas, Castro se dirigió á Teotitlan intentando sorprender la plaza. No lo consiguieron los realistas ni pudieron impedir que se uniese á los insurgentes el capitan Ariza, con veinte infantes que fueron enviados en su auxilio de Tehuacan, por lo que se situaron en Coxcatlan. Pretendian caer sobre Tehuacan, ya que su primera intencion no se habia logrado; el golpe se evitó porque D. Juan Terán, deseoso de mantener abierta y fácil á D. Manuel la retirada de Goatzacoalcos, salió de Tehuacan, y dejando en Venta Salada parte de su fuerza, con cien dragones atacó á la arma blanca á los realistas en el mismo Coxcatlan, haciéndoles algunos muertos y dispersándolos completamente. Las caballerías de Terán penetraron esta vez hasta Nochistlan, de donde extrajeron algunas armas. El choque tuvo lugar en Coxcatlan el 15 de Setiembre. Los realistas dispersos se unieron á D. Patricio López, que al salir de la Sierra quiso á su vez sorprender á Teotitlan, sin conseguirlo, situándose despues en San Antonio de los Cues. En auxilio de Teotitlan condujo esta vez desde Tehuacan D. Víctor Bravo sesenta hombres, que no fueron necesarios, por haberse retirado López á Oaxaca. [1]

Terán llegó á Tehuacan el 22 de Setiembre. En el cerro de Santa Gertrudis habia dejado á D. Francisco Miranda, con cien hombres y un cañon, esperando que si era atacado pudiera defenderse en aquella fuerte posicion, entretanto que él mismo le prestaba socorro. No tardó, en efecto, Miranda en ser atacado. Topete, con algunas compañías del Fijo de Veracruz, de Zamora y los realistas de Tlacotalpan, en número de cuatrocientos ó quinientos hombres, acome-

[1] Bust. Cuad. hist. Tom. 3, carta 8, págs. 380 y 381.

tió denodadamente sus atrincheramientos, que fueron defendidos tambien con bizarría. Topete, mirando la resistencia que presentaba aquel puñado de soldados, mandó que el capitan del Fijo, D. Pedro Landero, reforzase la columna de ataque al mando de D. Manuel Moscoso, sosteniendo el movimiento el capitan Iberri con su compañía. En el vigoroso ataque que siguió á estas disposiciones, Miranda fué herido en una pierna y las trincheras tomadas. De parte de los realistas se distinguieron en esta accion, D. Pedro Landero y D. Manuel Santa–Anna, hermano de D. Antonio, presidente varias veces de la República.

Don Guillermo Robinson, que habia pedido indulto en "Playa Vicente," fué conducido á la ciudad de Oaxaca y preso en el convento de Santo Domingo. Algun tiempo despues, lo llevaron al castillo de San· Juan de Ulúa, en donde permaneció dos años. Fué aún conducido á la Habana y luego á España, de donde se proponia el gobierno remitirlo á Ceuta, cuando él logró fugarse, pasando á los Estados–Unidos, su patria, en que publicó una obra titulada: "Memorias sobre la revolucion de México."

11.—Antes del fin del año se libró otra accion entre las tropas de Samaniego y de Guerrero. Como ya se ha dicho, Samaniego tenia la comision de guarnecer á Huajuapan y de atender á la seguridad de los convoyes que frecuentemente pasaban de Puebla á Oaxaca y de Oaxaca á Puebla, lo que, como tambien ya se ha notado, le daba ocasion de enriquecerse y comerciar, pues dependiendo de él la marcha de los convoyes, disponia de su salida segun lo exigian sus propios intereses, deteniendo frecuentemente los que salian de Oaxaca, hasta que en Puebla encarecian los azúcares y otros efectos, con lo que podia vender á buen precio los que remitia por propia cuenta. En una de estas ocasiones marchaba Samaniego de Huajuapan para Izúcar con ciento veinte infantes del batallon de Guanajuato y cuarenta hombres de los realistas de Huajuapan, cuando, sin haberlo previsto, encontró obstruido el paso en la cañada de los Naranjos, con faginas puestas por la tropa de Guerrero que se hallaba apostada en las alturas contiguas. Samaniego distribuyó su fuerza en ambos costados, haciéndola marchar y atacando al mismo tiempo al enemigo. Por el lado derecho tocó cargar sobre Guerrero á D. Antonio de Leon, quien con los realistas de Huajuapan fué adelantando por las alturas, sin encontrar grandes dificultades: en una de las lomas que ocupó encontró un almuerzo espléndido con servicio de mesa de plata y el libro de órdenes de Guerrero en que estaba asentada hasta la del dia anterior. Este encuentro tuvo lugar el 7 de Noviembre. Samaniego pudo pasar sin notables pérdidas; pero al regreso, habiendo acometido el 16 Lamadrid á Guerrero, que lo aguardaba con quinientos hombres en la misma cañada de los Naranjos, derrotado con pérdida de cuatro muertos, doce heridos y muchos contusos, Samaniego tuvo que retroceder con el convoy que guiaba de tabaco, bulas y azúcar, hasta Izúcar. El 22, Samaniego emprendió de nuevo su marcha para Huajuapan, con ciento ochenta infantes y ochenta caballos, por caminos diversos de los que ocupaban los insurgentes, y el 24 llegó á Santa Inés. En este pueblo, teniendo noticia de que Terán se aproximaba con quinientos hombres y un cañon, tomó un camino excusado, queriendo eludir todo combate; pero no obstante sus precauciones, el 25 se encontró en el rancho de la Noria, impedido el paso por la fuerza de Terán. Samaniego se sorprendió, pues estaba muy léjos de creer que tan de cerca el enemigo lo siguiese, y para acabar de persuadirse, mandó dos guerrillas, de veinticinco hombres cada una, á practicar un reconocimiento. Terán, teniendo repartidas sus fuerzas de modo que envolviesen á los realistas, cayó con denuedo sobre ellos; mas el movimiento fué mal ejecutado, principalmente por culpa de un capitan, Matamoros, que rompió el fuego inoportunamente, y el éxito no fué feliz. Terán se retiró en buen órden á las alturas inmediatas y luego á Tehuacan, dejando en el campo cuarenta muertos, y Samaniego llegó á Huajuapan, tomó alguna más fuerza y pudo volver á Izúcar por el convoy, que condujo sin novedad.

Estos pequeños encuentros tenian bien mezquinos resultados en verdad; mantenian, es cierto, el fuego de la revolucion y prolongaban la guerra; mas por sí solos, y fuese cual fuese su éxito, favorable ó adverso, nunca podrian producir consecuencias de importancia, supuesto el estado de postracion en que se encontraba la causa de la Independencia en el resto de la nacion. Vencidos ó indultados por una parte casi todos los que acaudillaban partidas más ó ménos numerosas de insurrectos en las otras provincias, y contando por otra el gobierno de los vireyes con un ejército adicto en extremo, numeroso, bien disciplinado y satisfecho de sus victorias, las cortas fuerzas que al mando de Terán, de Sesma y Guerrero se sostenian combatiendo en los límites de Oaxaca, no podian prometerse ciertamente un porvenir muy lisonjero. Al contrario, era de presumirse que el gobierno acumulara sobre ellos fuerzas respetables y superiores, que acabarian sin duda, por más heroismo que desplegasen los insurrectos, por vencerlos y dispersarlos. Esto fué lo que aconteció á principios de 1817. Determinada la campaña de Teotitlan, el virey libró sus órdenes para que sobre ésta se moviesen considerables tropas del Sur, de Puebla y Oaxaca. Terán, con la inteligencia que lo distinguia, deteniendo á Hévia en Tepeji y aun consiguiendo ventajas sobre él, en tan desigual lucha, obtuvo un efímero triunfo en Ayotla. Para combatir á Bracho que se hallaba en Tecamachalco, habia mandado que se le uniese la fuerza que estaba de destacamento en Teotitlan del Camino; mas á poco, estrechado por otras consideraciones de peso, dió nueva órden para que esta tropa volviese á su puesto; pero entónces Teotitlan habia sido ocupado ya por Obeso con la division de Oaxaca. Púsose Terán en marcha para detenerlo, é incorporándosele la guarnicion que habia salido de Teotitlan el 10 de Enero, se presentó en Coxcatlan al frente del enemigo, que juzgó conveniente retroceder y encerrarse en las trincheras de Teotitlan. Terán, en la tarde del 11, se situó en el trapiche de Ayotla. Obeso, temiendo que Terán intentase algo sobre Oaxaca, dejó cien hombres en Teotitlan, y se dirigió á Ayotla, atacando en la noche del 11 en dos columnas: rechazadas éstas, desfiló por unos sembrados sin suspender el fuego, y vino á colocarse á la espalda de la hacienda, sin notar que en la loma inmediata, que era la clave de la posicion en aquel terreno tan fragoso, habia situadas dos compañías de la infantería de Terán. A la madrugada del 12 avanzó Obeso sobre el trapiche y fué atacado á su vez por la infantería que tenia á su retaguardia: quiso entónces ocupar una altura, que estando próxima al trapiche, fué ocupada ántes por los insurgentes, quedando por esta operacion los realistas en una hondonada dominada por el trapiche y por las dos alturas vecinas. Las tropas españolas pudieron salir de este apuro; mas dispersas y perseguidas hasta los Cues, por Terán, y dejando en el campo veinte muertos y porcion de armas y municiones. Obeso fué herido de un balazo en el hombro derecho y huyó á uña de caballo, y Terán tomó para su uso un queso de Flandes y algunas botellas de vino, de Obeso, con lo que celebró su victoria. Aun se prometia apoderarse de nuevo de Teotitlan; mas aproximándose Bracho á Tehuacan con los realistas, Terán se apresuró á defender esta plaza, como lo hizo en efecto con gloria, aunque sucumbiendo al fin á la superioridad numérica del enemigo.

12.—Despues de haber sucumbido Terán, por este solo hecho se puede decir que la suerte de los demás puntos fortificados de la Mixteca, quedaba ya resuelta. En efecto, el virey mandó que las tropas de Oaxaca, las de Samaniego y Lamadrid, y la division del Sur, á las órdenes de Armijo, atacasen sin demora á Guerrero y Sesma. La campaña fué breve. El capitan del batallon de Guanajuato, D. Ignacio Urbina, de la division de Samaniego, se apoderó sin resistencia del fuerte de Santa Gertrudis; el comandante de aquel punto. D. Manuel Perez, lo abandonó, y perseguido por el ayudante de Samaniego, D. Antonio López, fué cogido y fusilado. El cerro de Piaxtla fué tambien abandonado: D. Patricio López, con las tropas de Oaxaca, obligó á Sesma á rendirse en el fuerte de San Estéban, en el que habia ocho cañones, ciento cuarenta fusiles y porcion considerable de municiones. Las tropas que se rindieron aquí fueron conducidas en cuerda al castillo de San Juan de Ulúa, y muchos, á pretexto de que intentaban fugarse, fueron fusilados en el camino por el capitan Ortega. A fines de Febrero, D. Melchor Alvarez emprendió el sitio de Silacayoapan, cuya fortaleza defendian los coroneles D. Miguel Martinez y D. José María Sanchez. Alvarez invitó á los sitiados por medio de D. Ramon Sesma, que lo acompañaba, para que entregasen el punto acogiéndose al indulto; más no habiéndolo conseguido, construyó cuatro reductos para batir desde ellos las fortificaciones de la plaza, al mismo tiempo que ponia embarazos para que los sitiados no pudiesen bajar á una barranca en que se proveian de agua. A los pocos dias, la plaza se vió estrechada por el hambre y por la sed, y además, sufrió otra advesridad: que D. Agustin Arrázola (Zapotillo), que entónces militaba bajo sus banderas, se pasó á los realistas: solicitóse entónces por medio de Sesma una suspension de armas que Alvarez resistió, amenazando pasar á todos los sitiados á cuchillo si no se entregaban inmediatamente, salvando solo las vidas. Así lo hicieron, y la compañía de morenos de Guatemala entró á tomar posesion de las fortificaciones: los sitiados,

despojados de sus armas, fueron encerrados en la iglesia del pueblo y despues conducidos á diversos lugares.

Pacificada la provincia con la rendicion de Silacayoapan, pudo Alvarez mandar una seccion auxiliar á las órdenes del teniente coronel D. Pedro Marin, al sitio de Jonacatlan que á la sazon formaban Samaniego y Lamadrid. Queremos hacer mencion de esta campaña por haber figurado en ella las tropas de Oaxaca. Samaniego, pues, y Lamadrid, reforzados con una seccion de la de Armijo, la de Oaxaca que mandó Alvarez y la de Ometepec, no pudiendo resolverse á tomar á viva fuerza aquella posicion, establecieron un bloqueo, y en treinta dias que duró, los sitiados intentaron diversas salidas para procurarse agua, de que carecian, en una de las cuales murió combatiendo con el mayor valor Juan del Cármen, que era el comandante del puesto, y en la madrugada del 29 de Marzo se abrieron paso á fuerza de armas, mandadas por Galvan, aunque pereciendo muchos al forzar la línea, por el punto en que se hallaba el sargento Ragoy, y en el alcance que siguieron con empeño D. Antonio Leon con los realistas de Huajuapan y el alférez de fieles de Potosí, Zapata. Los prisioneros que no fueron diezmados, fueron conducidos en cuerda á Huajuapan.

13.—La revolucion acabó por completo en Oaxaca. El congreso que tuvo su nacimiento en esta ciudad acabó tambien, se puede decir, en la misma provincia. No creyéndose los diputados seguros en el Sur, despues de la derrota de Morelos, determinaron pasar á Oaxaca en que tenian probabilidad de más duradera existencia. Emprendieron, en efecto, la marcha, dando con ella ocasion á la prision de Morelos: llegaron á Tehuacan, se situaron luego en Coxcatlan y aun vagaron en cuerpo por los pueblos inmediatos, dictando leyes que nadie obedecia, hasta que Terán, molesto por el poder extraordinario que se atribuian y no pudiendo satisfacer los sueldos que cobraban, ni teniendo, con su presencia y autoridad, la libertad necesaria en sus movimientos militares, los disolvió.

Y como si aquel acto, para ser legítimo, hubiese necesitado la autorizacion de la ciudad que fecundó el primer pensamiento de reunir el congreso, poco ántes el ayuntamiento de Oaxaca habia protestado que ningun representante suyo tenia en él. [1] Sin duda el pensamiento de los creadores de aquella asamblea fué quitar á la guerra de Independencia el carácter de revolucion, haciéndola proceder de una autoridad debidamente constituida; mas sin entrar en la cuestion de la legitimidad de aquella representacion, es incontrovertible que no era oportuno reunir en aquellas circunstancias un congreso que entorpecia mejor que favorecer el triunfo de los insurrectos. ¿Quién autorizó

---

[1] La protesta del ayuntamieuto de Oaxaca es la siguiente:—"Al Católico augusto Sr. y Rey de ambas Españas el Sr. D. Fernando VII de Borbon, así como á su lugar teniente en estos dominios el Exmo. Sr. capitan general de ellos D. Félix María Calleja del Rey, que en la junta de rebeldes congregada en Apatzingan no tiene este ilustre ayuntamiento por su capital, ni por parte ninguna de la provincia vocal representante ó apoderado alguno en ella, y si lo hay es falso como todos los demas que la componen, elegido ó elegidos todos dentro de si mismos, atribuyendose la representacion y voz de la provincia segun su antojo y voluntad, para deste modo sostener la rebelion de sí mismos y procurar darle colorido y apariencia de que reasumen la voluntad general, y poder de este modo embaucar engañando á los pueblos de pobres inocentes sencillos, con notable perjuicio de sus personas y haberes.

En tal concepto y en el de que la precision de esta acta pública, solemne, no le permite á este I. A. como quisiera á nombre de toda la provincia patentizar su fidelidad antes que fuese invadida, como lo fué por los rebeldes, en medio de estarla ocupando, y despues de haber logrado la dulce satisfáccion de reconcentrarse al seno del legitimo gobierno, por las sabias disposiciones del Exmo. Sr. Virey D. Félix María Calleja, solo apela para satisfaccion de su lealtad inmaculada, á los irrefragables testimonios que de ello tiene el superior gobierno, y al último á los mismos cabecillas de la insurreccion, que voz en cuello publicaban despues de tomada esta capital á fuerza de armas sin capitulacion ni contrato alen todos tiempos á los libertadores de su patria? Ni era necesaria en verdad aquella autorizacion para combatir por una causa que se habia de resolver, no por los decretos de un congreso, sino en los campos de batalla.

Pero el congreso, ántes de separarse del Sur, habia nombrado una junta que tomó el nombre de Jaujilla, por el islote en que se estableció en la laguna de Zacapu, y que con su actitud firme y resuelta, no solo sostuvo aún algun tiempo el fuego de la revolucion, sino que puso en grave riesgo la existencia del gobierno español durante la invasion de Mina, por los poderosos auxilios que prestó á este general. El alma de esta junta fué el canónigo San Martin, á quien vimos desde el principio tomar parte en la revolucion con Morelos. Despues de su evasion de Puebla, comenzó á fungir en dicha junta como secretario. Disuelta la junta por los mismos insurgentes y luego formada otra vez con nuevos elementos, dió á San Martin comision para sujetar á su obediencia á Rayon, que se hallaba entónces en la fortaleza de Cóporo, en cuyo desempeño corrió un gravísimo riesgo, porque habiendo encontrado en el ca-

---

guno, que habian posesionadose del suelo; pero no de los corazones fieles y amantes á su Dios y á su Rey, que constituyen esta porcion preciosa del reyno de la N. E.

Por tanto, reproduciendo cuanto éste I. C. lleva dicho, y asegurando á las naciones todas del globo que está íntimamente poseido y toda esta provincia de Oaxaca, de que su felicidad ha consistido, consiste y consistirá hasta la consumacion de los siglos en ser hija de la antigua España, y por lo mismo de su Augusto Rey y Señor: jamás consentirá en reconocer ni tener otro que el que lo fuere legítimo en aquel augusto trono, que es el mismo elevado sobre los grandes pueblos de América.

Sala capitular de Antequera de Oaxaca, Agosto 4 de 1815.—*Felipe Laso*, presidente por enfermedad del Sr. Intendente.—*Sebastian Gutierrez Romero.—Pedro Nieto de Silva y Moctezuma.—Manuel Aniceas.—Simon Gutierrez Villegas.—José María Magro.—José Castañeda y Cevallos. —Fausto de Corres.—Antonio Sanchez.—Juan José Ruiz.*—Por mandado de Antequera, *José Alvarez.*

mino á Anaya, enemigo de aquella reunion, mandó éste hacer fuego sobre San Martin, órden que no obedecieron sus soldados. Un poco más adelante sostuvo el mismo canónigo una polémica por escrito con el cabildo eclesiástico de Valladolid. San Martin pidió á esta corporacion (que gobernaba por ausencia de Abad y Queipo), el nombramiento de vicarios foráneos y castrenses revestidos de las facultades necesarias para la administracion espiritual de los lugares ocupados por los insurgentes. En las contestaciones á que esta solicitud dió lugar, se expresó San Martin fuertemente contra el rey de España, afirmando que con el título hipócrita del patronato ejercia sobre la Iglesia, en sus dominios, el mismo poder arbitrario que los reyes de Inglaterra en los suyos. En contestacion, el cabildo lamentó la ceguedad de los vocales de la junta y los exhortaba á que se acogieran al indulto. Poco más adelante, habiendo puesto sitio á la fortificacion de Jaujilla el comandante de Michoacan, Aguirre, San Martin se fugó atravesando en una canoa las plantas acuáticas que cubren la laguna y salvando los riesgos que le amenazaban de parte de los enemigos; pero en las rancherías de Zárate, en donde la junta habia fijado su nueva residencia, en la noche del 21 de Febrero de 1818 fué sorprendido y hecho prisionero por el realista Vargas, teniendo que administrar el sacramento de la penitencia á cinco de sus compañeros de prision, que fueron inmediatamente pasados por las armas. San Martin fué conducido á Guadalajara y encerrado en un calabozo, en donde lo socorrió abundantemente el Illmo. Sr. Cabañas. Cuando la Independencia fué un hecho, despues de su proclamacion por Iturbide en Iguala, San Martin fué puesto en libertad con los demás presos insurgentes, y por gratitud, dió un convite al Sr. Cabañas, en que estuvo sentado á la mesa al lado del general Cruz. Se le encomendó el sermon que debia predicarse en la solemne funcion de accion de gracias que en la catedral de Guadalajara se deter-

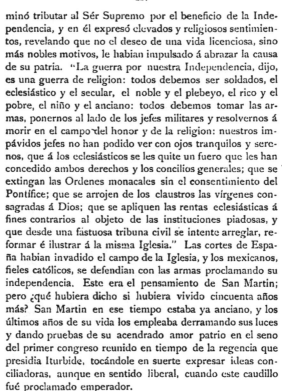

minó tributar al Sér Supremo por el beneficio de la Independencia, y en él expresó elevados y religiosos sentimientos, revelando que no el deseo de una vida licenciosa, sino más nobles motivos, le habian impulsado á abrazar la causa de su patria. "La guerra por nuestra Independencia, dijo, es una guerra de religion: todos debemos ser soldados, el eclesiástico y el secular, el noble y el plebeyo, el rico y el pobre, el niño y el anciano: todos debemos tomar las armas, ponernos al lado de los jefes militares y resolvernos á morir en el campo del honor y de la religion: nuestros impávidos jefes no han podido ver con ojos tranquilos y serenos, que á los eclesiásticos se les quite un fuero que les han concedido ambos derechos y los concilios generales; que se extingan las Ordenes monacales sin el consentimiento del Pontífice; que se arrojen de los claustros las vírgenes consagradas á Dios; que se apliquen las rentas eclesiásticas á fines contrarios al objeto de las instituciones piadosas, y que desde una fastuosa tribuna civil se intente arreglar, reformar é ilustrar á la misma Iglesia." Las cortes de España habian invadido el campo de la Iglesia, y los mexicanos, fieles católicos, se defendian con las armas proclamando su independencia. Este era el pensamiento de San Martin; pero ¿qué hubiera dicho si hubiera vivido cincuenta años más? San Martin en ese tiempo estaba ya anciano, y los últimos años de su vida los empleaba derramando sus luces y dando pruebas de su acendrado amor patrio en el seno del primer congreso reunido en tiempo de la regencia que presidia Iturbide, tocándole en suerte expresar ideas conciliadoras, aunque en sentido liberal, cuando este caudillo fué proclamado emperador.

No tuvo igual suerte ni pudo sobrevivir á la revolucion el presbítero D. Manuel Sabino Crespo, cura de Riohondo y segundo diputado nombrado por Oaxaca al congreso de Chilpancingo. Era sabio y ejemplarmente virtuoso. Se hallaba en Oaxaca en los últimos dias de la dominacion en ella de los insurgentes, y á la aproximacion de la division de Alvarez, le tocó salir con ellos por Tlalixtac, con el fin de rodear por la Sierra y ponerse en salvo en Songolica. En Chiquihuistlan corrió gravísimo riesgo de perecer, como algunos de sus compañeros; logró salvarse, pudo unirse con Rayon y acompañarlo á Zacatlan. El 25 de Setiembre de 1814 fué sorprendida esta plaza por Aguila, y Crespo hecho prisionero. Calleja decretó su muerte, pero Aguila no quiso ejecutarla. Se dió la comision á D. José María Jalon, que mostró cumplirla de mala gana. El batallon de Guanajuato representó al comandante para librarse del duro mandamiento: un piquete de marina que estaba en Apam, lo cumplió. [1]

14.—En Oaxaca, Alvarez, como hemos visto, habia seguido gobernando como un Pachá, sin que su remocion se hubiese conseguido á pesar de las quejas frecuentes y representaciones que los principales vecinos habian elevado al virey, porque este parece haber sí el destino de Oaxaca: ser tiranizada al antojo por hombrezuelos insignificantes y despreciables. En tiempo de Calleja fué llamado á México y repuesto luego en su destino. Cuando llegó Apodaca á la capital del vireinato, se renovaron las acusaciones contra D. Melchor Alvarez, creyéndose que fueran entónces más eficaces; y en efecto, el 23 de Noviembre de 1816, tuvo que presentarse al conde del Venadito, que lo llamó á dar razon de sus hechos; mas despues de una corta detencion, y á pretexto de que no habia jefes capaces de encargarse del mando de las provincias y divisiones, fué restituido al mismo empleo, hasta que por fin hubo de encontrarse en Querétaro un lugar en que colocar al ya brigadier Alvarez. Le sustituyó en el mando el teniente coronel del batallon de

[1] Bustamante. Cuadro histórico, tom. 2, carta 4, págs. 155 y sigs.

Saboya, que habia tomado el nombre de la Reina, D. Manuel Obeso.

El resto de la provincia quedó custodiada en esta forma: la Mixteca, por Samaniego, que permaneció en Huajuapan con el mando del batallon de Guanajuato; Tehuantepec, por D. Patricio, que no dejó el mando del batallon de aquella villa, hasta que, electo diputado á las cortes de España, se embarcó en los momentos de darse en Iguala el grito de Independencia; la Costa chica, por D. Juan B. Miota, vizcaino de nacion, valiente oficial á cuyas órdenes estaban sujetas una compañía de Fieles, las milicias y los cuerpos de patriotas de aquel rumbo, y finalmente, la parte de costa del golfo perteneciente á Oaxaca, por D. Juan Topete, cuyo mando alcanzaba hasta la Sierra. Nunca parecia el gobierno español poderse prometer con más verosimilitud la tranquila dominacion de estas posiciones por siglos enteros que entónces, pues si algun acontecimiento, como la exclaustracion de los juaninos y betlemitas, ordenada por las cortes, venia á poner en agitacion los ánimos, semejante disgusto no se explicaba por perturbaciones en el órden político. Nunca, sin embargo, estuvo más próximo el desenlace de la guerra de Independencia, como se verá por lo que inmediatamente diremos.

En efecto, proclamado en Iguala el plan de las tres garantías, la noticia de tan inesperada como halagadora insurreccion, corrió con asombrosa rapidez por toda la nacion, causando indefinible alegría en el ánimo de todos los que sinceramente amaban á su patria. Comenzaron muy luego las defecciones en las tropas reales, que poseidas del mismo entusiasmo que la nacion entera, se adherian al plan de Iguala y pasaban á militar bajo la bandera de los tres colores. La influencia poderosa y casi mágica que ejercia en todas partes el primer jefe del ejército de las tres garantías, D. Agustin de Iturbide, se hizo sentir bien pronto en la provincia de Oaxaca, comenzando por las fuerzas que

490

guarnecian la costa del Norte, de las cuales una parte desertaron y el resto proclamó la Independencia, cuando Topete, que los mandaba, quiso en Alvarado defenderse de D. Antonio López de Santa-Anna. A este movimiento siguió presto el de las tropas de la costa Sur, al mando del Sr. Miota, quien se presentó á Iturbide, uniendo sus fuerzas al ejército de la Independencia. Ambos acontecimientos tuvieron lugar en el mes de Abril del año 1821.

15.—Tampoco estaban en perfecta quietud las tropas de la Mixteca, pues conmovidas por la revolucion las provincias inmediatas de Puebla y Veracruz, Samaniego tuvo que disminuir la guarnicion de Huajuapan para impartir algun auxilio á los realistas de la vecindad. Además, el padre Sanchez, antiguo insurrecto, andaba con algunas partidas de independientes por las inmediaciones de Tehuacan, amenazando á esta ciudad é interceptando las comunicaciones, como sucedió con la que remitia al virey el comandante de Oaxaca, manifestándole su sumision. Este mismo Sanchez, unido á D. Pedro Miguel Monzon, oficial del Fijo de Veracruz, con algunos piquetes de las fuerzas de Herrera, despues de apoderarse de Tehuacan, se dirigió á Teotitlan del Camino. Este pueblo estaba bien fortificado y sostenido por cosa de cien hombres de tropas regulares. No hubo, sin embargo, allí, una vigorosa defensa. Cuando Monzon tomaba sus primeras disposiciones de ataque, la plaza se rindió el 9 de Junio. Entónces, D. Antonio de Leon, que ya habia recibido comunicaciones de Iturbide, en que se le invitaba para tomar parte en la insurreccion, resolvió, en union de D. Juan Castaneira, D. Timoteo Reyes, D. Juan Acevedo y D. Manuel Alencáster, proclamar la Independencia, como lo verificó, en efecto, en el pueblo de Tesontlan, el 19 del mismo mes. Contaba Leon con escasas fuerzas consistentes en algunos indios de Tesontlan y algunos soldados del batallon de Guanajuato, de los que habian permanecido guarneciendo el pueblo de Huajuapan; mas pronto se hizo de mejores recursos. El mismo dia 19 se apoderó, en el pueblo de San Andrés de las Matanzas, de quinientas raciones de galleta que de Oaxaca conducia para Huajuapan D. Pedro Pantoja. En la noche supo que al mismo pueblo de San Andrés habia llegado, al mando de D. J. Ramirez Ortega, una compañía de cazadores del batallon de Oaxaca, en marcha para Huajuapan, y dispuso atacarla, preparándose para la madrugada del siguiente dia. En efecto, cuando las tropas de Oaxaca salian del pueblo, de las orillas del camino vieron desprenderse un grupo de treinta hombres que cargaron reciamente sobre ellos; y á este primer embate de infantes, siguió inmediatamente otro de veintiseis caballos pertenecientes al mismo Leon: quedó la accion decidida en favor de éste, que hizo veintiun prisioneros.

Al siguiente dia se dirigió Leon para Huajuapan, teniendo aquí sus designios un éxito igualmente feliz. Al llegar á las inmediaciones de la villa intimó rendicion al jefe de la plaza, D. Gerónimo Gómez, quien la entregó sin resistencia, estipulando que saldria con los que quisieran seguirlo, con armas y equipajes, á donde le conviniese mejor, dejando á la tropa en libertad de tomar partido á su gusto. La mayor parte de los soldados se adhirieron á Leon, que encontró en la plaza tres cañones de á cuatro, ciento veintidos fusiles, treinta y ocho mil cartuchos y otros útiles de guerra.

Feliz habia sido el principio y feliz fué igualmente la continuacion hasta su término de esta corta campaña de Oaxaca. Tomada la plaza de Huajuapan, tan disputada en la anterior campaña, y aumentadas sus fuerzas, Leon creyó que debia dirigir sus esfuerzos sobre la fortaleza de Yanhuitlan. El dia 5 de Julio llegó Leon á las inmediaciones de aquel fuerte convento é invitó luego al comandante del punto, D. Antonio Aldeco, teniente coronel del ejército expedicionario, que tenia á sus órdenes algunas tropas del batallon de la Reina y del provincial de Oaxaca; mas como este jefe esperaba prontos auxilios que Obeso habia ofrecido enviarle, se resistió á capitular, y en consecuencia, Leon tomó posiciones militares en unas lomas para comenzar el sitio del convento. Las hostilidades comenzaron en la noche de ese mismo dia, sosteniéndose un nutrido fuego entre la plaza y algunas guerrillas independientes, durante algunas horas. En los dias siguientes, el fuego se renovó con frecuentes intermitencias y sin proporcionar ventajas sensibles á una ni á otra parte; pero el 14 tuvo Leon noticia de que Obeso, que se habia situado en Huitzo, adelantaba parte de sus fuerzas por el rio de San Antonio para acercarse á Yanhuitlan, por lo que resolvió detenerlo en su marcha, saliéndole al paso y sorprendiéndolo, si le fuese posible, en esa misma noche. Dejó en torno de la plaza alguna tropa con el objeto de engañar al enemigo, haciendo continuar el fuego como si ninguna novedad hubiese acaecido, y él, con varios piquetes, caminó por senderos extraviados. Aunque se condujo con diligencia, no pudo impedir que le alcanzase la luz del dia siguiente, con lo que su intento de dar una sorpresa quedó frustrado; sin embargo, continuó su marcha con resolucion de batir á Obeso en sus mismas posiciones. Este habia mandado construir tres fortines en las cumbres que se elevan á los lados del rio de San Antonio y que prestan dificil acceso en algunos lugares. Al descubrirlos Leon, dió órden de atacarlos, aunque sin otro éxito que haber tomado un parapeto. Se hubieran repetido aún los asaltos; pero los independientes interceptaron un correo en que Obeso comunicaba á D. Antonio Aldeco no poder enviarle el socorro prometido, por ser muy escaso el número de soldados con que él mismo podia contar: con esta carta, D. Antonio Leon retrocedió á Yanhuitlan seguro de rendirlo.

Entretanto que esto acontecia, la guarnicion de Yanhuitlan libraba una desfavorable accion de guerra en las in-

CONVENTO Y TEMPLO DE STO. DOMINGO YANHUITLAN

1 Portada.—2.—Mijives.—3. ventana a espaldas del Refectorio.—4. Ventanas de celdas del patio bajo.—5. Ventanas de celdas del

mediaciones del pueblo. Notando Aldeco que habia escasa fuerza de los independientes, destacó algunas columnas que los acometiesen en su campo; fueron éstas bizarramente recibidas por Miranda, que habia sucedido á Leon en el mando, quien auxiliado con oportunidad por veinte caballos de D. Diego Gonzalez y cien hombres de Tlaxiaco y Putla, obligó á los asaltantes á retroceder y encerrarse otra vez en el convento. Sobreviniendo poco despues D. Antonio Leon y mostrando á Aldeco la carta de Obeso que tenia interceptada, se prestó éste á capitular en términos honrosos, saliendo con los honores de la guerra, aunque sin la bandera del cuerpo, que Leon exigió quedase en su poder. Perdieron, además, las fuerzas reales allí, ciento ochenta fusiles, veintitres carabinas, catorce cañones de varios calibres, treinta y dos mil cartuchos de fusil, setenta arrobas de pólvora, ochenta y cuatro granadas cargadas y otros útiles de guerra. La toma de Yanhuitlan tuvo lugar el 16 de Julio.

16.—La situacion de Obeso se hizo entónces difícil y penosa. Contaba con escasas fuerzas: en la ciudad se habian notado síntomas de sublevacion, denunciándose á la autoridad que en el alzamiento que se intentaba, estaban coludidas algunas de las tropas expedicionarias, y aun haciéndose algunas prisiones de personas notables que fueron encerradas en el cuartel de húsares, entre las que se contaba el Lic. D. Angel Alvarez, cuya falta completa de vista aumentó allí sus padecimientos: por otra parte, Leon, victorioso en la Mixteca, intrépidamente avanzaba sobre Oaxaca, arrollando ahora con facilidad las fuerzas que se le opusieron en la cañada de San Antonio y en Huitzo. En este apuro resolvió defenderse en Etla, de preferencia á Oaxaca, principalmente por la escasez de tropa, y en efecto, se situó allá con toda la que tenia. Leon traia á sus órdenes fuerzas de voluntarios que se le habian reunido de los pueblos de Huajuapan, Tlaxiaco, Putla, Tlapa, Teposcolula, Nochistlan y doscientos ocho caballos que mandaba D. Diego Gonzalez: en las Sedas aguardó unos dias y recibió sin obstáculo la artillería que habia tomado en Yanhuitlan, y habiendo hecho los preparativos necesarios, se acercó á la hacienda de San Isidro, distante media legua de Etla, intimando rendicion á D. Manuel Obeso, que no fué obsequiada. Permanecia aún en esta hacienda, cuando supo que habia salido á forrajear una parte de la caballería enemiga, y mandó á Miranda con cincuenta caballos que la persiguiese: en efecto, este valiente oficial pronto la desbarató, poniéndola en desórden; mas habiéndose adelantado demasiado, se vió cortado por cien infantes de Obeso que se colocaron en el estrecho paso de una ciénaga por donde Miranda habria de pasar forzosamente. Fué preciso allí batirse; mas por fortuna las pérdidas por una y otra parte no fueron numerosas: Miranda tuvo un dragon herido y los realistas perdieron á D. José Vicente Fagoaga.

Despues de esta escaramuza, Leon, el 29 de Julio, al frente de su caballería, se acercó á la plaza y á ménos de tiró de fusil del enemigo para practicar un reconocimiento, resolviéndose á dar un ataque en forma el mismo dia. En una pequeña altura situó un cañon y un obús. Miranda penetró por las calles del pueblo; el mayor Cabrera, con su escuadron de Santo Domingo, se situó por un costado de la iglesia; el obús comenzó á obrar con acierto, pero el cañon se juzgó conveniente colocarlo en otra altura inmediata al cementerio: al mismo tiempo que se tomaban estas disposiciones, Pantoja se adelantaba con un piquete haciendo fuego sobre el convento, movimiento que Obeso quiso contener destacando cosa de cien infantes y sesenta caballos que cargaron reciamente; mas Pantoja resistió con bizarría, y sobreviniendo luego Miranda con sus tropas, los realistas se vieron obligados á retroceder, perdiendo nueve caballos,

ocho prisioneros y dejando heridos al dragon Lorenzo Bravo y al sargento Juan Loyola. En el calor de la contienda, los independientes habian llegado hasta el atrio de la iglesia, en donde, no pudiendo retirarse, bajo los fuegos enemigos, sin parapetos ni otra defensa, tuvieron que batirse perdiendo al cazador de Huajuapan, Ignacio Torres, que fué muerto de un balazo, teniendo un herido, el alférez D. José María Santaella. La ventaja quedó por los independientes, que acercaron á brazo, por no haber otro medio y bajo una verdadera lluvia de balas, la artillería, á ménos de tiro de pistola del enemigo, y rompieron sobre él un nutrido fuego de cañon que duró tres horas. Al fin de éstas, Obeso envió á Leon parlamentarios que comenzaron el arreglo de las condiciones con que deberia hacerse la entrega de la plaza. No pudo éste terminar por haber sobrevenido la noche, que se pasó al vivac. A media noche hizo partir D. Antonio Leon para la ciudad al capitan D. Manuel Leyton con oficios para las autoridades, avisándoles cuanto habia pasado. El dia siguiente, 30 de Julio, el capitan D. José Pio Gaystarro pasó á recibir las municiones que habia en el convento de Etla, incluso un cañon, reservándose para despues la entrega de los almacenes de la ciudad. Obeso, en virtud de la capitulacion, salió para Puebla, siguiéndolo solo cien hombres, pues los demás expedicionarios se unieron á Leon y se casaron despues en Oaxaca.

17.—Al siguiente dia 31 de Julio, despues de una feliz campaña de un mes, D. Antonio Leon entró en la ciudad, pasando sus tropas por la calle de la Concepcion, al mismo tiempo que un fuerte terremoto avisaba que la dominacion española habia terminado en la provincia. Poco tiempo despues se proclamó la Independencia en Villa-alta por el subdelegado D. Nicolás Fernandez del Campo, al mismo tiempo que Reguera, en la Costa chica, con las divisiones quinta y sexta de milicias de aquel rumbo, tomaba parte en la causa de las tres garantías. Leon fué llamado á México para servir en el ejército, y premiado por sus servicios con el grado de teniente coronel, y en Oaxaca quedó de intendente y comandante general, D. Manuel de Iruela Zamora.

APÉNDICE PRIMERO

FR. BARTOLOMÉ DE LAS CASAS

I

ENTRE los personajes que figuraron de un modo notable en los tiempos de la conquista de las Américas, para la historia es inolvidable Fr. Bartolomé de Las Casas. Los españoles mantienen vivos resentimientos que tienen ya de existencia tres siglos, concebidos en los momentos de sostener una lucha tenaz con el sacerdote que pretendia detenerlos en su carrera igualmente gloriosa y desoladora. Las Américas españolas tampoco deberian olvidar en su gratitud al generoso campeon de su libertad.

Fray Bartolomé de Las Casas estuvo en Oaxaca de paso varias veces; en Tehuantepec predicó el Evangelio por poco tiempo, pero sus influencias contribuyeron poderosamente á la organizacion social de aquellas comarcas. Oaxaca debe cuanto tiene á los dominicos que animosamente penetraron en las escarpadas sierras; á los indios dispersos congregaron en pueblos, les enseñaron las artes al mismo tiempo que la religion, los defendieron de sus opresores y establecieron un órden que aún persevera, obedeciendo aquella sociedad todavía el impulso recibido hace más de tres siglos. A la solicitud de estos religiosos debe Oaxaca el conservar con exuberante vigor y en número crecido la raza indígena, apocada y casi extinguida en otros lugares de América. Pero los dominicos se inspiraron en las doctrinas de Las Casas y siguieron fielmente su generoso espíritu. No lo debe olvidar, pues, tampoco el historiador de Oaxaca.

Agitados todavía por las pasiones que dividieron á los contemporáneos del Protector de los indios, los sabios de hoy lo juzgan con variedad en órden á su sentido práctico; mas todos admiran su noble corazon y su alma elevada y recta. Contribuir á que sea conocido generalmente no es el solo motivo de escribir algunas cortas noticias biográficas suyas, ni es únicamente la gratitud la que guía mi pluma, sino tambien el deseo de complacer á un noble amigo que ha querido se honre la Historia de Oaxaca con el nombre inmortal de Las Casas.

II

Nació Fr. Bartolomé el año de 1474, se puede sospechar que el 24 de Agosto, pues llevó el nombre del apóstol que la Iglesia celebra en ese dia. Fué hijo de Doña Beatriz de Fuentes y de D. Francisco de Casaus, y descendiente de una familia francesa, que prestó importantes servicios á España en sus guerras contra los moros y que en Sevilla se hallaba establecida. Esta ciudad fué patria de Casas y en ella estudió latinidad, probablemente bajo la direccion de Antonio de Nebrija. En la Universidad de Salamanca cursó las au-

FR. BARTOLOMÉ DE LAS CASAS.

las de jurisprudencia y recibió el grado de licenciado en esta ciencia.[1]

El 13 de Febrero de 1502 se embarcó para la Española en la flota que condujo al comendador D. Frey Nicolás de Ovando. En esta isla cantó su primera misa, la primera tambien que se cantaba nueva en Indias. A fines de 1511, llamado á Cuba por Diego Velazquez, que deseaba utilizar sus consejos, se dirigió á ella, llegando á principios de 1512. Ayudó, en efecto, con excelentes avisos á Juan de Grijalva, que llenó por algun tiempo las ausencias de Velazquez y acompañó á Pánfilo de Narvaez en sus expediciones por Camaguei y Habana, conteniendo las pasiones de los españoles y salvando más de una vez á los indios de la muerte.

En 1514 se fundó cerca del puerto de Xaguá el pueblo de la Trinidad: al hacerse, como de costumbre, los repartimientos, á Casas tocó uno muy aventajado, cercano á otro de Pedro Rentería, hombre de bien y devotísimo cristiano. Los dos repartimientos, bajo la direccion del activo licenciado, prometian serle un manantial de riquezas en el porvenir; pero el ejemplo de la virtud de Rentería, la lectura de los libros propios de su estado, y sobre todo, los reclamos enérgicos de su conciencia, produjeron en su espíritu una gran revolucion: determinó acomodarse á las leyes de lo justo; resignó el repartimiento en manos de Velazquez; comenzó á predicar contra la opresion que sufrian los indios obligados á trabajos gratuitos en beneficio de los españoles; y no encontrando eco sus palabras mas que en el corazon de Rentería, resolvió ir á España y representar al rey el derecho de los oprimidos.

Por fines de 1515 llegó á la Península. El rey le oyó en Placencia y le prometió segunda entrevista para Sevilla.

---

[1] Tenia un hermano, Alberto de Las Casas, general que fué de los dominicos. Fransisco de Las Casas, encomendero de Yanhuitlan, era su cercano deudo. (Vease la vida de Fr. Bartolomé, por Fabié. Pág 12).

500

Casas, se ganó fácilmente la voluntad del arzobispo de esta última ciudad, Fr. Diego Deza, y del confesor del rey, Fr. Tomás Matienzo, ambos dominicos y muy acreditados en la corte. Intentó hacer lo mismo con el obispo Fonseca y el secretario Conchillos; mas la acogida que le dió el primero no fué benévola ni fueron sinceras las ofertas del segundo. Pïeparábase Fr. Bartolomé á luchar con los muchos interesados en los repartimientos, cuando aconteció la muerte del rey católico, el 23 de Enero de 1516. Dirigióse entónces Casas al cardenal Cisneros y al dean Adriano, que lo escucharon benignamente, consultaron sus proyectos en una asamblea de hombres de Estado, encargaron al Dr. Palacios Rubios y al mismo Casas la formacion de un plan de gobierno que conciliase la libertad de los indios con los intereses de los españoles en América, aprobaron las combinaciones de los dos comisionados, para su ejecucion nombraron á tres monjes de San Gerónimo, y en fin, quedó legalmente declarado desde entónces Protector de los americanos, Fr. Bartolomé.

Vuelto á la Española, vió que los frailes gerónimos llevaban por mal camino y torpemente la obra de reforma que deseaba: procuró, pues, dar á ésta impulso con cuanto esfuerzo estuvo de su parte: murmuraba quejas, formulaba reconvenciones, emitia censuras más ó ménos moderadas ó acres, no solo contra personas privadas, sino tambien contra los empleados públicos, sin excusar del todo á los mismos frailes gobernantes. Ante el Lic. Zuazo, juez de residencia de la isla de Santo Domingo, acusó criminalmente, como reos de homicidio y otros gravísimos delitos, á ciertos jueces de apelacion, [1] que á sus intereses habian sacrificado la vida de un cacique, D. Alonso, de Cumaná, de su esposa y de otras diez y siete personas de su familia. Estos indig-

1 Se llamaban Marcelo de Villalobos, Juan Ortiz de Matienzo y Lúcas Vazquez de Aillon.

nos magistrados no devolvieron, como debian, al infortunado cacique, la libertad que les habia quitado otro español, haciéndole un convite á la cubierta de su buque y alzando despues velas con todos los convidados hácia Santo Domingo; tampoco dejaron que el plagiario los vendiese, sino que en uso de su autoridad, se repartieron á los cautivos, disfrutando las utilidades de aquel infame robo. Zuazo escuchó los reclamos del abogado de los indios; pero eran tan poderosos los culpables, fueron tan favorecidos aun por los gerónimos gobernadores y hubo tales ruidos en la isla, que no se pudo dar un paso, remitiendo la resolucion á la corte de España, cuyo fallo no fué adverso á los culpables.

No en defensa propia, sino para cumplir con su deber como abogado de los indios, volvió en esta ocasion Casas (año de 1517), á España. Cisneros lo recibió con desagrado; mas habiendo muerto por entónces el ilustre cardenal, Casas, con su industria, venciendo la tenaz oposicion de fuertes enemigos, pudo abrirse paso en la benevolencia de los ministros de Cárlos V y lograr para sus americanas medidas protectoras. Obtuvo la libre saca de negros esclavos, y que fuesen enviados á Santo Domingo labradores españoles, unos y otros para sustituir á los indios en la agricultura, en los ingenios de azúcar y en las minas.

Habiendo resultado ineficaces estos medios, pensó Casas llegar á su fin por camino diferente. Despues de sostener en la corte serios debates en que su lógica incontrastable, su instruccion y sus talentos, su celo ardiente y su enérgico carácter gloriosamente triunfaron, pidió para sí mil leguas de tierra firme, prometiendo convertir á sus habitantes á la fé cristiana, sin auxilio alguno de armas. Deberia llevar consigo cincuenta compañeros, gérmen de una nueva Orden monástico-militar que tenia propósito de fundar, "Caballeros de espuela dorada," como él queria que se llamasen, con cuya cooperacion esperaba no solo civilizar, sin destruir, á los indios, sino que aquellas dilatadas comarcas, pacíficamente conquistadas, serian, dentro de un breve plazo, más productivas á la corona de Castilla de cuanto pudiera lograr la tiranía de los oficiales reales. Le fueron concedidas doscientas setenta leguas desde la provincia de Paria hasta la de Santa Marta. Reunió, pues, doscientos labradores y algunos amigos, fletó tres embarcaciones, y el 11 de Noviembre de 1520, levó anclas en el puerto de Sanlúcar de Barrameda, y halagado por esperanzas muy bellas, se dió á la vela para la América.

Muy pronto, sin embargo, se desvanecieron estos sueños dorados del Lic. Las Casas, estrellándose sus proyectos en una adversidad obstinada, que se complace á veces en destruir uno en pos de otro los más bien combinados cálculos. Dos monasterios, de Santo Domingo y de San Francisco, edificados en la Costa de las perlas, respetados por españoles y americanos, que en los designios de Casas deberian ser el primer punto firme en que apoyase sus ulteriores trabajos, contra toda prevision fueron destruidos. A pesar de tan importante contrariedad, quiso llevar adelante su empresa, estableciéndose en aquella costa, teatro ya de sangrientas luchas entre americanos y europeos: los españoles no se lo permitieron. Cuando despues de representaciones, instancias, gestiones y promesas, consiguió de las autoridades de Santo Domingo una tardía licencia, encontró que los labradores se habian esparcido, que le abandonaban sus amigos y que ninguno fiaba en sus proyectos. Y cuando, vencidos tantos impedimentos, fundó su colonia sobre el rio Cumaná, los indios, vengando en ella perfidias y crueldades de otros españoles, la destruyeron. Aun corrió la fama de la muerte de Casas, noticia que él mismo, volviendo á Santo Domingo, escuchó de los labios de unos viajeros desconocidos.

Estos desengaños le inspiraron el pensamiento de entrar en religion. En 1522 tomó el hábito en el convento de Santo Domingo de la Isla Española. Profesó en 1523. En los años inmediatos siguientes pretendió esconderse en las tinieblas del claustro, consagrándose únicamente á los estudios teológicos y á las maceraciones propias de un monje; sin embargo, frecuentemente turbaron su soledad, unas veces los españoles, confiándole encargos difíciles, como el de reducir á D. Enrique, jefe de una insurreccion de indios en la Española, que no pudo ser vencida por fuerza de armas; y otras veces por los indios, á cuyos intereses no podia hacerse extraño su defensor. Remesal refiere á este tiempo su tercer viaje á Europa, emprendido en beneficio de las naciones que en el Perú acababan de ser conquistadas. Quintana pone en duda este viaje; pero Fabié lo admite; ni hay por qué desechar un hecho comprobado por la expedicion en favor de los indios de cédulas reales, que marcaban siempre la presencia en España de Las Casas, relacionado, además, estrechamente con el otro viaje que hizo á Centro-América por México, Oaxaca y Tehuantepec. De su paso por esta última poblacion dejó huellas, que recogió y consignó en sus obras Burgoa. Se puede presumir que esto aconteciera en 1527, pues se sabe que Fr. Bartolomé fué de los primeros que predicaron el Evangelio en Tehuantepec, y consta además que estuvo en Nicaragua ese mismo año. Fabié refiere este viaje por Oaxaca hácia el año de 1532, tiempo en que se le encuentra tambien en Nicaragua. En 31 habia hecho una corta residencia en Santo Domingo, á donde volvió despues del año 32. De regreso á Centro-América, en el año 34, se hizo á la vela en el Océano Pacífico, resuelto á llegar al Perú; mas las tempestades lo arrojaron al puerto del Realejo, de donde habia salido. En el siguiente año de 35 fué llamado por el obispo Marroquin á Guatemala, en donde permaneció algunos meses.

Aunque limitándose á sus esfuerzos privados, y sin poner en juego más recursos que los de la religion, el monje no se apartaba del camino que el licenciado tenia emprendido. El fin de estos viajes era el bienestar de los indios.

Sin extrañeza se le ha de ver, pues, en Nicaragua, corriendo ya el año de 36, en lucha otra vez con los conquistadores, pugnando por impedir las entradas y más aún por destruir aquella absurda alianza de fé y de fuerza tan desventajosa al Evangelio como útil era á los guerreros. Se le siguió un proceso por esta causa y más adelante hubo tal ruido y escándalos, que desamparó con sus frailes un convento que habia levantado en Leon y se encaminó á Guatemala.

En esta ciudad publicó un libro: *De unico vocationis modo*, cuyo asunto está indicado en el título: demostrar la iniquidad de la conquista, puesto que el único medio providencial de hacer creer en Cristo á los hombres, era la palabra y la persuasion, y nunca el despojo y la sangre. Fué recibido el libro con mal reprimidas iras. Los más destemplados insultaron al escritor invitándolo á que hiciera constar con hechos lo que afirmaba en sus escritos. Casas tomó sériamente aquella provocacion y ofreció convertir á la fé á un pueblo cerril que habia resistido hasta entónces el apostolado armado de los conquistadores, exigiendo como condicion necesaria y única, que ningun español, aparte de los frailes dominicos, hollase con su sangrienta planta el suelo de la comarca señalada, que por su actitud constantemente hostil era llamada "tierra de guerra." La promesa fué aceptada y todos quedaron en expectacion del suceso. Acontecia esto en 1537: en 1538, la tierra de guerra habia entrado ya en el sendero de la paz, de la civilizacion y de la fé.

A esta primera victoria deberia seguir otra más espléndida. En el mismo año de 37 navegó para España por quinta vez, con el encargo de recoger frailes y remitirlos á Guatemala, que padecia gran necesidad de sacerdotes. Cumplida su comision, se volvia ya para las Américas, cuando recibió una invitacion del cardenal Loaiza para tomar parte en los debates que enardecian los ánimos de los princi-

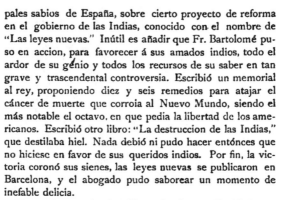

pales sabios de España, sobre cierto proyecto de reforma en el gobierno de las Indias, conocido con el nombre de "Las leyes nuevas." Inútil es añadir que Fr. Bartolomé puso en accion, para favorecer á sus amados indios, todo el ardor de su génio y todos los recursos de su saber en tan grave y trascendental controversia. Escribió un memorial al rey, proponiendo diez y seis remedios para atajar el cáncer de muerte que corroia al Nuevo Mundo, siendo el más notable el octavo, en que pedia la libertad de los americanos. Escribió otro libro: "La destruccion de las Indias," que destilaba hiel. Nada debió ni pudo hacer entónces que no hiciese en favor de sus queridos indios. Por fin, la victoria coronó sus sienes, las leyes nuevas se publicaron en Barcelona, y el abogado pudo saborear un momento de inefable delicia.

En 43 fué nombrado obispo de Cuzco, dignidad que rehusó. A pesar de su resistencia, fué poco despues electo obispo de Chiapa. Se consagró en Sevilla en 1544, y el 10 de Julio del mismo año, se dió á la vela en Sanlúcar para América. Estuvo de paso en la Española. En la travesía de esta isla para Yucatan, sufrió dos recios temporales. Llegó en Diciembre á Campeche. En la navegacion para Tabasco, naufragaron nueve de los misioneros que le acompañaban, y miéntras otros de los frailes seguian por tierra lentamente su camino, Casas llegó á Ciudad Real en Febrero de 55.

En su obispado sentia poca dificultad en la conversion de los indígenas; mayor resistencia opusieron los españoles á su pastoral solicitud. Deseaba que volviesen su libertad á los esclavos y que restituyesen las riquezas mal habidas. Usó al principio de privadas amonestaciones. Menospreciados sus razonamientos, se amparó al favor de las "leyes nuevas;" pero los españoles apelaron de ellas, dejándolas entretanto inermes. Acudió entónces á las censuras de la Iglesia: negó la absolucion sacramental á los detentadores.

Contra su prohibicion, el dean administró la penitencia á los indignos. El obispo quiso amonestarlo privadamente. El dean se negó á la entrevista que se le pedia. El obispo procedió judicialmente contra él. Pidió el dean auxilio al pueblo. Los alcaldes clamaron pidiendo "Favor al rey y á la justicia;" el pueblo acudió á las armas, y en medio del desórden muchos amenazaron é insultaron al íntegro prelado, y alguno en su presencia juró matarlo. El santo obispo desarmó aquella revuelta muchedumbre con sus razones severas, pero persuasivas, y con su actitud cristianamente tranquila.

En estas circunstancias, le aconsejaban que se salvara con la fuga; mas el miedo no tenia cabida en su inquebrantable pecho; con gusto hubiera sellado con su sangre su doctrina; además, que era un deber no abandonar su iglesia y estaba pronto á recibir la muerte por cumplirlo. Trataba de este asunto con los frailes, cuando le anunciaron que su principal perseguidor, cubierto de heridas, espiraba. Olvidando entónces pasadas amenazas, el obispo, con sus manos, restañó la sangre, vendó las heridas y salvó la vida á su enemigo.

Entretanto el odio público no decrecia, sino más bien se hacia extensivo del obispo á sus amigos, alcanzando á los dominicos que, privados de todo socorro en Ciudad Real, emigraron á Chiapa. Allí los visitó Fr. Bartolomé, recibiendo tanto consuelo con la blanda índole y pura fé de los indios, como amarguras le causaba la avaricia indócil de los españoles. Por si la autoridad podia domarlos, llevó sus quejas á la Audiencia de los Confines. Los oidores lo recibieron con insultante desprecio; era, sin embargo, tan justa su demanda, que no se atrevieron á negarse á toda condescendencia; nombraron un juez que visitase á Chiapa y arreglase con equidad el pago de tributos.

Al volver, pues, á su diócesis, por fines de 1545, el santo obispo iba sostenido por alguna débil esperanza; pero

su presencia en Ciudad Real produjo un motin que puso en grave riesgo su vida. Además, el juez visitador resueltamente le declaró, que miéntras estuviese presente no daria paso en su comision. Tal determinacion, que parecia dictada por un sentimiento de odio, era, sin embargo, fundada en la prudencia, pues en la lucha que sostenian los españoles con su prelado, más que la pérdida de sus intereses, sentian la intervencion del aborrecido fraile. A estos motivos se debe agregar que Fr. Bartolomé habia sido llamado de México para tratar, en union de los demás obispos de Nueva España, sobre la libertad de los indios. En fin, maduraba ya el pensamiento de abandonar la tierra estéril de Ciudad Real, renunciando un obispado laborioso en que ninguna esperanza lo alentaba ya. Al año, pues, de haber entrado en Ciudad Real, dejó para siempre su obispado.

Se encaminó por Tehuantepec á Oaxaca, en donde permaneció algunos meses. A su aproximacion á México, el virey temió sériamente una asonada: tal fué la conmocion que causó en los ánimos la noticia de su llegada. En ninguna parte fué, sin embargo, más honrado que en esta capital. Con ruda franqueza dijo, como acostumbraba, la verdad; y no obstante, las autoridades y el pueblo no solo le oyeron sin resentimiento y sin odio, sino que, al discurrir por las calles, señalándole, los mexicanos decian: "este es el santo obispo, el venerable padre y protector de los indios.'

La asamblea convocada se reunió, y los obispos y sabios que á ella estuvieron presentes, sacrificando sus opiniones particulares, unánimemente se conformaron con las enseñanzas de Las Casas. El virey, D. Antonio de Mendoza, públicamente reprendido por el severo obispo, á causa de que impedia tratar de la libertad de los indios, tuvo la grandeza de alma de enmendar su yerro, facultando ampliamente á Casas para disputar en públicas conferencias sobre los intereses de sus protegidos.

A principios de 1547 se dió á la vela en Veracruz para España. En los años siguientes logró de la corte numerosas cédulas en favor de los indios; disputó acaloradamente con el Dr. Juan Ginés de Sepúlveda; se defendió de sus enemigos que trataron de poner en oposicion sus doctrinas con los intereses del rey; vió con desprecio las gestiones hostiles del dean de Chiapa; renunció su obispado corriendo el año de 1550; mas no abandonó la defensa de los indios ni perdió su influencia en la corte hasta su muerte, que aconteció por Junio ó Julio de 1566, en el convento de Nuestra Señora de Atocha, en Madrid. Tenia entónces Casas noventa y dos años de edad, y su cadáver fué sepultado en la capilla mayor de la Vírgen.

III

No seria inútil hacer el estudio, aunque fuese incompleto, de los escritos de Fr. Bartolomé de Las Casas, ó siquiera describir los que se han dado á luz, pues así se conocerian su doctrina y carácter; mas aparte de que otros con el mejor éxito emprendieron ese trabajo, [1] para nosotros seria fuera de propósito, ni podriamos desempeñarlo satisfactoriamente, circunscritos á los estrechos límites de este apéndice. Justo es, sin embargo, dar alguna idea de sus doctrinas, asunto de los acalorados debates de aquellos tiempos y ocasion así de las contrariedades que experimentó en su vida, como del odio que algunos consagraron á su memoria. Acaso al enunciarlas hoy parezcan vulgares y trilladas; mas no era lo mismo hace trescientos años, cuando ponian en alarma tantas antiguas preocupaciones, tantas enconadas

1 Vease la Segunda Parte de la Vida de Las Casas, por Antonio María Fabié.

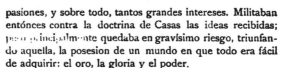

pasiones, y sobre todo, tantos grandes intereses. Militaban entónces contra la doctrina de Casas las ideas recibidas; pero principalmente quedaba en gravísimo riesgo, triunfando aquella, la posesion de un mundo en que todo era fácil de adquirir: el oro, la gloria y el poder.

Lo primero que hirió la sensibilidad cristiana de Fr. Bartolomé fué el espectáculo de la desgracia de los indios; su primer deseo el de salvarlos de la miseria y de la muerte. Pero ántes de obedecer el impulso de tan generoso sentimiento, ¡cuántas difíciles y gravísimas cuestiones habia que desatar! Las Casas era perito en el derecho, y á su noble profesion incumbia el deber de abogar por el indefenso y de levantar de su abatimiento al oprimido. La defensa de tan santa causa entraba además en sus obligaciones como sacerdote. Pero, ¿hasta qué punto eran legítimos aquel despojo que parecia mejor salteo de bandoleros y aquellas guerras de los conquistadores de América que se dirian más propiamente asesinatos en gran escala? Los indios, ¿no eran esclavos de los españoles? Estos, ¿no eran señores del Nuevo Mundo? ¿No tenian derechos adquiridos por posesion y por conquista? El rey de España ¿no era tambien el soberano de las Américas? El Papa, ¿no le habia hecho donacion de aquellos vastísimos dominios? ¿No era nesesario convertir al cristianismo y civilizar aquellos bárbaros idólatras?

Acaso la conciencia ilustrada y justa de Casas fácilmente haya contestado estas preguntas; pero no se debe comparar el sabio de gabinete que solo para sí resuelve cuestiones especulativas, con el abogado, que de las verdades conocidas deduce los derechos, no para tenerlos escondidos en el tesoro de la inteligencia, sino para plantearlos en el terreno difícil y escabroso de la práctica; no como principios generales y abstractos de justicia, sino como leyes que han de gobernar á los hombres y á los pueblos. Cualquiera puede escribir que no es lícito robar ni matar en nombre de la civilizacion y de la fé; pero es preciso un esfuerzo supremo de valor para anunciar esto mismo á un ejército en el momento de asaltar una plaza y de entregarse, en el furor y la embriaguez de la victoria, á la matanza y al saqueo. Fácil fuera decir hoy que la conquista no fué justa; mas imponerse la obligacion de resistir á los conquistadores y declarar al mismo rey de España que no ha hecho suyo un solo real de los tributos de la América, estaba reservado únicamente á Fr. Bartolomé. [1]

En Las Casas se ha de ver siempre al abogado y juntamente al sacerdote. Sus escritos son alegatos en que desplegan todo su vigor las leyes humanas y en que brillan con toda su magnificencia las leyes divinas. Partiendo de sencillísimos principios, con erudicion sólida y vastísima, deduce consecuencias fecundas y lejanas, y guiado por sus altos talentos, caminando siempre en medio de clarísima luz, se adelanta trescientos años á su siglo. Comienza por hacer diferencia entre los indios y otras clases de infieles. Los indios, anteriormente á la conquista española, estaban en posesion de su libertad, tenian sus propiedades, señoríos y Estados con más perfecto derecho que el que pudieran invocar en su favor los monarcas europeos, ni estaban sujetos en modo alguno á la Iglesia católica ni á los príncipes cristianos. ¿Por qué titulo todo lo habrian de haber perdido al ser descubiertas las Américas? [2]

---

1 "Que ni el Rey ni ninguno de cuantos acá han venido ni pasado han llevado cosa justa ni bien ganada, é son obligados á restitucion, aquí estoy aparejado é muy aparejado para hacer esta conclucion, verdad y es tan verdad, que no dubdo mas de ella que del Santo Evangelio." (Expocision de Casas al Consejo de Indias, suscrita en Puerto de Plata á 20 de Enero de 1535. Puede verse en los Apéndices á la Historia de Fabié).

2 "La cuarta especie y diferencia es de aquellos ynfieles los cuales ni tienen tierras usurpadas que ayan sido nuestras ni con ynjurias nos ayan despojado de ellas, ni en algun tiempo nos hizieron daño ni ynjuria, ni mal alguno, ni tengan proposito de hazello. Item, que ni al presente ni

Pero los españoles pérfidamente infamaban á los indios para oprimirlos y vejarlos: así lo afirmaba Las Casas poniendo manifiesta la envenenada intencion de los calumniadores. Los españoles decian que los indios eran bárbaros y por naturaleza esclavos. Para combatirlos escribió un libro: "Historia apologética." ¿Cómo es posible, decia en ella, refutándolos, "que la Divina Providencia, en la creacion de tan innumerable número de ánimas racionales, se hubiera descuidado dejando errar la naturaleza humana, por quien tanto determinó hacer, y en tan cuasi infinita parte como esta es del linaje humano, á que saliesen todos insociales y por consiguiente monstruosos, contra la natural inclinacion de todas las gentes del mundo, no permitiendo que yerre así alguna especie de las otras corruptibles criaturas sino alguna por maravilla de cuando en cuando?" ¿No concurren mayores causas en América que en Europa para hacer al hombre civilizado y culto? ¿No tienen un cielo puro, un clima suave, benignos aires y mantenimientos sanos? Pero estas causas regularmente favorecen el desarrollo de todo el hombre, del cuerpo y juntamente del alma que le está unida por leyes misteriosas pero ciertas. Los indios, en sus alimentos sóbrios, al mismo tiempo son, en sus sentimientos, templados. ¿No revelan en todas sus acciones ingenios sutiles y entendimientos capacísimos? Son labradores, artífices, guerreros y políticos; tienen sus repúblicas ordenadas con leyes, jueces y tribunales, sacerdotes y reyes, templos y culto religioso. En la moderacion de sus

en los siglos pasados fueron súbditos al ymperio christiano ni á algun otro miembro de la yglesia *de jure* ni *de facto* en ninguna manera como ay muchas naciones en el mundo.... Que las naciones de las Indias sean de esta quarta especie está muy claro y que tengan y posean sus Reynos y tierras de derecho natural y de las gentes.... y assí ningun Rey ni emperador ni la yglesia les puede hacer guerra ni por alguna manera molestallas." (Principios para resolver algunas cuestiones tocantes á los indios del Perú.—Fabié. Pág. 340).

costumbres y en el arte de gobierno, á las naciones de más nombre igualaron, y á otras de las más prudentes y afamadas sobrepujaron con exceso. Se les llama bárbaros, porque son "gentes mansas y humildísimas, que obedecian con extraña y admirable manera á sus reyes;" se les creia estúpidos, "por no hablar bien nuestro lenguaje ni nos entender; pero en esto, como ellos á nos son, somos nosotros á ellos."

Casas discurria con incontrastable lógica; pero el lenguaje de la verdad, ¿qué importaba á los que interesados en la abyeccion de los indios, solo juzgaban por el criterio de su impía codicia? Lo que más debe sorprender, es que emitiesen pensamientos tan injuriosos á los indios, no solo aquellos rudos soldados que hacian sus entradas en la América, allanando pueblos con razon ó sin justicia, sino personas que deberian estar inspiradas en las enseñanzas cristianas, como D. Fr. Juan Quevedo, obispo de Darien, ó de gran fama de saber legítimamente adquirida y justamente celebrada, como el Dr. D. Juan Ginés de Sepúlveda. El primero, fundándose en la doctrina de Aristóteles, sostuvo en presencia del emperador, que los indios eran siervos *á natura*, doctrina que Casas reprobaba, creyendo que podia arrojarse al fuego como hereje quien la profesase. El más rudo ataque le vino sin duda de parte de Sepúlveda. Los fundamentos por éste desarrollados doctamente, eran la misma doctrina de Aristóteles, profesada tambien por Platon, á que los escolásticos no eran muy extraños, y adoptada entónces generalmente por los sabios, de que hay hombres cuyo nacimiento y organizacion los destinan á una esclavitud que pudiera llamarse natural. [1] Pero Casas, poniendo por base la naturaleza humana, la racionalidad y conside-

1 Contestando en presencia de Cárlos V al obispo de Darien, decia: "El filósofo era gentil y está ardiendo en los infiernos, y por ende tanto se ha de usar de su doctrina cuanto con nuestra santa fé y costumbres

rando á todos los hombres como igualmente rehabilitados por el Redentor, negaba que hubiese entre ellos, por naturaleza, tales diferencias de esclavos y señores. Además, negaba que fuese condicion natural servil la de los indios. Es verdad que, conforme á la opinion de los peripatéticos, consentia la legitimidad de los esclavos hechos en las guerras justas; pero esta excepcion no tenia lugar al tratarse de los indios. [1]

Y es claro que no tenia lugar, porque á su juicio, eran injustas todas las guerras sostenidas por los ejércitos conquistadores. Sin injuria precedente, sin provocacion alguna de parte de los indios, los españoles los acometieron, ensangrentaron el suelo y destruyeron, una en pos de otra, todas las naciones del nuevo continente. ¿Qué disculpa tiene un hecho sin ejemplo en los fastos de la Historia? Al atrevido marino que se aventuró á merced de los vientos en medio de un océano sin ribera para descubrir un ignorado mundo, ninguna recriminacion hacen la ciencia ni la humanidad. Pero ¿cómo podrán justificarse aquellas entradas de guerreros vestidos de acero y erizados de armas en pueblos pacíficos, desnudos é indefensos? No era una excusa el amor al oro, ni una ambicion sin freno podia cohonestar tamaña iniquidad, ni la gloria de que con sus victorias se cubria hacia lícitas las proezas del soldado, ni sobre

---

de la religion cristiana conviene. La religion cristiana es igual y se adapta á todas las naciones del mundo, y á todas igualmente recibe, y á ninguna quita su libertad ni sus señores, ni mete debajo de servidumbre, so color ó achaque de que son siervos *á natura.*" (Vease en Remesal todo el discurso de las Casas).

[1] "Todos los indios que se han hecho esclavos en las Indias del mar Océano, desde que se descubrieron, hasta oy han sido injustamente hechos esclavos; y los españoles poseen á los que oy son vivos por la mayor parte con mala conciencia, aunque sean de los que uvieron de los indios."—(Conclusion que prueba con muchas autoridades y razones en un Tratado sobre esclavitud, publicado en 1552.—Fabié, pág. 329).

las armas podian hacer descansar los cimientos de su dominacion en América los reyes católicos, como sobre ellas fundó su imperio Nemrod, primer opresor de los hombres, y Alejandro y los romanos y todos los que en siglos anteriores habian sido famosos tiranos de los pueblos. [1] Casas fulminaba su fallo de reprobacion sobre todas las guerras de los conquistadores, sin excepcion. [2]

Decian los españoles que combatian por extender la fé de Jesucristo. Semejante excusa no era dictada por la buena fé; [3] mas, suponiéndoles tal intencion, jamás un recto fin es capaz de justificar inícuos medios. ¡Con los estragos de la guerra pretendian inculcar las dulces doctrinas de un Dios de mansedumbre! ¡Para extirpar la idolatría, comenzaban por dar muerte á los idólatras! El ser verdugo de los indios, ¿seria grato obsequio á la Divinidad? ¿Podrian creer los españoles que la diestra del Altísimo obraba aquella mudanza, de que daban buena cuenta dos millones "de ánimas *(de la Española)* é muchas más de todas estas partes, quemados vivos, asados en parrillas, echados á perros bravos, metidos á cuchillo, no perdonando ni á niños ni á viejos, ni á mujeres preñadas ni paridas, i algunas veces escogiendo los más gordos para matallos y sacalles el unto, porque era, diz, que bueno para curar las llagas de los matadores?"

No fué este el modo de anunciar el Evangelio que Jesucristo determinó. "Lo primero é principal que á sus subcesores mandó, fué que ofresciesen su paz, é que á todos

---

[1] Prólogo del Tratado comprobatorio de Casas. Fabié, pág. 318.

[2] "La primera entrada que hizieron los españoles en las Indias y en cada provincia y parte dellas, desque se descubrieron el año de 1492 hasta oy inclusive, que somos en henero de 1564, fué mala y tyránica y asimismo el progreso y desórden del gobierno que por todo aquel reino pusieron." (Principios para resolver algunas cuestiones relativas á los indios. Se puede ver en Fabié).

[3] Principios para resolver, etc., en Fabié, pág. 342.

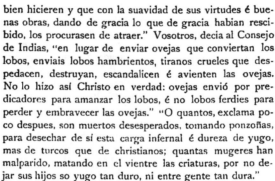

bien hicieren y que con la suavidad de sus virtudes é buenas obras, dando de gracia lo que de gracia habian rescibido, los procurasen de atraer." Vosotros, decia al Consejo de Indias, "en lugar de enviar ovejas que conviertan los lobos, enviais lobos hambrientos, tiranos crueles que despedacen, destruyan, escandalicen é avienten las ovejas. No lo hizo así Christo en verdad: ovejas envió por predicadores para amanzar los lobos, é no lobos ferdies para perder y embravecer las ovejas." "O quantos, exclama poco despues, son muertos desesperados, tomando ponzoñas, para desechar de sí esta carga infernal é dureza de yugo, mas de turcos que de christianos; quantas mugeres han malparido, matando en el vientre las criaturas, por no dejar sus hijos so yugo tan duro, ni entre gente tan dura."

Se escudaban los españoles con la bula de Alejandro VI, en que á los reyes católicos hacia donacion del Nuevo Mundo. Pero realmente no era una donacion, sino un encargo de introducir el Evangelio en aquellos lejanos contitinentes.[1] El Pontifice, segun el sentir de Casas, por derecho divino tenia sobre todas las naciones del mundo cuanta potestad era necesaria para propagar y mantener la fé católica. Tal era el poder que podia comunicar á los reyes de Castilla y de Leon, autorizándolos para allanar el camino á los predicadores, defendiéndolos de los peligros y removiendo cualquier obstáculo que embarazase su pacífica mision; mas nunca el Papa entendió "hacerlos mayores Señores ni mas ricos príncipes de lo que eran, ni privar á los reyes y señores naturales de las Indias de sus Estados y señoríos, y jurisdicciones, honras y dignidades."

Así, léjos de ser favorecidos, fueron gravados los reyes

---

[1] Casas citaba textualmente las palabras de la bula: "Requirimus ut cum expeditionem huiusmodi omnino prosequi et assumere prona mente, ortodoxæ fidei celo intendatis, pópulos in huiusmodi insulis et terris degentis ad christianam religionem suscipiendam inducere velitis, etc."

españoles por esa bula que, al decir de Casas, les imponia el deber de "poner los gastos y expensas que para la execusion del dicho fin fueron necessarios, conviene á saber, para convertir á la fé aquellos infieles hasta que sean christianos y no pueden compelelles á los indios con pena alguna á que se los paguen, ni todos ni parte de los dichos gastos, si ellos no los quieren pagar." El más notable de los principios asentados en esta materia por Casas, es el siguiente, de que ningun publicista moderno se avergonzaria: "Para que nuestros reyes adquieran el sumo principado de las Indias válida y rectamente, esto es, sin ynjuria y con las debidas circunstancias, necessariamente se requiere que intervenga el consentimiento de los Reyes y de los pueblos, y que tambien consientan la institucion y donacion hecha por el Papa á nuestros Reyes."

Así, pues, segun Las Casas, si el descubrimiento de Colon abria las puertas de la América á la civilizacion cristiana, los reyes católicos no podian con justo título apoderarse de ella, pues la fuerza no era un derecho, ni lo daba la donacion del Papa. La conquista era por lo mismo una usurpacion. Las guerras que promovian los españoles contra los indios, mejor se deberian llamar escandalosos latrocinios, pudiéndose justamente comparar á salteos de bandoleros. El despojo de la victoria era un robo, y la esclavitud de los indios, un plagio verdadero y altamente criminal. Ni se cobraban legítimamente los tributos, ni se aprovechaba lícitamente por los enconmenderos el trabajo gratuito de los indios. En consecuencia, los bienes adquiridos por los españoles en América por estas reprobadas vías, estaban afectos á la restitucion, sin la que ninguno de ellos podia ser válidamente absuelto en el tribunal de la penitencia. Esta doctrina que consignó posteriormente en un tratado intitulado "Avisos y reglas para los confesores," fué la ley de su diócesis, que de tantos disturbios fué causa en Ciudad Real: aprobada en la junta apostólica cele-

brada en México en 1546, sirvió de guía á los obispos de Nueva España, no obstante que ántes habian seguido prácticas contrarias. En sus "Avisos," Casas ordenaba que ante escribano, por instrumento público, dando caucion de todos sus bienes, los penitentes se obligasen préviamente á estar y pasar por la distribucion que de sus riquezas hiciesen los confesores; distribucion que deberia verificarse en tales términos, "que aunque el difunto tenga cien hijos legítimos, no los ha de dar ni aplicar (el confesor) un maravedí, porque se los deba de derecho, ni les venga de herencia, ni tengan parte en aquella hazienda.... La razon es por que *ninguno destos conquistadores tienen un solo maravedí que suyo sea*. Antes, si cada uno dellos tuviera un estado tan grande y tan rico como tiene el duque de Medina-Sidonia, no satisfaria á la restitucion y satisfaccion de lo que es obligado, y por tanto, no teniendo cosa suya, no tiene que dejar á sus hijos ni que heredar sus herederos." [1]

Estas doctrinas de Fr. Bartolomé de las Casas no eran simples especulaciones, sino persuasiones profundas que influyeron como máximas invariables de una conciencia intransigente y siempre obedecida en todos los actos de su vida, no abandonándole aun en su postrera enfermedad. Creia que España seria destruida en castigo de la general ruina que habia causado en América, y para justificar las futuras venganzas del cielo, mandó en su testamento que en el convento de San Gregorio de Valladolid quedase archivada una compilacion de documentos comprobantes de las inauditas crueldades de que habian sido teatro las Indias. [2]

---

[1] Regla cuarta, en los "Avisos á los confesores."
[2] "Creo, decia poco ántes de morir en el convento de Nuestra Señora de Atocha de Madrid, que por estas impias é celerosas é ignominiosas obras, tan injusta, tiránica y barbaricamente hechas en ellas y contra ellas, Dios ha de derramar sobre España su furor é ira, por que toda ella

Y estando ya con el Santo Crucifijo en las manos, pronto á partir de este mundo, protestaba que cuanto habia dicho era verdad y que aun habia quedado corto en referir los agravios de los indios, motivo de sus viajes y numerosos escritos. [1]

IV

Al principio de su vida, arrastrado por el ejemplo de sus compatriotas, Casas se engolfó tambien en el error comun. Cuando hacia sus estudios en Salamanca, se hacia servir por un niño indio de los que á España condujera el almirante Colon: esta ostentacion, muy disculpable en la irreflexiva juventud, le duró poco tiempo, á causa de haber mandado la reina Isabel, que á los indios llevados á la Península, libres como sus demás vasallos, se les restituyese su patria y hogar.

Fabié pretende que, durante los primeros ocho años de su residencia en América, participó de la crueldad de los demás, haciéndole figurar como soldado en alguna de las sangrientas batallas libradas contra los indios; mas como este pormenor envuelve un cargo de importancia relativamente grave, no apoyándose mas que en conjeturas, lo desechamos. Es exacto que docto jurisconsulto, piadoso sa-

---

ha comunicado ó participado poco que mucho en las sangrientas riquezas robadas y tan usurpadas y mal habidas, y con tantos estragos ó acabamientos de aquellas gentes, si gran penitencia no hiciese; y temo que tarde ó nunca la hará, por que la ceguedad que Dios por nuestros pecados ha permitido en grandes y chicos, etc."

1 "Y estando con la candela para partir de este mundo, protestó que cuanto habia hecho en esa parte tenia entendido ser verdad, y quedaba corto al referir las causas que le obligaron al empeño." (Fr. Gabriel de Cepeda en la Historia de la Vírgen de Atocha.—Vease en Fabié. Pág. 240).

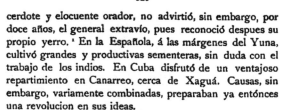

cerdote y elocuente orador, no advirtió, sin embargo, por doce años, el general extravío, pues reconoció despues su propio yerro.[1] En la Española, á las márgenes del Yuna, cultivó grandes y productivas sementeras, sin duda con el trabajo de los indios. En Cuba disfrutó de un ventajoso repartimiento en Canarreo, cerca de Xaguá. Causas, sin embargo, variamente combinadas, preparaban ya entónces una revolucion en sus ideas.

La primera fué, sin duda, como se dijo, el espectáculo de las matanzas de los indios. Referiremos uno ú otro de estos actos de inexcusable maldad, cuya narracion se ha desprendido ya, con los más vivos colores, de la pluma de otros escritores. Pánfilo de Narvaez, á la cabeza de cien infantes españoles, y algunos caballos, entró en el pueblo de Caonao: fueron recibidos amistosamente. Los indios prepararon comida, comenzaron á distribuirla entre los huéspedes, y llevados por un sentimiento de curiosidad, tan irresistible como natural, se agruparon en torno de los extranjeros para mirar á placer los caballos y las armas europeas. De repente, un español tira de la espada y atraviesa el pecho desnudo del indio más cercano. Los cien hombres de Narvaez le siguen, y á los pocos momentos el suelo queda sembrado de cadáveres. Los indios estaban indefensos, ninguna señal de hostilidad se veia en ellos, su atencion y sus miradas evidentemente nacian de una curiosidad instintiva, los huesos de pescado que tenian en la cabeza eran un adorno usado, y la cuerda que llevaban atada á la cintura, les servia para sostener su único vestido; pero los españoles quisieron ver en aquellos huesos, envenenadas armas, y en aquellas cuerdas, prisiones para sujetarlos. "¿Cómo negarse, dice Quintana al referir este hecho, á la in-

---

[1] "Tan ciego estaba por aquel tiempo el buen Padre, como los seglares todos los que tenia por hijos," dice hablando en tercera persona de sí mismo. (Historia general, lib. 3, cap. 31).

dignacion que inspiran estos absurdos pretextos para tan alevosa y cruel felonía?" Inútil fué la diligencia de Casas que estaba presente: cuando él acudió, el mal estaba hecho y era irremediable.

El mismo Narvaez se apoderó en la Habana de diez y ocho caciques, asegurados de no recibir mal por las promesas pérfidas de aquel malvado, que mandó ahorcarlos en el momento de llegar con las manos llenas de dones para los españoles. Los indios ninguna causa dieron para aquella ejecucion, y difícilmente pudo Casas librarlos, á fuerza de amenazas, de una muerte horrible.

Tales hechos y otros semejantes,[1] inconciliables con la justicia, que no podian caber en el ánimo recto de Las Casas, habian sido ya reprobados por los dominicos de la Española, especialmente por la elocuente palabra de Fr. Pedro de Córdova. Ni eran estas muertes el solo crímen de los conquistadores: arrancaban de sus hogares á los desventurados isleños y los arrojaban en las minas, cuyo trabajo los hacia sucumbir en gran número; en la agricultura les imponian labores superiores á sus fuerzas, que los hacian perecer igualmente; los que sobrevivian á estas y otras

---

[1] "Fueron tantas las crueldades que pasaron, que solo el dia del juizio se podrán conozer; tomar de noche en un buio, ques una casa de paja, 500 y 1,000 dellos, é guardar las puertas, é ponerles luego de dia á cuchilladas, como estaban desnudos, acuchillarlos é irse, á los que tomaban por el camino, cortaban á mas las manos, é labrabanlos é enbiabanlos diziendoles: id con cartas á los otros: hazian parrillas de madero é quemábanlos bivos, é porque no diesen gritos, metianles palos en la boca, enbolbianlos en paja, é ponianles fuego para ver como iban ardiendo; mandábanlos despeñar de altas peñas, é ellos de miedo que habian de los chistianos lo hazian: ahorcaron una bez de la cumbre de un buio 17 caziques juntos; enbiábalos á llamar aquí á esta ciudad el Comendador maior sobre seguro, é mandabalos despeñar á la mar en una costa ques aquí muy braba, etc."—Carta que escribieron los padres de la Orden de Santo Domingo que viven en la Española, á Mosior de Xevres.—(Vida de Casas, por Fabié. Apéndice, pág. 442).

duras fatigas no eran retribuidos, ni recibian siquiera el sustento necesario, teniendo que arrastrar una existencia miserable y penosa en demasía. Muchos, para librarse de aquella opresion intolerable, huian á los bosques, en donde morian entre las garras de las fieras ó empuñaban las armas y morian al filo de las espadas españolas. Y eran tantos los que así abandonaron sus pueblos, que por falta de brazos faltaron tambien las sementeras. Así la numerosa poblacion de las islas desapareció en poco tiempo, hecho histórico que si no se ha podido negar, se ha excusado, comparándolo con la mayor y más completa despoblacion de la América del Norte, como si la mayor fiereza de los unos pudiera justificar la poca humanidad de los otros.

No hay que negar que fuesen sanguinarios y crueles con exceso muchos de los conquistadores. ¿Acaso faltan hombres de esta condicion en todos tiempos y en todas las naciones? Todavía está por formarse el pueblo cuyos individuos todos sean humanos y virtuosos. Lo que á España honra sin duda es que del seno mismo de aquellos malvados hubiesen brotado quienes al torrente desolador hubiesen opuesto su noble y esforzado pecho.

Los primeros que clamaron contra la tiranía fueron los dominicos. Al mismo Fr. Bartolomé fué negada la confesion alguna vez por ellos á causa del repartimiento que tenia, como lo cuenta en su Historia de las Indias. Ni faltaban otros españoles, como Pedro de la Rentería, igualmente probos, y cuyas ideas diferian de las corrientes notablemente. El ejemplo de este santo hombre adelantó mucho el cambio de Las Casas, que determinó, en fin, la lectura de algunos buenos libros.

Hojeando algunos sermonarios, pues debia predicar en la cuaresma, en 1514, fué como se hizo en su espíritu la luz. El mismo lo cuenta de este modo: "Estudiando los sermones que les predicó la Pascua, ú otros, por aquel tiempo, comenzó á considerar consigo mismo sobre algunas autoridades de la Sagrada Escritura, y si no me he olvidado, fué aquella la principal y primera del Eclesiástico, cap. 32, *Immolantes ex iniquo oblatio est maculata, etc.;* comenzó, digo, á considerar la miseria y servidumbre que padecian aquellas gentes." "Pasados algunos dias en aquesta consideracion, y cada dia mas y mas certificándose por lo que leia cuanto al derecho y via de hecho, aplicando lo uno á lo otro, determinó en sí mismo, convencido de la misma verdad, ser injusto y tiránico cuanto cerca de los indios en estas Indias se cometia."

Hay en la vida momentos decisivos, y sin duda el más importante fué este para Casas. Renunció los repartimientos, las minas y las sementeras; declaró su nuevo sentir á los fieles en el púlpito, y sin pérdida de tiempo comenzó la lucha que habia de sostener toda la vida. El fin que se propuso conseguir fué la libertad de los indios. Los medios, preciso es confesarlo, no eran proporcionados á la magnitud de la empresa, pues al principio se reducian á los recursos de su elocuencia y talentos y al favor que pudieran prestarle los frailes dominicos, especialmente Córdova y Montesinos. [1] Pero Casas no era adorador del dios éxito, y sin esperanza quiso trabajar por cumplir con su deber. Al sondear las dificultades del porvenir, decia: "Yo probaré todas las vias que pudiere, y me porné á todos los trabajos que se me ofrecerán para alcanzar el fin de lo que he comenzado, y espero que Nuestro Señor me ayudará, y cuando no lo alcance habré hecho lo que debia."

En el órden religioso eran delincuentes los opresores de los indios; pero Casas tentó en vano hacerlos entrar por la persuasion en el carril de la conciencia. Qué, solo porque los frailes decian que no era lícito poseer indios, ¿los habian de soltar, cegando aquel manantial de riqueza, quienes en

---

[1] Este fraile fué el primero que levantó la voz ante el trono real por la libertad de los indios.

busca de fortuna dejaron su patria y navegaron en mares inciertos? Sin el auxilio de la fuerza no era dable arrancar la presa de sus garras. Era indispensable una legislacion represiva, que acomodándose á las condiciones especiales del Nuevo Mundo, sin estorbar el movimiento de la civilizacion cristiana, enfrenase el orgullo y la codicia de los conquistadores. Dado este primer paso, era necesario todavía que las leyes se trasformasen en hechos reales. Lo primero, aunque imperfectamente, pudo lograr el inmortal Casas; lo segundo, quedó reservado por la Providencia al porvenir.

En honor de los reyes de España se debe decir que se prestaron accesibles á las representaciones de Casas y dóciles á cuantas innovaciones quiso introducir en el gobierno de las Indias. Los dominicos fueron el primer punto en que afirmó la planta para penetrar en la corte. Su amistad con Fr. Pedro de Córdova le proporcionó relacionarse con Matienzo y Deza. Cisneros le dió todo favor. El gran canciller de Cárlos V, Juan Selvagio, le tuvo en su privanza. Los demás flamencos que siguieron al mismo emperador, en España, le fueron constantemente adictos, ni dejó de prestarle importantes servicios el cardenal Adriano, despues Pontífice Supremo. Es verdad que por muchos años lo hostilizó el Consejo de Indias, especialmente el presidente Fonseca, obispo de Burgos; mas nunca en la corte prevalecieron sus enemigos. Mil veces disputaron con él los sabios, en medio de numerosas y sábias asambleas; mil otras por vías subterráneas y tortuosas trataron algunos de echar por tierra sus proyectos; mas en vano: su actividad, su atrevido génio, sus audaces respuestas, su elocuencia nerviosa y varonil y los recursos de su fecunda inteligencia, le sacaron victorioso en todas ocasiones. Era sin duda invencible en la corte y en la controversia. Logró, pues, medidas favorables á los indios; mas en América se estrellaron sus esfuerzos contra la codicia de los españoles.

Tan admirable es la persistencia con que siguió su objeto, como la flexibilidad con que adoptaba nuevos medios, cuando los anteriores habian salido ineficaces. Casas creyó que con sábias leyes y buenos gobernantes tenia remedio bastante la Española. Se pensó encomendar el gobierno de las Indias á personas de incorruptible integridad: se meditó largo tiempo en la eleccion: la prudencia se puso en acecho para impedir un yerro por ligereza ó por descuido: por fin, fueron escogidos tres frailes gerónimos, cuyos antecedentes no daban lugar á la más pequeña desconfianza. Recibieron estos frailes instrucciones convenientes y fueron luego á su destino. Aquí la prevision humana no podia engañarse; y sin embargo, no cumplieron su mision á satisfaccion de Casas. Los gerónimos gobernaron con prudencia, con mucha prudencia, hasta ser condescendientes con los abusos, ponerse en abierta oposicion con Casas y enviar contra él procuradores á la corte.

Cuando aquellos santos varones se habian mostrado débiles, no habia que pensar en sustituirlos con otros que prometieran ménos entereza. El pueblo de la Española era indócil, eludia obedecer las más benéficas leyes reales, encontraba siempre el modo de enervar la accion de los más enérgicos y bien intencionados gobernantes, estaba avezado al pillaje y al asesinato, era incorregible: habia, pues, que abandonarlo. Otro pueblo sencillo y religioso, acostumbrado á la obediencia y al trabajo, un pueblo nuevo de agricultores, que sostenido por el tesoro real, no tuviese al principio necesidad de subsistir por la matanza y el asalto, y que despues con su industria pudiera enriquecerse, implantado en las Antillas, serviria de contrapeso á los malvados, haria innecesario el trabajo forzado de los indios y para aliviar á éstos en las minas, podia permitirse, bajo ciertas condiciones, el comercio de negros esclavos. Sea: que esto último haya sido una inconsecuencia y un yerro de Casas, como él mismo despues ha confesado, pues que igual derecho tenian á su libertad indios y negros;

mas tal inculpable extravío, léjos de aflojar, obliga más la gratitud de los indios. El pensamiento de plantear una colonia de agricultores en América no era imposible, y si algunas dificultades se ofreciesen, ante la fuerza de una irresistible voluntad se desvanecerian. Casas, pues, hizo entrar al rey en sus designios, reunió suficiente número de agricultores laboriosos y cristianos, consiguió prestado el dinero necesario para embarcarlos para América; una causa imprevista los puso en la Española fuera de su vigilancia, y cuando Fr. Bartolomé quiso desarrollar sus pensamientos, encontró que los nuevos colonos se habian dispersado, y que, puestos en contacto con los antiguos pobladores, léjos de aliviar á los infortunados indios, habian aumentado el número de sus opresores.

Despues de este mal suceso, fuera locura pensar en nueva remision de labradores, que sufririan la perversion y contagio de los anteriores: ningun remedio era, pues, posible para las Antillas, cuya poblacion indígena, por otra parte, habia desaparecido casi por completo. Pero abandonadas éstas á su suerte, en un horizonte no lejano se veian ya las altas cimas de un vasto continente, henchido de indios, que serian pronto asaltados, saqueados y muertos como los isleños. Si la tierra firme siquiera se salvase de aquella impía tala, Casas se creeria retribuido por todas sus fatigas. Si no coronaba gloriosamente su obra, satisfecho quedaria con haberla comenzado. Reunió, pues, algunos honrados labradores, los halagó con la esperanza de futuros honores y provechos, escogió aquella parte de la costa de tierra firme que le pareció á propósito para sus fines; allí asentaria su pacífica colonia, léjos de la peste de aquellos españoles, ninguno de los cuales pisaria su suelo sin su voluntad, so pena de incurrir en gravísimos castigos; allí predicaria el Evangelio sin armas y civilizaria á los indios sin matarlos. A costa, pues, del rey, y con su autorizacion, fletó navíos, y con sus agricultores se dió á la mar. Cuando llegó á la América, el territorio escogido era teatro de lastimosos desórdenes. Los españoles habian dado asaltos á los indios, y éstos, en represalia, mataban á los españoles. Antes de llegar á tierra firme, Casas fué detenido en las Antillas, y sus compañeros, puestos en contacto con los antiguos habitantes, lo abandonaron y se dieron á saltear indios. Con pocos fieles amigos, venciendo gravísimas dificultades, estableció, sin embargo, su colonia, que á poco fué destruida por los indios.

Los proyectos de Casas fracasaron siempre en imprevistos escollos. ¿Sus cálculos eran inseguros, su mirada incompleta, defectuosa su inteligencia? No: sus empresas sucesivas fueron preparadas con cuanta cautela pudiera exigir la más desconfiada prudencia. Mas, fuera de nuestro entendimiento y con independencia de nuestros deseos, en el órden natural y en el moral, se encadenan acontecimientos que no siempre concurren favoreciendo nuestros designios. La concordancia y casual ó más bien providencial armonia de tales acontecimientos con los proyectos y esperanzas humanas, hace la fortuna del hombre. Casas fué siempre sin ventura en sus empresas. Además, era un hombre solo y débil, que luchaba con un pueblo de malvados que encontraban siempre el modo de frustrar sus combinaciones.

Un escritor moderno ha dicho que, puesta la naturaleza humana, los pensamientos de Casas eran irreducibles á la práctica: este concepto es tan anticristiano como falso. ¿Cómo sin impiedad se podrá decir, que fuese impracticable el único medio señalado por Jesucristo para la propagacion del Evangelio, que es la predicacion pacífica? Esto queria Casas. Ni era imposible librar á los indios de la esclavitud, pues muchos, en efecto, se libraron por sus esfuerzos personales, muchos por las benéficas leyes inspiradas por él, y muchos por la enseñanza y trabajos de los dominicos que quisieron seguir sus vestigios.

Por más que sea muy noble el deseo de honrar á la patria, nunca su defensa se ha de apoyar en la falsedad y el

absurdo. El mismo escritor, para salvar á los españoles del cargo que les resulta por la despoblacion de las Indias, acude á no sé qué ley misteriosa y ciega, en virtud de la cual, puestas en contacto dos razas, la inferior desaparece tanto más rápidamente, cuanto es mayor la superioridad de la otra.[1] Las antiguas naciones de América se despoblaron en la conquista española, no uniformemente y en virtud de una ley ciega, sino á proporcion que los invasores extranjeros eran más inhumanos y crueles. En Oaxaca, donde los filantrópicos esfuerzos de los dominicos triunfaron repetidas veces de los trabajos destructores de los conquistadores, la raza indígena se conservó más vigorosa y desarrollada que en otras partes. Lo más singular es que, para apoyar esta ley, se acude á otra, misteriosa tambien y ciega, " que consiste en la infecundidad casi absoluta de los mestizos;"[2] ley de cuya existencia no podemos ménos que dudar los que vemos todos los dias mestizos prodigiosamente fecundos.

Despues del último fracaso, temiendo no estar destinado por Dios para aquella gran obra, Casas se retiró del mundo y profesó en religion. Mas como en fuerza de su persuasion y deber, primero como simple religioso y despues con el carácter de obispo, ya como controversista ó como escritor, no cesaba de proclamar la verdad, ni dejaba de ir á su fin, aunque sin servirse de otros recursos que los que ponia en sus manos la religion, tampoco debia esperarse que aflojara la oposicion de sus adversarios. ¡Cuántas dificultades le suscitaron y cuánto odio le consagraron toda su vida! No solo con el fruto de sus rapiñas pagaron procuradores que en la corte lo entorpecieran y difamaran, sino que lo insultaban, lo amenazaban y más de una vez pusieron asechanzas á su existencia. Calumniaban su intencion, calificando

---

[1] Vida de Casas, por Fabié, pág. 38.
[2] Idem, pág. 72.

sus trabajos como si fuesen operaciones de interes y ambicion, de envidia y otras malas pasiones; lo trataban de visionario, de inquieto, de revoltoso, y para ridiculizarlo y burlarlo, componian epigramas y cantaban canciones ridiculas y ofensivas. Lo llamaban gloton é ignorante [1] y llegaron á decir que era hereje. Los jueces no recibian sus peticiones y los conventos que lo abrigaban se veian privados de todo socorro. En la Española le hicieron sus enemigos una imponente manifestacion de odio, negándose á comunicar con él. En Campeche lo desconocieron sus súbditos. En Ciudad Real, por acuerdo público y decreto en forma, se sancionó negarle la obediencia como obispo. En la Audiencia de los Confines le llamó el presidente "mal hombre, mal obispo, bellaco, y desvergonzado," mandando que fuese arrojado de los estrados como si estuviera demente.

Alguna vez, al volver á su obispado, el pueblo de Ciudad Real se levantó en armas y se municionó como si hubiese de sufrir el asalto de un poderoso ejército. El anciano sacerdote desarmó los cuerpos avanzados y entró en la ciudad; pero en el templo los alcaldes y regidores le hicieron insolentes requerimientos, amenazándole en medio de un tumulto deshecho. Refugiándose el santo obispo en el convento de la Merced, le siguió allá una turba desordenada, cargada de armas y arrebatada de ira, lanzando piedras y gritando amenazas, con tan siniestro aspecto, que el pobre prelado, aunque sin perder su habitual entereza, creyó llegada su hora postrera. Allí los unos insultaban al obispo, en su presencia, miéntras otros, en el patio, golpeaban cruelmente á sus adictos y arrojaban con destemplanza amenazas y gritos. Tal era la confusion que, indignados

---

[1] Para significar una y otra cosa decian que habia estudiado en Juan Bocacio y que era bachiller por Tejares. Tan falso era este concepto como el de que estaba contaminado con la herejía.

los frailes mercedarios, acudieron ellos tambien á las armas, y á viva fuerza pusieron fuera de su convento aquella canalla.

Más sensible debe haberle sido la oposicion que sufria de parte de algunos obispos y de algunos religiosos. Ya hemos visto que el obispo de Darien vivamente lo zahirió en la corte; el de Guatemala no siempre anduvo acorde con él, y el visitador Tello Sandoval lo reprendió severamente por singularizarse, apartándose de la conducta que observaban los demás obispos. Los mercedarios de Chiapa muchas veces lo contrariaron; pero ninguno tanto como el ingrato dean de su catedral, que segun Remesal, se dejó llevar de su odio hasta tocar el terreno vedado de la calumnia. Los franciscanos tambien lo combatieron, mas tal vez de buena fé, pues léjos de obstinarse, muchos lo favorecieron. Corre impresa una carta, que más bien pudiera llamarse una cruel diatriba contra Fr. Bartolomé, atribuida á Fr. Toribio Benavente, conocido con el nombre de Motolinia, carta que ha dado motivo á un literato español, D. Manuel José Quintana, para hacer apreciaciones muy desfavorables á este religioso benemérito de México.[1] Fabié cree, con buenas razones, que la carta no es de Motolinia.[2]

El más temible de sus adversarios fué sin duda el Dr. Ginés de Sepúlveda, de quien reportó sin embargo una espléndida victoria, teniendo en la disputa por colaborador al famoso teólogo Melchor Cano. Muchos otros se filiaron en las banderas contrarias á Las Casas, formando tal número, que se puede afirmar era todo el mundo contra quien solo él com-

---

[1] La Vida de Casas escrita por Quintana es en su mayor parte un extracto de lo que sobre el mismo Casas dejó escrito Remesal. Tiene aquella obra su mérito propio; el literato español dista mucho, sin embargo, de los talentos del fraile humilde, autor de la "Historia de la Provincia de San Vicente, de Chiapa y Guatemala."

[2] Fabié. Vida de Casas: 1ª parte, pág. 225.

batia, pues sus amigos únicos, siempre fieles é inseparables compañeros, fueron los dominicos. Tan general era el extravío de las ideas, y tan aislado estaba en sus pensamientos Casas, que con razon se le hubiera creido excéntrico, visionario y monomaniático, si hubiera locura en apartarse de un sentir comun insensato para abrazar la verdad y defender la justicia. Aun tienen algunos escritores la debilidad de calificarlo de iluso y de extravagante, injuriando así su memoria digna de respeto. El mismo Fr. Bartolomé estaba sorprendido de la extension y fuerza de aquel grosero engaño, manifestando su admiracion con términos expresivos aun en la hora de la muerte. En una cláusula de su testamento se leen estas notables palabras: "La ceguedad que Dios por nuestros pecados ha permitido en grandes y chicos, y mayormente en los que se creen é tienen nombre de discretos y sabios y presumen de mandar el mundo, por los pecados de ellos y generalmente de toda ella (España), aun está, digo, esta oscuridad de los entendimientos tan reciente, que desde setenta años que ha que se comenzaron á escandalizar, robar é matar y extirpar aquellas naciones no se haya hasta hoy advertido que tantos escándalos é infamias de nuestra santa fé, tantos robos, tantas injusticias, tantos estragos, tantas matanzas, tantos cautiverios, tantas usurpaciones de estados é señoríos ajenos, y, finalmente, tan universales asolaciones é despoblaciones hayan sido pecados y grandísimas injusticias."

Pero en medio de su vida agitada y azarosa y de aquella sucesion no interrumpida de proyectos, disputas, viajes, decepciones, adversidades y esperanzas, Casas salvó á muchos indios de la muerte y del saqueo, les proporcionó numerosos y activos defensores, comunicó á varios su generoso celo, marcó á los obispos el camino que deberian seguir; en México hizo que se adoptase y sancionase su doctrina como ley de las conciencias, y en España preparó los ánimos, templó las opiniones, y uniformó el sentir del

rey, de la corte y de los sabios, de modo que más adelante, sin oposicion y al parecer sin esfuerzo, pero bajo la influencia de la doctrina de Las Casas, llegó á formarse con leyes sucesivas un código, modelo de humanidad, de sabiduría y moderacion. Si ese código es para España un título de honor, la parte principal de la gloria pertenece á Casas. Esa legislacion prudente libró de una total ruina á las naciones de América, y á los indios de llevar marcada la frente con el sello infamante de la esclavitud. A Fr. Bartolomé debe la América reconocer tan insigne beneficio

V

La primera señal de gratitud que sabemos haya dado la América á su insigne bienhechor, es el monumento erigido en esta capital á Cristóbal Colon, en el que, con las de otros personajes, se ve la estatua de Fr. Bartolomé de las Casas. Habiendo sido hace poco descrito é historiado este monumento por el Sr. D. Luis García Pimentel, nos limitaremos á decir que fué concebido y costeado por el Sr. D. Antonio Escandon; que las cuatro figuras agrupadas en torno del almirante genovés, se deben á la inspiracion del Sr. Lic. D. Alejandro Arango; y que la ciudad, tomando parte en su inauguracion solemne y haciéndolo suyo por la aceptacion que de él hizo su muy ilustre ayuntamiento, convirtió en público y permanente testimonio de gratitud, lo que por su orígen solo era recuerdo de privada admiracion. Al lado de Colon es digno de figurar aquel sabio monje que comprendió y afirmó sus pensamientos, Fr. Juan Perez de Marchena. Pero ¿qué tendria la América que agradecer á Cristóbal Colon, si se hubiera determinado á surcar desconocidos mares solo para llevar á nuevos mundos la muerte y la esclavitud? Preferible hubiera sido entónces que la navegacion trasatlántica hubiese quedado como un proyecto perdido entre las disputas de los sabios y las desconfianzas de los poderosos. En el inmenso océano abrió la Providencia sendas ignoradas hasta entónces, no precisamente para enriquecer á Europa, sino para alumbrar con la civilizacion cristiana á la América. Los grandes acontecimientos que encadena la sucesion de los tiempos, resultan de la accion combinada de la libertad humana y de la Providencia divina. Las Casas, en el descubrimiento del Nuevo Mundo, fué el representante de la Providencia. Motolinia con sus trabajos personales y su celo, mereció bien de los indios y es acreedor á que México le consagre un recuerdo. Deza, como protector de todos, tiene un lugar en el monumento de Colon. Pero Fr. Bartolomé de las Casas, que con iguales miras buscó un punto más elevado y una causa más universal; Fr. Bartolomé de Las Casas, por la grandeza de sus pensamientos y la fuerza de su génio, capaz de acometer lo imposible, bien merecia solo una estatua levantada á la misma altura de la de Cristóbal Colon.

APÉNDICE SEGUNDO

LA SANTA CRUZ DE HUATULCO

Curiosas é interesantes son en verdad las noticias que algunos escritores de nuestras antigüedades nos han trasmitido del orígen, milagros y culto de esta Cruz. Se encuentran en las siguientes obras que tuve á la vista en Abril de 1872 para formar la sucinta relacion con que en 22 del mismo mes y año obsequié al Sr. Lic. D. José Javier Cervantes, que con motivo de haber obtenido un grande fragmento de la misma Cruz, deseaba saber su orígen, y que hoy, con algunas variaciones, sale á la luz pública como apéndice á esta Historia de Oaxaca, porque su bondadoso autor así lo ha querido.

"Tercera parte de los veinte y un Libros Rituales y Monarchia Indiana." Compuesta por Fr. Juan de Torquemada. Primera edicion, hecha en Sevilla por Matías Clavijo en 1615. Lib. 16, cap. 28.

534

"Memorial y Noticias Sacras y Reales del Imperio de las Indias Occidentales." Escrito en 1646 por Juan Diez de la Calle, é impreso sin designacion de lugar ni año. Cap. 2º, párrafo 17, foj. 80 vta.

"Teatro eclesiástico de la primitiva Iglesia de las Indias Occidentales. Vidas de sus Arzobispos, Obispos, y cosas memorables de sus Sedes." Escrito por Gil Gonzalez Dávila. Tom. 1º impreso en Madrid en 1649. Páginas 228 á 230, en que se ocupa del obispo de Oaxaca D. Juan de Cervantes.

"Reforma de los Descalzos de Nuestra Señora del Cármen de la primitiva observancia, hecha por Santa Teresa de Jesus en la antiquísima Religion fundada por el gran Profeta Elías." Tomo 2º, escrito por Fr. Francisco de Santa María, é impreso la primera vez en Madrid en 1655. Lib. 7º, cap. 45, que trata exclusivamente de las reliquias que se veneraban en una Capilla de la Iglesia de los Religiosos Carmelitas de la Puebla de los Angeles.

"Geográfica descripcion de la parte septentrional del Polo ártico de la América y nueva Iglesia de las Indias Occidentales y sitio astronómico de esta Provincia de Predicadores de Antequera, Valle de Oaxaca." Escrita por Fr. Francisco Burgoa, é impresa en México por Juan Ruiz en 1674. Tomo 2º, cap. 69, que trata únicamente de la Santa Cruz de Huatulco.

"Crónica de la Santa Provincia de San Diego de México de Religiosos Descalzos de N. S. P. S. Francisco en la Nueva España." Escrita por Fr. Baltazar de Medina, é impresa en México en 1682, Foja 134, núms. 480 y 481, y foja 227, núm. 793.

"Bibliotheca Mexicana." Escrita por el Dr. D. Juan José de Eguiara y Eguren. Artículo: "Illus. D. D. D. Joannes de Cervantes," en la parte que poseo inédita.

"Série de los Illmos. Señores Obispos de la Santa Iglesia de Antequera en el Valle de Oaxaca." Formada por el

Sr. Arzobispo D. Francisco Antonio de Lorenzana, y añadida por él mismo á la edicion que en 1769 hizo en México de nuestros "Concilios Provinciales primero y segundo." Págs. 303 á 306.

"Historia antigua de México, escrita por el Lic. D. Mariano Veitia." Tres tomos, impresos en México en 1836. Tomo 2º, cap. 16.

"Biblioteca Hispano-Americana Septentrional." Escrita por el Dr. D. José Mariano Beristain, é impresa en México en los años de 1816, 1819 y 1821. Tomo 1º artículo: "Cervantes. (Illmo D. Juan)."

En Enero de 1587 entró por el mar del Norte en el Estrecho de Magallanes el pirata Tomás Candish, natural del Condado de Suffolk en Inglaterra, á quien su patria, segun se refiere en el tomo 2º del "Gran Diccionario Histórico" de Luis Moreri, debia importantes servicios; y saliendo al mar del Sur, despues de haber apresado la Nao llamada Santa Ana, que venia de las Islas Filipinas á desembarcar en Acapulco, muy cargada de oro, sedas, olores, variedad de curiosidades de marfil, y otras materias de alto precio, entró de sorpresa en el Puerto de Huatulco, lugar de pocos y pobres vecinos en el obispado de Oaxaca, á distancia como de sesenta leguas de aquella ciudad. Se dió aviso al Alcalde mayor Juan de Rengifo, que habia llegado á la costa una grande embarcacion; mas él, alegre por creer que era de comerciantes, con quienes tendria mucha ganancia, no cuidó de tomar las debidas precauciones; y aunque le sacó pronto del error el estruendo de los esmeriles y mosquetes del enemigo que marchaba por la playa, no pudiendo hacer resistencia alguna, cayó prisionero en poder del corsario, que con su gente se internó luego, robando cuanto encontraban. Gil Gonzalez Dávila, confunde esta invasion de Candish con la que habia hecho en 1579 el otro famoso pirata llamado Francisco Drac.

Habia en aquel puerto una grande Cruz á la que los gentiles que la habitaban ántes de la entrada de los españoles tributaban suma veneracion, porque en ella hallaban el remedio en sus aflicciones; y era tradicion entre ellos que la habia llevado allí, hacia más de mil y quinientos años, un hombre que vino por la mar, como del rumbo del Perú, anciano, blanco, vestido con túnica larga ceñida á la cintura, y con manto, y el cabello y barba largos, á la manera que se pinta comunmente á los apóstoles. Decian que luego que le vieron venir abrazado con la Cruz, admirados, acudieron en gran número á la playa, y habiéndoles él saludado en lengua mixteca con mucha benevolencia, estuvo entre ellos algunos dias, pasando lo más del tiempo hincado de rodillas en fervorosa oracion, y hablándoles de cosas que entónces no pudieron entender; y que al irse les dijo que les dejaba allí la señal de su felicidad, que la tuviesen grande respeto y veneracion, y que vendria el tiempo en que conociesen al verdadero Dios y el bien inestimable que debian á la Cruz. Referian igualmente que siendo ésta tan pesada, el mismo hombre venerable, por sí solo, la fijó en aquel lugar en que tantos siglos despues la encontró el corsario.

Confirma esta tradicion el nombre mismo del puerto, pues Quauhtolco, que es el nombre propio, significa lugar donde se adora ó se hace reverencia al palo, por estar compuesto de la voz Quahuitl, que significa el madero, del verbo *toloa*, que es hacer reverencia bajando la cabeza, y de la partícula *co*, que denota lugar.

El P. Torquemada, desechando tal tradicion, cree (si bien no ha faltado quien le impugne con sólidas razones) que quien condujo y colocó en aquel sitio la Santa Cruz, fué el venerable P. Fr. Martin de Valencia, cuando llegó á él

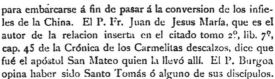

para embarcarse á fin de pasar á la conversion de los infieles de la China. El P. Fr. Juan de Jesus María, que es el autor de la relacion inserta en el citado tomo 2º, lib. 7º, cap. 45 de la Crónica de los Carmelitas descalzos, dice que fué el apóstol San Mateo quien la llevó allí. El P. Burgoa opina haber sido Santo Tomás ó alguno de sus discípulos.

Queriendo, pues, el hereje corsario destruirla, mandó á sus gentes que con hachas la rompiesen, pero éstas se hacian pedazos; y faltando las fuerzas á aquellos hombres, desmayaban ántes que hacerle el más leve daño. Habiendo ordenado luego que la aserrasen por varias partes, saltaban los dientes de las sierras como si fueran postizos, y se rendian los brazos de los que las manejaban, sin que la Santa Cruz sufriera detrimento alguno. Hizo en seguida que la atasen con fuertes cables cuyas extremidades se fijasen en la popa del navío, y que soltando las velas se dirigiese éste hácia la mar, ayudando tambien á hacer fuerza con otros cables los marineros á fin de derribarla; más tampoco esto pudo conseguir, pues rompiéndose los cables quedó la Santa Cruz inmóvil en su puesto como si fuera un monte. Enfurecido Candish, hizo poner al rededor de ella gran cantidad de leña con brea y que se le diese fuego: ejecutada su órden, viendo que la Santa Cruz no se quemaba, mandó la untasen toda de alquitran; sin embargo, permaneció ilesa entre las llamas. Cansado por fin y vencido el corsario, se embarcó, y segun se refiere en el citado Diccionario de Moreri, pasó el Cabo de Buena Esperanza, y habiendo costeado la Africa, regresó por Setiembre de 1588, con inmensas riquezas al puerto de Plimouth, de donde habia salido. Despues de tres años volvió con cinco navíos al Estrecho de Magallanes; pero arrojado por una tempestad á las costas del Brasil, pereció allí en la flor de su edad.

Era obispo de Oaxaca en el dicho año de 1587, el Sr. D. Fr. Bartolomé de Ledesma, religioso dominico, incorporado en la provincia de Santiago de México. Este docto y prudente varon, habiendo averiguado la verdad de los sucesos referidos, reunió á su cabildo, á los prelados de las comunidades religiosas y á las autoridades seculares; y manifestándoles los testimonios que comprobaban la tradicion del orígen de la Santa Cruz y sus milagros, les pidió diesen su parecer sobre si seria bien trasladar ésta á la ciudad para que en ella tuviese más culto y veneracion. Despues de varias razones, opinaron convenia dejarla en aquel lugar en que la habia puesto el hombre venerable que la condujo hasta allí, y en que quiso Dios se conservase á pesar de las inclemencias del tiempo y de la furia del corsario. Resuelto esto, se mandó á los ministros eclesiásticos y seculares del puerto cuidasen de que se le diese el debido culto.

Por la noticia que de los prodigios referidos llegó al Perú, los que venian de allá á este puerto de Huatulco cortaban de la Santa Cruz tantas astillas, que la fueron adelgazando mucho por el pié hasta la altura á que podian alcanzar con la mano, siendo motivo de admiracion ver cómo podian sostenerse lo restante del cuerpo y los brazos sobre lo disminuido del pié, y resistir al furor de los vientos tan fuertes que corren en aquella playa. Premiaba Dios la fé de los devotos de la Santa Cruz, obrando por medio de las astillas muchos milagros, de que refiere cinco el P. Torquemada y otros el P. Burgoa.

Algunos años habian pasado ya de los sucesos expresados, permaneciendo siempre constante el afecto á aquella sagrada insignia, no solamente en esa diócesis, sino en otras, cuando en 1608, por el fallecimiento del Sr. Ledesma, acaecido en 3 de Marzo de 1604, presentó el rey Felipe III para obispo de la misma iglesia al Dr. F. Juan de Cervantes, natural de esta ciudad de México, de una de sus más antiguas é ilustres familias, gobernador que habia sido del arzobispado, catedrático de sagrada escritura en la Universidad, y actualmente arcediano de la Catedral. Luego que este prelado llegó á Oaxaca, que fué, segun el P.

Burgoa, en 1611, movido de la singular devocion que desde algunos años ántes profesaba á la Santa Cruz de Huatulco, quiso asegurar más la tradicion de su orígen y la verdad de los prodigios acaecidos cuando el pirata intentó destruirla y la de los otros milagros obrados despues, enviando al puerto á su provisor y sobrino D. Antonio de Cervantes y Carvajal, y á dos notarios muy aptos á que hiciesen una competente informacion. Hicieron éstos un proceso de dos mil fojas, y habiendo vuelto á la ciudad, le concluyeron en ella con la averiguacion de otros muchos milagros que testificaron varias personas.

Presentó el obispo este proceso á los hombres doctos del clero secular y regular, y en vista de él, y temiendo la total destruccion de la Santa Cruz, á causa de que multitud de devotos cortaban fragmentos de ella, opinaron se trasladase á la ciudad, para cuya ejecucion fueron nombrados algunos sacerdotes. Entretanto el obispo hizo construir con toda brevedad, á sus expensas, en su catedral, una suntuosa capilla en que colocarla.

Habiéndose esparcido en el puerto la noticia de esta determinacion, ocurrieron á gran prisa tantas personas á cortar astillas de la Santa Cruz, que la dejaron del grueso de una caña, dos varas del pié arriba, por lo que el cura, temiendo la derribasen, la sacó del lugar en que siempre habia estado, en donde no tenia ni una tercia dentro de la arena, y acompañado de los vecinos, que manifestaban su júbilo con arcos, música y olores, la puso en la iglesia. Poco tiempo debió estar en ella, pues en Abril de 1612 fué trasladada á la ciudad por los sacerdotes comisionados al efecto, quienes tuvieron en el puerto no poco trabajo para vencer la resistencia que oponian los indios. Salieron á encontrarla ambos cabildos, las comunidades religiosas, y la mayor parte de los vecinos, españoles é indios, y la condujeron al oratorio del obispo, quien la recibió con singular afecto, dirigiéndole las tiernas palabras que dijo el apóstol

San Andrés á la cruz de su martirio: "O bona crux, quæ decórem ex membris Domini suscepisti, diu desiderata, sollicite amata, sine intermissione quæsita, et aliquando cupienti ánimo præparata; accipe me ab hominibus, et redde me magistro meo: ut per te me recipiat, qui per te me redemit." El dia ántes de que fuese trasladada á la catedral, la llevaron al convento de los religiosos dominicos, y de allí la sacaron en procesion, que presidió el obispo, vestido de pontifical. Se celebró la colocacion en su capilla durante ocho dias con solemnes fiestas, y hubo en la ciudad toros, cañas, encamisada y máscaras.

Por disposicion del obispo se quitó á la Santa Cruz una gran parte del pié, ya por estar muy desproporcionada en el grueso á causa de haberle cortado tantas astillas los devotos, ya tambien por distribuirla entre los individuos de su cabildo, los de las comunidades religiosas y demás vecinos, que con instancias pedian fragmentos de la Cruz; y así quedó reducido el tamaño de ésta á una vara de largo y cuatro dedos de ancho.

Hizo cortar igualmente un pedazo de la cabeza, de una cuarta de largo, y mandó se formase de él otra cruz para enviarla al Sumo Pontífice, que lo era Paulo V. Al efecto, por consejo de su amigo Fr. Pedro de la Cueva, provincial de los dominicos, la entregó al padre Fr. Andrés de Acevedo, religioso de la misma Orden y provincia, el cual iba por definidor al Capítulo general. Puso tambien en sus manos con el mismo fin, un testimonio auténtico del proceso, y una carta del tenor siguiente: "Smo. Padre.—Juan, por la gracia de Dios y de esa Sta. Sede Apostólica, Obispo de Antequera en las Indias Occidentales desta Nueva España, postrado á los piés de V. S. se los besa profesando obediencia á esa Sta. Silla Apostólica Romana, á cuya Santidad envia una pequeña parte de la milagrosa Cruz que se halló en el Puerto de Guatulco del mar del Sur, dentro de la jurisdiccion y términos de esta Diócesis y

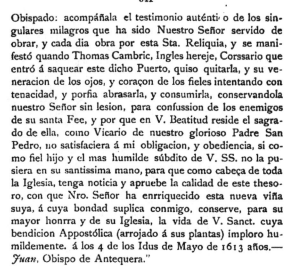

Obispado: acompáñala el testimonio auténtico de los singulares milagros que ha sido Nuestro Señor servido de obrar, y cada dia obra por esta Sta. Reliquia, y se manifestó quando Thomas Cambric, Ingles hereje, Corssario que entró á saquear este dicho Puerto, quiso quitarla, y su veneracion de los ojos, y coraçon de los fieles intentando con tenacidad, y porfia abrasarla, y consumirla, conservandola nuestro Señor sin lesion, para confussion de los enemigos de su santa Fee, y por que en V. Beatitud reside el sagrado de ella, como Vicario de nuestro glorioso Padre San Pedro, no satisfaciera á mi obligacion, y obediencia, si como fiel hijo y el mas humilde súbdito de V. SS. no la pusiera en su santissima mano, para que como cabeça de toda la Iglesia, tenga noticia y apruebe la calidad de este thesoro, con que Nro. Señor ha enrriquecido esta nueva viña suya, á cuya bondad suplica conmigo, conserve, para su mayor honrra y de su Iglesia, la vida de V. Sanct. cuya bendicion Appostólica (arrojado á sus plantas) imploro humildemente. á los 4 de los Idus de Mayo de 1613 años.—*Juan*, Obispo de Antequera."

Luego que llegó á Roma el P. Acevedo, en cumplimiento de su comision, se presentó al Sumo Pontífice, el cual, leida la carta y recibido el proceso, hincado de rodillas, tomó en sus manos con singular agrado la Santa Cruz, y rezando el himno "Vexilla Regis prodeunt".... la besó y adoró. Se informó en seguida de los asuntos pertenecientes á aquel obispado, y mandando se acudiese brevemente al padre con todo lo necesario al bien espiritual de la misma diócesis, le despidió con benevolencia.

Pasaba esto en fin del año. En el siguiente, 1614, el dia 13 de Setiembre, víspera de la Exaltacion de la Santa Cruz, murió el Sr. Cervantes, habiendo dejado dotada en su catedral la fiesta que se hace cada año el dia 14 del mismo mes. En 1769, en que el Sr. Lorenzana publicó su citada

,'Série de los Obispos de Oaxaca," los viérnes de cuaresma era trasladada la Santa Cruz de su capilla al altar mayor, y cantado con solemnidad el salmo "Miserere," la daban á besar á los fieles. Sé que todavía se practica en aquella iglesia esta piadosa costumbre, y que adornan aún el altar de la capilla lienzos en que se ven pintadas las escenas referidas.

Poco tiempo despues de la muerte del obispo, su sobrino el mencionado D. Antonio de Cervantes y Caravajal, viviendo ya en la ciudad de la Puebla, de cuya catedral fué maestrescuelas, compró en precio de seis mil pesos al citado Fr. Juan de Jesus María, la capilla que para guardar algunas sagradas reliquias habia fabricado este padre en el presbiterio de la iglesia de su convento de la misma ciudad, al lado del Evangelio, y colocó en el principal lugar de ella, para que fuese su titular, una Santa Cruz de tres cuartas de altura, que era un fragmento de la de Huatulco. En fin del año de 1860, con motivo de la impía exclaustracion de los religiosos, sacaron éstos la Santa Cruz y las otras muchas reliquias que allí se veneraban y las guardaron en otros lugares que consideraron seguros, fuera del convento. La capilla, en que fué sepultado el dicho maestrescuelas y aun se conserva su retrato, sirve hoy de sacristía. Habia igualmente en la antesacristía de la iglesia un lienzo grande en que se veian pintados los prodigios acaecidos en el puerto de Huatulco cuando el pirata descargaba su furor sobre la Santa Cruz. Este lienzo fué salvado tambien por los religiosos en la exclaustracion.

En el convento grande de Nuestra Señora de la Merced de esta ciudad de México se veneraba otra parte de la misma Cruz, trasladada á él del de las religiosas de Jesus María hácia el año de 1614 con licencia del cabildo sede vacante, en virtud de un Breve pontificio que al efecto obtuvieron los religiosos mercedarios. Estos mismos conservan aún en la iglesia de su colegio de San Pedro Pascual de

Belen, entre varios lienzos que adornan un altar antiguo dedicado á la Santa Cruz, uno de vara y cuarta de altura y una vara de ancho, pintado por Nicolás Enriquez en 1735, en que se ve la Cruz de Huatulco ilesa en la hoguera que á su rededor hizo encender el corsario.

———

Creo que no son ajenos de esta Historia los apuntes biográficos que juntamente con estas noticias de la famosa Cruz dí al mencionado Sr. Lic. D. José Javier Cervantes, de su Illmo. ascendiente el obispo de Oaxaca. Por lo mismo los inserto aquí, si bien con algunas correcciones que el hallazgo de otros datos ha hecho necesarias.

Vió, pues, la primera luz el Sr. D. Juan de Cervantes en esta ciudad de México. Se ignora el dia fijo de su nacimiento, y consta solamente que le bautizó en la iglesia Catedral el juéves 19 de Abril de 1543 el cura de la misma Francisco de Cantoral. Parece haber sido el tercero entre sus hermanos, al ménos fué nombrado en tercer lugar en el testamento de su padre, que lo era D. Juan de Cervantes y Casaus, natural de la ciudad de Sevilla, quien habiendo venido á México en 1524 con el cargo de factor y veedor de las cajas reales de Pánuco, por haber conquistado á su costa esa provincia y la de la Huasteca, se le nombró gobernador y capitan general de ellas, y murió en esta ciudad en 14 de Abril de 1564. Fué su madre Doña Luisa de Lara y Andrada, que vino de España en el mismo año de 1524 con sus padres el comendador Leonel de Cervantes y Doña Leonor de Andrada, su mujer, y casó aquí con el dicho factor D. Juan de Cervantes, su pariente.

En el general grande del colegio de San Ildefonso se conservaba todavía en el año de 1867 un retrato del obispo, de cuerpo entero y tamaño natural, entre los de otros muchos de sus más ilustres alumnos, y en la inscripcion que tenia en la parte inferior se decia que fué allí colegial. Lo mismo afirma el Dr. Eguiara en su citada "Bibliotheca Mexicana." Yo no tengo esto por cierto, puesto que cuando se fundó el colegio contaba ya el Sr. Cervantes treinta ó más años de edad. Añade el Dr. Eguiara que fué tambien cursante en la Universidad, habiendo tenido en ella por maestro al dominico Fr. Pedro de Pravia. Efectivamente, el P. Fr. Agustin Dávila Padilla, en el cap. 70 del lib. 20 de la Historia que escribió de su Provincia de Santiago de México de la Órden de Predicadores, y se imprimió por primera vez en Madrid en el año de 1596, cuenta al Sr. Cervantes entre los discípulos aprovechados que tuvo en la cátedra de artes en la universidad el dicho padre Pravia. En un extracto que poseo de la crónica de este establecimiento, escrita casi en el fin del siglo diez y siete por su secretario D. Cristóbal Bernardo de la Plaza, y que aún está inédita, consta que en 9 de Mayo de 1558 fué nombrado catedrático de artes el padre Pravia, y que en 21 de Enero de 74 lo fué de teología. Por lo mismo, dentro de este período debió haber cursado aquella cátedra el Sr. Cervantes.

Pasó luego á Europa y estudió teología en la Universidad de Salamanca, se graduó allí de doctor en esta facultad y sirvió una cátedra.

Regresó á la Nueva España provisto tesorero de la catedral de la Puebla. En Diciembre de 1586 se incorporó en esta Universidad en la misma facultad de teología, y obtuvo despues por oposicion la cátedra de Sagrada Escritura. En 1590 le nombró el rey Felipe II arcediano de esta Catedral de México, de cuya dignidad tomó posesion en 14 de Enero siguiente. Gobernó algunos años, en dos ó tres ocasiones el arzobispado, y fué consultor teólogo y juez ordinario del tribunal de la Inquisicion.

Gil Gonzalez Dávila, refiere en su citado "Teatro Ecle-

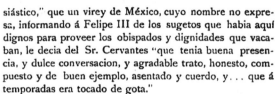

siástico," que un virey de México, cuyo nombre no expresa, informando á Felipe III de los sugetos que habia aquí dignos para proveer los obispados y dignidades que vacaban, le decia del Sr. Cervantes "que tenia buena presencia, y dulce conversacion, y agradable trato, honesto, compuesto y de buen ejemplo, asentado y cuerdo, y... que á temporadas era tocado de gota."

En el año de 1608, siendo aún arcediano de la Catedral, fué nombrado obispo de Oaxaca. Se despidió del cabildo, de que habia sido miembro más de diez y ocho años, en 7 de Abril de 1609, y habiendo pasado á su diócesis tomó la posesion, segun el padre Burgoa, en 1611. Se distinguió mucho por su celo en la predicacion de la palabra divina, y por su solicitud en socorrer con abundantes limosnas las necesidades públicas y privadas de sus ovejas.

Acaeció su muerte en 13 de Setiembre de 1614, segun queda dicho, habiendo vivido poco más de setenta y un años. Su cadáver fué depositado en el convento de los religiosos dominicos de aquella ciudad. Despues del año de 1620 le trasladaron, conforme él lo habia ordenado, á la sala *De profundis* del de San Francisco de esta de México, que era el lugar de entierro de sus padres y parientes. Permaneció allí bajo de una tumbilla de piedra tecali que estaba en medio de la sala y frente á la puerta del refectorio, hasta el año de 1856, en que con el pretexto de haber sorprendido el gobierno en el mes de Setiembre una conspiracion en aquel convento, por la órden dada en 16 del mismo mes, fué abierta allí una calle en direccion de Oriente á Poniente, pasando por la cabecera de la sala y parte del refectorio, y en consecuencia exhumado entre otros cadáveres que yacian en el pavimento, y en las paredes de aquella, el del obispo, cuyo paradero ignoro. Su epitafio, copiado por Gil Gonzalez Dávila en su citada obra, decia así: "Aquí yaze el Doctor Don Juan de Cervantes,

Tesorero que fué de la Santa Iglesia de Tlascala y Arcediano de México, Gobernador muchos años de su Arzobispado, Catedrático de Prima de Escritura, Juez ordinario y Calificador del Santo Oficio y Obispo de Guaxaca, Gran Prelado." Estuvo tambien en la misma sala un retrato suyo.

El dominicano Fr. Antonio Remesal, dice en la Historia que escribió de su provincia de San Vicente de Chiapas y Guatemala, impresa en Madrid en 1620, cap. 17 del libro 11, que fundó el Sr. Cervantes "dos mayorasgos gruesos para dos sobrinos." Mas en esto padeció equivocacion, pues no fundó sino uno muy moderado, y solamente de sus bienes castrenses adquiridos ántes de ser obispo. Otorgó la escritura en esta ciudad ante el escribano Juan de Cárdenas, en 31 de Enero de 1609, en favor de su sobrino D. Juan Leonel de Cervantes y Caravajal. Con el trascurso del tiempo recayó este mayorazgo en la casa del marqués de Santa Fé de Guardiola, por el matrimonio que contrajo en esta ciudad en 29 de Enero de 1729, D. José de Padilla y Estrada, tercer marqués de este título, con Doña Juana María Gómez de Cervantes y Gorraez, heredera del mayorazgo. Murió esta señora en 29 de Junio de 1746, ántes que su padre D. Juan Leonel Gómez de Cervantes y Rivadeneira, que era el poseedor, y al fallecimiento de éste, acaecido en 3 de Marzo de 1753, pasó el mayorazgo á su nieto D. José María de Padilla y Gómez de Cervantes, cuarto marqués del dicho título.

Uno de los objetos que pertenecieron á este vínculo, es una Cruz, de 15⅞ pulgadas de altura, y 9 y ½ de brazos, engastada en plata por tres de sus lados, y con la siguiente inscripcion grabada en uno de ellos: "Santa Cruz de Guatulco vincula (sic) en la casa de D. Juan Leonel de Cervantes." Poseyó esta Cruz hasta Diciembre de 1871, la señora Doña Guadalupe Cevallos y Padilla, hija de los Sres. D. Antonio Cevallos y Doña Mariana de Padilla, quinta

marquesa del expresado título, y por su muerte que acaeció en 17 de dicho mes y año, en cumplimiento de su última disposicion, fué entregada al mencionado Sr. Lic. D. José Javier Cervantes, su pariente.

México, Abril 8 de 1882.

José María de Agreda y Schez.

APÉNDICE TERCERO

COMUNICACION que al comandante de las fuerzas realistas, D. Melchor Alvarez, dirigieron, á nombre de los dos Cabildos, las personas que la suscriben.

La ciudad de Antequera de Oaxaca, subyugada por su desgracia, por unas armas tan inícuas como injustas, desde 28 de Noviembre de 1812 hasta el dia de hoy, sin mas arbitrio que llorar, ha respirado en medio de tanto júbilo como aclamaciones públicas á un contínuo ¡viva España! que ha resonado en sus cuatro ángulos, á causa de haberse retirado las pocas fuerzas del exercito insurgente, que en ella habia quedado, con solo la noticia de que se acercaba ya el cuerpo del exercito español y que la ha de mantener enmedio de la paz que tanto apetece, y fidelidad que no perdió.

En tan feliz momento para acreditar á V. S. como el mas inmediato general español primero, y despues al Exmo. Sr. Capitan general del reyno, á S. M. el supremo consejo de Regencia, á toda la nacion española y á la Europa entera, que en cuanto se vió libre obró como debia: el ayuntamiento de vecinos honrrados, que hoy representan al pueblo, unido al muy ilustre Sr. dean y cabildo en su sala capitular acordaron nombrar dos diputados de uno y otro cuerpo que sin pérdida de momento puestos en camino, viniesen á rendir á V. S. los homenajes que le son debidos por todo el pueblo, y que prueben cuanto antes que la llama de su fidelidad, lejos de haberse podido amortiguar, ha tenido motivos para engrosarla hasta el grado de inextinguible

Reciba pues V. S., por tanto, los que le tributa el pueblo Oaxaqueño por medio de esta carta, en el interin tenemos la satisfaccion de rendírselos personalmente en el punto de Huizo. En el camino del tránsito ya para esta hacienda hemos sabido que V. S. se ha dignado poner sus cartas, y aun las hemos visto, á los cuerpos de nuestra representacion, las que han seguido á sus manos, suponiendo no haber en nosotros facultades para abrirlas, por no ser mas que unos comisionados de aquellos; pero esperando en esta noche saber su contenido, tendremos el gusto de presentarnos á V. S. con la ciencia de sus preceptos que nos serán inviolables. El pueblo todo sin exageracion, como V. S. lo sabrá, se consume enmedio de los mas ardientes deseos de recibir al exercito; y es tal el terror que el insurgente le ha causado, que suplica á V. S. rendidamente fuerce sus marchas en todo lo posible para que logre la tranquilidad en dia y noche que tanto ha menester.

Dios guarde á V. S. muchos años. Hacienda de la Santísima Trinidad, 25 de marzo de 1814.—*Jose Maria de Murguia.—Lic. Juan José Guerra.—Nicolas Fernandez del Campo.—Juan Ignacio Manero.—Lic. Antonio Mantecon.—Tomas José Romero*, secretario.—Sr. comandante en jefe del exercito de operacion en esta provincia.

CONTESTACION de D. Melchor Alvarez al oficio de los cabildos eclesiástico y secular de Oaxaca.

Es inexplicable la alegria que reyna en mi corazon desde el momento que pisé esta leal provincia modelo de fidelidad, y es mucho mas el que he tenido al recibir la carta oficio de V. SS. en que manifiesta por ambos respetables cuerpos los deseos que le animan, á ese benemérito y leal vecindario. Tanto como V. SS. y los cuerpos que representan tengo ganas de pisar esa ciudad y lo haré luego que las circunstancias me lo permitan; pero en el ínterin aseguren V. SS. á los señores cabildos, que mis deseos unidos á los del gobierno de la península, son el hacer feliz á todos los habitantes, y que con la benevolencia borren algun tanto de sus corazones heridos, las llagas que les ha causado el cautiverio.

Dios guarde á V. SS. muchos años. Huizo, 26 de marzo de 1814.—*Melchor Alvarez.*

PROCLAMA de Alvarez á los oaxaqueños.

Amados oaxaqueños: Vuestras públicas demostraciones de amor y de fidelidad me tienen gustosamente absorto y sorprendido. Desde que puse los piés en los confines de esta leal provincia, comencé á sentir la dulce complacencia de que la malicia y la fascinacion no habian penetrado la constancia de vuestros corazones; pero cuando he llegado á esta capital se ha redoblado mi regocijo viendo cómo os interrumpíais unos á otros poblando el viento con vivas y aclamaciones en testimonio de vuestro reconocimiento al rey, á sus legítimas autoridades y á sus invencibles tropas que por caminos escabrosos y montes escarpados han venido con ansia á socorreros. Yo os vivo reconocido á tantas pruebas de vuestro prtriotismo, y en nombre del soberano os doy las gracias, ofreciéndoos desde luego que recomendaré particularmente vuestro mérito al Excmo. Sr. virey para su satisfaccion y debido conocimiento. Entretanto, contad con que en mí teneis no un jefe que os trate con ceño ni aspe-

Printed in the USA
CPSIA information can be obtained
at www.ICGtesting.com
LVHW021600031124
795587LV00001B/57